Bibliografische Information der Deutschen Bibliothek:
Die Deutsche Bibliothek verzeichnet diese Publikation in der
Deutschen Nationalbiografie; detaillierte bibliografische
Daten sind im Internet über http://www.dnb.dbb.de abruf-
bar.

Annunziata Vitiello – Schuss vor den Bug
  Oder: Wie ich meinen Träumen Flügel wachsen ließ
ISBN 3-940868-16-9
© copyright 2008 Annunziata Vitiello
© copyright 2008 Hierophant-Verlag
© Coverbild: Angelika Henrich
© Cover: Torsten Peters
Grafik und Satz: BP-Werbeagentur Heppenheim
Druck: DIP Witten

1. Auflage Mai 2008

Hierophant-Verlag
Im Bollerts 4 - 64646 Heppenheim
http://www.hierophant-verlag.de

Annunziata Vitiello

Schuss vor den Bug
Oder: Wie ich meinen Träumen
Flügel wachsen ließ

Die Aufzeichnungen sind aus meiner Sicht geschrieben. Es sind meine Gedanken, Worte und meine Realität. So wurde ich mit der Situation fertig.

Es mag durchaus sein, dass Menschen in meiner Umgebung die Dinge anders gesehen oder empfunden haben.

Februar 2008

Heute geht es mir richtig gut. Ich weiß, dass ich mein Leben leben kann, so wie ich es für richtig halte. Ich kann mich annehmen mit meinen guten Seiten und auch mit meinen Fehlern. Mir stehen alle Wege offen. Ich habe die freie Wahl mein Leben zu gestalten, wie ich es möchte. Ich danke meinen Eltern dafür, dass ich so bin, wie ich bin. Und es ist in Ordnung so, wie ich bin. Sie haben mir das Leben geschenkt und ich kann es nach meinen Vorstellungen gestalten. Ich kann jetzt auf mich selbst achten. Jetzt kann ich mir selbst Vater und Mutter sein. Das habe ich von ihnen gelernt. Ich weiß, dass meine Eltern ihr Leben führen, so wie sie es für richtig halten und das ist gut so. Ich weiß aber auch, dass ich mein Leben anders führen kann. Ich kann meinen Sohn anders erziehen, als ich erzogen wurde. Ich kann mit ihm reden und versuchen, seine Probleme zu verstehen. Das Leben meiner Eltern ist gut für sie, aber nicht gut für mich. Mein Leben ist gut für mich, aber nicht gut für meine Eltern. Ich darf selbst entscheiden, was gut für mich ist und was nicht. Ich bin ein Mensch, der von zwei verschiedenen Kulturen geprägt ist. Dafür bin ich dankbar. Ich durfte die süditalienische Mentalität von Kind auf kennenlernen und gleichzeitig die bodenständige oberösterreichische Art der mütterlichen Seite. Jetzt bin ich dankbar für alles, was mir in meinem Leben passiert ist. Jede Erfahrung macht einen stärker und auch reifer.
Meinem Sohn danke ich einfach nur dafür, dass er da ist und so ist, wie er ist. Es ist gut, wie er ist.
Besonders danke ich meinem „Lebensmenschen", auch wenn wir gemeinsam die „Hölle auf Erden" durchgemacht haben, wussten wir immer, dass wir zusammengehören und wir haben nie die Hoffnung aufgegeben, die Zukunft in Harmonie gemeinsam zu meistern. Er hat mich sogar dabei ermutigt, dieses Buch zu schreiben, obwohl es für ihn hart ist, manche Dinge, die in der Vergangenheit passiert sind, in gedruckter Form zu lesen.
Ich möchte auch meinen Arbeitskollegen danken, die meine Dienste übernommen haben. Meinem ehemaligen Chef

danke ich für sein Verständnis, das er mir gegenüber aufgebracht hat und dafür, dass er an mich geglaubt hat. Der gesamten Notfallaufnahme danke ich für die freundliche Aufnahme nach meiner Rückkehr.

Meiner Therapeutin danke ich, weil sie mir beibringt, mich so anzunehmen, wie ich bin und mir klarmacht, dass ich ein sehr vielseitiger und auch netter Mensch bin.

Danke an das Personal von D 201, allen Mitpatienten und ganz besonders dem Ehepaar Peters.

Ich habe heuer nach einem kompletten psychischen Zusammenbruch acht Wochen auf einer psychiatrischen Abteilung verbracht. Die Diagnose „schwere depressive Episode" wurde gestellt.

Als Ärztin war das für mich eine sehr schwierige Zeit und ich wusste, ich musste mein Leben komplett verändern.

Ich habe dort begonnen ein Tagebuch zu führen, um die Geschehnisse besser verarbeiten zu können.

Es geht um Depressionen, Gewalt, Missbrauch, Alkoholmissbrauch, dem Generationenkonflikt und um das Wiederfinden der eigenen Wünsche und Bedürfnisse.

Ich wurde des Öfteren angesprochen, warum ich eigentlich daraus kein Buch mache. Anfangs habe ich nicht darüber nachgedacht. Aber irgendwann, als es mir schon wesentlich besser ging, habe ich darüber nachgedacht und bin zu dem Entschluss gekommen, mich vor den Laptop zu setzen und zu schauen, was dabei herauskommt.

Es war im Nachhinein doch noch eine Bewältigungsarbeit für mich, aber ich dachte mir, dass es auch für andere Menschen in ähnlichen Situationen hilfreich sein kann.

Und um anderen Mut zu machen, Hilfe anzunehmen und sich selbst zu sagen, dass man aus Krisen auch sehr viel lernen kann.

Gerade, wenn man glaubt, es geht nur mehr bergab, kann man Kräfte sammeln und zu kämpfen beginnen.

So habe ich meine Gedanken aufgeschrieben. Täglich bis zu meiner Entlassung und noch danach. Ich habe aufgeschrieben, wie ich das Leben außerhalb des geschützten Bereiches wieder in Angriff genommen habe und wie es jeden Tag besser ging. Natürlich gab es Rückschläge, aber die depressiven Phasen, das Unzulänglichkeitsgefühl und das Gefühl der Machtlosigkeit wurden immer weniger.

Jetzt bin ich stolz auf mich und denke mir, ich habe diese schwierige Zeit gut gemeistert und das können auch andere Menschen tun, wenn sie nur den Mut dazu aufbringen.

Es sind natürlich sehr persönliche Gedanken darin, es sind meine Gedanken und es zeigt auf, wie ich Tag für Tag ein Stück mehr an mir gearbeitet habe.

Ich bin dem Wunsch meines Herzens gefolgt und habe beschlossen, ein Buch daraus zu machen.

Und das ist das Ergebnis.

24. August 2007

An diesem Tag fand ich mich in unserem Auto wieder und war offensichtlich auf dem Weg in die Psychiatrie. Was war bloß passiert?

Ich hatte einen ziemlichen Brummschädel und fragte mich, ob ich jetzt endlich ganz tief unten angekommen war. Ich steuerte ja schon seit längerer Zeit daraufhin.

Zu meiner Person ist zu sagen, ich bin eine Frau Mitte 30, meine berufliche und soziale Laufbahn hört sich eigentlich ganz gut an. Volksschule komplikationslos, viele Freizeitbeschäftigungen als Kind, Gymnasium zwar mit einer Extrarunde geschafft, aber sonst verlief auch das ohne Probleme, dann Matura und ab zum Medizinstudium nach Wien. Mit 21 habe ich meinen Partner Lukas kennengelernt und eineinhalb Jahre später kam dann mein Sohn Daniele zur Welt. Auch das war geplant. Ich beendete dann mein Studium nach 18 Semestern und begann mit der Turnusausbildung. Nach drei Jahren nahm ich dann eine Stelle in der Notaufnahme mit Notarzttätigkeit an. Das war mein Leben in groben Zügen. Klingt eigentlich ganz erfolgreich. Aber was war passiert?

Jetzt saß ich wie ein Häufchen Elend auf dem Beifahrersitz neben Lukas und fühlte mich schrecklich. Ich schämte mich und wusste nicht, was auf mich zukommen würde. Ich hatte Angst. Ich dachte mir, es wäre besser gewesen, der Selbstmordversuch mit zwei Packungen Tranquilizer vor einer Woche hätte funktioniert, dann hätte ich endlich meine Ruhe und müsste nicht weiter mit diesem aussichtslosen Leben kämpfen, das für mich offensichtlich nichts zu bieten hatte. Erreicht hatte ich ja schon einiges, aber glücklich war ich nicht damit.

Ich bemerkte nicht einmal, dass sich langsam Depressionen einschlichen, die mich veränderten. Sie machten mich zu einem Menschen, der nicht mehr liebenswert war. Weder für mein Umfeld war ich noch tragbar, noch konnte ich mich selbst ausstehen.

Edwin, ein bekannter Psychiater hatte mich ja schon vor einigen Wochen auf meine Depressionen aufmerksam gemacht, aber ich wollte es nicht wahr haben. Habe einfach brav seine mir verordneten Antidepressiva geschluckt und habe, weil es mir geraten wurde, eine Gesprächstherapie begonnen. Dort faselte ich unwichtiges Zeug und fühlte mich gleichzeitig sehr dumm, weil ich den Therapeuten nicht verstanden habe, er drückte sich für mich unverständlich aus.

Jede Nacht, bevor ich bei ihm einen Termin hatte, konnte ich nicht schlafen, weil ich mir überlegte, was ich mit ihm besprechen sollte. In dieser Zeit habe ich mich selbst belogen, weil ich dachte, ich würde das alles schon irgendwie schaffen.

Aber offensichtlich war das nicht der Fall, sonst wäre ich nicht im Auto gesessen, Richtung Wagner Disco, Gugelhupf, Irrenhaus, Linz Süd oder wie man das Psychiatrische Krankenhaus sonst noch so nennt. Und die Königin der Irren würde ich sein, ich war schon auf der Anfahrt. Sie würden schon mit der Zwangsjacke warten und mich direkt auf die geschlossene Abteilung bringen und dort würde ich behandelt werden, wie die Irren in dem Film „Einer flog über das Kuckucksnest". Stromstöße durch mein Gehirn würden mich wieder zu dem Menschen machen, der ich früher mal war, man nennt das auch Elektrokrampftherapie. Die letzten Jahre würden sie auslöschen. Eine Traumvorstellung. Ich malte mir jedoch auch schon aus, was die Leute zu Hause und in der Arbeit über mich sagen würden. „Wir haben es immer schon gewusst, die ist vollkommen durchgeknallt. Schaut sie euch an, magersüchtig und säuft wie ein Loch."

Und was werden meine Kollegen und mein Chef sagen?

Dann bekam ich im Auto noch eine SMS von meinem Chef, der mir mitteilte, ich bräuchte mich nicht zu schämen, immerhin sei ich krank und jetzt wird mir geholfen werden. Ja, mittels Elektrokrampftherapie: Mir war jetzt plötzlich vollkommen bewusst, wie krank ich wirklich war. Da ich ja sehr viel mit körperlichen Krankheiten beruflich zu tun hatte, erkannte ich bei mir selbst nicht, wie es mit meiner Psyche wirklich aussah. Hinweise von meiner Umwelt bekam ich ja ständig, aber ich wollte es mir selbst nicht eingestehen.

Anscheinend hatte man Mitleid mit mir. Wollte ich Mitleid oder wollte ich nur einfach verstanden werden? Ich war todunglücklich, das lag auf der Hand.

Was die Woche vor meinem Einchecken auf der Psychiatrie los war, wusste ich nur mehr schemenhaft, aber ich hatte die Hölle durchgemacht. Die ich mir selbst schon lange davor erarbeitet hatte. Die Hölle, so musste sie sein, so stellte ich sie mir vor. Und heiß war mir auch. Es war ein sehr warmer Spätsommertag. Andere lagen bestimmt am See oder saßen in einem schattigen Gastgarten oder waren einfach nur pflichtbewusst an ihrer Arbeitsstelle, und ich war am Ende und musste behandelt werden. Da führte auch kein Weg mehr herum. Von meinem Weg war ich ja ganz weit abgekommen, ich sah ihn nicht mal mehr, und ich fühlte mich verdammt einsam, obwohl Lukas neben mir saß. Ich war zwar nicht alleine, aber ich war einsam. Jetzt musste ich anfangen, mit mir selbst fertig zu werden. Mit einem Menschen, den ich mittlerweile abgrundtief verabscheute. Tränen rannen mir übers Gesicht, aber das war irgendwie eine Erleichterung, ich konnte schon seit Monaten nicht mehr weinen. Ich hatte keine Gefühle mehr, fühlte mich leer, ausgebrannt, vom Leben verraten. Ich hatte mir das nie so vorgestellt. Ich hatte andere Pläne.

Und die Voraussetzungen dafür waren ja mal nicht so schlecht. Ich hatte mal Träume.

Und plötzlich standen wir in der Tiefgarage des Krankenhauses und ich hatte große Angst. Was würde auf mich zukommen? Ich wusste auch, dass in meinem Leben gar nichts mehr funktionierte. Weder konnte ich wie früher meiner Arbeit nachgehen, noch funktionierte ich als Mutter oder gar als Hausfrau und meine Beziehung war am Ende. Nicht alleine durch meine ständigen Eskapaden. Es musste etwas geschehen und alleine würde ich es wohl nicht mehr schaffen.

Lukas und ich standen neben dem Auto, hielten uns im Arm und konnten beide nicht sehr viel sagen. Ich denke, wir waren einfach leer.

Dann packten wir die paar Sachen, die ich schnell in den Koffer geworfen hatte, und machten uns auf die Suche nach der psychiatrischen Aufnahme. Wir liefen erst mal kreuz und quer durchs Haus, bis wir dann doch mal den Portier nach dem Weg fragten, und fanden dann schlussendlich die Aufnahme.

Trotz vorheriger Ankündigung konnte keiner etwas mit meinem Namen anfangen. Es wurde herumtelefoniert, bis dann eine Aufnahmeärztin kam. Ich fühlte mich schlecht und sollte mich gleich noch schlechter fühlen.

Ich wurde in ein Untersuchungszimmer gebeten, Lukas wartete draußen. Dann begann die psychiatrische Befragung, bei der ich mir vorkam wie bei einem Polizeiverhör. Ich hatte ja keine Ahnung, wie so etwas abläuft. Die Ärztin musterte mich, sie betrachtete sicher meine blauen Flecken im Gesicht und die Narbe unter dem rechten Auge, die mir nach einem Sturz um 5 Uhr früh genäht wurde, eine Woche vor meinem endgültigen psychischen Absturz. Sie fragte mich nach meinem Befinden, was in den letzten Tagen passiert war und woher meine Flecken stammten. Ich erzählte ihr von meinem Selbstmordversuch vor einer Woche mit Beruhigungsmittel und wie Lukas mich zuerst am WC zum Erbrechen gebracht hat und ich dann zwei Tage lang geschlafen habe und mich in der Arbeit krankmelden ließ. Für meine Narbe unter dem

Auge schämte ich mich sehr und die hatte auch sicher mit den Suizidgedanken zu tun. Ich hatte sie ja nicht, wie behauptet, von einem Sturz, sondern Lukas konnte wieder mal nicht mit mir umgehen, sah keinen Ausweg mehr und hat mir eine geknallt. An was er nicht gedacht hatte, war, dass er einen Ring am Finger hatte, der mir eine riesige klaffende Wunde verursachte. Ich sah gleich, dass sie genäht werden musste. Und für diese Zustände bei uns zu Hause mit dem ganzen Alkohol und der Aggressivität schämte ich mich so, dass ich an dem Punkt angekommen war, nicht mehr leben zu wollen. Im Detail erzählte ich das der Ärztin jedoch nicht. Ich schilderte noch die Woche vor meinem Entschluss ins Krankenhaus zu gehen, in der ich nur geschlafen und Alkohol getrunken hatte, ich wollte alles vergessen. Bis ich nicht mehr konnte und einen befreundeten Psychiater anrief, der mir dann klar machte, dass es so nicht weitergehen konnte. Und so saß ich jetzt im Verhörzimmer und machte einen kleinen Seelenstrip. Im Nachhinein las ich dann im Aufnahmebericht, dass ich durch meine depressive Stimmung im Positiven nicht gut affizierbar war. Das heißt, ich konnte auf positive Erzählungen nicht adäquat reagieren. Ich war einfach traurig, depressiv und am Ende. Ich dachte alles ist jetzt vorbei. Sie fragt mich noch, ob ich mich einem Alkoholtest der Atemluft unterziehen würde, weil ich ja am Vortag was getrunken hatte und da kamen 0,20 Promille heraus.

Dann durfte ich wieder gehen und wartete neben Lukas wie ein Häufchen Elend auf meine Aufnahmepapiere.

Mein Bett war auf der psychiatrischen Sonderklasse reserviert worden. Eduard, mein bekannter Psychiater, hatte an alles gedacht und die stationsführende Ärztin schon über meine ganzen Probleme vorinformiert. Das erzählte er mir noch telefonisch vor meiner Abreise.

Auf der Station angekommen, verspürte ich so eine Art Panikgefühl. Ich war so hilflos. Ich konnte mir noch immer nicht vorstellen, was jetzt auf mich zukommen würde. Ich nahm die Mitpatienten, die durch die Gänge spazierten überhaupt nicht wahr. Es gab nur mich und ich fühlte mich arm und verlassen. Eine Schwester und ein Pfleger begrüßten mich mit:

„Grüß Gott, Frau Doktor!", und dann wurde mir von der Schwester, die mich vorher so freundlich begrüßt hatte, mein Zimmer gezeigt. Die Station nahm ich immer noch nicht wahr. Ich dachte mir nur, hoffentlich stellt sie mir nicht zu viele Fragen, und ich kann bald eine Zigarette rauchen gehen. Lukas räumte mir meine Kleidung in den Kasten und ich fragte, ob ich in den Raucherraum gehen könnte. Die Schwester sagte, dass das natürlich möglich wäre, und sie etwas später zum Aufnahmegespräch kommen würde. Der Aufnahmearzt der Station war auch noch ausständig.

Ich rauchte mit Lukas noch zwei Zigaretten in einem Höllentempo und die Nervosität nahm zu. Da ich eine Woche lang fast durchgehend Alkohol getrunken hatte, wartete ich jetzt auf Entzugserscheinungen. Ans Schlafen dachte ich immer noch nicht, obwohl ich in den letzten Tagen kaum geschlafen hatte. In der Hölle hat man keine Zeit zu schlafen. Was wir zu diesem Zeitpunkt gesprochen haben, weiß ich nicht mal mehr annähernd, aber es dürfte nicht viel gewesen sein. Wir waren beide mit unseren Gefühlen beschäftigt. Ich hätte am liebsten die Zeit zurückgedreht. Zu dem Zeitpunkt, als ich das Ruder meines Lebens aus der Hand gegeben hatte, aber ich wusste ja nicht mal, wann das genau passiert war. Vielleicht würde ich da jetzt noch draufkommen. Zeit würde ich ja jetzt genug haben.

Ins Zimmer fand ich dann, dank Lukas Hilfe, zurück. Und es dauerte dann nicht lange, dann war Schwester Elli auch schon wieder da. Sie wollte auch ihre Arbeit erledigen. Ich kenne das von unseren Schwestern in der Notaufnahme. Dort haben wir ja auch stationäre Patienten, nur sind die akut erkrankt. Bei mir war das ja ein schleichender Prozess.

Die Depression hat sich heimlich in mein Leben geschlichen, aber ich habe es zugelassen.

Sr. Elli fragte mich über die Gründe aus, wie es zu dem Entschluss kam, mich für einen stationären Aufenthalt zu entschließen. Ich erzählte in kurzen Worten, was in der Woche zuvor passiert war. Ich hatte keine Lust mehr zu diesem Zeitpunkt meine Probleme vor einer wildfremden Person auszubreiten.

In der Zwischenzeit lief Lukas nervös auf dem Gang vor dem Zimmer auf und ab. Ich hörte seine Schritte.

Nun ging es um das „Wesentliche" im Gespräch mit der Aufnahmeschwester. Es ging um den Speiseplan. Zu diesem Zeitpunkt hatte ich überhaupt keine Lust, mir zu überlegen, was ich in den nächsten Tagen essen wollte. Noch dazu hatte ich ihr schon erklärt, dass ich auch eine Essstörung hatte, die sich in bulimischen Zügen äußerte.

Ich sagte zu ihren Vorschlägen einfach immer „ja, das will ich", nur um schnell meine Ruhe zu haben. Das ist eine Taktik, die sich wie ein roter Faden durch mein ganzes Leben zog. Das fiel mir aber erst später auf.

Das Gespräch war also abgehakt. Aber jetzt wollte ich meine Ruhe. Lukas kam ins Zimmer, als sich die Schwester wieder entfernte.

Wir saßen auf dem Bett, wussten wieder mal nicht, was wir reden sollten und es war ganz still. Jetzt hatte ich Zeit, mich im Zimmer etwas umzusehen.

Zwei Betten standen darin, ich schien das Zimmer aber alleine zu haben. Es war groß und hell, mit schönen rotbraunen, grünen und gelb gestreiften Vorhängen. Farblich wurde also auch auf die Psyche der Patienten geachtet. Der Boden war grün und die Sessel bei dem Tisch am Fenster waren rot.

Über den zwei Betten gab es schwenkbare Fernseher, man konnte sie direkt vors Gesicht ziehen. Die Matratze erschien mir sehr hart. Aber eigentlich interessierte mich das Ganze noch immer nicht wirklich, und es klopfte dann auch schon wieder an der Tür.

Herein kam eine blonde, große Ärztin mit russischem Akzent. Lukas schickten wir wieder mal nach draußen.

Sie begrüßte mich, erklärte mir, sie würde mir jetzt einige Fragen stellen. „Das war ganz was Neues, gefragt hatte mich ja heute noch keiner was", dachte ich bei mir. Nun kamen die gewohnten Fragen, warum ich im Krankenhaus bin und wie ich mich fühle. Zum ersten Mal sagte ich: „Schlecht!" Das war eine Antwort, die ich in den letzten Monaten gerne auf solche Fragen gegeben hätte. Aber den Mut hatte ich nicht. Jetzt jedoch hatte ich es endlich ausgesprochen. Mir ging es sauschlecht und eine Woche zuvor wollte ich sogar sterben. Und ich fragte mich noch immer, warum es nicht einfach klappen konnte. Lukas war schuld. Einen Schuldigen muss es immer geben. Aber ich dachte mir, zumindest für den endgültigen Zusammenbruch war ich ganz alleine verantwortlich. Auch meine Eltern hatten mich davor gewarnt. Aber die wussten ja schon immer, was ich brauche und was gut für mich ist. Eigenständigkeit hatte ich nie gelernt.

Das Gespräch mit der Ärztin dauerte so ca. eine halbe Stunde und sie wollte sich anschließend noch wegen der Medikamentengabe mit der Dienst habenden Oberärztin zusammensprechen. Die 20 mg Pram, die ich schon seit Wochen einnahm, schienen ja nicht wirklich gewirkt zu haben.

Nach kurzer Zeit wurde ich dann erneut zu einem Gespräch gerufen, diesmal war die Oberärztin anwesend. Sie schien sehr gestresst zu sein. In kurzen Zügen erarbeiteten wir dann die Diagnosen, die gar nicht mal so wenige waren: schwere depressive Episode, Essstörung, Alkoholmissbrauch und Zustand nach Panikattacken. Das hieß mit anderen Worten: ein psychisches Wrack. Das könnten sie auch ganz groß auf meine Patientenkurve schreiben und am besten fett gedruckt in Rot! Hoffnungsloser Fall.

Zusätzlich wurde auch noch die Familienanamnese erhoben, in der die Depressionen meiner Mutter erwähnt wurden, die sie ja als „Sorgen wegen der missratenen Kinder" tituliert und auch die der jüngsten Schwester meines Vaters wurden erwähnt. Noch der Alkoholismus beider Großväter und dann war es ja schon klar, warum ich so war, wie ich war. Meine Mutter sprach immer von der erblichen Belastung, die über mir schwebte, schon als Kind. Eigentlich war das so was wie eine „selbsterfüllende Prophezeiung". Es musste ja so kommen. Und dazu noch mein schwacher Charakter, meine mangelnde Selbstdisziplin, der unsolide Lebenswandel und die enorme Gewichtsabnahme gab mir dann den Rest. Eigentlich alles ganz logisch. Zumindest aus den Augen meiner Eltern. Ach ja und mein Vater gab natürlich die Hauptschuld Lukas. Der stürzte mich ins Verderben. Der gottlose Kerl ohne Herz.

Bezüglich der Gewichtsabnahme von 32 Kilo in einem drei viertel Jahr fragte mich Fr. OA Mayr, ob ich die Menstruation überhaupt noch hatte. Und das war ein Punkt, der mich selbst schon gewundert hatte. Ja, die war noch da. Also ein bisschen Frau war ich noch, auch wenn ich mich nicht so fühlte und auch nicht so aussah.

Die Medikamente wurden anschließend umgestellt. Ich bekam die doppelte Dosis der Tabletten, die ich vorher schon hatte und zusätzlich ein Beruhigungsmittel namens Atarax und zum Schlafen wollte ich nichts, weil ich im Rahmen der Depression eher dazu geneigt hatte, zu viel zu schlafen als zu wenig. Da ich keine Entzugserscheinungen hatte, erhielt ich kein Praxiten. Später merkte ich, dass sie das jedem „zur Beruhigung" gaben. Ich wollte das einfach nicht, ich wollte mit klarem Kopf untergehen.

Wieder im Zimmer angekommen, versuchte ich, auf dem Bett liegend, ein wenig zur Ruhe zu kommen. Ich legte mich auf Lukas Arm und wollte einfach nur schlafen. Leider funktionierte das nicht. Ich musste da scheinbar schlaflos durch.

Gegen 16 Uhr 30 wartete ich dann auf das angekündigte Abendessen, zumindest auf die Schwester, die es bringt, da ich ja keinen Hunger hatte. Und dann klopfte es schon. Mir wurde mitgeteilt, dass es auf dieser Station üblich sei, dass alle gemeinsam die Mahlzeiten einnehmen, um die Gemeinschaft zu fördern. Welche Gemeinschaft? Ich wollte doch keine. Ich wollte alleine sein und über mich und mein „beschissenes" Leben nachdenken. Das war zwar im jetzigen Zustand etwas schwierig, aber an irgendeinem der nächsten Tage würde ich es dann tun, alleine im Zimmer. Und nichts hören und niemanden sehen.

Ich fasste mir dann doch ein Herz und ging zum Schwesternstützpunkt, an dem auch die Esstische standen. Mein Puls raste und ich hatte das Gefühl, nicht gerade gehen zu können. Und da saßen alle schweigend, zu viert an den Tischen. Schwester Elli sagte mir, ich müsse das Tablett mit meinem Namen suchen. Am letzten Tisch war es dann. Drei ältere Damen saßen schon dort und sprachen nichts. Ich hatte auch keine Kraft mich vorzustellen bzw. dachte ich auch gar nicht daran. Ich setzte mich einfach hin und schaufelte das Essen in mich hinein, damit ich schnell wieder fertig war, um dort wegzukommen und schließlich wartete Lukas in meinem Zimmer. Ich schaute mich auch nicht mal richtig um. Jedoch hatte ich das Gefühl, angestarrt zu werden. Und auch mein Name mit dem Doktortitel wurde ja dauernd von den Schwestern durch den Raum gebrüllt. Ich zuckte jedes Mal zusammen. „Wie geht es Ihnen Frau Doktor? Hier ist ihre Tablette Frau Doktor." Ich hätte meinen Titel am liebsten verschwiegen. Eine Ärztin als Patientin in der Psychiatrie. Später erst sah ich, dass das gar nicht so ungewöhnlich war. Aber da wollte ich mir noch nicht eingestehen, dass jeder Mensch in eine psychische Krankheit schlittern kann.

Das Wort „schlittern" ist ein guter Ausdruck. So kam ich mir vor. Ich stellte mir bildlich vor, wie ich mit Eislaufschuhen durchs Leben raste und gar nicht merkte, immer mehr vom gesicherten Eislaufplatz abzukommen und plötzlich auf einem Teich mit ganz dünner Eisschicht zu stehen und schön langsam zu versinken. Ganz viele Leute riefen mir zwar etwas für mich Unverständliches nach, aber ich war so schnell unterwegs, dass ich sie gar nicht hörte. Außerdem hatte ich scheinbar Ohrenschützer auf. So musste es gewesen sein. Habe alle hinter mir gelassen und dann war ich alleine auf dem unsicheren Teich. Und meine Mutter hörte ich sagen: „Sie wusste es ja besser und wollte nicht auf uns hören, wir hätten es ja so gut gemeint. Jetzt kann ich nicht mehr schlafen."

Ich ging dann noch einmal aufs Zimmer und setzte mich zu Lukas aufs Bett. Ich hatte schon ein richtig schlechtes Gewissen, weil er so lange da war, obwohl ich gelesen hatte, dass die Besuchszeit bis 20 Uhr dauerte. Aber das bin ich, ich

denke immer darüber nach, was sich die anderen Menschen denken oder was sie womöglich untereinander sagen. Angeblich war auch das vererbt, weil schon meine Großmutter so war und auch meine Mutter. Den Spruch: „Was werden die Nachbarn da bloß sagen!", den habe ich noch im Ohr. Und jetzt hatten sie noch mehr zu sagen. „Wir haben das ja schon kommen sehen, sie war schon immer anders als die anderen. Und sie wäre ja so gescheit. Das Medizinstudium hat sie geschafft, ein schönes Haus hat sie, ein liebes und auch braves Kind, aber sie ist halt nicht ganz bei Sinnen. Jetzt hat man sie endlich eingeliefert." Aber gleichzeitig dachte ich mir auch, meine Eltern würden das schon irgendwie geheim halten oder sich irgendeine andere Geschichte ausdenken, wo ich mich für längere Zeit aufhalten könnte. Sie macht eine wichtige Fortbildung in einem Krankenhaus, damit sie dann wieder vielen Menschen mit ihrer netten Art und ihrem Fleiß helfen kann. Sie geht ja ganz auf in ihrem Beruf. Leider hat sie noch keine Facharztausbildung gemacht, obwohl sie jeder auf seiner Station haben wollte, aber sie konnte sich vor lauter Angeboten nicht entscheiden. Aber sonst ist sie eine großartige Tochter. Und wir wissen ja, was gut für sie wäre, aber sie hat halt Probleme mit Entscheidungen, obwohl wir ihr die ja eh gerne abnehmen würden. Und 15 Kilo sollte sie zunehmen, das würde ihr so gut passen. Wir hätten ihr ja sogar beigebracht, wie wichtig ausreichendes Essen ist, mit viel Schmalz gekocht."
Meine Fantasie ging mit mir durch.

Es verging noch einige Zeit, in der wir immer noch nicht viel redeten, und dann dachte ich mir, es wäre gut, wenn ich jetzt allein sein könnte. Aber wie sollte ich Lukas das beibringen, ohne es so ausschauen zu lassen, als wollte ich ihn loswerden und damit auch noch verletzen. Ich wollte ihn zwar loswerden, um ein bisschen ruhiger zu werden und ein wenig zu schlafen, aber verletzen wollte ich ihn damit nicht. Das war ein großes Problem in der Kommunikation. Keiner sagte, was er wirklich wollte und schluckte immer alles in sich hinein. Aber das sollte ich auch erst später sehen, dass dies die Ursache

all unserer partnerschaftlichen Probleme war. Und irgendwann kochte der Dampfkessel und explodierte. Ich ging
fremd und Lukas schlug mich. Wir redeten entweder aneinan-
der vorbei oder wir redeten einfach gar nicht oder noch besser, ich redete nicht.

Wir verabschiedeten uns und innerlich sträubte ich mich doch
dagegen, weil ich nicht allein sein wollte. An das Gefühl der
Einsamkeit war ich ja gewohnt, aber nicht an das Alleinsein.
Anschließend zog ich mich dann ins Zimmer zurück.
Was ich dann gemacht habe, weiß ich heute nicht mehr. Das
Bett verlassen habe ich nicht mehr. Ich kann mich nicht erinnern, ob ich ferngesehen habe oder gelesen. Zumindest
habe ich kein Tagebuch geschrieben, weil ich dazu erst am
übernächsten Tag fähig war.
Nachts konnte ich nicht schlafen, was ich darauf zurück-
schob, dass mich jeder nach meinen Schlafgewohnheiten
fragte, und ich immer gesagt habe, dass ich sehr gut schlafe
und natürlich dann erstmals nicht einschlafen und schon gar
nicht durchschlafen konnte. Außerdem führten einige Personen vor meinem Fenster bis in die frühen Morgenstunden laut-
starke Diskussionen über Alkohol und schlechte Freunde, die
einen nicht zurückhalten. Kann aber auch sein, dass ich mir
das im Halbschlaf eingebildet hatte.
Der Kopfpolster war klein und hart, ich drehte ihn die ganze
Nacht im Kreis. Die Matratze war hart und meine Beckenkno-
chen taten mir in der Bauchlage darauf weh. Es war eine
schreckliche Nacht. Und ständig dachte ich daran, was wohl
die Leute im Krankenhaus sagen würden. Ich dachte nicht
an mich, sondern ich dachte an die Reaktion der anderen.
Ich war ein sehr von außen bestimmter Mensch. Aber ich
bekam das ja schon von klein auf mit.

25. August 2007

Irgendwie brachte ich die Nacht dann hinter mich. Und ich war froh, um 6 Uhr aufstehen zu können. Der nächtliche Albtraum war endlich vorbei und ich schleppte mich ins Bad.
Und dann kam noch mal alles so richtig hoch, als ich mich im Spiegel betrachtete.
Ich sah schrecklich aus. Es sah mich eine wildfremde Person an. Das linke Auge war blau verschwollen, an der Stirn links hatte ich eine Beule und das rechte Auge war auch blau und darunter war die genähte Platzwunde, die auch furchtbar aussah. Das war nicht ich. Ich hatte doch mal ein liebes Gesicht mit großen braunen Augen. Es erinnerte mich sofort daran, wie ich nach durchsoffenen Nächten mit Lukas, wenn es dann zum Streit kam und keiner mehr wusste, um was es eigentlich wirklich ging, am nächsten Morgen aussah und mich schämte, weil ich doch in die Arbeit musste und alle es sehen würden und gleich wüssten, was geschehen war. Die Schminke, die ich da immer auftrug, konnte es nie verbergen, im Gegenteil, ich denke, da war es noch auffälliger, weil ich sonst nie Make-up benutzte.
Gefühle der Demütigung und Verzweiflung kamen bei meinem Anblick im Spiegel auf und auch Wut. Über mich selbst, weil ich das immer wieder akzeptiert hatte und nie Konsequenzen gezogen hatte und auf Lukas, weil er so schwach war und sich scheinbar nicht mehr anders zu helfen wusste. Und weil er immer aufs Gesicht schlug, das mittlerweile schon so einige Narben hatte. Eine, die ich immer sah, war die auf der Nase, da hatte ich auch mal eine klaffende Wunde, die ich aber nicht nähen ließ. Da hatte mich damals sogar mein großer Bruder gesehen, der mich nicht als behandlungswürdig ansah, mich nur in sein Krankenhausbett legte und das wars dann schon. Ich und mein Leben waren ihm wahrscheinlich peinlich, oder er wollte mich vor dem Gerede im Krankenhaus schützen. Am nächsten Tag fuhr ich dann nach Hause und wir fuhren zu einer medizinischen Weiterbildung nach Grado. Dort musste ich mich gleich am ersten Tag vor allen Kursteilnehmern vorstellen, wie ich hieß, woher ich

komme. Die ganze Woche kamen dann Fragen, woher ich diese Gesichtsverletzungen hatte. Ich sagte, ich hatte einen schweren Autounfall.

Da mich die Leute dort nicht kannten und nie etwas von meiner komplizierten Beziehung mitbekommen hatten, glaubten sie mir. Und ich glaubte die Geschichte selbst schon fast. Ich konnte mir das immer sehr gut einreden und war selbst von meinen erdachten Storys überzeugt. Und dann konnte ich auch das Schamgefühl und die Verletzung verdrängen.

Ich merkte gar nicht, dass da aber jedes Mal ein kleines Stück meines Ichs zerbrach. Wenn es so etwas wie ein Ich überhaupt gibt. Besser wäre, ein Stück von meiner Persönlichkeit. Langsam bröckelte mein Selbst auseinander und mein Selbstbewusstsein schwand. Gleichzeitig wurde aber die Abhängigkeit von Lukas und die massive Einheit mit ihm immer stärker. Ohne ihn war ich kein Mensch mehr. Nicht einmal ein Halber. Ich war beinahe ein Nichts.

Mit dem Menschen im Spiegel hatte ich Mitleid. Zum ersten Mal seit Langem fühlte ich etwas für mich, auch wenn es nur Mitleid war. Aber immerhin war da was.

Zu dieser Zeit waren noch heiße Spätsommertage, und ich ging auf den Balkon in der Nähe des Speiseraumes. Ich hatte ein kurzes weißes Minikleid an, bei dem man die dünnen Beine mit den vielen blauen Flecken von den zahlreichen Stürzen sehen konnte. Aber ich dachte mir, hier kann es jedem egal sein, schließlich bin ich hier, damit mir geholfen wird. Wie auch mein Chef betont hatte: „Du bist krank, jetzt wird dir geholfen!"

Und wann würden sie damit anfangen? Es war Samstag und an diesem Tag wohl nicht, weil in jedem Krankenhaus nur die Dienstmannschaft anwesend ist, und die sind für Akutfälle zuständig. So akut war ich nicht, da die ganzen Probleme ja schon länger bestanden.

Es kamen immer mehr Patienten zum Rauchen auf den Balkon und alle grüßten mich so freundlich und verwickelten mich sogar in Gespräche. So, als ob ich schon länger da sein würde. Wie alte Bekannte. Alles war so natürlich, nichts schien mir gespielt.

Hatte ich am Vortag so zugemacht, dass ich gar nicht bemerkte, dass die Mitpatienten auf mich zugingen?
War ich so in meiner Welt des unendlichen Selbstmitleids gefangen gewesen? Ein junges Mädchen kam auf mich zu, sie schien ziemlich von Medikamenten beeinflusst zu sein und sprach mich an und wollte wissen, wie ich heiße und woher ich komme und warum ich da bin. Ich erzählte ihr einiges, aber ich hatte das Gefühl, sie horchte gar nicht richtig zu. Sie bat mich um eine Zigarette und sagte mir ihren Namen. Ich hatte Lena kennengelernt, 24 Jahre alt. Sie bezeichnete sich als Künstlerin und warnte mich vor den Hexen, die auf der Station herumgeistern sollten. Besonders unter dem Pflegepersonal waren einige. Ich dankte ihr für die Warnung und rauchte mit ihr eine Zigarette. Ich fand die Situation sehr schräg. Lena lief dann ständig hin und her, sie schien sehr unruhig und gleichzeitig gedämpft, da sie beim Sprechen lallte.
Ich begann mich zu vergessen und hörte ihr zu. Ein guter Weg, die eigenen Probleme zu verdrängen, wenn man sich denkt, andere Menschen sind noch viel ärmer dran. Ich selbst könnte ja auch vollgepumpt mit Medikamenten dort sitzen und von Verschwörungen und Hexen erzählen. Es kann jeden treffen.
Es gibt immer noch eine Steigerung von „sehr schlimm", von „unendlich schlimm" bis hin zu „komplett aussichtslos". Meine Situation empfand ich zu dem Zeitpunkt nur als fast aussichtslos.

Obwohl ich erst einen halben Tag im Krankenhaus war, empfand ich es so, als wäre schon mindestens eine Woche vergangen. Das waren sicherlich die vielen neuen Eindrücke. Aus Patientensicht kannte ich keine Krankenhäuser. Als Kind war ich zweimal stationär. Da hatte ich aber schlimme Erinnerungen daran.
Beim ersten Mal wurden mir die Mandeln entfernt. Damals wurde das noch in lokaler Narkose gemacht. Wir wurden in einem kleinen Grüppchen auf einer Liege sitzend in den OP geschoben. Hinter einem Vorhang saßen wir dann, ohne zu wissen, was auf uns zukommt. Und einem nach dem anderen

wurden dann die Mandeln rausgerissen. So empfand ich das damals. Irgendein grausliches Spray wurde in den Rachen gesprüht. Dabei übergab ich mich fast und anschließend wurde so ein riesiger Fleisch-Blutklumpen aus dem Hals gezogen und dann noch Polypen aus der Nase, die ich mir immer wie Fangarme eines Oktopusses vorgestellt hatte. Sie sahen aber nicht so spektakulär aus. Anschließend bekam ich eine Eiskrawatte um den Hals und wurde wieder hinter den Vorhang zu den anderen Kindern gesetzt.

Bei diesem Aufenthalt, ich musste so drei oder vier Jahre alt gewesen sein, bekam ich keinen Besuch von meinen Eltern. Mit den Halsschmerzen musste ich alleine fertig werden. Nur unsere Nachbarin, Tante Gusti, die Krankenschwester war, besuchte mich regelmäßig und brachte mir Geschenke von meinen Eltern. Und sie sagte, ich dürfte nicht nach Hause, wenn ich nicht esse. Ich wollte aber nicht essen, weil das Schlucken so wehtat. Ich hatte Tante Gusti zwar sehr gerne, aber ich fühlte mich von meinen Eltern alleingelassen. Ich verstand es überhaupt nicht, warum sie mich nicht besuchten. Damals lag man noch mindestens fünf Tage im Krankenhaus. Im Nachhinein, als ich schon älter war, erfuhr ich, dass meine Eltern öfters durch das Glasfenster geschaut haben, aber beschlossen wurde, es wäre nicht gut für mich, wenn sie mich besuchten, weil ich sonst hysterische Anfälle gekriegt hätte, und sie mich beim Abschied nicht beruhigen hätten können. Also war ich damals schon, aufgrund meines psychischen Zustandes, nicht unter Kontrolle zu kriegen. Es war besser, mich allein zu lassen. Aber sie sorgten sich um mich und schickten die Tante Gusti, die ich sehr gerne mochte. Sie war immer lieb zu mir.

Der zweite Aufenthalt war nicht viel besser. Da bekam ich zwar Besuch, aber fühlte mich auch sehr alleine. In unserer Familie war es scheinbar üblich, dass jedes Kind einmal wegen unklaren Fiebers ins Krankenhaus zur stationären Durchuntersuchung musste. Auch wenn da nie eine Ursache gefunden wurde. Und da ist mir bis heute noch eine Situation im Kopf, die mir besonders peinlich war. Da kam ein älterer

Arzt mit seinen jüngeren Gehilfen an mein Krankenbett und fragte mich, wie es mir geht. An das Gespräch kann ich mich nicht mehr erinnern, aber das, was dann passierte. Er stülpte sich einen Fingerling über und tastete in meiner Intimregion herum. Ich kann es nicht mehr sagen, ob es sich um eine vaginale oder rektale Untersuchung gehandelt hat, aber ich fühlte mich bloßgestellt. Ich lag da mit aufgestellten Beinen und rund ums Bett waren wildfremde Menschen die zusahen. Und das, obwohl ich zu Hause nicht mal meine Eltern nackt gesehen hatte. Ich kannte mich nicht aus. Aber ich wusste, dass da was passiert war, mit dem ich nicht einverstanden war.

Ach ja, und da waren noch die vorzeitigen Wehen in der Schwangerschaft. Da war ich zwei Wochen ans Bett gefesselt und durfte nicht mal aufstehen, um aufs WC zu gehen. Damals habe ich mich unterstanden und bei einer Visite zur Oberärztin gesagt, dass ich gerne zu Hause sein würde. Sie hat mich dann gleich als „Rabenmutter" tituliert und gesagt, ich würde nicht an mein Kind denken. Dann habe ich bis zum Heimgehen nichts mehr gesagt.

An diesem 25. August gingen mir sehr viele Dinge durch den Kopf und ich beschloss, während des Aufenthaltes, ein Tagebuch zu führen. Ich wollte alles aufschreiben, was ich so machte und welche Gedanken mir durch den Kopf gingen. An diesem Tag war ich noch nicht so weit. Auch, wenn die Zeit nicht verging. Mittlerweile kam es mir vor, als wäre ich schon ein Jahr hier.

Ich holte Informationen ein und erfuhr, dass es ein schwarzes Brett gab, auf dem die Therapien für den nächsten Tag bei jedem Einzelnen eingetragen wurden.

Abends war es noch sehr schön warm, und wir saßen noch zum Rauchen bis 22 Uhr im Freien.

Lena war sehr unruhig und rannte ständig ein und aus.

Und abends kam dann noch eine junge Frau zur Aufnahme, die mich ansah, als käme sie aus der „gehobeneren Schicht", was ja auf der Sonderklasse keine Ausnahme war. Ich machte mir so einige Gedanken über sie, weil sie gleich mit jedem redete. Sie musste sehr offen sein. Ihre Aufnahmediagnose war ein Burn-out. Sie war Geschäftsfrau, in meinem Alter und hatte denselben zweiten Vornamen. Aber ich war anfangs skeptisch. Oder war es Eifersucht, weil jetzt jeder mit ihr sprach und ich nicht mehr die Neue war?

Lena setzte sich gleich neben sie und erzählte ihr Dinge, denen kaum jemand folgen konnte. Maria, so hieß die neu Angekommene, schien entsetzt und genervt zu sein. Es ging wieder um Hexen und den bösen Blick.

Nach ein paar Minuten ging ich ins Bett und konnte wieder die ganze Nacht kein Auge zutun.

Am nächsten Tag würde ich mit dem Tagebuch beginnen und endlich Ordnung in mein Leben und meine Gedanken bringen.

Die folgenden Zeilen sind nun Ausschnitte aus dem Tagebuch, dass ich während des Aufenthaltes geschrieben habe.

26. August 2007

Heute ist mein dritter Tag auf D 201. Allerdings kommt es mir vor, als wäre ich schon ein Monat hier. Es tut sich nichts. Ich habe keine Lust mal richtig nachzudenken.

Das Pflegepersonal sagt mir schon ständig, ich solle mich mal ein wenig zurückziehen und an mich denken. Ich soll mich schließlich erholen und es soll jetzt mal alleine nur um mich gehen. Ich bin wichtig.

So hat das noch nie jemand zu mir gesagt. Ich glaube es kaum.

Ich werde von einigen Mitpatienten belagert, die glauben, sie müssen mir nur wegen meines Doktortitels ihre Krankheits- und auch Lebensgeschichte erzählen. Aber immerhin lenkt es mich von meinem Leben ab.

Da ist Lena, sie ist 24 Jahre alt, ist manisch-depressiv und leidet an einer paranoiden Schizophrenie. Regelmäßig bekommt sie Angstattacken und sagt, ich solle sie beschützen und ihr helfen. Sie möchte nicht auf die geschlossene Abteilung, da war sie schon ein paar Mal.

Ich komme aber mit mir selbst nicht zurecht.

Habe begonnen, brav zu essen. Drei Mahlzeiten am Tag und zwischendurch Obst. Beim Blick in den Spiegel ist mir zum ersten Mal aufgefallen, dass ich wirklich dünn bin. Bisher hatte ich es anders gesehen.

Lukas besucht mich täglich, aber nach ein paar Stunden habe ich das Bedürfnis, alleine zu sein.

Schlafen tu ich sehr spät, weil ich nicht einschlafen kann. Ich muss jetzt so viel nachdenken, aber nie etwas Sinnvolles. Meistens denke ich nur daran, wie peinlich meine Situation ist und was die anderen sich über mich denken.

Habe jetzt auch Versagensängste. Was ist, wenn ich auch jetzt aus dem ganzen Schlamassel nicht rauskomme?

An Medikamenten bekomme ich jetzt zwei verschiedene Antidepressiva. Morgens 40 mg Seropram und abends zum Schlafen 50 mg Trittico. Habe mich jetzt entschieden, doch was zum Einschlafen zu nehmen. Möchte endlich wieder ordentlich schlafen und morgens fit sein.

Wegen möglichen Entzugserscheinungen bekomme ich gar nichts. Nur bei Bedarf, sollte ich nervös werden, haben sie was aufgeschrieben. Bei der Visite hat die Ärztin gesagt, sie findet es super, dass ich keine Zusatzmedikamente gebraucht habe.

Mein Vater hat mich am Telefon gefragt, ob ich eigentlich gemerkt habe, dass ich am Ende bin und ich habe ihm geantwortet: „Nein, nicht wirklich."

War mir erst sehr spät bewusst, und da hab ich um Hilfe geschrien. Aber mein Umfeld hat es schon mitbekommen. Ich wurde ja auch angesprochen darauf. Aber ich denke, da ist halt jeder vorsichtig.

Habe mich für therapeutisches Boxen und für „aktives Erwachen" angemeldet. Klingt spannend.

Ich finde, dass alle hier sehr nett zu mir sind. Das Personal und die Mitpatienten.

Es gibt noch Valerie, sie ist auch 24 Jahre alt, studiert Wirtschaft und leidet schon seit Längerem an manisch-depressiven Phasen, die derzeit aber nicht im Vordergrund stehen. Seit Neuestem hört sie böse Stimmen. Ich möchte sie da aber nicht so genau drüberausfragen. Ich denke, da kommt alles hoch. Sie wirkt so sehr normal, wie die meisten Menschen auf der Straße und scheint sehr intelligent zu sein.

Ständig denke ich im Kreis. Wie wird es werden, wenn ich in meine Heimatstadt zurückkehre? Eigentlich sollte ich mir nicht so viele Sorgen machen, sondern zuerst mal gesund werden. Das war jetzt das erste Mal, dass ich zugegeben habe „krank" zu sein, sonst könnte ich ja nicht gesund werden wollen.

Was mir wichtig ist, ist eine „ordentliche" Gesprächstherapie. Mit meinem ehemaligen Therapeuten bin ich nicht so gut ausgekommen. Da hat was gefehlt. Ich habe nur an der Oberfläche herumgekratzt. Habe nie darüber geredet, was mich wirklich bewegt. Aber ich wusste es ja auch gar nicht. Hoffe, ich habe noch nicht sehr viel zugenommen, da ich so fleißig esse.

Auf der Station gibt es noch eine pensionierte Professorin, die Depressionen und Alkoholprobleme hat. Gibt es scheinbar wirklich in jeder Schicht. Es scheint hier jeder sehr ehrlich zu sein. Über Probleme wird offen gesprochen.

Ich könnte diesen Aufenthalt hier nutzen, um „Nein-Sagen" zu lernen. Der Pfleger Markus hat mir gestern auch gesagt, ich solle das tun. Besonders, wenn ich meine Ruhe haben will. Aber dann verletze ich doch mein Gegenüber.

Rosmarie, die Professorin, hat gestern gemeint, ich wäre so eine „Süße". Das tut gut. Na ja, aber was hat mir das im Leben geholfen? Ich will es nur jedem recht machen. Es gibt vieles aufzuarbeiten. Mir wurde sogar angeboten, ich könnte alleine im Zimmer essen, um meine Ruhe zu haben. Es scheinen sich viele Leute Gedanken um mich und mein Wohlergehen zu machen.

Ich frage mich in letzter Zeit oft, ob es sein kann, dass ich zu gutmütig bin. Hat mich meine Gutmütigkeit hierher gebracht?

Ich kann so viele Fragen, die ich mir selbst stelle, einfach nicht beantworten.

Hier wird sehr viel geweint und keiner schämt sich dafür. Ich möchte auch wieder Gefühle empfinden können. Möchte auch weinen können. Einfach laut losschluchzen und mich selbst bemitleiden.

So richtig zusammengebrochen bin ich nach der Rückkehr vom Urlaub in Italien, der aber wahnsinnig toll war. Habe mich so wohlgefühlt, aber ständig ans Nachhausefahren gedacht. Schon am zweiten Tag.

Ich muss das alles, diesen Aufenthalt in der Psychiatrie, einfach als Neuanfang sehen. Und wenn es sein muss, suche ich mir auch eine neue Arbeit. Falls ich gekündigt werde, meine ich.

Unter den Patienten treten auch manchmal Spannungen auf. Wahrscheinlich, weil jeder Ich-zentriert ist. Oder zumindest kommt das hier geballt vor, weil es jedem eingeredet wird, dass er auf sich schauen soll. Das sind dann ganz schlimme Situationen für mich, weil ich das von zu Hause zur Genüge kenne, und ich sollte ja zur Ruhe kommen. Ich sollte mich wirklich mehr zurückziehen. Und ich hätte gerne wieder mehr Freude am Leben. Kann man das hier auch irgendwo bestellen? So wie das Frühstück, Mittag und Abendessen?

Ich bekomme Ataraxtabletten und irgendwie haben die eine komische Wirkung auf mich. Ich bin zwar müde, aber kann nicht schlafen und meine Muskeln spannen sich ganz komisch an. Im Schulterbereich.

Jetzt gibt es dann Mittagessen. Die Waage zeigt immer dasselbe Gewicht an und das ist gut. Ich denke, ich kann das Gewicht mit der Ernährung hier gut halten, zumindest wenn ich Süßes weglasse und bewusst esse.

Sr. Myriam hat sich mit mir unterhalten, sie dürfte meine Bezugsschwester sein. Ich finde sie sehr nett. Lena und Valerie schimpfen ja immer über das Personal, aber das gehört scheinbar zu ihrer Krankheit.

Ich hoffe, ich bin höflich genug.
Jetzt werde ich mich erholen, wie es mir alle raten ...

Lukas war zu Besuch da.
Valerie ist zu mir ins Zimmer gezogen, weil sie neben Lena nicht schlafen kann. Ich habe es ihr angeboten. Lena kann aufgrund ihrer Krankheit nicht schlafen und geistert die ganze Nacht herum. Ordnet CD´s und geht auch in fremde Zimmer. Sie ist echt arm, aber Valerie muss für ihre Prüfung an der Uni lernen. Lena ist jetzt ein wenig sauer, sie hängt ziemlich an mir, weil ich ihr immer zuhöre, denke ich. Und es war so eine Nacht-und-Nebel-Aktion, der Umzug. Obwohl das Pflegepersonal sie vorher vorbereitet hat. Das tut mir sehr leid. Ich mag sie sehr gerne. Sie ist so ein liebes und intelligentes Mädel. Genie und Wahnsinn liegen scheinbar wirklich nahe beisammen.
Gegen 18 Uhr habe ich zu Lukas gesagt, dass ich gerne noch ein wenig alleine sein würde vor dem Schlafengehen. War nicht böse gemeint, aber ich brauche wirklich Zeit für mich. Das sehe ich jetzt ein.

Umberto war heute auch da, weil er mit Fritz, einem Freund, in Linz war. Es war sehr nett, und er hat ständig „kleiner Muck" zu mir gesagt. Das hat gutgetan.
Fritz ist ja schon lange im Krankenstand aufgrund psychischer Probleme. Ich denke als Krankenpfleger möchte er gar nicht mehr arbeiten. Bei einer Blutuntersuchung haben sie gemerkt, dass er erhöhte Leberwerte hat und der Arbeitgeber hat gemeint, er müsse eine Behandlung in Traun durchführen lassen. Da geht er jetzt tagesklinisch hin. In der Gesellschaft ist das mit dem Alkohol schon sehr weit verbreitet. Und wenn ich so darüber nachdenke, sitzen in den Lokalen, in denen ich früher auch so verkehrt bin, eigentlich hauptsächlich Menschen, die nicht so besonders glücklich im Leben sind und wahrscheinlich dann zum Glas greifen. Sinnvolle Gespräche kamen da ja meistens nicht raus. Die wenigen Nüchternen gehen ja dann meist früher.

Ständig denke ich ans Zurückkommen nach dem Aufenthalt hier. Und eigentlich bin ich gerade erst angekommen. Ich habe Angst davor. Vor allem vor der Arbeit und vor den Kollegen, eigentlich vor dem gesamten Krankenhauspersonal. Vor den Blicken und den ständigen Beobachtungen. „Wie sieht sie aus? Wie geht es ihr? Hat sie sich verändert? Hat sie eingesehen, dass es nicht in Ordnung war, wie sie sich aufgeführt hat? So verantwortungslos." Das werden sie sich denken.

Je häufiger ich über meine jetzige Situation nachdenke, desto mehr komme ich zu dem Schluss, dass mein Zusammenbruch irgendetwas mit dem Urlaub in Italien zu tun hat. Das muss ich rausfinden. Ich konnte nicht mehr arbeiten. Alles war mir zu viel. Mich hat alles „angekotzt" und ich habe ja auch alles rausgekotzt, im wahrsten Sinne des Wortes. An das kann ich mich noch erinnern. Die Bulimie war so richtig präsent, tagtäglich.

Schrecklich, ich kann mich an die Woche vor meiner „Einlieferung" an fast gar nichts mehr erinnern. Ich habe kaum gegessen, zumindest nichts behalten und nur getrunken, dann war der Selbstmordversuch. Nein, der war schon vorher. Eine böse SMS von einer Arbeitskollegin, die meine Spielchen satthatte, die Anrufe meines Chefs. Armando, mein Bruder, stand irgendwann neben meinem Bett im Schlafzimmer, mein Cut unter dem Auge, mein ganzer Körper war übersät mit blauen Flecken, dann der Anruf bei Edwin, dann bei meinem Chef, bei einem meiner Arbeitskollegen und dann kam die Fahrt in die Nervenklinik. Von da an erinnere ich mich wieder. Von vorher sind nur so Ausschnitte, Szenen in meinem Gedächtnis, die ich aber teilweise nicht zuordnen kann. Auch nicht zeitlich. War wie im Film. Bis ich mir eingestand, dass ich nicht mehr kann. Entweder sterbe ich wirklich, oder ich lass mir helfen. Oder zumindest teile ich jemanden mit, dass ich nicht mehr kann. Und das war dann Edwin, der sofort gehandelt hat. Diese Zeit war auf jeden Fall die Hölle. Und jetzt sieht man die Folgen immer noch. Aber hier kann ich offen reden. Man erfährt im Gespräch, dass es Menschen gibt, die Ähnliches durchgemacht haben. Und jetzt soll ich mich erholen und wieder gesund werden. Hier wird die Krankheit anerkannt. Ich denke, wenn man ehrlich ist und dazu steht, wird sie auch von den Menschen „draußen" anerkannt werden. Durch den ganzen Alkoholkonsum kann ich mich nicht mal mehr erinnern, was die Leute am Telefon, einen Tag vor meiner Abreise alles zu mir gesagt haben. Ich war erledigt und am Ende. Das macht mich aber psychisch fertig. Die Ungewissheit. Ich sollte aber im Jetzt leben und schauen, dass ich wieder auf die Beine komme. An mich denken, an mich, mich und nochmals an mich und was mir gut tut.

Die ganzen Eskapaden und Affären wollte ich eigentlich gar nicht. Das Fremdgehen hat mir nur geschadet und meinem Selbstbewusstsein gar nicht geholfen. Es war wahrscheinlich ein „Ausbruchsversuch", aus einer Beziehung, die mich erdrückt.

Es hat mir heute sehr wehgetan, wie Lena über Lukas geredet hat. Sie hat gesagt, dass ich was Besseres verdient hätte und er das wahrscheinlich eh merkt und jetzt Angst kriegt und wir gar nicht zusammenpassen. Ich mag es nicht, wenn so über ihn geredet wird. Noch dazu kennt sie ihn gar nicht, und ich habe ihr nichts erzählt, sie hat ihn nur gesehen.

Im Leben wurde mir schon einiges angetan. Der Missbrauch im Kindergarten durch diese Helferin, der angekündigte Tod meiner Mutter, als sie an Brustkrebs erkrankt ist. Die sexuellen Übergriffe durch meinen Cousin, auch da war ich noch ein Kind, die Prügel, die ich von Lukas bezogen habe, weil ich nicht so war, wie ich sein sollte. Weil ich schlecht war und nur an mich dachte und zu meinem Vergnügen mit anderen ins Bett gestiegen bin und das mit voller Absicht, um ihn zu verletzen. Das sind jetzt die Dinge, die mir spontan einfallen. Dann war da noch die Beziehung meiner Eltern, in der mein Vater ständig meine Mutter kritisiert hat, wegen allermöglichen Dinge. Wenn die Kinder nicht funktioniert haben, war sie schuld, manchmal war sie zu dick, zu schlampig angezogen und oft passte beim Essen etwas nicht. Ach ja, und eine Spielerin war sie auch, weil sie Lotto spielte und hin und wieder ein Glückslos kaufte. Mittlerweile hat sie mit dem Lottospielen aufgehört. Als sich mein großer Bruder scheiden ließ, ist für mich auch die heile Welt zusammengebrochen. Ich wollte immer so sein wie er, ein erfolgreicher Arzt mit einer glücklichen Beziehung und einer Vorzeigefamilie. Ich dachte immer, die einzigen treuen Männer, die ich kenne und für die ich die Hand ins Feuer legen würde, wären mein Vater und mein Bruder. Da hätte ich mich ordentlich verbrannt. Und das tat mir weh. Mein Vorbild war gar nicht so, wie ich es mir vorgestellt hatte und dem ich nacheiferte mit allen Mitteln. Und sogar der Tod vom Ex-Schwiegervater meines Bruders hat mich mitgenommen, weil ich als Notärztin beteiligt war. Ich konnte ihn nicht retten, aber das hätte auch kein anderer gekonnt. Aber ich habe mich immer wieder gefragt, warum ich gerade Dienst haben musste. Die ganzen Toten auf der Straße fallen mir da ein. Das ständige Auf- und wieder Niederlegen im Nachtdienst. Aber ich denke mir stets, dass sich diese Dinge nicht so gravierend auf meinen psychischen Zustand ausgewirkt haben. Es ist irgendwie alles zusammengekommen, wie es scheinbar so oft im Leben ist, und ich habs nicht mehr gekappt und aus. Und jetzt wird mir geholfen!

Zumindest sehe ich selbst schon, dass ich dünn bin. Und ich esse gerne. Habe schon noch Angst vor einer Gewichtszunahme, aber ein paar Kilo werde ich akzeptieren. Mein schwarzes enges Audrey Hepburn Kleid kann ich dann wahrscheinlich vergessen. Es sieht aus wie das Kleid, das sie bei „Frühstück bei Tiffany" anhatte. Oh Gott, warum denke ich an so etwas?

Apropos Gott. Mein Vater hat mir heute telefonisch mitgeteilt, dass er schon gebetet hat, Gott soll mich zu sich nehmen. Das finde ich schlimm. Eigentlich heißt das, es wäre besser, ich würde sterben. Habe bis jetzt noch gar nicht darüber nachgedacht, am Telefon war ich nur kurzfristig still. Ich denke, er hat gemeint, damit ich meinen Frieden finde. Zumindest hoffe ich, dass er nicht gemeint hat, dass er seine Ruhe hat.
Oh Gott, bitte hilf mir!!!! Lass mich das alles durchstehen. Ich möchte stark sein. Ich möchte glücklich werden, zumindest

ein zufriedener Mensch. Ich möchte mit mir selbst zufrieden sein, mehr Selbstbewusstsein haben, mehr Zuversicht in meine eigenen Fähigkeiten legen, mehr Bestimmtheit an den Tag legen, „Nein-Sagen" können, meine eigene Meinung ausdrücken können. Ist das zu viel verlangt?

Oft kann ich ja nicht mal ausdrücken, was ich will und was nicht. Habe meinen Weg komplett verloren, mein Gleichgewicht, meine Mitte, meine Gefühle. Alles, was das Menschsein ausmacht. Von der ursprünglichen Nunzia ist nichts mehr da. Die habe ich selber zerstört oder zugelassen, dass sie zerstört wird. Und ich muss mich da auch wieder rausholen können. Mit Hilfe muss das funktionieren. Aber ich denke, dass ich einen Großteil schon selbst machen muss. Und auf jeden Fall genug Willen aufbringen.

Jetzt werde ich auf den Balkon gehen, wenn mir die Gespräche mit den Mitpatienten zu viel werden, gehe ich einfach ins Bett.

27. August 2007

Ich sitze jetzt in der sogenannten „psychotherapeutischen Stationsgruppe". Sie wird von einer Psychologin geleitet, die gerade die Psychotherapieausbildung absolviert. Wir sind aber nur drei Patienten und es ist kaum Interesse vorhanden. Eine Person fühlt sich nicht angesprochen, weil sie Unpünktlichkeit hasst und kaum jemand gekommen ist. Sie möchte wieder gehen. Und plötzlich geht doch die Türe auf und es kommen noch Leute, die Interesse an der Gruppe zu haben scheinen.

Es geht ums „Ich-Sein", aber wie bin ich? Und wieder geht es darum, dass man auf sich schauen soll. Und beim Gesundwerden soll man sich in Geduld üben. Geduld ist auch ein Wort, dass hier oft verwendet wird. Wie werden wir draußen zurechtkommen? Ich denke, wir werden uns verändert haben.

Ein Mann erzählt, dass er noch vor sechs Wochen nicht wusste, ob er auf der Straße leben wird oder sterben will und

34

seit etwa zehn Tagen geht es ihm wieder so richtig gut. Das hat mir Mut gemacht. Ich habe in die Diskussion eingeworfen, dass ich mir zum jetzigen Zeitpunkt nicht vorstellen kann, zu Hause zu sein. Obwohl es teilweise auch hier sehr anstrengend für mich ist. Gerade was die Gespräche mit den Mitpatienten betreffen. Und ich konnte mich auch früher schon nicht so richtig abgrenzen.

Die Gruppe fand ich gut, obwohl sie nur 45 Minuten gedauert hat und mit Verzögerung angefangen hat, weil die meisten zu spät kamen.

Heute werde ich die erste richtige Visite haben, mit den für mich zuständigen Ärzten, am Wochenende waren die nicht da. Bin schon neugierig, aber auch etwas nervös. Aber auf diese komische Ataraxtablette werde ich immer ganz nervös, es ist ein Antihistaminikum und wirkt antidepressiv, sollte schlaffördernd sein, aber ich kann trotzdem nicht einschlafen. Ich schlafe im Allgemeinen sehr schlecht.

Ich möchte aus diesem Aufenthalt das Bestmögliche herausholen. Und ich denke die Gespräche mit den anderen, die einfach auch offen reden und man sich nicht schämen muss, tun mir gut. Ich möchte wieder Selbstbewusstsein aufbauen. Habe ich überhaupt mal eines gehabt? Das ist fraglich. Es tut gut, wenn man sieht, dass es andere Menschen geschafft haben.

Zu Hause möchte ich meinen Gesprächstherapeuten wechseln, irgendwie konnte ich bei ihm nicht ehrlich über mich sprechen. Ich konnte mit ihm nicht über alles reden. Zum Beispiel hätte ich ihm nie erzählt, dass ich in der Beziehung auch deswegen Probleme habe, weil ich keine Lust mehr auf Sex habe.

Finde es hier oft anstrengend, auch weil ich von den Medikamenten so geschlaucht bin. Fühle mich wie erschlagen.

Manchmal denke ich mir, ich möchte einfach meine Ruhe haben, aber ich fühle mich fast ein wenig verpflichtet, mich um Lena zu kümmern. Sie erscheint mir so hilflos.

Die morgendliche Stationsgruppe hat mir geholfen, nachzudenken. Das ging dann sehr gut. Ansonsten fühle ich mich derzeit wie in einem Film. Bin schon gespannt, was Edwin mit meiner Ärztin am Telefon besprochen hat. Vor allem, wie es jetzt weitergehen soll mit mir. Ob sie Traun erwähnen wird oder nicht? Mein Alkoholkonsum in der letzten Zeit war schon gewaltig. Ich denke mir, ich würde lieber längere Zeit hier bleiben.

Abends wird Lukas wieder kommen, wenn es geht, möchte ich einmal mit ihm auswärts essen gehen. Heute Morgen habe ich mich so sehr aufs Frühstück gefreut, konnte es kaum erwarten, dass es 7 Uhr 30 wird.

Meine Zimmerkollegin Valerie hat hin und wieder auch ihre „närrischen fünf Minuten". Da ist ihr gar nichts recht und sie fühlt sich nicht gut behandelt von den Ärzten. Sie wird auch nicht lange hier bleiben, weil sie jetzt schon vom Heimgehen redet.

Außer Lukas wird mich keiner besuchen, denke ich. Ach ja, Umberto, mein kleiner Bruder, war ja gestern da, weil er zufällig in Linz war. Es hat mich sehr gefreut. Ich hätte mir nie gedacht, dass ich mit so vielen verschiedenen Menschen in einer Gemeinschaft „zusammenleben" kann. Aber das liegt wahrscheinlich an der Offenheit von den meisten hier. Und über das Wort „normal" denke ich öfter nach. Was ist schon normal? Da muss ich mir eine neue Definition ausdenken. Vielleicht „originell" statt „geistig abnormal". Aber da haben sich sicher schon viele Menschen Gedanken darüber gemacht, da braucht es mich nicht dazu. Ich denke, oft verschwimmen die Grenzen. Der Zustand von Lena dauert jetzt schon lange an, aber ich dachte mir das fast. Ist doch eine sehr komplexe Sache und sie hat ja massive Angst und auch Wahnvorstellungen. Man will sie töten. Die Ärzte und das Pflegepersonal und ihre Mutter wollten sie auch schon töten, als sie vor 10 Jahren mit Depressionen hier war. Die Familie soll ausgelöscht werden, und die Ärzte sollen das ausführen.

Ich habe teilweise Angst, dass die Krankheit bei mir auch mal ausartet, wenn ich höre, dass es bei so manchen auch mit einer depressiven Störung begonnen hat.

Heute ist einiges passiert. Die Visite bei meiner behandelnden Ärztin, die sehr nett ist, hat mich ziemlich auf den Boden der Tatsachen gedrückt. Edwin hat ihr von meiner Partnerschaft, in der auch Gewalt eine massive Rolle spielt, erzählt. Sie hat auch gemeint: „Das Wahre ist die Beziehung wohl nicht", und ich habe geantwortet, dass halt so viel vorgefallen sei, was ich nicht vergessen kann.

Ausgang aus dem Krankenhaus ist nach Abmeldung beim Pflegepersonal möglich. Aber um nach Hause zu fahren, ist es noch zu früh, sagt sie. Ich habe ihr auch gesagt, dass ich sehr froh bin, hier zu sein und ich könnte mir derzeit nicht vorstellen, mich in der gewohnten Umgebung aufzuhalten. Der Abstand ist gut.

Habe mir ein halbes Praxiten geholt, weil mich die Unterredung sehr aufgewühlt hat, da es um meine Beziehung gegangen ist.

Die Mitpatienten sind ja randvoll mit Beruhigungsmittel. Da kann ich auch mal ein Halbes nehmen. Meine Ärztin hat auch gemeint, dass es besser ist, Abstand zu gewinnen, auch von der Arbeitsstelle und ich soll mich jetzt erholen, weil ich das dringend nötig habe. Weiters hat sie mich gefragt, ob ich meinen Traumberuf ausübe. Ich habe ihr geantwortet, dass Notärztin eigentlich nie mein Plan gewesen wäre.

Auf jeden Fall ist mir klar, dass ich einiges umkrempeln muss. Ich tu mich beim Denken schon wieder schwer. Ich werde einige Zeit hier bleiben.

Am Nachmittag hatte ich ein Gespräch mit einer Ergotherapeutin. Ich wurde nach meinen Stärken gefragt, da herrschte dann mal lange Zeit Stille, zumindest kam es mir so vor. Welche Stärken habe ich eigentlich?
Raus kam dann:

- hilfsbereit
- sozial talentiert
- ausdauernd
(früher habe ich meine Hobbys mit Ausdauer verfolgt, dann das Studium und auch in der Beziehung bin ich trotz Komplikationen ausdauernd, hat die Therapeutin gemeint)

Dann haben wir noch drei Punkte durchbesprochen, die ich während des Aufenthaltes hier erreichen möchte:

- mehr Selbstwertgefühl und mehr Selbstständigkeit
- Mitteilungen und eigene Bedürfnisse formulieren können (Nein-Sagen lernen)
- Gefühle ausdrücken lernen

Auch die Ergotherapeutin hat gemeint, ich solle endlich auf mich schauen.
Mir fehlt mehr Bewegung hier im Krankenhaus. Eigentlich sitze ich die meiste Zeit und rauche.
Auf die Gesprächstherapie, die bald eingeleitet wird, bin ich auch schon sehr gespannt, ich hoffe, sie bringt mir diesmal mehr. Vielleicht wird auch für zu Hause ein neuer Therapeut gefunden. Aber es wäre mir auch egal, einmal pro Woche nach Linz zu fahren.
Und was war heute noch so los?
Ach ja, mit einem Pfleger habe ich über das Thema Alkohol gesprochen, er meinte, man muss wirklich rechtzeitig die Kurve kratzen, manche versäumen den Absprung und dann ist es zu spät. Und er meint, dass die Leute immer über einen reden. Da hat er total recht und ich wollte mir selbst nicht eingestehen, dass sie das ja schon seit geraumer Zeit machen. Vor ihm stehen so viele Leute, genau wie jetzt ich, aus unserer Berufssparte, die genau dieses Problem haben. Angeblich sind wir da richtig gefährdet.

Ich sehe meinen psychischen Zustand und den Aufenthalt in der Psychiatrie jetzt als „Schuss vor den Bug" und wünsche mir, dass mich nicht die volle Breitseite erwischt.

Ich muss „Nein-Sagen-lernen". Ich scheitere im Leben so oft, durch meine Gutgläubigkeit und Gutmütigkeit.
„Frau Doktor schauen sie doch einmal auf sich selbst", das habe ich hier schon oft gehört. Aber vielleicht bin ich ja der totale Egoist und deswegen hier. Weil ich mich viel zu wichtig nehme.

Lena habe ich jetzt mein letztes Geld gegeben, sie möchte was einkaufen, waren aber nur fünf Euro.

Neben dem Balkon ist direkt der Hubschrauberlandeplatz. Jedes Mal, wenn einer kommt, denke ich an die Arbeit.

Ich habe ein Problem mit meinem Körpergefühl, am liebsten würde ich mich schon wieder von einer Schwester auf die Sitzwaage setzen lassen. Aber ich gehe ihnen sicher schon auf die Nerven mit meinem Wahn.

Konnte mich noch nicht aufraffen, ein Buch zu lesen, weil ich mir denke, ich muss einfach über gewisse Dinge nachdenken und sollte nicht abgelenkt sein.
Warum bekommt eigentlich hier jeder so viele Beruhigungsmittel? Ich bin die Ausnahme. Und dann hol ich mir aber freiwillig ein Halbes. Aber mich wühlen die ganzen Gespräche teilweise so auf, weil es um mein Leben geht, das aufgearbeitet werden muss.
Teilweise empfinde ich die Situationen hier als sehr „schräg". Die Menschen sind schräg. Schräg ist ein besserer Ausdruck für psychisch krank, finde ich.

Über die Depressionen meiner Mutter denke ich oft nach, die sie sich nicht eingesteht. Aber ich steh jetzt zu meinen.
Vor dem Spiegel denke ich mir jetzt auch, dass ich so richtig „ausgemergelt" aussehe. Essen und ausruhen wird mir guttun.
Ich werde das alles hier jetzt als Chance sehen, mein Leben wieder in den Griff zu bekommen.
Manchmal frag ich mich, ob Lena mir nicht doch was vorspielt. Sie ist nämlich so klug, weiß über sehr viele Dinge Bescheid und ist sehr interessiert. Mein Lieblingsautor Paolo Coelho war auch einige Male in einer Psychiatrie. Er wurde von seinen Eltern eingewiesen. Wahrscheinlich hätten das meine auch gerne gemacht, als ich noch jünger war, aber da hätten sie ja an die Nachbarn, und was die sagen, denken müssen. „Wir konnten mit unserem Mäderl nicht mehr

richtig umgehen oder überhaupt umgehen, darum konnten wir nicht anders. Wir haben immer andere Personen gesucht, die uns bei ihrer Erziehung helfen. Das ist gut für sie." Meine Fantasie geht schon wieder mit mir durch.
Über das Vergangene möchte ich nur mehr mit meinem Therapeuten, meiner Familie und meinen besten Freunden (wer sind die?) unterhalten. Ich möchte mich nicht mehr rechtfertigen.

Heute Abend wird Lukas noch kommen. Manchmal frage ich mich, ob das wirklich so gut ist, er hat mich in der letzten Zeit sehr oft verletzt, auch körperlich. Als Ale in Panik geraten ist, weil er mich mit dem Umbringen bedroht hat und er die Oma angerufen hat, die gleich gekommen ist, mein Auge, das genäht werden musste, der ständige Drang nach Sex, damit er Bestätigung bekommt, dass ich ihn liebe. Zumindest empfinde ich das alles so. Ich bin sicher nicht ohne, und ich kann ihn provozieren, aber gewisse Dinge habe ich einfach nicht verdient. Während ich diese Dinge schreibe, fühle ich Wut. Ich habe scheinbar doch noch Gefühle irgendwo versteckt.

Ich bin für manche Dinge einfach zu schwach, theoretisch wüsste ich ja, was in gewissen Situationen zu tun wäre, aber da bin ich wie gelähmt. Warum hat mich die Ergotherapeutin nicht nach meinen Schwächen gefragt?

Falls es zur Trennung kommt, gibt es Mediatoren, die einem helfen. Ich empfand es immer als praktisch, so wie es war, aber das hat gar nicht gestimmt. Es war nervenaufreibend. Sind noch Gefühle da? Oft denke ich an Freundschaft. Ich muss mir darüber klar werden. Wie sieht es mit der Gewohnheit aus? Ich habe ja gar keine Lust nachzudenken. Nachdenken tut weh. Oft tut Lukas so, als wäre er ein ganz anderer Mensch als der, den man sieht. Oder den ich sehe. Aber ich werde hier noch viele Gespräche führen und werde schon noch auf die Lösung kommen. Hier bekomme ich von anderen Leuten viel mehr Denkanstöße als von meinem ehemaligen Therapeuten.

Was mein Aussehen betrifft, habe ich das Gefühl, es wird jeden Tag besser. Ich meine damit mein Gesicht. Das blaue Auge verblasst langsam.

Die Eindrücke, die auf mich einströmen, seit ich da bin, sind gewaltig. Ich muss so viel wie möglich zu Papier bringen.

Ich verspüre wieder ein Hungergefühl, das kannte ich schon gar nicht mehr. Und der WC-Gang nach dem Essen fehlt mir gar nicht. Ich freu mich auf jede Mahlzeit, aber zunehmen möchte ich immer noch nicht. Aber wer sagt eigentlich, dass ich das muss. Meine Eltern. Sonst bin ich nicht mehr Papas Tochter, hat er gesagt. Ich finde es schwachsinnig von mir, Alkohol als Mittel zum Abnehmen einzusetzen. Irgendwann habe ich gemerkt, wenn ich nichts esse und abends was trinke, habe ich am nächsten Tag fast ein ganzes Kilo weniger. Ich weiß noch immer nicht, warum das so war. Aber vielleicht liegt es auch nur am Nichtsessen. Oder der Körper verbrennt beim Abbauen so viel Energie, dass man automatisch abnimmt. Irgendwie finde ich meinen psychischen Zustand sehr komplex. Was steht am Anfang bzw. ist die Ursache für die verschiedenen Störungen. Irgendwas muss dem Ganzen vorangegangen sein. Das habe ich heute auch schon mal irgendwo gehört.

Meine ganzen Narben im Gesicht machen mich wütend. Ich hätte in der letzten Zeit lieber öfter mal „Dampf ablassen" sollen, statt mir einen „Dampf anzuhängen". Mich interessiert der ganze „Scheiß" einfach nicht mehr. Der zu Hause mein ich.

Lukas hat mir versprochen, das Haus auf Vordermann zu bringen.

Ich möchte dieses Tagebuch vollschreiben und somit das „schwarze Kapitel" in meinem Leben abschließen. Endgültig.

28. August 2007

Heute Morgen war ich schon um 8 Uhr 15 bei der Ergotherapie und bin schwer begeistert davon. Bin Fr. Lange zugeteilt. Zuerst konnte ich mir alle vorhandenen Materialien anschauen und dann haben wir ein Gespräch geführt. Sie hat mich sofort durchschaut.

Gefallen haben mir die Perlen und Bänder, auch ein Bild ist mir ins Auge gestochen. Eines mit Spachtelmasse. Gefallen hätten mir auch noch Ledergeldbörsen.

Während des Gespräches hab ich ihr dann erzählt, dass ich zu Hause schon mal gemalt habe, mit Ölfarben, aber dass ich bald wieder aufgehört habe, weil ich die Bilder so hässlich fand und nicht zufrieden war. Ich hatte sie mir immer ganz anders vorgestellt, als sie dann geworden sind. Da ist dann meine Unzufriedenheit herausgekommen, vielleicht weil mein Vater sich immer die perfekte Tochter gewünscht hat. Und dann habe ich ihr erzählt, dass ich mich zwischen den einzelnen Materialien nicht entscheiden kann. Das ist meine Unentschlossenheit. Da mich das Element Erde fasziniert, haben wir uns dann auf ein Reliefbild in Erdfarben geeinigt. Ein Vorschlag ihrerseits wäre noch Ton gewesen.

Als es dann um die Größe des Bildes ging, wollte ich ein kleines machen, sie hat dann aber gemeint: „Wieso nicht ein mal ein Meter?", also habe ich zugestimmt, weil mir kein Gegenargument eingefallen ist. Selbstvertrauen. Irgendwie sind in diesem Gespräch meine ganzen Probleme aufgetaucht. Ich hätte mir ja kein so großes Bild zugetraut. Aber es war gut, nicht zu sagen: „Das kann ich nicht." Mein Vater hat immer gesagt, ich könnte alles, wenn ich wollte. Aber er hat schon sehr viel von mir erwartet. Oder es einfach nur vorausgesetzt. Allerdings glaub ich, dass er derzeit meine Schwächen akzeptiert. Warum bezeichne ich mich immer als schwach?

Als wir das Leinen gerissen haben für das Bild, habe ich Fr. Lange gesagt, dass ich eigentlich etwas für meinen Sohn oder für meinen Partner machen wollte. Aber da mir alle sagen, ich soll was für mich tun, habe ich mich für das Bild entschieden. Die Erde ist der Jungfrau zugeordnet und das ist mein Aszendent. Sie meinte dann, sie hätte mir das sowieso nicht durchgehen lassen. Außerdem hat sie das Gefühl, sie müsste mich fordern.

Das Bild wird also einen Quadratmeter groß. Auf der linken Hälfte kommen als Symbole mein Sternzeichen, der Krebs, und das Zeichen für das Element Wasser. Dies steht für die Wandelbarkeit, Reinigung. Auf der rechten Seite ist die Erde, mit meinem Aszendenten Jungfrau. Auf den Spachtelhintergrund werde ich Steine und Sägespäne geben. Habe schon Specksteine zusammengesucht und das Leinen vorbereitet. Den Rahmen möchte ich mir vom Tischler machen lassen, weil ich denke, es ist gut, Hilfe anzunehmen, wenn man die Möglichkeit dazu hat und ich sehr froh bin, Hilfe angenommen zu haben. Und außerdem ist es schön, wenn man jemanden hat, der einem hilft. Auf die Frage, was ich mir vom Krankenhausaufenthalt erwarte, habe ich gesagt, dass ich mir eine totale Veränderung wünsche. Dann hat sie wieder meine Unzufriedenheit erwähnt und hat gemeint, dass oft kleine Schritte besser sind und oft macht man auch einen Schritt zurück, aber über Kurven kommt man halt auch ans Ziel.
Und wenn man sich zwischen zwei Möglichkeiten nicht entscheiden kann, dann ist oft eine Dritte das Beste.

Heute habe ich seit Langem wieder mal Freude verspürt, ich war so richtig enthusiastisch und interessiert. Habe das Gefühl, ich lerne mich jeden Tag ein Stückchen mehr kennen.
Beim Frühstück hat Rosmarie heute gesagt, dass der Psychotherapeut Frankl gemeint hat, wenn man seinen Sinn des Lebens gefunden hat, hat man es schon geschafft. Was geschafft und was ist „mein Sinn des Lebens"? Wahrscheinlich gilt es das herauszufinden, und dann hat man es geschafft.
.
Verzweiflung steigt schon wieder in mir auf, weil ich schon wieder daran denke, wie es sein wird, wenn ich zurück in die Arbeit komme. Wie werden meine Kollegen und mein Chef reagieren? Aber ich habe den Schritt gewagt und mich in ärztliche Behandlung begeben. Aber ich werde sicher büßen müssen und ganz viele Dienste machen.
Hier bin ich in einer anderen Welt, ganz weit weg. Und die Menschen sind offen und nett. Ich konnte einfach nicht mehr.

Was könnte ich tun, um nie wieder zurückzumüssen. Da gibts nur Selbstmord. Ich mach mir auch dauernd Gedanken, weil ich ganz wenig verdiene, wenn ich keine Nachtdienste mache. Bei mir gemeldet hat sich gar niemand. Wahrscheinlich sind sie froh, dass ich weg bin.

Statt alles schwarz zu malen, sollte ich auf mich schauen und bald wieder auf die Beine kommen. Ich denke jetzt an mich. Ab sofort.

Aber ich habe ganz schlimme Zukunftsängste.

Und ich habe Angst viel zuzunehmen. 300 Gramm sind es schon. Und dann wird mir meine Kleidung bald nicht mehr passen. Aber ich möchte gesund aussehen, wenn ich wieder zurückkomme.

Meine Mitpatientin Maria möchte doch ihr altes Leben wieder weiterführen und möchte das Krankenhaus bald verlassen. Sie will den Stress der Wirtschaftswelt bald wieder haben. Ich könnte draußen noch nicht überleben.

Lukas hat mich heute angerufen und mir mitgeteilt, dass ich ihn sehr verletzt habe mit der Aussage: „Du bist einer der Hauptgründe, warum ich jetzt hier bin." O.K., ich versteh ihn aber auch. Meine Ärztin hat gesagt, ich muss das Thema in der Gesprächstherapie aufarbeiten. Ich muss so viel ändern und vor allem mal mich selbst.

Ich kann wieder weinen!

Viele in meiner Umgebung werden sich denken, dass habe ich mir ja gedacht, dass das mal so mit ihr enden wird.

Bei Rosmarie, der ehemaligen Professorin, kann ich mir so richtig vorstellen, wie sie zu Hause sitzt und Wein in sich hineinschüttet, aber sie ist ein total lieber, höflicher, gebildeter und feiner Mensch.

Freue mich auf morgen Nachmittag, da habe ich wieder Ergotherapie. Das Mittagessen werde ich auslassen und dann mit Lukas auswärts Essen gehen.

Dieses ständige Schamgefühl möchte ich nicht mehr haben.

Muss mir noch überlegen, was ich heute bei der Visite besprechen möchte. Würde gerne wissen, wie lange meine Ärztin glaubt, dass ich brauchen werde, bis ich mich wieder in der gewohnten Umgebung zurechtfinde. Mittlerweile fühle ich mich ganz wohl hier. Mit Lena kann man teilweise schon richtige Gespräche führen.

Heute bin ich mir mal wie ein Feigling vorgekommen, der sich in der Psychiatrie versteckt, es sich gut gehen lässt und sich vor der Arbeit drückt. Aber sogar mein Chef hat ja gesagt, ich sei krank.

Die gute Laune habe ich meist, wenn ich auf dem Balkon bin, von meinen Problemen abgelenkt. Ich denke dann mehr über die anderen nach.

Ich hoffe, ich kann mich zu Hause kreativ beschäftigen, so wie hier. Und ich möchte einen vernünftigen Zugang zum Essen finden. So richtig voll habe ich mich nach dem Essen hier noch nie gefühlt. Die Portionen sind gerade richtig.

29. August 2007

Lukas geht es zurzeit nicht besonders gut. Er meint, durch die ganzen Gesprächstherapien wird er für mich uninteressant. Gestern hat er wieder gemeint, ich habe ihm so viel angetan. Ich habe immer das Gefühl, er stellt sich so hin, als hätte ich ihn zu irgendwelchen Dingen, wie das Trinken von Alkohol, gezwungen und er hat nicht anders können. Er meint, ich bin immer so bös zu ihm. Bin ich ein böser Mensch? Da habe ich dann immer Schuldgefühle. Das sind diese Diskussionen, die mich zu Hause an den Rand des Wahnsinns gebracht haben. Ich war während seines Besuchs verzweifelt, er ist auch mit einem Gesicht dagesessen, dass jeder sicher geglaubt hat, ich hab ihm was Schlimmes angetan. Lena hat gemeint, als er weg war: „Er hat wahrscheinlich kapiert, dass du zu gut für ihn bist - er scheint ja gescheit zu sein." Sie hört nie auf, ihn mir auszureden in ihrer Psychose, aber ich halte sie für einen Menschen, der gewisse Dinge spürt. Und vielleicht durch ihre Krankheit jetzt noch viel mehr.

Heute Morgen in der pflegetherapeutischen Gruppe war es sehr lustig. Am Anfang sind wir zur Musik gegangen, gehüpft, haben getanzt. Anschließend haben wir uns Bälle zugeworfen und uns beim Namen genannt und positive Eigenschaften von dem, der den Ball fängt, gesagt. Dann sind wir noch mit geschlossenen Augen durch den Raum gegangen und haben die Hände auf die Schultern des Menschen gelegt, an den wir „angedockt" haben. Hat was mit Vertrauen zu tun. Dabei ist es mir etwas mulmig gewesen. Ach ja, dazwischen haben wir die Ohrläppchen desjenigen gerieben, den wir getroffen haben, wenn die Schwester in die Hände geklatscht hat. Vor ein paar Wochen hätte ich mir noch aufs Hirn gegriffen bei solchen kindischen Spielen, aber das war befreiend. Als Abschluss haben wir dann noch zwei Mundartlieder gesungen, sogar mehrstimmig und das mit Absicht.

Lena wurde auf die „Geschlossene" verlegt. Sie wollte aus dem Krankenhaus abhauen. Das hat mich nach dem Frühstück sehr mitgenommen. Ich hätte am liebsten geweint.

Bin zurzeit sehr nachdenklich, komme jeden Tag mehr darauf, wer ich eigentlich bin. Und ich habe begonnen aufzuhören, ständig meine Hände vor dem Körper zu halten. Das ist so ein Ausdruck für „ich will mich schützen". Derzeit brauche ich mich nicht schützen, ich werde geschützt.

Lukas hat heute gemeint, ich solle mein Helfersyndrom ablegen.

Jetzt war Visite und ich würde am liebsten sterben. Mir wurde so richtig bewusst, wie tief unten ich eigentlich bin. Meine Ärztin hat mir mitgeteilt, dass für den 7. September ein Bett für mich in Traun in der Alkoholikerklinik reserviert ist. Wahrscheinlich von Edwin. Mir ist alles runtergefallen - für acht Wochen! Habe dann zum Heulen angefangen, ich wusste ja nichts davon. Wir haben dann vereinbart, dass ich an einem Nachmittag nach Traun fahren werde und dort mit dem Oberarzt ein Gespräch führe. Für mich halte ich es am besten, zuerst mal vier Wochen hier im Krankenhaus zu bleiben und dann vier Wochen nach Traun ambulant zu gehen. Also mit der Arbeit brauche ich in den nächsten Wochen nicht zu rechnen. Aber mein Chef hatte recht, hier wird mir geholfen.

Auf die Frage, wie viel ich wirklich getrunken habe, kann ich nie eine Mengenangabe machen. Ich weiß nicht mal, was letzte Woche passiert ist. Ich finde alles so furchtbar. Aber hier fühle ich mich jetzt wohl.

Lenas Mutter hat vom Oberarzt in Traun geschwärmt, dass er so kompetent ist. Nach der Visite habe ich mir ein halbes Beruhigungsmittel geben lassen. 8 Wochen stationär in Traun, das halte ich nicht durch, da sterbe ich. Aber das wollte ich ja. Lenas Mutter meinte auch, dass ich das auch ohne stationären Aufenthalt schaffen kann, ich bin ja einsichtig, ihr Sohn hat es auch ambulant geschafft. Ich denke, der nächste Schritt ist einfach das Gespräch mit diesem Oberarzt und danach weiß ich über die Möglichkeiten Bescheid. Und dann treffe ich eine Entscheidung. Drum herumkommen werde ich wohl nicht. Geht wohl auch nicht, weil zu viele Menschen wissen, dass ich zu viel Alkohol getrunken habe.

Finanziell werden die nächsten Monate auch ein Desaster werden. Mir fehlen die Nachtdienste, von denen ich ja fast lebe.

30.August 2007

Gestern Abend habe ich noch mit Edwin telefoniert. War ein sehr nettes Gespräch. Nach einiger Zeit sind wir dann auf das Thema Traun gekommen. Er hat gemeint, er wollte mir nur alles ermöglichen, die Entscheidung liegt jedoch bei mir. Aber er verlangt schon, dass ich mit dem dortigen Oberarzt spreche und das war auch sein Plan. Wie es dann weitergeht, ist eine andere Sache. Ich werde jetzt einfach ganz offen sein und die Hilfe annehmen, die mir angeboten wird. Es ist schön, Hilfe annehmen zu können.

Gestern Nachmittag war ich mit Lukas im Einkaufszentrum und habe geshoppt, als gäbe es kein Morgen. Aber ich habe mich dabei entspannt. Na ja, wenn man das so nennen kann, bin von einem Geschäft in das nächste gerannt.

Nach der pflegetherapeutischen Gruppe, in der wir über das Thema „Burn-out" gesprochen haben und über die Leistungsgesellschaft, war ich in der Gruppe „Aktives Erwachen". Das ist eine Gruppe, in der man entspannt und gleichzeitig aber auch die Muskeln dehnt. Hat mir sehr gutgetan. Habe meinen Körper wieder mal gespürt. Habe mir gedacht, dies ist sogar etwas, was ich zu Hause als Hobby machen kann. Ich habe gar keine Hobbys.

Bei der Visite hat mir meine Ärztin dann mitgeteilt, dass ich morgen schon einen Termin in Traun zum Gespräch habe. Das ging sehr schnell.
Ich habe in einer Woche zwei Kilo zugenommen, das gibt mir zu denken. Ich denke, dass das mit der Essstörung noch lange nicht ausgestanden ist.
Ich werde gemeinsam mit dem Oberarzt in Traun die beste Möglichkeit finden.

Kurz vor 13 Uhr bin ich zur Psychotherapie gegangen, auf der Stiege ist mir Rosi, die ehemalige Professorin begegnet, mit weinendem Gesicht. Sie war mit ihrem Mann bei einem Gespräch mit einem Psychotherapeuten und hat sich dann gedacht, sie würde gerne, gemeinsam mit mir in circa vier Wochen tagesklinisch nach Traun gehen. Kurzfristig ist mir alles runtergefallen und ich glaube, ich habe dann gegen meinen Willen einfach „ja" gesagt. Ohne nachzudenken, nur um es ihr leichter zu machen. Sie hat längere Zeit schon ein Alkoholproblem, wo sie dann tagelang im Bett liegt und auch aggressiv wird. Dann bin ich weiter zur Therapie, zu einer Frau Höchsmann. Sie war die Vertretung für den Therapeuten, der mir eigentlich zugeteilt war. Diese Stunde hat mir wahnsinnig gut getan. Ich habe geredet und geredet und geredet. Und sie hat sogar zwischendurch Kommentare abgegeben. Das bin ich von meinem Therapeuten zu Hause gar nicht gewohnt gewesen. Da bin ich genauso schlau wie vor der Stunde wieder nach Hause gegangen. Wieder mal wurde mir in dieser Stunde gesagt, dass ich auf mich schauen soll und, dass ich jetzt mal wichtig bin. Bezüglich Traun hat sie gesagt, dass ich die volle Entscheidungsfreiheit habe und, dass es auch ambulante Möglichkeiten gibt. Sie meinte auch, ich wäre auf einem guten Weg, auch wegen der Pläne bezüglich der Freizeitgestaltung. Ich muss meine Mitte wiederfinden. Was meine Träume bezüglich eines Umzugs nach Italien betrifft, hat sie gesagt, ich soll meine Träume nicht einfach immer beiseiteschieben, sondern ihnen Flügel wachsen lassen. Sie nicht unterdrücken. Sie hat mir voll zugeredet.

Ich habe noch erzählt, dass ich mir überlege, meinem Chef zu sagen, dass meine Entscheidung richtig war, Hilfe anzunehmen. Sie hat mich darin bestärkt und ich habe gleich eine SMS abgeschickt. Daraufhin hat er mir zurückgeschrieben und gefragt, ob er mich nächste Woche mal besuchen kann. Natürlich kommen bei mir dann gleich Gedanken, wie „er kommt nur, um mir nahezulegen, dass ich meine Arbeit in der Notaufnahme aufgeben soll". In der „geschützten Werkstätte". Aber so gemein würde er doch nicht sein. Edwin hat auch gesagt, dass er morgen vielleicht gegen halb 8 Uhr bei mir vorbeischaut.

Ich bin dankbar für die Chance, die ich bekommen habe. Die Therapeutin meinte, dass sie mich hier nicht einfach rausschmeißen, davor habe ich ja Angst. Erst wenn ich glaube, „draußen" wieder zurechtzukommen. Ich soll jetzt erstmal an mich denken und mich erholen. Das kommt mir so ungewohnt vor. An mich denken. Was heißt das eigentlich?

Da ich mich hier im Krankenhaus wohl und geschützt fühle, habe ich teilweise ein schlechtes Gewissen. Frau Höchsmann sagt aber, ich darf und soll mich sogar wohl fühlen. Ich bin im Himmel.

Die Leere in der Freizeit habe ich mit Alkohol aufgefüllt. Und meine Depressionen wollte ich auch damit vertreiben. Die haben sich aber nicht abwimmeln lassen. Ich hab ihn gegen vieles eingesetzt. Lukas meint, ich hätte auch getrunken, wenn ich ihn nicht zum Abnehmen benutzt hätte. Da hat er sicher recht, ich bin ein Mensch, der sich betäubt, um zu vergessen, statt den Problemen ins Auge zu sehen und was zu unternehmen. Aber jetzt tu ich was.

Was Frau Höchsmann noch gesagt hat, war, dass ich mir ein paar Wochen Zeit nehmen soll. In der Arbeit kommen sie auch ohne mich klar und wenn man einen Autounfall hat, dann fällt man auch länger aus und keiner regt sich auf. Da hat sie recht. Und ich bin ja auch krank. Zwar sind keine Knochen gebrochen, aber meine Seele. Man kann sich ja auch von einer Minute auf die andere die Hand brechen, so ist es ihr ergangen. Das geht blitzschnell und man fällt beruflich aus. Da ich mich immer zurückhalte und alles schlucke, wird mir ständig wehgetan. Aber kann es sein, dass ich das gar nicht bewusst mitbekomme?
Über Lukas Tätlichkeiten mir gegenüber haben wir auch gesprochen. Da das nur unter Alkoholeinfluss passiert ist, hat sie gesagt, er muss unbedingt abstinent bleiben und eventuell, wenn ich bei meiner Psychotherapie soweit bin, mit ihm gemeinsam eine Paartherapie machen. Vor zweieinhalb Jahren haben wir so was schon versucht, aber da waren wir nicht offen und ehrlich. Ich durfte nicht mal offen darüber reden, dass er mich grün und blau geschlagen hat. Und ich bin mir immer als die alleinig Schuldige vorgekommen.
Warum hat mich Frau Höchsmann gefragt, ob es Liebe auf den ersten Blick war? Was hat das mit der jetzigen Beziehung zu tun?
Über unser Haus haben wir noch gesprochen und ob ich mich dort wohlfühle. Der Garten macht halt viel Arbeit und ich habe wenig Interesse an der Gartenarbeit. Und Lukas fängt oft eine Arbeit an und macht sie dann nicht fertig, weil ich was anstelle, und er dann keine Muße mehr dazu hat, weil er sich schlecht fühlt. Einen Umzug will ich aber nicht, und ich denke, wenn Lukas und ich das gemeinsam angehen, dann könnte unser Haus ganz gemütlich werden. Ich lebe laut ihr in der Vergangenheit oder in der Zukunft, aber nie im Jetzt. Darauf kam sie, als ich ihr erzählt habe, dass ich nach einer Woche Urlaub schon daran gedacht habe, in zwei Wochen wieder heimfahren zu müssen. Ich kann mir selbst keine Auszeit geben. Gut, jetzt mach ich es, aber es wäre nicht mehr

gegangen zu Hause. Da musste ich ins „Irrenhaus". Auf jeden Fall höre ich jetzt ständig, dass ich an mich denken muss. Sie hat sicher gemerkt, dass ich ziemlich kämpfe. Dass ich nach dem Urlaub in ein Loch gefallen bin, obwohl er toll war, hat sie mir damit erklärt, dass ich eben nicht im Jetzt lebe. Außerdem habe ich mir von diesem Urlaub zu viel erwartet, ich dachte mir, wenn ich schon drei Wochen in Italien, in meiner Heimat bin, dann muss nach meiner Rückkehr auch alles anders sein. Und gar nichts war anders. Nach einem Tag Arbeit, war ich wieder in den gewohnten Verhaltensmustern drinnen. Alles schlucken, Freizeit mit Alkohol auffüllen und Probleme damit runterspülen. Immer mehr abnehmen. Keine Freude am Leben haben.

Eine sinnvolle Freizeitgestaltung wird sehr wichtig.

Bei Frau Höchsmann habe ich mich in dieser Stunde sehr wohl gefühlt und ich denke, ich werde den Menschen gegenüber, denen ich begegne, immer offener.

Fr. Lange hat heute Morgen angerufen, dass ich an meinem Bild weiterarbeiten könnte, aber da hatte ich das „Aktive Erwachen". Sie hat mir dann angeboten, morgen statt der pflegetherapeutischen Gruppe „illegal" dran weiterzuarbeiten. Ich glaube, sie mag mich.

Mag heute nicht Abendessen, habe von gestern auf heute gleich ein Kilo zugenommen. Fr. Höchsmann hat mich nach meinem oberen Limit bezüglich des Gewichts gefragt. Ich habe es bei maximal 55 Kilo angesetzt. Derzeit habe ich 50 und bin 169cm groß. Aber am liebsten würde ich so bleiben, wie ich bin. Ich möchte nicht aus meiner Kleidung rauswachsen. Zum Essen bestelle ich mir nur gesunde Menüs. Als dünnen Menschen würde ich mich immer noch nicht bezeichnen. Der Spiegel sagt mir was anderes. Von der Figur her wäre ich jetzt aber für Yoga sehr gut geeignet. Da nimmt man seinen Körper auch wahr. Und man atmet bewusst. Mit Sport und gesunder Ernährung könnte ich sicher mein Gewicht halten.

Heute kommt Lukas noch zu Besuch.

31. August 2007

Mit Lukas war ich gestern auf der Landstraße. Es war sehr nett. Wir waren in einem Kaffeehaus und so gut haben wir uns schon lange nicht mehr verstanden. Ich red halt zurzeit recht viel. Aber es war produktiv gestern. Er hatte viele gute Ideen. Zum Beispiel hat er gemeint, jeder von uns beiden sollte sich eine Liste machen und Dinge darauf schreiben, die ihm wichtig wären und dann gemeinsam darüber reden und einen Plan machen, was wir erreichen können und in welcher Reihenfolge, z. B. Hausputz, Putzfrau, Yoga, ...
Ich finde die Idee sehr gut. So wie es gestern war, wäre die Beziehung für mich ideal. Ich habe ja auch viel zu sagen, weil ich sehr viel nachdenke und da kam eben ein richtig gutes Gespräch heraus. Ohne Streit, sondern in Ruhe. Zwei vernünftige Menschen bei einer Tasse Kaffee.

Vor der Fahrt nach Traun habe ich schon Angst. Und jedes Mal vor der Visite fürchte ich mich vor meiner behandelnden Ärztin. Warum weiß ich nicht.

Gestern Abend haben wir noch eine Obstparty gemacht, weil Rosmarie, die Professorin und Valerie, meine Zimmerkollegin heute heimgehen. Es war sehr gemütlich. Und wir haben uns gegenseitig ganz nette Dinge gesagt. Wie sehr wir uns gegenseitig schätzen und uns während des Aufenthaltes auch unterstützt haben. Falls ich mit Rosmarie tagesklinisch nach Traun gehen würde, könnte ich bei ihr im Gästezimmer schlafen, es hat auch ein eigenes Bad und ich wäre ungestört. Ich mag sie.
Maria bewundert mich immer dafür, dass ich Ärztin bin. Und alle meinen, ich wäre eine ganz „Liebe". Valerie hat mir noch mal gedankt fürs Asyl und hat gesagt, ich wäre bisher ihre liebste Zimmernachbarin gewesen. Ich war den Tränen nahe. Sie meinte der Abschied fällt ihr schwer. Ich denke, wir sollten uns alle mal treffen. Rosmaries „Girlie-Runde". Ich würde auch nach Wien zu einem Treffen fahren. Freunde.

Die Psychotherapeutin hat gemeint, ich sollte den Kontakt zu meiner besten Freundin intensivieren. Christa lebt in Wien, wir haben nur selten Kontakt.

Aber wenn, dann ist es so, als wäre keine Zeit dazwischengelegen, in der wir nichts voneinander gehört haben.

Und Sibylle soll ich abschreiben, sie tut mir nicht gut. Sie hat mich immer nur ausgenutzt, mich beschimpft und mir Kräfte geraubt. Das ist keine Freundin. Sie hat nur an sich gedacht.

Ich habe während dieses Aufenthaltes schon so viele schöne Dinge erleben dürfen und habe ganz viele nette Leute kennengelernt. Gestern habe ich „Danke" zum lieben Gott gesagt. Ich denke, ich bin auf einem guten Weg. Vielleicht noch nicht der richtige, aber es ist ein guter Weg. Bin sehr zuversichtlich.

Laut Fr. Höchsmann und Fr. Lange bin ich ein sehr kreativer Mensch.

Ich habe wieder an meinem Bild weitergearbeitet. Fr. Lange meint, meine Unsicherheit weist auf Verletzungen in der Kindheit hin. Das Perfektsein-Sollen, Bravsein-Sollen - was heißt das eigentlich? Ich kann mich nicht erinnern ein schlimmes Kind gewesen zu sein. Oder ich habe es verdrängt? Ständige Erwartungshaltungen an mich.

Auf das Bild habe ich Spachtelmasse aufgetragen und in der Mitte die Fäden in Wellenform. Dann habe ich noch die Sternzeichen Jungfrau und Krebs und das Zeichen für Wasser und das Zeichen für Erde modelliert. Ich war zufrieden. Und es hat Spaß gemacht. Auf die Frage, was ich tun würde, wenn jemand das Bild kritisieren würde, habe ich gemeint, ich würde sagen: „Das ist mein Bild und ich möchte es so haben." Auf die Frage, was ich bei der Kritik empfinden würde, habe ich gesagt: „Es würde mir sehr wehtun. Ich wäre verletzt." Hat das wirklich mit Verletzungen in der Kindheit zu tun? Ich habe eine glückliche Kindheit in Erinnerung.

Was mein weiteres Kreativsein betrifft, meint sie, ich soll unbedingt was Experimentelles machen, keine starren Landschaftsmalereien oder so. Mir hat noch nie jemand gesagt, dass ich kreativ wäre. Aber das Malen macht mir irrsinnig Spaß. Ich kann mich da so richtig reinsteigern.

Abstand von den Dingen bekommen.

Bei der Visite hat meine Ärztin gesagt, ich schaue heute so anders aus. Da bin ich gerade von der Ergotherapie zurückgekommen. Ich war glücklich. Habe mich wohl in meiner Haut gefühlt. Nur das Thema Gewicht ist halt für mich trotzdem sehr wichtig. Ich habe auch erzählt, dass mein Chef mich besuchen möchte. Sie hat gemeint, das klingt sehr gut und ich soll ihm sagen, dass es noch unbestimmt ist, wann ich wieder zurückkomme. Sie meint, es wird länger dauern, bis ich wieder auf den Beinen bin.
Heute fahre ich nach Traun und horche mir alles genau an. Susi, die pensionierte Ärztin und Alkoholikerin, hat gesagt, ich hätte noch die Chance zum Absprung. Ich erwarte mir jetzt von Traun mal nichts, sondern fahre einfach hin und lasse alles auf mich zukommen.
Pfleger Markus hat heute gemeint, ich bin jetzt erst mal hier angekommen und jetzt geht es erst mal um mich. Das ist schon eigenartig, denn „draußen" habe ich so was nie gehört. Ich kann hier so viel für mich rausholen und dafür bin ich dankbar. Ich habe endlich mal Zeit in meinem Leben, mich um mich zu kümmern und nachzudenken.
Und sogar das Essen macht mir Freude. Nächste Woche möchte ich mit Bewegung anfangen. Im Endeffekt spüre ich, dass mir das Essen guttut. Zu Hause würde ich sicher über der Klomuschel hängen. Im Einkaufszentrum nach dem griechischen Essen vor ein paar Tagen war ich knapp davor.
Hoffentlich gewöhne ich mich nicht an die Zeit des „Nichtstuns", aber eigentlich arbeite ich ja sehr intensiv. An mir. Und an meinen Fähigkeiten.
Bisher haben mir alle sehr geholfen und meine Ärztin schaut, dass ich immer Termine bei den besten Therapeuten bekomme. Und jeder sagt, es steht mir zu, mir eine Auszeit zu nehmen. Ich soll ja wieder normal weiterleben können. Ich bin überzeugt davon, dass ich irgendwann ein glückliches Leben führen kann und auch werde. Ich muss mir nur selbst die Zeit geben. Und mir Kraft holen und das Selbstbewusstsein aufbauen. Nicht mal meine Eltern haben mir so viel Selbst-

wertgefühl gegeben, wie die Menschen hier. Mich bestärkt, bei dem was ich tue. Das mit der Kreativität geht mir nicht mehr aus dem Kopf. Als Kind war ich ja auch von so vielen Dingen begeistert, aber auch überfordert, hat die Therapeutin gemeint. Ich hatte keine Zeit für mich. Ein Kind muss auch für sich sein und nachdenken können.

Bin von Traun zurückgekehrt. Habe jetzt eine eher depressive Stimmung. Das hängt sicherlich mit dem Wetter zusammen, es ist schon sehr herbstlich. Bei der Rückfahrt habe ich mir warme Sachen gekauft, habe ja fast nur Sommerkleidung mitgenommen.
War wieder ein schöner Nachmittag mit Lukas.

Also zu dem Gespräch mit OA Binder von Traun. Er meint, diese acht Wochen stationär stünden gar nicht zur Debatte. Ich soll erst mal die anderen Probleme in den Griff bekommen. Das Essen und die Depression. Und dann soll ich schauen, wie es mir im Alltag geht. Da ich mir ja vorgenommen habe, nichts mehr zu trinken, ist es ja möglich, dass sich alles von selbst gibt, wenn die Depressionen weg sind. Von meinem Kontrollverlust habe ich ihm erzählt. Sollte es nicht funktionieren, muss man sich das Ganze noch mal genauer anschauen. Nachdem er der Leiter der Tagesklinik ist, hat er diese natürlich sehr gelobt. Falls ich es nicht schaffe, gäbe es auch die Möglichkeit, dass ich zu ihm ambulant komme, er würde mich dann betreuen. Habe seine Visitenkarte. Und Wochenendgruppen gibt es auch noch. Die Familienanamnese hat er auch erhoben. Über das Trinkverhalten meiner Brüder gefragt. Da ja beide trinken, soll ich das in der Gesprächstherapie auch ansprechen. Meine beiden Großväter waren auch Alkoholiker. Bei mir bezeichnet er es als Missbrauch. Es war ein sehr nettes und offenes Gespräch. Und jetzt weiß ich, was ich tun kann.
Was die Bulimie betrifft, da sieht er ein Problem. Ich habe ja entweder getrunken oder gekotzt. Er sagt, man weiß nicht warum, aber Bulimikerinnen wechseln diese Phasen ständig. Wenn man mit dem Trinken aufhört, kotzt man und wenn

man nicht mehr kotzt, trinkt man. Er sieht das immer wieder. Das hat mich nicht gerade aufgebaut.

Von der Gesprächstherapie bei Dr. Oberndorfer wusste er schon. Meine Ärztin hat ihn ja schon vorinformiert. Er sagt, es ist sehr gut, dass ich ja schon in einem therapeutischen Netz drinnen bin, und wenn ich das zu Hause so weiterführe, kann es auch so funktionieren, ohne Traun. Lenas Mutter hat mir ja ein paar Mal gesagt, ich kann es auch ohne stationären Aufenthalt schaffen. Sollte es zu Hause nicht funktionieren, was ich aber nicht hoffe, werde ich ihn kontaktieren. Seine Telefonnummer habe ich jetzt.

Bezüglich meiner Arbeit mache ich mir ständig Sorgen. Das frisst mich auf. Warum kann ich nicht einfach nur an mich denken?

Es ist so schön, wenn man ständig hört, dass man selbst entscheiden kann und sich selbst wichtig nehmen soll. Irgendwie werde ich meine Mitte schon wieder finden, in kleinen Schritten nach vorne gehen. Ich muss nur aufpassen, nicht wieder zu schnell zu machen. Das wäre für mich typisch. Ich will immer alles sofort haben, ich bin ein sehr ungeduldiger Mensch.

Mein Bruder Armando hat heute Geburtstag. Auf meine SMS schreibt er nicht zurück. Wahrscheinlich hat er wieder irgendetwas über mich gehört, dass ihm nicht gefällt. Das macht mich wütend. Aber er wird mit seinen eigenen Problemen beschäftigt sein.

Ich werde ein zufriedenes, glückliches Leben führen!

Und wenn es möglich ist, nicht so werden wie Susi, die frühpensionierte Ärztin.

1. September 2007

Gestern Abend und heute Morgen war ich sehr depressiv. In der Früh musste ich weinen. Ich habe fast zwei Jahre nicht geweint. Im Gespräch mit Maria bin ich heute draufgekommen, dass mein Vater ja immer noch alles bestimmt. „Du

musst 10 Kilo zunehmen! Wenn du nichts tust, bist du nicht mehr meine Nunzia. So wie du jetzt aussiehst, bist du nicht mehr meine Tochter." Erpressung und Anweisungen. Fr. Lange meint, daher kommen meine Unsicherheit und mein Hang zum „Perfektsein-Wollen". Was ich aber nicht schaffe. Ich kann gar nicht perfekt genug sein. Es geht immer alles noch besser. Es funktioniert sowieso nicht das Perfektsein. Und dann habe ich ständig Schuldgefühle. Nicht gut genug zu sein, so wie ich bin.
Ich würde gerne noch etwas studieren. Für mich.
Den Träumen Flügel wachsen lassen.

Ohne Valerie ist es leer im Zimmer. Aber die Ruhe tut mir auch gut. Auch die ausführliche Körperpflege in der Früh. Ganz gemütlich, ohne Stress. Nach mir muss keiner ins Bad.

Das mit meinem Bruder muss ich unbedingt aufarbeiten. Irgendwie spielt auch er eine wichtige Rolle in meinem Leben. Ich wollte immer so wie er sein. Vielleicht durfte ich nie „Nunzia" sein, vielleicht war ich immer „Klein-Armando". Aber das wollte ich auch. Ich habe ihn ja immer bewundert.
Der Super-Arzt mit toller Frau, süßen Kindern, schönem Haus, …, und dann?
Ich war schockiert, als er seine Familie verlassen hat. Einfach den Hut draufgeschmissen und alles anders gemacht. Meine Beziehungsprobleme haben auch zu diesem Zeitpunkt so richtig angefangen. Auch ich fühlte mich wie in einem Käfig. Gut, Aggressionen waren vorher schon da, aber danach ist es eskaliert. Auch das mit dem Fremdgehen. Das sind auch wieder Parallelen zu dem Leben meines Bruders. Aber es ist ihm sicher nicht leicht gefallen, seine Familie zu verlassen und er macht sich heute noch Vorwürfe. Ich kenne ihn.

Jetzt fängt der Herbst an. Vielleicht ist deswegen meine Stimmung so gedrückt. Meine Ärztin sagt, es gibt viel aufzuarbeiten. Warum kann ich nicht in der Gegenwart leben?

Ich möchte nicht zunehmen, und ein Traum von mir wäre, ein Buch zu schreiben. Und warum lasse ich meinen Träumen nicht endlich Flügel wachsen?

Bin doch gerade beim Schreiben. In diesem Moment schreibe ich an meinem Buch. Aber wen außer mir sollte das, was ich schreibe, schon interessieren. Es geht um mein Leben. So wie es viele andere Leben gibt, die nicht immer glatt laufen.

Für die Krankenhauszeitung würde ich gerne wieder einen Artikel schreiben. Vielleicht habe ich mal Muße. Bezüglich der Themen habe ich der Carola eine SMS geschrieben. Vielleicht meldet sie sich. Sie ist die PR-Beauftragte im Krankenhaus und Chefin vom Redaktionsteam.

Schön langsam beginne ich, wieder auf mein Aussehen zu achten. Ich hoffe nur, dass die Narben beim Auge schöner werden. Als Fotomodell könnte ich nicht arbeiten. Aber was solls, ich bin ein „netter Kerl". Und ich muss endlich aufhören, mich wegen dieser Auszeit zu schämen.

Vor dem Fenster ist es ganz grau.

Könnte ich mein Gewicht halten, wenn ich einfach das Abendessen auslasse. Das würde mich glücklich machen.

Ich sollte das Gefühl verdrängen, dass mir die Zeit davonläuft. Jetzt sitze ich hier und schreibe meine Gedanken auf und das ist gut so.

Es gibt viele liebe Menschen. Tut sehr weh, wenn man sieht, was aus manchen wird.

Ich würde gerne meine Familie wieder haben. Hoffe, dass es irgendwann eine Möglichkeit gibt und Kompromisse geschlossen werden können.

Ich schlafe derzeit herrlich, mit einem Drittel der Schlaftablette abends. Habe das Gefühl, es ist ein erholsamer Schlaf.

Manchmal rege ich mich über Lukas sehr auf. So wie im Moment, wenn er sagt: „Sei doch froh, wenn sich jemand rund um die Uhr um dich kümmert. Sei doch einmal zufrieden." Dankbarkeit wird von mir erwartet. Ich weiß, dass er sich sehr bemüht, aber er könnte auch mal sehen, was ich leiste und mich loben.

Ich hätte zu Hause gerne einen Platz zum Wohlfühlen, nur für mich. Wo ich sitzen und schreiben kann.

Ich gehe jetzt das Mittagessen genießen. Ich möchte mein Gewicht halten und einen vernünftigen Umgang zum Essen lernen. Mich gesund ernähren, damit ich Kraft habe, und ich möchte auch auf Dinge verzichten können. So wie das Abendessen auslassen.

Nachmittags war ich mit Lukas im Kino. „Lizenz zum Heiraten". Eine seichte Samstagnachmittag-Unterhaltung. Danach waren wir auf der Landstraße in unserem Kaffeehaus. Wir haben über meinen Vater gesprochen, der mich auch sehr beschäftigt. Als kleines Mädchen habe ich immer zu ihm aufgeschaut, habe ihn vergöttert. Mehr als meine Mutter. Aber ist das nicht normal?

Daniele, mein Sohn, fährt um 5 Uhr früh mit meinen Eltern nach dem Süditalienurlaub bei meiner Oma wieder zurück. Ich freue mich schon auf ihn.
Irgendwas steckt in mir, das weiß ich, aber ich habe es immer mit Alkohol zugeschüttet. Ich habe zugelassen, dass Nunzia sich total verändert und jetzt verbringt sie ihre Tage in der Psychiatrie. Allerdings auf der psychiatrischen Sonderklasse. Sie war nicht mehr sie selbst. Toll, wie in der Betty Ford Klinik. Allerdings darf ich mich sehr frei bewegen. Habe fast uneingeschränkten Ausgang. Seit gestern Abend stecke ich in einem gewaltigen Tief. Die Stimmung ist ständig am Nullpunkt. Und teilweise bin ich wütend. Auf mich, auf meine Familie, auf meine Arbeitskollegen, aber ich weiß nicht warum. Mache ich womöglich alle anderen für mein Leben verantwortlich? Hoffentlich nicht.

Lukas sagt, ich kriege meinen eigenen Platz zu Hause. Dort kann ich dann Schreiben. Ich werde meinen Träumen Flügel wachsen lassen. Und zu Hause muss ich aufpassen, dass ich nicht gleich alles auf einmal niederreiße. Ich hoffe, dass ich hier noch einiges lernen kann oder auch nur wieder erlernen.

Lukas möchte mir jeden Wunsch erfüllen. Warum habe ich bloß alle so enttäuscht?

Ich enttäusche immer jeden, der mich gern hat. Und im Endeffekt lasse ich auch keinen so richtig an mich ran.

Hier ja genauso. Ich halte immer Distanz. Ich kann einfach nicht so richtig aus mir rausgehen. Das Verhältnis von Nähe und Distanz ist gestört.

Es ist jetzt kurz nach 21 Uhr und ich hatte ein kurzes Gespräch mit Sr. Hertha, die mich gefragt hat, wie das Gespräch in Traun war. Danach hat sie gemeint, ob ich mich wirklich bei Oberarzt Binder melden würde. Und ich soll schon was tun, weil man sonst reinschlittert und nicht mehr rauskommt. Sie hat gemeint: „Nicht, dass sie die Arbeit verlieren." Danke!

Ich will nichts mehr trinken! Und ich weiß, dass ich es schaffen kann, wenn ich ausgeglichener und stabiler bin.

Ich werde es allen zeigen. Auch dir, Schwester Hertha.

2. September 2007

Bin schon wieder traurig heute. Gestern Abend war ich noch sehr nachdenklich. Mir geht die Arbeit nicht aus dem Kopf. Ich denk mir immer, ich muss mich mit den Kollegen ausreden, aber wozu? Ich bin krank, wenn auch nur psychisch. Mir fehlt halt kein Bein. Eine Schwester aus der Arbeit hätte angerufen. Zuerst wollte ich nicht reden, aber dann habe ich es mir anders überlegt. Wir haben gesprochen und sie hat auch gemeint, ich solle jetzt nur an mich denken und Abstand von zu Hause und der Arbeit gewinnen. Sie hat gesagt, nach Außen wollte ich immer als die „Starke" erscheinen, habe immer gesagt, dass es mir gut geht. Aber ich habe nur funktioniert und nicht gelebt. Wegen der Dienste soll ich mir keine Sorgen machen. Jeder hat einen dazubekommen und auch die, die nicht so gerne arbeiten will, muss jetzt auch mithelfen.

Ein Kollege hat angeblich im Nachtdienst gemeint, es wäre ihm lieber, jemand anderer wäre statt mir im Krankenstand.

Aber auch sie meint ich solle mir Zeit nehmen. Das tat gut. Angeblich ist mein psychischer Zustand mit dem Abnehmen parallel gegangen. Eigentlich sehe ich das im Nachhinein auch so.

Zwischen der anderen Maria und mir gibt es viele Ähnlichkeiten, selber zweiter Vorname, selbes Alter, zur selben Zeit mit derselben Diagnose am selben Ort.
Ohne Alkohol ist das Leben schöner.

Bei der Visite haben sie mich nach Selbstmordgedanken gefragt. Habe ich schon, aber nichts Konkretes geplant. Eigenartige Frage und eine eigenartige Antwort. Ich will nicht mehr sterben.

„Allgemein ist die Hast, weil jeder auf der Flucht vor sich selbst ist."
Ich möchte mich wieder finden und nicht mehr davonlaufen.
Mir selbst in die Augen schauen und stolz auf mich sein.

Den Sonntag habe ich ganz gemütlich mit Lukas verbracht. Mittags waren wir beim Kirchenwirt am Pöstlingberg und dann sind wir in die Kirche und ich habe eine Kerze angezündet. Habe mir die Partezetteln angesehen und da war einer von einem ehemaligen Arbeitskollegen aus dem Krankenhaus. Er war nicht lange bei uns. Jetzt ist er tot. Warum? Selbstmord? Unfall? Das Leben ist oft kurz. Man sollte es genießen.

Anschließend sind wir (ohne unser Kind!) mit der Grottenbahn gefahren. Schön waren sie, die Zwergerl. Wir waren wie zwei kleine Kinder. Haben uns auch mit ihnen angestellt und waren aufgeregt.
Im Café haben wir anschließend Pläne geschmiedet. Im Vorraum im ersten Stock bekomme ich mein Zimmer, mit einem Schreibtisch im Eck hinter dem Stiegengeländer. Die Wände werden in einem warmen Farbton gestrichen, die Vorhänge und die Stange gewechselt und darunter kommt ein flauschiger Teppich, aus Schafwolle. Das wird mein Kreativeck. Im

Winter wird es da oben neben der Heizung warm. Dann noch eine hübsche Beleuchtung und das Bild, das ich gerade male, es kriegt auch seinen Platz. Lukas hängt sich da voll rein. Ich verspüre richtige Freude. Schön langsam kommen die Gefühle wieder zurück, ich war leer.

Jetzt haben meine Eltern aus Italien angerufen. Mein Vater hat zu mir gesagt. „Du weißt aber schon, was du angerichtet hast und das musst du jetzt wieder reparieren. Wird schon noch was Gescheites aus dir?"

Und ich dachte, er würde mich verstehen. Was habe ich angerichtet?

Aber meinen Vater kann man nicht mehr ändern. Ich mich schon.

Auch meine Mutter hat gesagt, dass ich 10 Kilo zunehmen muss. Sie sind jetzt wieder in Österreich. Das Telefonieren ist jetzt billiger.

Bin ich ein eigenständiger, selbstbestimmender, selbstdenkender Mensch? Nein, scheinbar nicht.

Ich bin ein kleines Mädchen und das tut verdammt weh.

Und bin ich denn nicht dabei gerade, das, was ich scheinbar kaputt gemacht habe, zu reparieren?

Ist es nicht auch ein gewisses Zeichen von Stärke, dass ich jetzt hier bin und an mir arbeite?

Er hat noch gesagt: „Du hast alles ruiniert! Weißt du das schon?!" Was eigentlich? Ich habe nur gesagt: „Ja, ich weiß." Aber viele haben mich nachher gefragt: „Was denn?"

Lukas hat schon recht, wenn er sagt, dass ich mich jetzt neu beweisen muss. Scheinbar auch vor meinen eigenen Eltern.

Am liebsten würde ich unserem Stadtpfarrer einen Brief schreiben und mich ausweinen. Scheinbar glaube ich doch ein wenig. In der Not, wie so viele.

Ich denke, Papa hat gar nicht mitbekommen, dass ich in einer Psychiatrie stationiert bin und dann ist es aus ihm herausgesprudelt. Ich bin an allem selbst schuld, das weiß ich ja auch. Warum gebe ich nicht einfach auf? Gehe nach Hause und funktioniere wieder.

Ich finde es schon toll, wie ich jetzt mit dem Essen umgehe. Kleine Schritte sind wichtig. Meine Eltern denken, es muss alles

sofort gehen. Da habe ich es ja auch wohl her, meine Ungeduld.

Meine Mutter ist der Meinung, ich muss mir hier jetzt 10 Kilo
rauffressen, egal ob ich das will oder nicht. Ich kann nicht mal
weinen so leer fühle ich mich jetzt schon wieder.

Mein Vater versteht gar nichts.

Und ich habe mir vorgestellt, dass ich bei meinem ersten Wo-
chenendheimausgang zu ihnen zum Essen komme. Mit Lukas
gemeinsam, damit wir wieder alle von vorne beginnen. Und
von Armando höre ich auch nichts. Ich hatte so viel vor und
jetzt fühle ich mich kraftlos.

Als ich beim Telefonat gesagt habe, sie können mich gerne
besuchen, wenn sie nicht wieder alles besser wissen, hat
Papa mich gleich an Mama weitergereicht. Er wird denken,
ich bin sowieso uneinsichtig und lerne nichts dazu. Ich will
ihnen keine Schuld geben an irgendetwas.

Ich hatte mir nur so schön ausgemalt, wie es wäre, wenn wir
wieder eine richtige Familie wären. Aber im Endeffekt ist unsere Familie total „kaputt". Waren wir denn überhaupt schon
mal eine richtige Familie? Und was ist das?

Ich werde heute früh schlafen gehen. In der gewohnten Umgebung könnte ich derzeit noch nicht leben. Ich bin am
Ende, wird mir immer mehr bewusst.

Warum hat der Selbstmordversuch nicht funktioniert?!!!!

Und warum denke ich jetzt so einen Blödsinn?

Ich hatte einen schönen Tag, wieder ein Schritt weiter in ein
normales Leben. Ich denke, ich werde auch schon noch merken, auf wen ich zählen kann und auf wen nicht.

„Sie hat ihr Leben ruiniert und jetzt ist sie im Irrenhaus", denkt
mein Vater. Sie ganz alleine hat alles kaputtgemacht.

Und dann war da noch etwas, das mein Vater zu mir gesagt
hat, wollte bis jetzt nicht drüber nachdenken: „Ich habe
schon zu Gott gebetet, dass er dich zu sich nehmen möge."

Ich will und kann nicht darüber nachdenken. Ich muss das
morgen bei der Visite loswerden. Ich möchte nur schlafen
oder sterben. Schlafen ist besser. Es gab schon immer einen

Vater-Tochter-Konflikt. Ich wollte ihm immer alles recht machen und habe es nicht geschafft. Ich habe ihn immer enttäuscht.

Schau auf dich!
Denk mal nur an dich!

Und im Endeffekt sitze ich schon wieder da und überlege mir, wie ich es meinem Vater recht machen könnte.

Schluss für heute.

3. September 2007

Bin so unsicher und habe schon wieder Angst vor der Visite. Habe ein Telefongespräch mit Edwin gehabt, er ist zufrieden mit dem Gespräch in Traun. Die Weichen sind gestellt. Heute werde ich mit dem Artikel für die Krankenhauszeitung anfangen. Und dann überlege ich mir, welche Dinge ich früher gerne gemocht habe, bevor ich jahrelang in einem Loch gewohnt hatte und nur zum Arbeiten rausgekommen bin. Habe Edwin auch erzählt, was mein Vater zu mir gesagt hat.
Ich denke, er wusste nicht recht, was er darauf sagen soll, schließlich geht er ja zu ihm Haare schneiden. Was demnächst wieder ansteht.

Die Visite hat heute gutgetan. Meine Ärztin hat gemeint, sie möchte mit meinen Eltern reden. Aber dann hat sie gemeint, es wäre besser, das Ganze im Rahmen der Psychotherapie mit Dr. Oberndorfer zu machen. Sie möchte sie aufgrund dessen, was gestern gesagt wurde, auf jeden Fall dazuholen. Habe nicht nur ich es als schlimm empfunden? Lukas soll auch mal kommen.
Gegen 14 Uhr werden meine Eltern heute eintreffen. Freu mich auf meinen Sohn.

Papa hat mich heute am Telefon gefragt, ob ich eh schon wieder ans Arbeiten denke.

„Nein Papa, denke ich nicht." Und das habe ich auch so gesagt.

Sr. Miriam hat mich heute über mein Gefühl zu meinem Körper ausgefragt. Ich habe mich in der letzten Zeit gar nicht
mehr gespürt. Aber heute bei der Massage und beim „Akti-
ven Erwachen" habe ich gemerkt, dass ich schon einen
habe. Ich hab mich wieder gespürt!
Und ich werde alles schaffen. Ich muss mir Zeit nehmen.
Ich freu mich schon so auf Daniele.

Der Besuch meiner Eltern war gar nicht so schlimm, wie ich erwartet hatte. Papa hat gesagt, dass sie gestern Abend noch
geredet haben und zu dem Entschluss gekommen sind, dass
sie mich so nehmen müssen, wie ich bin. Und, dass sie aufhören müssten, ständig nachzufragen, was ich jetzt vorhabe. Sie
wären auch zu einem Gespräch mit dem Therapeuten bereit,
aber nur montags, da hat der Friseurladen zu. Hat mich verwundert. Papa hat die ganze Zeit auf mir „herumgenudelt".
Und er hat gesagt, er versteht meinen Bruder Armando gar
nicht, warum er keinen Kontakt zu mir haben möchte.

Dieses Wochenende möchte ich immer noch nicht nach
Hause. Habe Angst in mein „altes Leben" zurückzukehren.
Und vor dem Chaos zu Hause habe ich Angst. Haushalt habe
ich gar nicht mehr gemacht. Daniele hat sich mit meiner Mitpatientin Fr. Feichtinger sehr gut verstanden, er sagt, er findet
sie nett. Sie hat ihm ihre Suppe gegeben und dann haben
die beiden miteinander geredet. Da Fr. Feichtinger so viel
redet, hat sie bei Daniele das richtige Gegenüber gefunden.
Und sie erzählt interessante Dinge, aus der Natur, dem Garten, ...

Meine neue Zimmerkollegin liegt nur im Bett. Resi, eine ältere
Dame, die scheinbar zu viel getrunken hat. Sie sieht kaputt
aus.
Mit Daniele war ich spazieren, das war nett.
Was Lukas betrifft, hatte ich heute das Gefühl, dass er sehr

kämpft, weil wir nicht mehr alleine sind und Daniele jetzt auch wieder da ist. Unsere Ausflüge und Kaffeehausbesuche waren sehr schön. Da konnten wir mal richtig reden. Und trotzdem muss ich jetzt an mich denken.

Habe Angst vor dem Besuch meines Chefs, aber ich denke es wäre wichtig. Weiß ja doch nicht genau was er von mir erwartet. Kann ihm nur sagen, dass ich „stark" zurückkommen werde. Ich werde wieder Kraft haben.

Zu Hause stand ich ständig unter Strom, entweder hatte ich Aufregung in der Arbeit, es gibt ja doch immer wieder tragische Notarzteinsätze, oder ich hatte Stress zu Hause. Es kann wirklich jeden mal umhauen, auch den Stärksten und zu denen hab ich ja nie gezählt. Für belastbar und robust habe ich mich schon gehalten. Aber sensibel bin ich halt. Habe heute an Lukas gezweifelt, weil er im Gespräch mit Daniele wieder so geschimpft hat. Aber er bemüht sich wirklich sehr.

Meine Stimmung befindet sich zurzeit wieder eher unten, weil ich mir denke, ich möchte all diese Menschen rund um mich nicht noch mal enttäuschen. Ich möchte einfach ganz von vorne anfangen. Ist Lukas wirklich das Hauptproblem, wie mein Papa immer behauptet? Durch seine Impulsivität ist er sicher ein Unsicherheitsfaktor in meinem Leben. Und in den Nachtdiensten hatte ich oft schlaflose Nächte, weil ich ihm nicht getraut habe. Manchmal ist er fortgegangen. Oder er hat zu Hause aus Frust was getrunken. Einmal war Daniele dann alleine zu Hause und hat mich angerufen. Ich hab ihn dann abgeholt und er hat bei mir im Krankenhaus geschlafen. Aber ich denke wirklich, dass er sich ändern kann und auch will. Und ich sehe ja, wie sehr er sich bemüht, und mir jeden Wunsch erfüllen will. Immer dann, wenn ich in den Spiegel schaue und meine Narben sehe, wird mir bewusst, wie sehr er mir wehgetan hat. Psychisch und physisch.

Ich mag mit niemanden mehr telefonieren heute. Lukas weiß ja auch immer alles besser und vor allem genau, was gut für mich ist.

Ich kann heute nicht mehr, möchte einfach ins Bett gehen und nichts hören und nichts sehen. Morgen ist ein anderer Tag.

4. September 2007

Habe gestern doch noch nachgedacht. Ich war total enthusiastisch, als meine Eltern da waren. Ich wollte ihnen wieder zeigen, wie toll es hier nicht ist und wie sehr ich an mir arbeite. Ich muss mich vor meinem Papa immer beweisen. Egal bei was. Aufgefallen ist mir das Ganze erst als Daniele gesagt hat: „Die Mama hat das Kreuzverhör gut überstanden." Er hat das von Außen so gesehen.

Und ich hab gestern wieder alles in rosarot gesehen. Mein Papa ist ja so lieb. Aber wenn ich so nachdenke und mir dann überlege, was er zu meiner Mama so sagt, dann werde ich wütend. Zu ihr sagt er, sie ist zu dick.

Meine Cousine Tina aus Italien hat mir ausrichten lassen, ich solle an meinen Sohn denken. Ich glaube nicht, dass meine Lieblingscousine das genau so gesagt hat. Als mein Papa gestern gekommen ist, war ich gerade auf der Toilette und als ich rausgekommen bin, hat er mich gemustert von oben bis unten. Und er hat mich voll bös angeschaut, ich habe seine Kaumuskulatur arbeiten gesehen. Das ist immer, wenn er wütend ist. Und ich habe mir extra ein hübsches Kleidchen angezogen. Ich hätte mich am liebsten verkrochen.

Das mein Leben fast am Ende war, das weiß ich, das braucht er mir nicht dauernd zu sagen. Meine Mutter ist da viel zurückhaltender.

Ich möchte endlich so sein können, wie ich bin. Und ich möchte nicht mehr ständig das Gefühl haben, mich beweisen zu müssen, um geliebt zu werden. Auch von Lukas hätte ich gerne Abstand, weil er mich auch beeinflusst und mir sagt, was zu tun ist. Ich fühle mich ganz klein.

Aber dem Lukas sollte ich das vielleicht einfach nur sagen. Wir wollen jetzt offen sein. Er versucht, mich zu verstehen. Ständig mache ich mir Vorwürfe, faul im Krankenhaus herumzuhängen, aber mal ganz ehrlich, mir geht es noch nicht besonders gut. Ich hoffe Papa zwingt Armando nicht, mich zu besuchen. Das würde ich nicht wollen.

Ob er sich in gewisser Weise Vorwürfe macht? Warum wollte ich so sein wie er? Vielleicht, weil meine Eltern immer so stolz auf ihn waren? Auf den Herrn Doktor.

Frau Feichtinger, die neue Freundin von Daniele, wird mir immer sympathischer. Sie hat eine nette Art und sehr viel erlebt. Sie hat immer ein gesundes Leben geführt und ich glaube auch ein glückliches.

Ich kann nur alles besser machen in Zukunft und versuchen stabil zurückzukommen. Und es gibt sicher viele Menschen, die mich mögen. Ich hoffe, ich kriege noch mal eine Chance. Mama hat gesagt, es kann nur besser werden. Und ich kann jetzt von vorne anfangen und das werde ich auch tun.

Sogar im Umgang mit dem Pflegepersonal habe ich ständig das Gefühl, etwas falsch zu machen.

Gibt es falsche Entscheidungen? In dem Moment, in dem man sie trifft, nicht. Kein Mensch würde absichtlich die falsche Entscheidung treffen. Man lernt erst später daraus. Wie kann man der Psyche helfen, wenn man Fehler gemacht hat? Indem man zu seinen Entscheidungen steht, auch wenn sie noch so schlecht war. Konsequenzen daraus ziehen. Sich sagen „und jetzt fange ich neu an". Ich werde Hilfe annehmen.

Werner, ein Mitpatient hat uns heute verlassen, er hat seit einem halben Jahr Schwindelgefühle. Keiner findet die Ursache. Er ist ein wahnsinnig realistischer und geradliniger Mensch. Er hat sich einen Notfallplan mit Zeitlimit gemacht und ganz nüchtern seinen Selbstmord geplant. Und darum ist er in der Psychiatrie gelandet.

Meine Zimmerkollegin liegt noch immer im Bett. Es ist immer dieselbe Geschichte. Eheprobleme, Depressionen, Alkohol und irgendwann kommt der Zusammenbruch.

Meine Eltern waren heute wieder da und jetzt gehts mir total schlecht. Ich könnte heulen. Mein Vater schaut mir dauernd auf die genähte Narbe am linken Auge und auf meine Haare. Ich soll sie mir ganz kurz schneiden lassen. Ich seh, wie er kämpft, und ich weiß, dass ich schuld bin. Meine Mama sagt, dass sie meinetwegen nicht schlafen kann. Und dem Armando habe ich in einem Rausch ins Gesicht gesagt, dass er seine Familie im Stich gelassen hat. Darum meidet er den Kontakt. Papa hat mit ihm geredet.

Und dann hat Lukas angerufen und über meine Eltern geschimpft und er hat gesagt, er kann auch nicht mehr, weil ich immer sage, dass es mir schlecht geht. Und alles ist ganz anders, seit meine Eltern von Italien zurück sind. Ich steh in der Mitte mit einem zerschlagenen Gesicht. Kann mich nicht mal im Spiegel ansehen. Ich hasse mich. Und eigentlich wäre ich ganz hübsch. Und sicher kein bösartiger Mensch.

Meine Mutter sieht so alt aus. Mein Vater sieht so traurig aus. Und jeder weiß ganz genau, wie ich sein sollte. Wie sie mich haben möchten. Ich bin hier im Krankenhaus und schön langsam kristallisiert sich heraus, dass auch meine Familie involviert ist. Ansonsten könnte ich Mama doch in die Augen schauen. Das kann ich schon lange nicht mehr und weiß nicht warum. Und ich dachte mir, dass wir heuer endlich mal alle Weihnachten miteinander feiern könnten. Aber Papa hasst Gerard und das wird sich nie mehr ändern. Das kann keine Therapie retten. Er hat seiner Tochter wehgetan. Und er weiß ganz genau, dass ich mein Auge ihm zu verdanken habe. Es wäre sowieso kein echtes Weihnachtsfest.

Ich denke halt gerne an die Feiern in meiner Kindheit zurück, mit den Großeltern. Da waren wir so viele Leute.

Morgen werde ich mein Bild weitergestalten. Es kommt mehr Spachtelmasse darauf. Es gehört vielmehr Relief hinein. Das macht Spaß.

Meine Mama schimpft über Armandos Exfrau, weil sie der Meinung ist, sie ist nicht unschuldig an der Scheidung. Warum lässt sie sie nicht endlich mal ihr Leben mit dem neuen Freund leben? Ich finde, sie hat es verdient, glücklich zu sein. Genauso wie ich es Armando wünschen würde, endlich zufrieden zu sein.

Ich möchte wieder ein normales Leben führen. Und ich möchte gemocht werden. Ich möchte Freude an der Arbeit haben. Von anderen respektiert werden. Aber ich habe nur Angst. Angst vor der Zukunft. Ich sollte mich über kleine Dinge freuen und im Heute leben. Es gibt so viele schöne Dinge.

Meine Mama sagt, dass sie auch Stimmungsschwankungen hat, aber ich weiß, dass sie die wegen der Kinder und vor allem meinetwegen hat.
Ich muss vorwärtskommen, auch wenn ich heute wieder ein paar Schritte zurückgemacht habe.
Lukas hat mir versprochen, dass unser Haus im Winter gemütlich sein wird. Ich wünsch mir das so. Im Warmen sitzen und Tee trinken. Ein offenes Feuer wäre toll.
Gewisse Menschen, die so getan haben, als wäre ich ihnen wichtig, melden sich gar nicht, seit sie wissen, dass ich irre bin. Lukas hat mich davor gewarnt. Wie recht er doch hatte.

Ich fühle mich zwischen zwei Fronten hin- und hergerissen, wie eine Marionette. Bin müde, fertig und kaputt. Aber morgen ist ein anderer Tag. Ein kalter Tag.

5. September 2007

Mama hat mich gestern noch öfters angerufen, weil sie gemerkt hat, dass es mir nicht gut ging.
Aber das hilft mir nicht.
Fr. Feichtinger hat mir gestern noch gesagt, dass ich so ein angenehmes Kind habe, ein so kluges, und dass er sehr an mir hängt. In höchsten Tönen hat sie von ihm geschwärmt. Ich kann stolz auf ihn sein, weil er so gut erzogen ist. Und ich soll mir hier Zeit nehmen, damit ich draußen wieder Kraft habe für ihn. Prioritäten soll ich setzen und mir für ihn Zeit nehmen.

Nicht immer die Schuld bei sich selbst suchen, sondern einfach überlegen, wie man etwas anders machen kann. Sollte ich mich bezüglich des Zustandes meiner Eltern vielleicht doch nicht schuldig fühlen? Man kann nicht immer für alles die volle Verantwortung übernehmen. Es gibt auch Teilschuld.

Ich bin labil. Wenn meine Eltern da waren, dann geht es mir schlecht. Seit ein paar Tagen sehe ich alles schwarz. Trotz essen habe ich abgenommen.

Ich habe ganz tolle Therapien und trotzdem werde ich nicht fröhlich.

Ich möchte nicht mehr, dass meine Eltern so oft kommen, aber ich möchte sie auch nicht verletzen.

Habe fast nur mehr negative Gedanken.

Warum bin ich hier gelandet?

Wie konnte es soweit kommen?

Ob ich jemals den Grund rausfinden werde?

Ursachenforschung war noch nie meins. Habe mir ja immer für alles selbst einfach die Schuld gegeben. Das war einfach. Aber geändert habe ich auch nichts.

Heute kam eine liebe SMS von einer Krankenschwester aus der Notaufnahme: „Ich habe gemerkt, dass es dir nicht gut ging. Schau auf dich und hör auf dein Bauchgefühl. Du weißt genau, was dir guttut und was du möchtest. Pass auf dich auf! Ich bin da, wann immer du mich brauchst." Nett. Ehrlich gemeint?

Wenn ich zu Hause so weitergemacht hätte, wie bisher, hätte ich mich irgendwann umgebracht. Und da muss ich ein Bisschen meinen Egoismus einsetzen und mir sagen, dass es gut und wichtig ist, jetzt hier zu sein und mir helfen zu lassen. Mich fallen lassen.

Meine Geschwister melden sich nicht. Aber es meldet sich kaum jemand. Fühle mich alleine. Auf wen kann ich zählen? Eigentlich hatte ich nach einiger Zeit gehofft, dass ich mehr Besuch bekomme. Aber vielleicht können manche einfach nicht damit umgehen, dass ich irre bin. Aber sind die dann richtig für mich? Ich glaube auch heute noch können manche Menschen nichts mit psychiatrischen Krankheiten anfangen.

Daniele möchte, dass ich am Wochenende zu Hause schlafe, aber ich bin noch nicht so weit.
Ich habe so viel Blödsinn gemacht, der viele Alkohol, die Affären. Aber ich kann aus Fehlern lernen. Der Aufenthalt hier könnte auch für meine Beziehung von großem Nutzen sein. Ich würde es uns wünschen.
Lukas hat den Schreibtisch für mich schon in Auftrag gegeben.
Ob sich der Stadtpfarrer mal bei mir meldet? Ich habe ihm einen Brief geschrieben. Der musste heute ein zehnjähriges Mädchen beerdigen. Sie hatte Leukämie. Das Leben ist oft ungerecht.

Meine Mama ruft ständig an.
Daniele hat heute erzählt, dass meine Eltern in Italien immer gesagt haben, dass Lukas Schuld hat, dass ich Alkohol trinke. Wenn man sich hilflos fühlt, sucht man immer die Schuld bei jemand anderen.

Heute hat mir Papa auch erzählt, wer nicht wo eine tolle Arbeit hat oder noch eine zusätzliche zur normalen Arbeit. Warum erzählt er mir das? Um mir meine Unzulänglichkeit aufzuzeigen? Das macht mich fertig.
Ich hätte gerne von meiner Umwelt den Sanctus, dass ich hier wieder auf die Beine kommen darf und dafür Zeit brauche.
Ich bin ungeduldig und komme nicht weiter.
Morgen ist ein neuer Tag und es kann nur besser werden.

6. September 2007

Ich möchte abends sagen können: „Heute habe ich gelebt." Zufriedenheit kann man erlernen. Oft kommt das Glück unerwartet.

Ich möchte nie wieder Alkohol trinken. Nie wieder die Arbeit versäumen, weil ich am Vortag vor lauter Frust Unmengen an Alkohol in mich reingeschüttet habe. Es gibt Situationen, die will ich nie mehr erleben.

Ich möchte ein guter, zufriedener und liebenswerter Mensch sein. So wie ich es mal war.

Die Visite ist heute sehr positiv verlaufen. Wir haben übers Schreiben geredet. Aber am meisten hat mich heute gefreut, dass die Chefin von der Ergotherapie heute das Gespräch mit meiner Zimmernachbarin unterbrochen hat, um mir zu sagen, wie toll sie mein Spachtelbild findet. Ich habe ihr gesagt, dass da etwas in mir entfacht wurde und sie hat gemeint, dass es sehr gut ist, dass man etwas in mir entfachen kann.

Warum fürchte ich mich so vor dem Gespräch mit Dr. Oberndorfer? Habe ich Angst vor meiner Vergangenheit?
Meine Ärztin hat heute gemeint, dass ich eine ganz liebe Figur habe und nicht unbedingt zunehmen muss. Sie hat mich halt vorher nicht gesehen und ich hab ihr erklärt, dass es die Menschen, die mich mit 30 Kilo mehr gekannt haben, einfach geschreckt hat, wie ich jetzt aussehe.

So, jetzt war ich bei Dr. Oberndorfer, dem Gesprächstherapeuten. Die Rede war von meinem übermächtigen Bruder, den Eltern, denen ich mich immer beweisen musste. Mangelndes Selbstwertgefühl. Von Armando findet er hart, dass er den Kontakt abbricht, weil ich nicht seinen Vorstellungen einer Schwester entspreche. Er hat mich gefragt, ob ich immer brav war. Warum? Verstehe ich nicht. Ich hab ihm gegenüber dann gemeint: „Ist sehr komplex das Ganze, oder? Und er hat dann gesagt: „Ist es vielleicht gar nicht, vielleicht ist es sogar ganz einfach." Ich muss mich nur selber wieder mögen.
Stimmung ist wieder eher auf dem Tiefpunkt. Ich hasse diese Tagesschwankungen. Und ich denk an die Arbeit, Arbeit, Arbeit ...

Habe ich mich schon verändert? Vielleicht muss ich mich ja gar nicht vollkommen verändern. Von meinen Grundzügen betrachtet, bin ich ja vielleicht eh ganz O.K. Ich muss aufhören, mich ständig nach Außen hin zu beweisen. Im Rausch wollte ich ja auch immer nur von allen hören, wie toll ich nicht bin.

Meine Ergotherapeutin meint, es gibt irgendein Manko in der Kindheit, und ich schleppe es herum.

Mir wird auf jeden Fall geholfen, einen geeigneten Gesprächstherapeuten in meiner Umgebung zu finden. Zum Alten will ich nicht mehr.

In der Depressionsinformationsgruppe ging es heute um die Rückfallprophylaxe:
Medikamenteneinnahme, bei der ersten Episode mindestens sechs Monate.
Gesprächstherapie

Die Gesichter der Mitpatienten sahen alle so traurig aus.

Gefühle zulassen, anstatt sie zu verdrängen.
Nicht ständig analysieren.
Sich ablenken, aktiv Dinge tun.
Alles mit Achtsamkeit tun.
Ein aktives Leben führen. Sport.
Nett zu sich selbst sein!
Dinge tun, die Freude machen.
Akzeptieren lernen, dass keiner vollkommen ist.
Keine Vergleiche anstellen.
Auch auf die positiven Seiten schauen.
Dankbarkeit.
Die Arbeit in der Arbeit lassen.
Gespräche suchen, Freunde treffen.
Nein-Sagen lernen.

Perfekte Menschen sind einsam.
Sich selbst loben.

Ich sitz jetzt im Wintergarten und höre den Regen auf die Scheiben prasseln und nebenbei höre ich auch Entspannungsmusik zum Träumen. Ich tu mir was Gutes.
Was habe ich am heutigen Tag gelernt?
Psychotherapie ist ganz wichtig, bei einem Therapeuten, dem man vertraut, den man sympathisch findet, mit dem man über alles reden kann.

Mir wird immer mehr klar, dass ich eigentlich ein sehr einsamer Mensch bin und das, obwohl ich nicht perfekt bin.
Klar ist mir auch geworden, dass ich schon länger Depressionen habe. Nicht Monate, sondern Jahre. Angefangen hat das vor über zehn Jahren, während des Studiums, mit Panikattacken. Nach der Geburt von Daniele hatte ich dann eine postpartale Depression. Damals habe ich auch manchmal an Selbstmord gedacht. Das wird mir erst jetzt klar. Und dann ging es schleichend dahin. Bis jetzt gar nichts mehr ging.

Mein Bruder ist für mich übermächtig. Ich kann ihm einfach nicht gerecht werden.
Freunde sind wichtig. Ich habe keine. Man kann sich selbst nur erkennen im Kontakt mit anderen. Habe ich mal irgendwo gelesen. Ich habe niemanden.
Ich sollte aufhören zu grübeln.
Heute habe ich mal Zeit für mich. Davon habe ich früher schon geträumt. Da wollte ich immer in eine einsame Hütte und allein sein. Zu mir finden. Mich sammeln. Jetzt ist es halt die Irrenanstalt, in der ich mich sammle.

Pfleger Markus sagt, dass man irgendwann über den Berg drüber sieht, der vor einem liegt und irgendwann ist er dann ganz weg. Mein Berg ist ganz hoch, und ich habe nicht genug Kondition. Aber ich muss trainieren.

Mein Papa hatte wieder eine gute Idee. Er meinte, ich könnte mich doch gleich hier in der Psychiatrie bewerben, wenn ich schon als Patient daliege. Vorstellungen hat er. Aber das bringt mich auch zum Schmunzeln. Frag ich einfach morgen bei der Visite den Herrn Professor, ob er mich brauchen kann. Wahrscheinlich denkt Papa, so könnte ich das Notwendige mit dem Nützlichen verbinden.

Ich bin so traurig.

Wie kann ich einen anderen Menschen lieben, wenn ich mich selbst nicht mal ausstehen kann?

Bei jedem Kilo, das ich abgenommen habe, dachte ich mein Selbstwertgefühl wird wachsen. Und ich wollte dafür bewundert werden. Hochmut kommt vor dem Fall. Das hat man davon, wenn man toll dastehen will.

Jetzt sitz ich da und habe das Gefühl, in der Welt draußen werden Komplotte gegen mich geschmiedet. Es tut weh, wenn gar keine Fragen kommen, wie es mir geht, außer von meinem Partner und meinen Eltern. Wahrscheinlich werden sie im Krankenhaus sagen: „Das war ja vorauszusehen, die hat immer schon einen Vogel gehabt."

Man wird nie gelobt, wenn man etwas gut macht, aber niedergemacht, wenn man etwas falsch macht.

Ich möchte das bei meinem Kind besser machen. Wie er diese Situation übersteht, kann man erst in ein paar Jahren sagen.

Zum Dienst Tauschen war ich meinen Kollegen immer gut genug. Und für die Schwestern war ich auch immer ein gutes Opfer zum Ausnützen. Ich weiß, dass sie mich alle hassen. Sie werden sich denken, bei mir kann man sich sowieso auf nichts verlassen.

Aber ich möchte ja in Zukunft wieder anders sein. Verlässlich.

Ich möchte diese Zeit hier als „Schuss vor den Bug" sehen. Noch nicht als die volle „Breitseite".

Ich habe viele Menschen beleidigt, was mir auch sehr leidtut. Aber das war nicht ich.

Alle, die mich mögen, sagen, ich solle mir Zeit geben.

In meinem Job als Notarzt sollte man belastbar sein.

Zurzeit möchte ich mit niemandem reden und keinen sehen. Aber man sollte den Kontakt zu anderen suchen und sich nicht verkriechen.

Aber dafür bin ich Spezialist. Jedem Konflikt aus dem Weg gehen.

„Ich habe keine Familie mehr", hab ich heute zum Therapeuten gesagt. Und er meinte, ich hänge aber sehr an ihr.
Ich kann aber auch ohne.

Lebe ich zurzeit oder vegetiere ich?
Meine Gefühle sind abgestumpft. Fühle mich leer. Wie Flasche.
Meine Familie sagt sicher wieder: „Typisch Nunzia, aus allem macht sie ein Theater und jetzt schiebt sie alles auf uns und die Kindheit. Wir haben ihr doch alles Erdenkliche ermöglicht. Sie ist undankbar und konnte noch nie selbst Verantwortung übernehmen."
Stimmt, eine der Pflichten der Eltern, neben der Ernährung, ist die Förderung des Kindes.
Es tut alles so weh.
Warum habe ich so oft akzeptiert, dass Lukas mich schlägt?
Psychische und physische Verletzungen kann man gleichstellen. Ich habe ihn psychisch verletzt. Ich möchte mich selbst nicht als die Arme hinstellen. Das macht schon meine Mama.
Die Ärztin heute in dem Vortrag hatte selbst mal Depressionen. Wir Ärzte sind eben auch vor nichts gefeit. Es kann jeden treffen.
War zuerst der Alkohol und dann die Depressionen oder umgekehrt oder alles gleichzeitig? Egal es war ein Sumpf.
Und depressive Züge hatte ich schon immer. Schon als Jugendliche war ich dem Alkohol nicht abgeneigt. Damals, um mein mangelndes Selbstwertgefühl zu verbergen, um offener und ungehemmter zu sein und um von zu Hause auszubrechen. Die meisten meiner damaligen Freunde haben dann aufgehört zu trinken, und ich hab ihn weiter als Problemlöser verwendet.
Und als ich Lukas kennengelernt habe, ist es nicht anders geworden. Im vorigen Jahr habe ich einige Menschen an den Alkohol verloren. Ein Schulkamerad, dem ich noch helfen wollte, hat sich nach einigen erfolglosen Entzügen in den Tod

gestürzt. Und dann war da noch der Tod unseres sehr guten Freundes, der im alkoholisierten Zustand in seiner Wohnung tödlich verunglückt ist. War eine schlimme Zeit. Und Lukas hat nie gezeigt, wie nahe es ihm gegangen ist. Männer versuchen stark zu sein. Auch wenn es um den besten Freund geht.

Ein Pfleger hat heute was Gutes in Bezug auf meine Arbeitskollegen und meine Sorgen gesagt. Er meinte, wer sollte meinen psychischen Zustand sonst verstehen, wenn nicht Ärzte. Aber nicht jeder Mediziner hat dafür Verständnis. Wie überall gibt es solche und solche. Von Außen erkennt man vielen Patienten hier auch nicht an, dass sie psychische Probleme haben. Nach innen können die wenigsten Menschen schauen. Wenn man Menschen auf der Straße trifft, glaubt man auch, sie haben ihr Leben großteils im Griff. Aber wie sie zu Hause, alleine auf der Couch sind, weiß man nicht. Obwohl, manche sehen schon sehr traurig aus. Jeder Mensch möchte glücklich sein. Und Glück ist für jeden etwas anderes. Für mich ist Glück, eine Familie zu haben, sich geborgen fühlen, Freude am Beruf zu haben, ausgeglichen zu sein, sich Selbst zu verwirklichen, sich zurückziehen können und Freunde haben. Da gibt es in meinem Leben nicht so viele.
Manchmal fühle ich mich wie in einem Film.
Ich kann aus dieser Phase, mit den ganzen Erfahrungen, die ich jetzt mache, gestärkt hervorgehen.

Habe in einem Buch, das auf der Station aufliegt und Weisheiten aus allen Völkern beinhaltet, ein Kapitel über Glück gefunden. Da sind einige ganz gute Sprüche drinnen. Ich habe welche rausgeschrieben.

„Wo die Menschen bereit sind, sowohl zu hören als auch auszusprechen, was zunächst zwar unangenehm, letztlich aber doch heilsam ist, dort stellt sich das Glück ein."

Man muss einfach lernen hinzuschauen, denke ich. Sehen, erkennen, ändern. Ich stehe jetzt zu meinen Problemen und die Situation ist nicht angenehm, aber die Hoffnung auf ein besseres, glücklicheres Leben hat sich schon eingestellt. Und sich öffnen für alles, nicht blind durchs Leben wandern. Hinschauen. Neues entdecken. Und es tut mir gut, hier offen über meine Probleme sprechen zu können.

„Selbst Menschen mit großen Vorzügen lernen ihr eigenes Wesen erst in der Begegnung mit anderen kennen, wie ja auch die Augen sich selbst nur im Spiegel wahrnehmen können."

Im Vortrag über die Rückfallprophylaxe von Depressionen wurde ja auch gesagt, man sollte sich nicht zu Hause verkriechen und den Kontakt mit netten Menschen suchen. Erst im Du, wird man zum Ich. Man kriegt ja ständig ein Feedback durch das Gegenüber.

„Man darf sich wegen Unternehmungen, die einem in der Vergangenheit misslungen sind, nicht zu gering achten; man strebe bis an sein Ende nach Glück und Gelingen und halte es nicht für unerreichbar."

Ja, ich werde die Vergangenheit akzeptieren und jetzt nach vorne schauen. Es ist noch nichts verloren. Ich habe noch alle Chancen dieser Welt!!!

Ich würde aus der Freude zum Malen gerne etwas machen. Ich fange ja schon zum Träumen an, eine Vernissage zu machen. Und nebenbei habe ich noch nicht mal das erste Bild fertig. Aber meine Träume kann mir keiner nehmen.

Was soll ich tun, wenn meine Arbeitskollegen nicht mehr wollen, dass ich bei ihnen arbeite. Aber das wäre echt meine Schuld. Wahrscheinlich sitzen sie jetzt alle zusammen und reden über mich. Wie schwach ich bin.

7. September 2007

Eine Mitpatientin hat mir heute einen Tipp gegeben, wie man sich verhalten soll, wenn einem das Gegenüber auf die Nerven geht. Man soll sich 10-mal leise vorsagen: „Leck mich am Arsch!" Und dann muss man meistens eh schmunzeln.

Wir haben in der Gruppe darüber gesprochen, dass man nicht mit jedem Menschen auskommen kann. Auch in der Familie ist jeder unterschiedlich. Ich denke, ich sollte einfach mal akzeptieren, dass Armando und ich nie auf einen grünen Zweig kommen werden.

Mein Chef hat mir eine nette SMS geschrieben. Ich soll nicht aufgeben, ich werde es schaffen und sie glauben alle an mich.
Jetzt werd ich so richtig von vorne beginnen.

Wenn etwas nicht so funktioniert, wie man es sich vorgestellt hat, sollte man nicht aufgeben, man kann es auf eine andere Weise probieren.
Ich werde wieder die „Nunzia" werden, die ich mal war, interessiert und ausgeglichen.
Trotzdem denke ich mir, ich habe die Leute, die auf mich gezählt haben, im Stich gelassen. Aber ich habe bis zum Schluss gekämpft. Heute klingt alles etwas positiver.
In Zukunft werde ich mein Leben viel aktiver führen und mich aber auch mehr zurücknehmen. Wenn der Alkohol weggefallen ist, rede ich ja in Gesellschaft auch keinen Blödsinn mehr. Hier wird mir ständig gesagt, dass ich so viel Potenzial habe und ich könnte ja wirklich was daraus machen. Und ich muss jetzt Geduld haben, besonders mit mir selbst.

Zeitlassen, Innehalten und gestärkt aus dieser Lebensphase herausgehen. Und meinen Träumen Flügel wachsen lassen. Bin heute voller Hoffnung. Das Leben wird sehr schön werden.

Ärzte dürfen auch mal krank sein.

Bei der Visite haben wir heute meine Stimmungseinbrüche am Nachmittag besprochen, was ja eigentlich untypisch ist. Normal hat man ein Morgentief. Aber es gibt eben verschiedene Symptome der Depression, genauso wie die Menschen alle verschieden sind.

Unser Stadtpfarrer hat meinen Brief erhalten und meinen Eltern gesagt, dass er mich mal besuchen möchte. Das war ein Hilferuf von mir.

Am Nachbartisch sitzt eine neue Patientin, sie glaubt, sie sitzt in einem Hotel am Flughafen. Und dann hat sie gesagt, sie möchte alle hier erschießen, weil hier niemand was im Kopf hat. Da dürfte es sich um eine Psychose handeln.

„Wir glauben an dich!" Der Satz in der SMS hat mir so gut getan. Habe meiner Mama die Mail vorgelesen, aber sie hat wieder mal gar nicht richtig zugehört.

Ich sehe jetzt ein, dass ich Zeit brauche. Und meine Ängste bezüglich der Arbeit möchte ich ablegen. Ob mein Chef mit meinen Kollegen gesprochen hat?
Scheinbar hat man doch Geduld mit mir.

Bin jetzt auch in der Wirbelsäulengruppe eingeteilt. Da geh ich jetzt hin.

Habe Lukas mitgeteilt, dass ich gerne hätte, dass das Haus ein bisserl sauberer ist als vor meiner Abreise, bevor ich das erste Mal nach Hause komme. Ich habe mir schon gedacht, dass er nicht ständig so verständnisvoll sein kann. Er hat mir am Telefon an den Kopf geworfen, dass er sich wegen mir die Beine ausreißt und mich jeden Tag besucht und unser Kind beschäftigt, obwohl der den ganzen Tag nur Blödsinn redet und ich verlange immer nur. Warum ist es für ihn nicht selbstverständlich sich um Daniele zu kümmern? Warum hebt er das immer so hervor? Mich zu besuchen, ist scheinbar auch eine Qual für ihn. Zumindest habe ich das so herausgehört.

Manchmal frage ich mich, ob er wirklich der richtige Partner für mich ist. Solche Vorwürfe kommen immer wieder. Wie soll ich da reagieren?

Wenn man Menschen mit Freundlichkeit begegnet, nimmt man ihnen den Wind aus den Segeln.

Mir kommt vor, dass unsere Beziehung wieder schwieriger ist, seit wir nicht mehr alleine reden können und seit meine Eltern wieder aus dem Urlaub zurück sind.

Er möchte heute ein Gespräch mit mir, weil er so nicht mehr weitermachen kann. Was habe ich falsch gemacht? Er ist halt auch nicht so stabil, um das alles aushalten zu können. Er glaubt, ich will ihn verarschen.

8. September 2007

Es ist jetzt 6 Uhr in der Früh und ich kann nicht mehr schlafen. Gestern war ich mit meinen beiden Männern im Einkaufszentrum. Es war sehr nett. Lukas fühlt sich halt teilweise ein wenig überfordert, und das verstehe ich auch. Und ich gebe ihm ja doch immer wieder Anweisungen.

Daniele sind ein paar Dinge rausgerutscht, die mir sehr wehgetan haben. Er wollte es nicht. Es ging darum, was bei meinen Eltern zu Hause so geredet wird.

Er hat meiner Mama erzählt, dass er sich schon so auf den Besuch freut, weil wir zum Griechen essen gehen. Und sie hat dann darauf gesagt, dass wir doch endlich mal etwas „Ordentliches" essen sollen und nicht immer so ein „Chinesenzeugs, griechisch oder mongolisch". Ich versteh das nicht. Was ist an ausländischer Küche so schlecht? Aber es ist egal was wir machen oder essen. Alles, was nicht so ist wie in ihrem Leben, ist schlecht. Alles, was wir machen, ist falsch. Mein Papa sagt, statt mich in einem Yogakurs einzuschreiben, soll ich lieber mit ihm im Wald spazieren oder laufen gehen. Das Yoga ist auch nichts „Gescheites". Fernöstliches Zeugs. Und laut ihm gehen alle Frauen aus unserer Stadt in den Wald laufen. Wenn das aber nicht meines ist? Der Kontakt zu den beiden macht mich derzeit fertig. Das tut alles so furchtbar weh.

Wenn nichts recht ist. Warum akzeptieren sie mein Leben nicht einfach so, wie es ist? Warum akzeptieren sie mich nicht, wie ich bin? Mein Vater meint ja auch, Notarzt ist kein ordentlicher Beruf. Das ist auch nichts.

Abgesehen davon ist die chinesische Küche mit dem ganzen Gemüse sicher nicht ungesund.

Und dann ist Daniele noch in Bezug auf Armando was rausgerutscht.

Papa hat ihn angeredet und gefragt, warum er keinen Kontakt zu mir hat. Das hat dann zu einer Diskussion geführt. Armando ist sauer auf mich, weil ich im alkoholisierten Zustand zu ihm gesagt habe, dass er seine Familie im Stich gelassen hat. Ich versteh nicht, warum wir immer aufeinander sauer sind. Haben wir uns womöglich so gerne, dass jeder die Worte des anderen auf die Waagschale legt? Er kommt ja auch mit seinem Leben nicht zurecht. Und er ist in meinen Augen ein großer Egoist. Und was meine Eltern betrifft, meint mein Therapeut, schieben sie die Schuld auf Lukas, weil sie sich nicht eingestehen wollen, dass sie auch etwas falsch gemacht haben könnten. Er meint, ich wäre in der Kindheit vielleicht sogar zu kurz gekommen. Aber viele haben behinderte Geschwister und jüngere. Ich erinnere mich immer an eine schöne Kindheit. Nur meine Mutter war da irgendwie nie so richtig da. Aber es war ein ständiger Leistungsdruck vorhanden und Gefühle haben gefehlt. Darum kann ich wahrscheinlich auch heute meine Gefühle noch nicht so richtig ausdrücken. Aber ich kann es in der Erziehung von Daniele anders machen. Ich würde ihn nie für meine Depressionen oder Schlaflosigkeit verantwortlich machen. Ich würde ihn nie erpressen.

Und nie sagen. „Wenn du dies und das nicht so machst, wie ich es mir vorstelle, bist du nicht mehr mein Sohn!"

Wie soll ich mit der familiären Situation umgehen?

Soll ich einfach akzeptieren, dass ich meine „alte" Familie verloren habe? Den Kontakt einfach abbrechen, weil es mich so fertig macht? Sollte ich mich innerlich lösen? Aber ich hänge irgendwie an meiner Familie. Sie war mir immer wichtig. Ich denke mir ständig, dass sie ja aus ihrer Haut auch nicht

rauskönnen und man kann sie auch nicht mehr ändern.
Wenn ich so in der Morgengruppe sitze, denke ich mir immer, das könnte Mama auch nicht schaden. Sie könnte hier auch Kraft schöpfen.

Ich werde jetzt lernen, dass es ganz in Ordnung ist, so wie ich bin. Und, dass meine Entscheidungen in dem Moment, in dem ich sie treffe, die richtigen sind. Auch wenn ich später draufkomme, dass es ein Fehler war. Dann muss ich einen neuen Weg gehen. So wie ich es derzeit versuche.
Papa möchte mich immer nach seinen Vorstellungen umformen. Z. B. soll ich mit dem Rauchen aufhören, mich für eine Ausbildungsstelle bewerben, Lukas verlassen, ...
Das tut so verdammt weh.
Warum akzeptieren mich Menschen, die nicht zu meiner Familie gehören, so wie ich bin, und meine Eltern können das nicht?
Von außerhalb kommen ermunternde Worte. Warum kann meine Familie nicht sagen: „Wir glauben an dich!" Stattdessen kommt von meinem Papa: „Wird das schon noch mal was mit dir?"
Ich freu mich schon so auf meinen neuen Schreibtisch zu Hause, da kann ich sitzen, lesen. Habe mir einen Jahresplaner von Paolo Coelho zugelegt, da werd ich das Jahr 2008 planen.
Ich werde als viel offenerer Mensch hier rausgehen.
Mein Papa möchte auch, dass ich mir die Haare abschneiden lasse. Aber das sind doch meine. O. K., sie sind ausgefallen und ganz dünn geworden. Ist auch ein Symptom von Depressionen.
Gestern bin ich wieder draufgekommen, dass Lukas sich wirklich sehr bemüht. Ist halt für uns alle schwierig. Vor dem Alltag habe ich Angst.
Wenn ich mich verändere, verändert sich auch meine Umwelt automatisch. Und wenn ich mich wieder gern habe, kann ich auch andere gern haben.

Sollte ich mich mit dem Thema Alkohol mehr auseinandersetzen?

Ich beneide Menschen immer, die ein Achterl genießen können. Ich muss einsehen, dass das für mich eben nicht zutrifft,
und ich die Finger davon lassen muss. Das Suchtpotenzial ist
einfach da, auch wenn ich nur Missbrauch betrieben habe.

Sonja, eine Kollegin aus dem Krankenhaus hat gefragt, ob sie
mich mal besuchen kann. Darauf freu ich mich schon sehr.
Sie ist zwei Wochen jünger und schon Oberarzt auf der Internen. Darauf wäre mein Papa stolz. Den Kontakt zu ihr habe
ich in den letzten Monaten auch recht schleifen lassen.
Aber jetzt kommt sie mich besuchen. Am Dienstag.

Ein Arbeitskollege hat mir voll lieb auf die Sprachbox gesprochen. Er ist Kurde und ich habe ihn sehr gerne. Er ist hilfsbereit
und auch lustig. Ich soll mir keine Sorgen machen, es geht
ihnen allen gut und ich soll wieder gesund werden, ohne mir
Gedanken zu machen. Fand ich voll nett. Jetzt kann ich mich
auf mich konzentrieren.

Einen Artikel für die Krankenhauszeitung habe ich heute fertiggestellt. Es ist für Patienten, damit sie wissen, was eigentlich
passiert, wenn der Notarzt kommt. Um ihnen auch ein wenig
die Angst zu nehmen. Ich hoffe, es ist mir gelungen.
Das Schreiben für die Zeitung macht mir Spaß. Vor allem ist
man stolz, wenn man dann den gedruckten Artikel sieht.
Wenn es neben der Arbeit ginge, würde ich gerne für eine
Zeitung schreiben.

Ich freu mich schon auf ein gemütliches Haus im Winter:
Wärme, Geborgenheit. „Dein Heim kann dir die Welt ersetzen,
doch nie die Welt dein Heim."

Aber ich bin so ungeduldig, ich möchte immer alles auf einmal. Aber man sollte auf seine Ziele hinarbeiten. So kann ich
mich freuen, irgendwann eine neue Küche zu haben, dann
ein neues Wohnzimmer. Und schön langsam kriegen wir das
perfekte Haus. Wir werden in Ruhe gemeinsam planen.

9. September 2007

Eine Mitpatientin mit einer Psychose hat sich gestern Abend noch zu mir gesetzt und ein wenig aus ihrem Leben erzählt. Manchmal frag ich mich, warum einen das Umfeld so kaputt machen kann. Sie hat erzählt, als sie 4 Jahre alt war, beginnen ihre Erinnerungen. Da hat man sie zum Fenster des Sarges ihrer toten Tante raufgehoben. Der Anblick war schrecklich. Sie hatte diese Tante sehr gerne. Als sie 15 war, kam es dann zu einer Familientragödie. Sie ist nicht genau darauf eingegangen, aber was ich so rausgehört habe, hat ihr Vater ihre Mutter getötet und dann sich selbst und sie hat die beiden gefunden. Später hat sie dann geheiratet und ihr Mann ist mit seiner Sekretärin durchgebrannt, während sie das „Heimchen am Herd" gespielt hat. Manchmal habe ich das Gefühl, es gibt Menschen, die solche Dinge anziehen. Ich möchte ihnen nicht die Schuld geben, oder man nennt es einfach Schicksal. Oder geht es immer weiter bergab, wenn es einmal angefangen hat? Das darf man sich aber auf keinen Fall einreden.

Das Elternproblem habe ich immer noch nicht gelöst. Wenn sie anrufen, geht es immer nur darum, was ich gegessen habe und ob ich schon zugenommen habe. Reis mit Gemüse ist für sie wieder mal „nichts", weil man da nicht genug zunimmt.

Zu Hause möchte ich schreiben und malen. Ich habe schon Pläne, und Yoga will ich machen und lesen, noch irgendeinen Sport treiben, …
Ich gehe auch gerne ins Café mit einem Buch. Aber nicht in die gewohnten Kaffeehäuser, in denen ich viel Zeit mit anderen gescheiterten Existenzen bei zig Gläsern Wein verbracht habe. Und Kontakt mit Freundinnen möchte ich mehr haben. Alkohol ist tabu. Und ich werde so gesellschaftliche Saufgelage meiden. Kochen und backen macht mir auch Spaß. Gesunde, ausgewogene Ernährung.
In einem gesunden Körper wohnt auch ein gesunder Geist.
Auf jeden Fall werde ich mehr auf mich selbst achten und mir

überlegen, was mir guttut und was meiner Psyche und meinem Körper nicht guttut.

Ich möchte auch nicht mehr die Arbeit als Mittelpunkt meines Lebens sehen, auch wenn mein Papa mich dazu erzogen hat. Ich werde auch mal „nein sagen" und Pläne fürs Wochenende schmieden, bevor der Dienstplan geschrieben wird. Und dann teile ich den Kollegen mit, dass ich schon was vorhabe. Ich werde anderen Menschen mit Freundlichkeit begegnen. Unfreundlich war ich eigentlich nie. Lukas gegenüber nicht mehr wütend reagieren. Mehr überdenken. Mich sammeln und dann über Probleme sprechen. Klingt ja alles ganz gut. Muss nur mehr umgesetzt werden.

Aber das Problem mit meiner Familie wird sich nicht lösen.

Ich bin froh, derzeit nicht über der Toilette zu hängen. Ich finde das Gefühl im Bauch beim Verdauen angenehm. Und vor dem Erbrechen habe ich mich so geekelt.

Ich fange wieder an, das Modepüppchen zu spielen. Aber ich ziehe mich gerne schön an, dann fühl ich mich wohl. Und daran merke ich auch, wenn es mir besser geht. Wenn es mir schlecht geht, ist es mir egal, wie ich herumlaufe. Aber es kommt halt auf die Schönheit von innen an.

Pfleger Markus hat mir gestern gesagt, ich solle geduldig sein. Die Depressionen sind ja auch nicht von heute auf morgen gekommen. Ich soll viel nach Hause mitnehmen. Ich werde mir jetzt Zeit nehmen. Ich werde endlich hier ankommen.

Heute Nachmittag waren wir im Ars Electronica Center. Am besten gefiel mir die 3-D-Welt, da man durch die ideale Stadt von Michelangelo gehen konnte. War voll schön. Da kann man träumen, man geht durch die Stadt. Man kann auf Kirchtürme steigen und von oben hinunter über die Dächer schauen.

Ist Krankheit nicht vielleicht eine Chance, ein kostbares Geschenk? Nicht auch der Augenblick, in dem uns möglicherweise ein Licht aufgeht? („Erhöre mein Flehen" von Susanna Tamaro)

Ich werde meine Depressionen als Chance sehen. Ich habe angefangen zu reflektieren. Die Leere in mir bekämpfen. Mit der Selbstzerstörung und dem Selbsthass Schluss machen. Bis hierher und nicht weiter.
Ich werde mehr Dankbarkeit für die Dinge, die ich bereits habe, empfinden.

Eine Mitpatientin hat mich heute in den Arm genommen. Das tut so gut. Ich war glücklich. Sie ist in demselben Alter wie meine Mama. Ich habe das Gefühl von seelischer Wärme gespürt. Derzeit fühle ich mich nicht mehr einsam und ich fühle mich verstanden und wahrgenommen.

„Jedem Neuanfang wohnt auch ein gewisser Zauber inne." Hab ich mal irgendwo gelesen, weiß aber nicht mehr wo.

10. September 2007

Morgens aufwachen, sich auf den Tag einstellen, sich vorbereiten. Sich strecken, bereit sein. Den Geist überlisten, positive Dinge denken. Meditieren. Mit sich selbst reden und sich selbst loben. Aber auch tadeln. Sich vorstellen, wie man sein möchte. Visualisieren. Und das immer wieder.
Durch Grübeln kommt man nicht weiter. Den Körper spüren, in sich selbst ruhen, an sich selbst arbeiten. Sich Zeit nehmen.

Ich hoffe ich kann all diese Dinge auch im Alltag anwenden. Ich werde mir Zeit für mich allein nehmen. Meine beiden Männer werden das akzeptieren.

Was brauche ich?
Da denke ich wieder an Familie. Und mir fällt wieder Weihnachten, mit den vielen Leuten, ein. Zusammensein in Harmonie.

Was brauche ich zum Leben?
Ich brauche das Gefühl der Geborgenheit, ich möchte verstanden werden, ich möchte respektiert werden, ich möchte gelobt werden, ich möchte geliebt werden, Anerkennung für meine Arbeit, die Erinnerung meiner Träume nicht zu vergessen.

Ich nehme jetzt ständig zu. Der Schlüssel ist Bewegung. Aber Gewichtsschwankungen sind ganz normal. Ich sollte aufhören, mich ständig auf die Waage zu stellen. Dann würde ich sehen, dass ich mich wohlfühle, auch mit einem Kilo mehr. Warum müssen die Gedanken ständig ums Gewicht kreisen? Sind eh erst zwei Kilo, die ich mehr habe. Was solls.

Es gibt da einen gewissen Mitpatienten, der ist so um die 45, würde ich sagen. Bis heute habe ich noch kein Wort aus seinem Mund gehört. Er hat sich immer zurückgezogen. Es hat nur geheißen, dass er schon drei Monate hier ist. Heute ist er plötzlich in der Morgengruppe aufgetaucht und hat ganz viel geredet. Ich war irgendwie perplex. Er hat sogar eine Stimme. Auch er hat sicher viel mitgemacht, obwohl ich nicht weiß, ob seine Geschichten nicht auch zu seinem Krankheitsbild gehören. Seine Diagnose kenne ich nicht. Depressionen, Schizophrenie, Wahn?
Auf jeden Fall hat er erzählt, er war Topmanager in einer Firma mit ganz vielen Angestellten. Und eines Tages hat man ihm gesagt, dass er einen Prostatakrebs hat. Und dann kam der körperliche und psychische Zusammenbruch. Er bekam Chemotherapien und war ganz schwach. Die Firma musste er aufgeben. Ihm hat aber geholfen, dass er 13 Jahre lang eine asiatische Kampfsportart betrieben hat, so konnte er sich körperlich wieder etwas aufrappeln. Und angeblich hat er eine Ausbildung bei irgendeiner Eliteeinheit in Amerika gemacht, bevor er Manager in dieser Firma geworden ist. Weiß nicht, was man glauben soll. Schlimm auf jeden Fall.

Ich habe Angst, dass Lukas mir zu Hause nicht zugesteht, dass ich auch mal für mich sein muss. Oder wird er darauf pochen, ständig in seiner Nähe zu sein. Bisher war das so. Immer waren wir im selben Raum. Und er fühlt sich schnell vernachlässigt und ungeliebt. Hoffentlich hört er mal auf, alles auf sich zu beziehen und alles negativ zu interpretieren. Eine Paartherapie wird sicherlich notwendig.

Und er muss für sich auch einiges aufarbeiten. Ich hoffe nur, dass bei ihm nicht der große Zusammenbruch kommt, wenn ich wieder auf den Beinen bin. Gestern war er sauer auf mich, weil ich ihn nicht gebührend gelobt habe, weil er meine Wand beim Kraftplatz so schön angemalt hat. Ich war voll begeistert und habe bei jedem Foto betont, wie schön ich es finde. Und das stimmt.

Aber ich habe dann gefragt, ob die Brombeeren im Garten schon reif sind, weil ich gerne Marmelade machen würde. Das mach ich sehr gerne.

Und er hat sich dann angegriffen gefühlt, weil ich nur an die Brombeeren gedacht habe und nicht an die schöne gelbe Wand.

War eine schwierige Situation für mich. Ich weiß, dass er Lob braucht.

Mein Sohn ist jetzt Gymnasiast. Ich bin stolz. Leider konnte ich an seinem ersten Tag nicht dabei sein. Das tut schon weh. Ich wünsch ihm eine ganz tolle, spannende und interessante Zeit dort. Sechzehn Mädchen und neun Buben. Find ich nicht schlecht, da lernt er mal den Umgang mit dem anderen Geschlecht. Immer nur Mutter ist nicht gut. Bin ja nicht gerade das Paradebeispiel für eine Frau und Mutter. Er ist sehr wissbegierig, es wird ihm gefallen. Er ist ein Mensch, in dem man auch gut Interesse entfachen kann.

Hatte wieder Besuch von meinen Eltern. Es war heute ganz O.K. Meine Mama hat nur gemeint, sie könnte nicht in so einer Stationsgruppe sprechen oder so wie ich mit allen „per Du" sein. Mein mangelndes Selbstvertrauen habe ich wohl wirklich von ihr gelernt.

Und Papa hat gar nichts gesagt, was mich traurig gemacht hat.

„Ich wollte einfach nur das leben, das von selbst aus mir her-
auswollte, warum war das so schwer?"
Das ist glaub ich von Hermann Hesse.
Der Satz hat mich in meiner Gymnasiumzeit schon sehr faszi-
niert. Damals war ich auch des Öfteren „psychisch ange-
schlagen".
Aber wo kommt das eigentlich her?
Irgendwas muss das doch ausgelöst haben. Ich war ein voll
unglücklicher Teenager.
Manchmal tu ich mich schwer, konkrete Gedanken zu fassen.

Der Stadtpfarrer hat mich heute angerufen, aber eigentlich
haben wir nur über belanglose Dinge gesprochen. Er hat gemeint, ich klinge sehr hoffnungsfroh.

Meine Mama hat mir heute noch gesagt, ich soll öfters in die
Kirche gehen, weil der Mensch an etwas glauben muss, sonst
hält man das Leben ja nicht aus.

Ich hatte abends einen Rückfall. Habe beim Abendessen so
viel gegessen, dass ich dann auf die Toilette gegangen bin
und mich übergeben habe. Eine verlorene Schlacht ist noch
kein verlorener Krieg.

Ich habe Angst vor dem Wochenende, da werde ich zum ersten Mal zu Hause schlafen. Teilweise stressen mich die Besuche von Lukas und Daniele schon sehr. Da habe ich mich oft
ganz leer gefühlt. Ich halte das nicht aus, wenn es zwischen
den beiden ständig zu Spannungen kommt.
Heute hatte ich ein morgendliches Stimmungstief und nachmittags war es besser. Umgekehrt.
Irgendwann werde ich mich wieder selbst spüren. Ich werde
wissen, wer ich bin und was ich will.

Während meines Aufenthaltes hier muss ich mir auch klar werden, was ich von meiner Beziehung will. Und wie ich damit
umgehe, wenn Lukas aggressiv wird. Ich möchte auf keinen
Fall jemals wieder geschlagen werden. Kein einziges Mal.

Dann bin ich weg. Ich habe schon zu viele Narben im Gesicht. Und er schlägt immer nur ins Gesicht. Meine Mama hat mich heute gefragt, ob ich mein Auge ihm verdanke. Ich habe sie angelogen und nein gesagt. Ich schäme mich. Ich schäme mich dafür, zugelassen zu haben, dass er mich schlägt. Aber ich war ja auch selbst schuld daran. Ich habe ihn provoziert.

Habe Angst, dass zu Hause wieder Reibereien auftreten wie früher. Aber ich will einfach nicht mehr über diese schlimme Zeit nachdenken. Es wird anders werden. Ich werde ja anders werden.

11. September 2007

Heute Morgen musste ich schon um 7 Uhr 30 zur Hirnstrommessung. Das hat mich psychisch erledigt. Die Elektroden auf der Stirn haben furchtbar gedrückt, aber so wie ich nun mal bin, sage ich das nicht, sondern denke mir, es wird schon irgendwann vorbei sein. Dann musste ich ständig die Augen auf und wieder zu machen. Das hat genervt. Dann musste ich noch drei Minuten lang hyperventilieren, ich dachte ich kippe gleich vom Stuhl. Beinahe als Erlösung empfand ich nachher das Flackerlicht, weil ich wusste, es ist bald vorbei. Hatte auch keine Zeit zu frühstücken.

Anschließend bin ich zur Ergotherapie gehetzt. Meine Ergotherapeutin ist vom Urlaub wieder zurück und ich habe mich sehr gefreut darüber. Aber sie hatte wenig Zeit für mich, weil eine junge Frau einen Heulkrampf nach dem anderen hatte. Die ist mir so bekannt vorgekommen. Bin dann draufgekommen, dass sie mit mir studiert hat, sie macht jetzt den Turnus. Sie dürfte auch einen Konflikt mit ihrer Mutter austragen.

Mein Bild bekommt jetzt doch mehr Farbe. Anfangs war es nur braun und grün. Jetzt wird es bunt. Komisch, wie sich das ändern kann. Es gefällt mir bunt. Sogar Rosa und ein knalliges Orange habe ich reingegeben.

Die Ergotherapeutin hat sich dann nach meiner Beziehung erkundigt. Sie muss ein Wahnsinnsgespür haben. Ich habe ihr gesagt, es geht mir sehr gut mit der Beziehung, und, dass mein Partner gerade einen Platz für mich gestaltet und sich voll bemüht. Sie hat mich dann gefragt, ob er ein schlechtes Gewissen hat oder Angst ich könnte ihn verlassen. Ich war perplex. Es könnte schon sein. Ich habe ihr dann erzählt, dass ich immer das Gefühl habe, ganz viel Dankbarkeit zeigen zu müssen, wenn er etwas für mich macht. Und laut ihm würdige ich die Dinge dann auch nicht genug. Ich soll auf jeden Fall mit ihm darüber sprechen hat sie gemeint. Er wird aber dann beleidigt und verletzt sein. Irgendwie fühle ich mich in der Beziehung oft auch ein wenig erpresst. Ähnlich wie bei meinem Papa. Ich gehe lieber jedem Konflikt aus dem Weg und sterbe innerlich.

Bei der Frage, was sich während meines bisherigen Aufenthaltes geändert hat, habe ich nur sagen können, dass ich ruhiger geworden bin, nicht mehr so getrieben. Das ist ja schon etwas, meint sie.

Was ein bisschen wehtat, ist, dass sie gesagt hat, dass Lukas ganz genau weiß, was er sagen muss, um bei mir Schuldgefühle auszulösen. Aber wenn ich ganz ehrlich zu mir selbst bin, hatte ich auch schon öfters dieses Gefühl. Ich weiß, dass ich keine gesunde Beziehung führe. Und Lukas und mein Papa haben gewisse Ähnlichkeiten. Im Verhalten mir gegenüber.

Von Trennung hat Fr. Lange nicht gesprochen, aber man sollte halt gemeinsam an der Beziehung arbeiten. Jetzt habe ich die Chance alles in einer „geschützten" Umgebung zu regeln.

Ich muss offener werden und sagen, wenn mir etwas nicht passt.

Und Schläge werde ich einfach nicht mehr akzeptieren, auch wenn ich für mich noch so viele Ausreden finde. Er hat mir mal gesagt, er hat das gemacht, weil ich ihn wochenlang geärgert habe, gesoffen habe, fremdgegangen bin und ihn provoziert habe. Ist alles ganz schlimm gewesen, stimmt. Aber ein Grund jemanden blutig zu schlagen?

Wie stelle ich mir eine Beziehung eigentlich vor? Gegenseitiger Respekt, Achtung, dem anderen Freiräume geben, Vertrauen, keine Handgreiflichkeiten, keine gegenseitigen Schuldzuweisungen, dem anderen Ruhe gönnen, bei Entscheidungsfindungen unterstützen, gut zureden, zuhören, Verständnis zeigen, keine Lügen, Harmonie, Geborgenheit, keine Zwänge, ...

Ich hätte gerne mehr Harmonie zu Hause. Auch was den Umgang zwischen Lukas und Daniele betrifft. Er redet ihm schon irgendwie ein, dass er nichts wert ist, so wie er ist. Vorgestern hat er zu ihm gesagt: „Du bist vollkommen verrückt!" Ich bin von zu Hause einfach keine Kraftausdrücke gewöhnt.
Oft ist es so, wenn ich gewisse Dinge anspreche, dreht er den Spieß um, geht in die Verteidigungsposition, verletzt mich und ich steige als Schuldige aus. Ich nehme gerne die Schuld auf mich. Gerne nicht, aber ich tue es. Aber ich mache das unterbewusst.
Habe große Angst vor dem Wochenende. Wie wird es werden?
Lukas wirft mir auch oft vor, dass ich ihm viele Dinge befehle, zu viel studiere und alles negativ sehe. Und dann krieg ich auch wieder Schuldgefühle. Und weil er Daniele rund um die Uhr beschäftigen muss, habe ich auch Schuldgefühle, schließlich habe ich eine schöne Zeit hier im Krankenhaus. Wenn er mich grün und blau geschlagen hat, hatte ich auch Schuldgefühle, weil er so arm war und nicht mehr anders konnte. Einerseits, weil ich böse zu ihm war und andererseits, weil ich das mit mir geschehen habe lassen.
Ich fühle mich als Mensch, mit vielen Fähigkeiten und mit meiner Gutmütigkeit, von ihm nicht wahrgenommen. Ich würde nie jemanden bewusst verletzen. Die meisten Leute denken, ich sei nett. Er nicht. Er sagt, ich bin böse.

Was kann ich für die Beziehung tun?
Ich hoffe ich verändere mich hier, dann wird sich auch meine Umgebung verändern. Ich werde professionelle Hilfe bei einem Therapeuten suchen. Eine Paartherapie ernst nehmen

und nichts verharmlosen wie beim letzten Mal. Aber die Narben im Gesicht werden bleiben.

Habe vor kurzem geträumt, dass ein Exfreund von mir Lukas geschimpft hat, weil er mich schlägt. Er hat gesagt, er hatte es auch nicht leicht mit mir, aber er hätte nie zugeschlagen. Wir waren damals beide sehr unreif und er sehr anhänglich. Verbale Verletzungen gab es auch. Und er war auch im Gefängnis wie Lukas. Aber mein Exfreund hat nie mir die Schuld dafür gegeben.

Gegenseitiger Respekt und Achtung

Den anderen in seiner Art und mit seinen Gefühlen respektieren, ihn achten, behutsam miteinander umgehen, ihn als eigenständigen Menschen mit all seinen Fehlern und auch Fähigkeiten sehen. Einen Menschen, den man achtet, schlägt man nicht und attackiert ihn auch nicht verbal. Man respektiert die Wünsche und Sehnsüchte des anderen.

Ich möchte nicht als Dummchen oder arme Sünderin hingestellt werden. Umgekehrt muss ich das bei Lukas natürlich auch tun. Ich weiß genau, welche Fähigkeiten er hat und was er alles Zustandebringen kann.

Dem anderen Freiräume geben

Ich möchte einfach meinen Hobbys nachgehen können, ohne zu hören: „Du hast nie Zeit für uns." Lukas spricht oft von „uns". Damit meint er ihn und Daniele. In mir erzeugt das natürlich noch mehr Schuldgefühle, weil ich dann ja beiden was antue.

Ich möchte auch mal alleine für mich sein können. Ich möchte nicht mehr jeden Abend gemeinsam vor dem Fernseher verbringen. Und ich möchte mich auch mit Freundinnen treffen können. Freunde sind wichtig. Natürlich muss er sich auf mich verlassen können, dass ich nicht wieder ganze Nächte trinkend in einem Lokal verbringe.

Vertrauen

Das ist in unserer Beziehung ein sehr wichtiges Thema. Das gibt es nämlich nicht bei uns. Er vertraut mir nicht, weil ich in den letzten Jahren oft fortgegangen bin, was getrunken habe und fremdgegangen bin. Ohne Alkohol wird das aber nicht mehr vorkommen.

Und was Lukas betrifft, hatte ich im Nachtdienst immer den vollen Stress, weil ich ihm auch oft nicht vertrauen konnte. Er hat mich oft angelogen und gesagt er trinkt nichts, obwohl er am Telefon oft voll gelallt hat. Es war offensichtlich, dass er getrunken hat. Habe mich immer für dumm verkauft gefühlt. Aber als aller Erstes muss man sich mal selbst vertrauen können.

Handgreiflichkeiten

Ich weiß gar nicht mehr, wie oft mich Lukas wirklich verprügelt hat. Habe viel verdrängt. Manchmal hatte ich wochenlang ein blaues Auge. Ich musste mich stark schminken und trotzdem hat man es gesehen. Ich habe mich so geschämt dafür. Ich kriege oft Wut, wenn ich meine Narben im Spiegel sehe. Vielleicht seh sie auch nur ich. Und das erinnert mich natürlich ständig an diese Situationen und dann kommt das Gefühl, dass ich nichts wert bin. Manchmal frage ich mich, ob er absichtlich ins Gesicht geschlagen hat, damit ich anderen nicht mehr gefalle. Einmal hat er zu mir gesagt: „Dich kann und muss man ausmerzen!" Ich glaube in solchen Situationen weiß er gar nicht, was er sagt. Wie kann ich so einen Menschen lieben? Solche Dinge sind vollkommen inakzeptabel, egal was ich gemacht habe.

Gegenseitige Schuldzuweisungen

Ein großes Problem von mir ist, dass ich die Schuld meist auf mich nehme. Wenn Lukas im Haus irgendetwas macht und nachher mir das Gefühl vermittelt, dass ich ihm zu wenig danke und ihn zu wenig wertschätze, erzeugt das noch mehr Schuldgefühle. Ich empfinde mich dann selbst als undankbar. Ich zeige zu wenig Begeisterung. Er hat aber auch seine Probleme und wenn er empfindet, zu wenig gelobt zu werden, dann muss er da seine eigene Lösung finden. Er kann sein Wohlbefinden nicht immer von mir abhängig machen und ich umgekehrt nicht von ihm. Er kann mich da nicht „benutzen".

Dem anderen Ruhe gönnen

Ich war in der letzten Zeit psychisch und körperlich oft so erschöpft und in solchen Fällen würde ich mich gerne zurückziehen. Und Lukas und ich hängen aber ständig aufeinander und dann kommt es natürlich zu Reibereien. Da kommen dann Fragen, wie: „Was hast du?", „Warum bist du so komisch?" Und da kommt man dann einfach nicht zur Ruhe. Umgekehrt sollte ich Lukas nicht immer quälen mit Dingen, die noch zu erledigen wären, wenn er gemütlich auf der Couch liegen möchte. Da muss ich mich auch zurücknehmen und manche Dinge selbst anpacken. Aber das kommt hoffentlich von selbst, wenn es mir wieder besser geht.

In der Depressionsinfogruppe wurden heute die verschiedenen Symptome der Depression durchbesprochen, war sehr interessant.

Es gibt fünf Symptomgruppen:

1. Die affektiven Symptome, sie betreffen das Gefühl:

Traurigkeit
Lustlosigkeit
Innere Leere und Gleichgültigkeit
Schuldgefühle
Gefühl der Einsamkeit
Angst
Sich unverstanden fühlen
Versagensängste
Aggressionen
Hoffnungslosigkeit
Gefühlsverweigerung
Erhöhte Sensibilität
Minderwertigkeitsgefühle

2. Die physiologischen Symptome, sie betreffen die Körper-
funktionen:

Herzrasen
Herzrhythmusstörungen
Zittern
Schweißausbrüche
Verspannungen (Kopf, Nacken, Schulter)
Schmerzen jeglicher Art
Psychosomatische Symptome:
Harndrang, Druck auf der Brust, Magenschmerzen, kalte Ex-
tremitäten, Hautbrennen, Hautjucken
Appetitlosigkeit
Schlaflosigkeit
Libidoverlust
Gewichtszu- oder abnahme
Erhöhtes Schlafbedürfnis
Albträume
Vermehrte Traumtätigkeit
Innerliche Unruhe - nach außen oft nicht merkbar
Weinerlichkeit
Versiegen von Tränen

3. Kognitive Symptome, sie betreffen das Denken:

Negative Gedanken
Vermindertes Selbstwertgefühl
Selbstzweifel
Konzentrationsschwierigkeiten
Eingeengtes Denken
Entscheidungsunfähigkeit
Selbstvorwürfe
Selbstmordgedanken
Wahnvorstellungen

4. Motivationssymptome:

Antriebslosigkeit
Interessens- und Freudensverlust
Kraftlosigkeit
Energieschwund
Trägheit

5. Verhaltenssymptome:

Rückzug
Meiden von Kontakten
Vermeidungsverhalten
Humorlosigkeit
Bedürfnis in Ruhe gelassen zu werden
(Selbstmordgedanken)
Verminderte Belastbarkeit
Eingeschlafene Mimik
Bewegungsradius eingeschränkt
Verlangsamte Bewegungen
Ruhebedürfnis

Ich habe mich da in ganz vielen Punkten wiedergefunden. Das fand ich erschütternd. Vor allem, weil ich es nicht gemerkt habe. Und das als Ärztin.

Heute Nachmittag hatte ich ein Gespräch mit meiner Bezugsschwester. Sie ist der Meinung, Aufgaben werden einem so lange gestellt, bis man sie meistert. Sie sieht das im Zusammenhang mit dem Manipuliertwerden, zuerst von Papa und dann von Lukas. Bin jetzt verzweifelt. Sie hat gefragt, was noch alles passieren muss, bis meine Grenzen erreicht sind. Wenn Lukas einmal unglücklich zuschlägt, kann alles vorbei sein. Und ich habe darauf geantwortet: „Ja, dann ist endlich alles vorbei. Dann bin ich tot und habe Ruhe." Und dann hat sie gefragt, ob ich gar nicht an Daniele denke. Ich kann ja selbst nicht mehr. Ständig kommen Telefon-Vorwürfe, weil ich früher ständig betrunken war und fremdgegangen bin. Und er sagt, er würde für mich alles tun. Angeblich sage ich jeden Tag am Telefon zu ihm, dass er das „letzte Arschloch" sei. So was würde gar nicht über meine Lippen kommen. Er empfindet sich aber nicht so.

Dass ich mir Grenzen setzen muss, das weiß ich. Aber ich will es ein letztes Mal versuchen. Es kann sowieso keiner verstehen, dass ich ihn liebe und er mich liebt.

Was bin ich mir selbst wert?
Das ist eine gute Frage. Ich denke schon, dass ich ein wertvoller Mensch bin und ich sollte in Zukunft mehr auf mich achten. Mehr darauf schauen, was gut für mich ist und manche Dinge nicht an mich ranlassen. Ich muss mehr reflektieren. Auf meinen Körper und auf meine Gesundheit achten. Mich im Spiegel betrachten und nette Dinge sagen. Gestern hat eine Mitpatientin zu mir gesagt: „Du bist so hübsch und erfolgreich und hast eine Familie." Aber wenn man es selbst nicht glaubt, nützt es auch nichts, wenn es andere sagen.

Was habe ich bisher erreicht?
Ich habe einige Instrumente gelernt, war eine gute Schwimmerin, habe das Gymnasium positiv abgeschlossen, habe einen wundervollen Sohn bekommen, habe das Medizinstudium geschafft, mir einen Job gesucht, war nicht unbeliebt während der Turnusausbildung, habe Arbeit in der Notaufnahme.

Klingt für Außenstehende sicher ganz imposant. Aber irgendetwas fehlt mir zum Glück.

Was wünsche ich mir vom Leben?
Jetzt abgesehen von einzelnen materiellen Dingen. Arbeit, die mir Spaß macht und ich trotzdem genug Freizeit habe, ein gemütliches Haus, Hobbys, Freunde, eine harmonische Beziehung, Familie.

Und wie kann ich das alles erreichen?

1) Der Job:
Da bin ich momentan noch nicht so weit, habe noch nicht genug Kraft, um mir was Neues zu suchen. Habe mich auch noch nicht mit meinen Möglichkeiten auseinandergesetzt. Man muss auch nicht alle Probleme auf einmal lösen. Freizeit habe ich bei meiner jetzigen Arbeit, aber da bin ich meistens sehr müde. Psychisch und physisch geht der Job sehr an die Substanz.

2) Gemütliches Haus:
Ist eine Kostenfrage. Darum ist die Arbeit in der Notaufnahme und als Notärztin sehr gut, weil ich nicht schlecht verdiene. Gemeinsam mit Lukas kann ich schrittweise das Haus planen, ich darf halt nicht immer alles auf einmal wollen. Meine Eltern haben die Wohnung auch nach und nach verändert. Also es ist eine Geldfrage und eine Sache der Planung. Man kann sich auch Hilfe dazuholen. Es gibt Experten.

3) Hobbys:
Was hat mir früher Spaß gemacht? Das könnte ich jetzt wieder machen. Also, Yoga würde ich sehr gerne machen. Ich schreibe sehr gerne. Würde irrsinnig gerne mal ein Buch schreiben. Das wäre ein Traum. Das ist wieder die Geschichte mit den Flügeln.
Das Malen macht mir auch sehr viel Freude. Ein Malkurs wäre schön. Wo ich meiner scheinbar vorhandenen Kreativität freien Lauf lassen kann. Damit kann man auch das Haus verschönern. Kleine Projekte machen. Stricken würde ich auch gerne. Heuer sind auch Stricksachen sehr in und ich trage sie gerne.
Wie könnte ich das alles angehen?
Gut, für einen Yogakurs muss man sich anmelden.
Wegen eines Malkurses kann man sich im Internet schlaumachen oder ich frage meinen ehemaligen Zeichenlehrer.
Da gehts ums Anfangen.
Ich darf aber den Rest meiner Familie dabei nicht vergessen.

4) Freunde:
Ich habe kaum welche. Habe alle vertrieben. Ich sollte jetzt offener sein und nicht gleich zumachen und mich zurückziehen. Die Kontakte zu meinen jetzigen Freunden intensivieren. Freunde, die mir nicht gut tun, meiden. Überhaupt diese Kaffeehaus-Saufrunden meiden.
Die Leute, die ich hier kennengelernt habe, möchte ich auch draußen treffen. Der Aufenthalt hier verbindet. Und wir können offen reden. Da brauch ich mich nicht verstecken. Schwestern im Depressionssumpf vereinigt euch!!! Auch wenn manche Stimmen (Halluzinationen) mitbringen.
Ich werde viel offener durchs Leben gehen, keinen Rückzug mehr. Ja, so mache ich es in Zukunft. Aber vorher brauche ich noch etwas Selbstwertgefühl. Ich bin etwas wert. Ich nehm mich an mit all meinen Fehlern und werde versuchen zu ändern, was ich ändern kann. Und gegebenenfalls hole ich mir Hilfe dabei.

5) Harmonische Beziehung:
Das sind die schwierigen Dinge. Da müssen wir gemeinsam dran arbeiten. Lukas sagt, er weiß, welche Fehler er gemacht hat und er will auch was ändern. Er darf es halt nicht von mir abhängig machen. Ich werde mich auch ändern. Ich brauche noch ein Happy End für mein Buch.

6) Familie:
Das werde ich in der Psychotherapie besprechen. Da muss ich hauptsächlich die Beziehung zwischen meinem Vater und mir durchleuchten. Ich fühle mich da auch manipuliert. Und die Beziehung zu Armando, der mich jetzt mit Ignoranz straft, weil ich nicht so bin, wie er sich seine kleine Schwester vorstellt, und weil ich ihn beleidigt habe. Er verletzt mich ständig. Ich hasse ihn!!!!!
Und dann ist da noch meine Mutter, die schwer depressive ältere Dame, die mir die Schuld für ihren psychischen Zustand gibt und die sich ständig Sorgen macht und für die Zukunft nur schwarz sieht.

Ich habe ihr gesagt, dass ich ständig an Weihnachten denke (aber ich im positiven Sinn) und sie hat gleich gemeint, dass sie auch ständig an Weihnachten denkt, weil Armando am 26. Dezember von seiner Familie weggezogen ist, ein Jahr später bin ich mit meinem Sohn und einem Plastiksackerl vor der Tür gestanden. Na ja, ich dachte an Ruhe, Gemütlichkeit, gutes Essen, Duft, Freude, Stille, ...
Ich wünsch uns heuer von ganzem Herzen ein wunderschönes Weihnachtsfest.
Im Urlaub habe ich auch sehr negativ gedacht, habe ständig die Tage bis zur Heimfahrt gezählt und war sehr traurig dabei. Ich habe auf keinen Fall im Jetzt gelebt. Ich konnte den Urlaub einfach nicht genießen. Und ich habe zu viel auf diesen Urlaub gesetzt, ich dachte ich komme als neuer Mensch zurück. Dabei war ich reif für die Klapse, als ich zurückkam.

Es wird ein langer und beschwerlicher Weg werden. Und ich muss mir mal im Klaren sein, was ich wirklich will und dann zu planen beginnen. Ich muss mehr in mich gehen.
Warum bin ich in der Psychiatrie gelandet?
Wegen Depressionen, Essstörungen und Alkoholmissbrauch.
Warum habe ich eine Essstörung entwickelt? Selbstzerstörung? Zur Gewichtsabnahme? Um zerbrechlich zu erscheinen? Um Hilflosigkeit auszudrücken? Gemocht habe ich mich nicht mehr.
Den Alkohol habe ich bewusst zum Vergessen eingesetzt, um mich aufzuheitern und um abzunehmen. Ist wohl mein größter Feind, aber den werd ich besiegen.
Wie bau ich das Selbstwertgefühl auf? Wenn ich diese schwierige Situation meistere, kommt es vielleicht von selbst. Ich werde meine Mitte wiederfinden und wiederentdecken, wer ich bin.
Eigentlich habe ich es hier sehr schön. Drei Mahlzeiten am Tag. Ich darf das Krankenhaus verlassen, wann ich will. Besuch darf bis 20 Uhr da sein. Es gibt tolle Therapien. Ich kann kreativ arbeiten, Sport machen, es gibt Gesprächsrunden, Informationsveranstaltungen, ich kriege Massagen, habe Wirbelsäulengymnastik. Alles nicht so schlecht.

Trotzdem habe ich heute eine innere Unruhe, ein Gefühl der Hoffnungslosigkeit.

Mama glaubt, ich lüge sie an, wenn ich am Telefon sage, es geht mir gut.

Achtsamkeit. Ich werde in Zukunft alles mit Achtsamkeit tun. Alles viel bewusster erleben, im Jetzt leben. Im Jetzt und Hier. Warum bin ich heute so aufgewühlt? Vielleicht nach den Gesprächen mit meiner Ergotherapeutin und der Bezugsschwester.

Ich weiß ja, was ich nicht mehr will und im Notfall muss ich so weit sein und die Konsequenzen ziehen. Und ich denke Lukas ist sich da auch im Klaren darüber.

Heute kommt meine Freundin Sonja. Freue mich schon sehr.

Der Besuch von ihr hat mir sehr gut getan. Wir haben geredet und geredet und wieder geredet. Habe gemerkt, dass wir uns in gewisser Weise sehr ähnlich sind. Sie möchte auch eine Gesprächstherapie beginnen. Und wegen des Yogakurses hat sie sich auch erkundigt. Ich finde wir sollten den Kontakt intensivieren. Sie sieht das auch so. Sie findet es toll hier und, dass ich hier die Möglichkeit habe, mich wieder zu finden. Nette Leute kennenlernen. Sie hat sich bedankt, dass sie kommen durfte, das hat mich ein wenig durcheinandergebracht. Sie ist auch der Meinung, ich sollte mir Zeit nehmen. Sie sieht meinen Aufenthalt hier als Stärke. Ich steh jetzt auch dazu. Ich bin einfach nicht mehr klargekommen.

12. September 2007

Heute habe ich wieder Gesprächstherapie. Weiß noch gar nicht, was ich besprechen soll. Ich denke das Thema Familie ist wichtig und die Beziehung. Lukas denkt sehr viel nach. Und er will was ändern. Ich hoffe Dr. Oberndorfer beginnt mit einem Thema. Armando muss ich auch ansprechen. Das tut so verdammt weh. Immer wenn ich glaube, es passt wieder, werden meine Hoffnungen zerstört. Und ich muss ständig überlegen, was ich zu ihm sagen kann.

Meine Bezugsschwester hat gestern gesagt, ich soll Lukas verlassen, ich finde, das steht ihr nicht zu. Ich weiß, dass ich keine Schläge verdient habe. Und sie meinte, ich bin es wert, dass man mir meine Freiräume lässt und die Möglichkeit mich zu entwickeln. Daran müssen wir arbeiten. So wie die Beziehung war, kann und darf ich sie nicht mehr akzeptieren. Das ist mir klar. Aber ich werde es noch mal versuchen.

Ich bin absolut noch nicht so weit, nach Hause zu gehen. Ich hoffe mich schmeißt keiner raus. Vielleicht denken sich meine Kollegen eh, dass ich im Oktober auch noch nicht komme. Ob sie mir das zugestehen? Wenn ich erst im November wieder einsteige?

Ich fühl mich hier so beschützt. Danach habe ich mich immer gesehnt.

In der Gesprächstherapie ging es heute darum, dass ich nie so sein kann oder darf, wie ich bin. Meine Umgebung möchte mich immer anders haben. Aber ein paar Mal hat er davon geredet, dass ich eine gewisse Faszination auf meine Umwelt ausstrahle. Und trotzdem wollen mich viele ändern oder können mich nicht so akzeptieren, wie ich bin.

Habe eine Hausaufgabe bekommen. Ich soll mir eine Woche lang überlegen, wie ich eigentlich bin. Da tu ich mich schwer. Und er hat mich gefragt, was es für Konsequenzen hätte, wenn ich so wäre, wie ich bin. Ich denke, ich würde noch mehr verstoßen werden.

Aus Armandos Sicht hat Dr. Oberndorfer immer von der „kleinen verrückten Schwester" geredet. Das tat weh.

Nach dem Gespräch mit der Bezugsschwester gestern ist es mir dreckig gegangen. Auch meine behandelnde Ärztin hat heute gesagt, dass ich meine Beziehung überdenken muss. Das weiß ich sogar selbst.

Nun zur Hausaufgabe.

Wie bin ich?

Gutmütig, harmoniebedürftig, kommunikativ, unsicher, gebe gerne nach, oft depressiv, grüble viel, schnell verletzt, sozial, rede gerne über meine Arbeit, spirituell, Familienmensch, träge, brauche oft Anstoß, kann mich verbal schlecht ausdrücken, kann oft keine klaren Gedanken fassen und schon gar nicht in Worte fassen, oft innerlich leer, eher pessimistisch, kaum Selbstwertgefühl, inaktiv, freudlos, kann keine Zuneigung zeigen, sage oft Dinge, ohne vorher darüber nachzudenken, unentschlossen, gewichtsfixiert, untreu, nicht nachtragend, beeinflussbar, möchte es jedem recht machen, inkonsequent, fühle mich unverstanden, lege Wert auf gewisse Gesprächskultur, hasse die Floskeln „immer" und „nie", bin unfähig den Haushalt zu führen, ruhebedürftig, impulsiv, nicht bösartig, möchte nicht belehrt werden, will nicht ständig hören, was gut für mich ist, möchte schlank bleiben, möchte meinen eigenen Weg gehen.

Ist gar nicht einfach ein Bild von sich selbst herzustellen.
Ich merke, dass Lukas immer das Wort „uns" (Daniele und er) benutzt, wenn es eigentlich nur um ihn geht. Und ich möchte, dass er mit Daniele anders spricht, ihn mehr motiviert und ihn lobt. Und er soll nicht immer alles gleich ins Negative umdrehen. Ich würde ihn nie absichtlich verletzen.

„Ihr Schüler des Weges: Um Buddhaschaft zu erlangen, bedarf es keiner besonderen Anstrengung. Erledigt lediglich eure alltäglichen Geschäfte. Entleert Darm und Blase, zieht eure Kleidung an und esst eure Mahlzeiten. Wenn ihr müde seid, legt euch hin und schlaft. Die Narren werden euch auslachen, doch die Weisen werden euch verstehen."

Wenn es so ist, habe ich die Buddhaschaft, seit ich hier im Krankenhaus bin, schon erreicht.

„Wer selbst nicht streitet, mit dem kann niemand auf der Welt streiten."
Ich streite gar nicht gerne, weil mir immer die Worte fehlen, da habe ich eine Blockade im Gehirn.

13. September 2007

Wie gehts mir heute?
Die Grundstimmung ist eher traurig. Seit ich die neuen Tabletten nehme, hat sich eigentlich nichts verändert. Ein Mitpatient, Richard, hat gestern gemeint, dass ich gar nicht so schlecht beisammen bin. Innerlich ist es aber anders. Ich habe nach außen hin immer ruhig und ausgeglichen gewirkt. Außer in den letzten Wochen.
Ich überlege immer noch, wie ich eigentlich bin. Das ist schon schwer. Wer kennt sich schon selbst? Ich frag mich nur, warum ich so manipulierbar bin. Am liebsten würde ich alles tun, was mir mein Vater vorschlägt.
Lena ist von der Geschlossenen zurück. Das freut mich sehr.
Während des Arbeitens an meinem Bild kommen mir ständig neue Ideen. Ist vielleicht wie im Leben, wenn man etwas beginnt und ein Ziel hat, dann wachsen wahrscheinlich auch ständig neue Ideen.
Ich kann doch nicht sagen, dass mich die Leute nicht akzeptieren, wie ich bin, wenn ich gar nicht weiß, wie ich bin.
Armando regt sich ja immer auf, wenn ich von der Arbeit erzähle, er meint ich mache das um „gut dazustehen". Aber das stimmt nicht. Das mache ich, weil mich die Arbeit beschäftigt und wahrscheinlich auch deswegen, um ihm zu zeigen, dass seine kleine Schwester auch etwas kann. Er war immer mein Vorbild. Ich habe ihm immer nachgeeifert, weil ich ihn bewundert habe.
Ich habe das nicht so gemeint, dass er seine Familie im Stich gelassen hat. Ich kann mich auch gar nicht mehr erinnern. Im nüchternen Zustand habe ich mir das nie gedacht. Vielleicht hat er mich mit meinem Bild von ihm im Stich gelassen?

Bei der Visite wurden heute die Medikamente umgestellt. Ich bekomme jetzt 30 mg Cipralex. Wir haben über das Thema Alkohol gesprochen und wie ich damit umgehen möchte. Ich habe erklärt, dass ich auf jeden Fall eine sinnvolle Freizeitbeschäftigung brauche. Langeweile hat da auch mitgespielt. Meine Ärztin hat gemeint, da habe ich ja schon damit angefangen, weil ich so viel schreibe und mir das Malen Spaß macht. Das war auch mein Ziel in der Ergotherapie. Etwas zu finden, das ich auch zu Hause weitermachen kann. Heute war der Professor auch mit. Er ist Leiter der Abteilung und scheint nett zu sein. Er hat mir viele Fragen gestellt.

Einmal mussten sie sogar lachen, als ich sagte: „Meinen früheren Gesprächstherapeuten habe ich nicht verstanden, wenn er was gesagt hat, ich glaube dafür war ich zu blöd."

Stimmt aber, ich bin oft dagesessen und habe mich gefragt, von was er jetzt redet und was er eigentlich meint. Dann habe ich nachgefragt und bin auch nicht klüger heimgegangen. Ich konnte meist die Nacht vor der Therapie nicht schlafen. Man muss mit seinem Therapeuten schon auf einer Wellenlänge sein und Vertrauen haben, sonst hat es keinen Sinn. Das merkt man aber manchmal erst nach einigen Sitzungen.

Hatte heute auch ein längeres Gespräch mit meiner Masseurin Angela. Das hat mir Auftrieb gegeben. Sie hatte vor zwei Jahren auch eine Krise. Sie hat dann mit Psychotherapie und Yoga begonnen, gemalt und die Stunden in der Arbeit reduziert. Sie hat sich vorher auch nur über die Arbeit definiert. Es ist schön, wenn man von anderen Menschen hört, wie sie es geschafft haben, Krisen zu meistern. Dann fühlt man sich nicht so allein und schwach. Und heute scheint die Sonne, ich fühl mich heute viel stärker.

Für meinen Papa war die Arbeit immer das Wichtigste. Sonst würde er mit seinen 70 Jahren nicht noch immer jeden Tag in das Friseurgeschäft gehen. Und uns hat er das auch eingeimpft. Aber er hat auch gesagt, es muss Freude machen. Und man macht eine Sache, die man beginnt, entweder ganz oder gar nicht. Alles muss man mit 120-prozentigem Einsatz machen und auch noch Freude dabei haben. Aber wo bleibt dann der Rest vom Leben? Mein Papa hat keine Hobbys. Doch, er geht gerne in den Wald.

Für meine Mama heißt Arbeit Unabhängigkeit. Nicht von einem Mann abhängig sein müssen. Sie ist abhängig. Bis zur

Geburt meines kleinen Bruders hat sie aber gearbeitet.
Wenn ich nicht gearbeitet habe, wusste ich nichts mit mir an-
zufangen. Ich bin aber auch nicht der Typ, der im Beruf jetzt
unbedingt eine hohe Position erreichen möchte. Spaß muss
es mir schon machen, und ich brauche Anerkennung für das,
was ich tue und wie ich es tue. Aber das bezieht sich nicht
nur auf den Beruf. Ich möchte auch gerne für andere Dinge
gelobt werden. Ich hätte ja noch einige Talente.
Eigentlich möchte ich nur hören, dass mein Leben, so wie es
bis jetzt gelaufen ist, auch seine positiven Seiten gehabt hat.
Ich möchte, dass meine Beziehung mit Lukas akzeptiert wird.
Ihn zu mögen, kann ich von meinen Eltern nicht erwarten. Armando soll über meinen früheren Alkoholkonsum nicht urteilen, weil er selbst genug trinkt. Aber ich bin halt eine Frau und
noch dazu seine kleine verrückte Schwester. So gut kommt er
mit seinem Leben auch nicht zurecht.
Ich möchte gerne freier leben, nicht in so enge Regeln ge-
zwängt sein. Ich möchte kreativ sein, mich selbst verwirklichen.
Hätte ich auch Medizin studiert, wenn mein Papa es nicht gewollt hätte? Irgendwie war mein Weg schon vorgeebnet. In
gewisse Bahnen gelenkt, in die ich dann reingewachsen bin.
Jetzt habe ich die Chance etwas zu ändern. Vielleicht sollte
ich mich nicht fragen, wie war ich? Sondern, wie bin ich jetzt?
Immer noch süchtig nach Ruhe und Harmonie, offen für neue
Erfahrungen, kann mich überhaupt besser öffnen, tu mich
immer noch schwer, klare Gedanken zu fassen, habe immer
noch kein Selbstbewusstsein und traue mir nichts zu.
Da muss ich daran denken, als ich vor circa 15 Jahren mit Armando in einem Lokal gesessen bin und an mir gezweifelt
habe, das Medizinstudium überhaupt zu schaffen. Er hat
dann zu mir gesagt: „Wenn ich es geschafft habe, schaffst
du es schon lange!" Er hat mir aber weder zu- noch abgera-
ten.
Und an das Gespräch mit meinem Papa in der Küche kann
ich mich auch noch erinnern. Papa hat auf mich eingeredet
und mir gesagt, wie brotlos ein Dolmetschstudium ist. Man
kriegt keine Arbeit und Medizin ist so toll. Und was habe ich

gemacht? Ich bin nach dem Gespräch mit Armando gleich nach Wien und habe Medizin inskribiert. Ich kann aber nicht sagen, dass es mich nicht auch interessiert hat.

Heute war wieder Depressionsinfo-Gruppe:
Therapieansätze.

Die kognitive Verhaltenstherapie:
Gefühle werden vom Verhalten und von den Gedanken beeinflusst.
In der Depression zieht man sich zurück und hat dadurch keine positiven Erlebnisse mehr. Die Pflichten werden jedoch, solange wie möglich, aufrechterhalten. Angenehme Aktivitäten werden gestrichen. Ist ein Teufelskreis. Man denkt sich aber immer: „Ich muss!"
Man sollte langsam wieder Aktivitäten in den Alltag einbauen, die einem Spaß machen. Auch wenn man sich überwinden muss. Kleine Ziele finden und würdigen.
Die Stimmung ist immer davon abhängig, was wir tun und was wir denken.
Den Tag strukturieren und Pläne aufstellen kann helfen.
Depressive Menschen können sich schlecht belohnen. Das negative Denken muss umgekehrt werden. Gedanken kann man verändern. Ansprüche runterschrauben und auch verbale Belohnungen einsetzen. Bewusst Ziele setzen.

Super, dass ich jetzt hier bin und etwas verändern möchte!!!!!!

Lukas hat mich vorher am Telefon wieder mal wie ein Lehrer belehrt. Ich habe ihm gesagt, dass ich, wenn ich wieder arbeite, morgens früher aufstehen möchte, um zu frühstücken. So gegen 5 Uhr. Und er hat gleich gemeint, dass in der Früh eh ganz viel Zeit ist und ich immer alles wegschiebe, statt es einfach zu machen. Ich hatte aber gar nicht gesagt, dass ich es nicht machen werde. Nur, dass ich da halt viel früher aufstehen muss, weil mein Dienst ja schon um 6 Uhr 45 beginnt.
Neben ihm komme ich mir oft vor wie ein kleiner Dummkopf. Er weiß einfach auf alles eine Antwort. Und warum setzt er das

nicht um und wird zum Beispiel Lebensberater?
Aber er ruft meistens noch mal an und entschuldigt sich für
die Dinge, die er gesagt hat.

Welche Wertorientierungen habe ich in der Kindheit übernommen?
Arbeit ist wichtig, nur nicht träge sein, immer beschäftigt sein,
Familie ist wichtig, Religiosität ist wichtig, Fleiß, wenig Vergnügen, Sparsamkeit, Essen ist ganz wichtig.

Von Personen, die nur ständig Sorgen und Nöte erzählen und
anderen gar nicht zuhören, sollte man sich distanzieren. Ich
habe mich von Stefanie, die mich immer nur ausgelaugt hat,
schon distanziert. Aber ich habe nicht den Mut gehabt, ihr
das klipp und klar zu sagen. Möchte sie nicht verletzen. Aber
das ist wahrscheinlich eh schon passiert.

Habe in einem Buch gelesen, wenn man ganz fest glaubt und
sich das dann bildlich und gedanklich vorstellt, wird es auch
eintreffen. Kann ich mir schon vorstellen, aber es ist schon
schwierig, an etwas ganz fest zu glauben.

Mein Glück werde ich in Zukunft nicht mehr von Lukas abhängig machen. Ich bin dafür selbst verantwortlich. Ich werde
unabhängiger sein, ich werde von vielen Menschen gemocht werden, ich werde meine Freizeit sinnvoll genießen,
ich werde in Harmonie leben und ich werde mich in meinem
Heim wohlfühlen. Und wenn es wieder mal notwendig sein
wird, werde ich wieder Hilfe annehmen. Jetzt weiß ich wie das
geht.
Ich werde bewusster leben!
Ich werde mir Zeit nehmen zu träumen, das bringt mich den
Sternen näher.
Wenn ich meine Kreativität ausleben würde, wäre ich auch
schon einen Schritt selbstständiger.

Was habe ich eigentlich beim Malen meines Bildes bisher gelernt?

Ein Weg verläuft nie gerade, er hat Kurven und es geht manchmal bergauf und manchmal bergab. Farbe schadet nie im Leben. Man kann Dinge, die einem nicht so gefallen, verändern. Immer wieder. Beim Verfolgen eines Zieles fallen einem während des Tuns immer wieder neue Dinge ein. Neues auszuprobieren ist interessant.

So ein großes Projekt hätte ich mir noch vor einigen Wochen nicht vorstellen können. Ich bin so glücklich, wenn ich daran arbeite. Und es ist schön, Hilfe von meiner Ergotherapeutin anzunehmen.

Ich werde manches in Zukunft anders angehen. Zuerst sage ich mir, dass ich es schaffen werde, dann setze ich mich in Ruhe hin und denke über die Ausführung nach und anschließend werde ich aktiv.

Das Bad zu Hause möchte ich schön dekorieren, mit vielen Kerzen, Räucherstäbchen, Muscheln, Sand. Ein heißes Bad in Ruhe ist was Wunderschönes.

14. September 2007

Das Malen an dem Bild ist für mich wie eine Befreiung. Meine Ergotherapeutin sagt, man sieht richtig, wie ich mich dabei verändere.

Habe mich heute auch mit der weiteren Berufslaufbahn ein wenig auseinandergesetzt. Da ist mir eingefallen, dass mich Mediator interessieren würde. Es gibt eine Ausbildung in Linz. Da kann man sich selbstständig machen. Und es wäre neben der Medizin einfach ein zweites Standbein. Die Ausbildung ist abends und am Wochenende.

Ein Arbeitskollege hat mich heute angerufen und gesagt, dass sie mich im Oktoberdienstplan noch nicht berücksichtigt haben. Und ich soll mich erholen und in Zukunft nicht mehr alles schlucken, auch mal „nein" sagen und nicht jeden Dienst übernehmen, der nicht besetzt ist.

Heute habe ich darüber nachgedacht, was mir meine Eltern eigentlich noch so alles mitgegeben haben für mein Leben, da ist mir ein Wort spontan eingefallen:

Funktioniere!

Eine ganz liebe Krankenschwester, die Heidi, wollte dann auch noch mit mir reden und hat mir gesagt, dass sie mich alle sehr vermissen und sie freuen sich schon, wenn ich wieder komme. Sie warten auf mich, aber ich soll mir Zeit für mich nehmen. Das tut so gut!

Im Leben gibt es immer wieder Veränderungen und das ist gut so. Und es ist nie zu spät für einen Neuanfang.
„Wenn sich eine Tür schließt, geht irgendwo ein Fenster auf."

Die Bewegung in der Wirbelsäulengymnastik tut mir gut. Ich spür mich.
Leider habe ich das mit dem Essen noch nicht im Griff.
Geduld. Geduld auch mit mir selbst.

„Nur für heute werde ich mich bemühen, den Tag zu erleben, ohne das Problem meines Lebens auf einmal lösen zu wollen." (Dekalog von Johannes dem XXIII.)

Heute habe ich am Nachmittag Zeit für mich, kein Besuch, keine Therapien.

Schuldgefühle. Mein Leben ist voll davon. Aber was mal gewesen ist, ist vergangen. Und außerdem macht jeder Mensch Fehler. Ich werde das Vergangene ruhen lassen und das Beste aus der Gegenwart machen.

Heute scheint die Sonne und es ist warm. Vielleicht werde ich an meinem ruhigen Nachmittag spazieren gehen. Ich werde einfach losgehen und mal sehen was passiert und wo ich lande. Das klingt spannend. So wie ich es mit meinem Bild gemacht habe, einfach mal angefangen und geschaut, was sich daraus entwickelt. Ich freu mich auf ein spannendes Leben.

Armando werde ich einen Brief schreiben. Ob das Sinn macht?

Der Gedanke, eine Ausbildung machen zu können, die mir keiner geraten hat, macht mich glücklich. Mein Therapeut hat heute wieder gesagt, dass ich noch ganz viel Potenzial habe. Die Welt steht mir offen. Ich hatte schon mal ganz viele Träume, jetzt habe ich wieder welche und ich habe die Chance ihnen Flügel wachsen zu lassen.

Eine Idee für ein neues Bild habe ich auch schon wieder. In Herbstfarben. Muss mir nur überlegen, wo ich die Materialien herbekomme.

Ich bin auf dem Barbarafriedhof von Linz gelandet. Bin einfach aus dem Bus ausgestiegen. Er ist riesig.

„Du kamst als Sonnenschein und gingst als Sternschnuppe."

Man muss sich bewusst machen, dass das Leben endlich ist. Jeden Tag achtsam leben. Habe mir den Teil mit den Kindergräbern angeschaut. Das hat mich traurig gemacht. Aber irgendwie ist auch alles ganz bunt dort.

Es ist schön still hier. Ich sitze in einem Steinbau unter einem Holzdach und nebenan plätschert das Wasser in einem Brunnen. Hier hat man Ruhe zum Nachdenken.
Wie viele Kinder liegen da begraben?
Hier liegen Menschen, die würden sagen, sie hatten ein schönes Leben und andere, die würden sagen, sie hatten immer nur Pech. Ob sie fröhlich oder traurig waren, hier liegen sie jetzt alle nebeneinander. Die Zeitspanne, die man hat, bleibt immer die gleiche. Egal, ob man sie fröhlich oder traurig verbringt. Und dann liegt man hier. Aber die Zeit, die einem geschenkt wird, kann man nützen.

Wasser-Quell des Lebens. Nährt die Blumen auf den Gräbern der Toten.
Schön sind sie, so bunt.
Friedhöfe finde ich traurig, aber sie geben mir auch Hoffnung. Man kann die geliebten Menschen besuchen und innehalten und irgendwann sind dann alle wieder vereint.

Eine Taube ist vorbeigeflogen. Symbol des Friedens. Ich wünsche mir Friede in meiner Familie. Harmonie.

Ich werde jetzt einfach zu Fuß weitergehen.

Als ich so in Gedanken versunken dahinspaziert bin und zu einer Kreuzung kam, blieb plötzlich unser Notarztwagen stehen. So ein Zufall. Mein Kollege Mik ist ausgestiegen. Er hat mich links und rechts geküsst. Er hat gesagt, sie freuen sich schon, wenn ich wieder komme. Das hat gutgetan. Er hat mir auch gut zugeredet.
Ich glaube jetzt fest daran, dass ich es in ein paar Wochen in der gewohnten Umgebung wieder schaffen kann. Und heute lebe ich für diesen Tag und genieße ihn. Ich habe tolle Dinge erlebt.
Am Friedhof war es schön und traurig zugleich. Aber Traurigkeit muss nicht immer negativ sein. Jetzt sitze ich gemütlich in einem Café.

Meine Mama hat angerufen und meine Stimmung ist wieder unten. Sie hat Angst, dass ich jetzt, wenn ich alleine in der Stadt bin, etwas trinke. Und sie sieht auch Gefahr, wenn ich am Wochenende nach Hause fahre. Ich muss einfach damit leben, sie ist eben so und man kann sie nicht mehr verändern. Im Endeffekt muss ich nur für mich wissen, dass ich mich nicht betrinke.
Irgendwann möchte ich meinen Eltern in die Augen schauen und sagen: „Ich habe etwas Tolles gemacht und akzeptiert doch endlich, wie ich mein Leben führe." Diesen Schuss vor den Bug habe ich eben gebraucht.

Ich sollte mal annehmen können, wenn die Menschen zu mir sagen, sie vermissen mich oder, dass sie sich freuen, wenn ich wieder komme. Ich kann es nicht fühlen. Wenn ich das meiner Mama erzähle, was meine Kollegen zu mir sagen, hört sie gar nicht zu. Für sie bedeutet das nichts. Sie sieht gar nicht, dass es Menschen gibt, die mich mögen, obwohl ich so bin, wie ich bin.

Ich habe heute Freude am Leben und die lasse ich mir nicht verderben.

Ich werde aufhören, zu glauben, dass ich mich ständig beweisen muss. Und ich werde nicht mehr versuchen, mich immer gut hinzustellen. Auf meine Art, so wie ich wirklich bin, bin ich O.K.

„Wo ein Ziel ist, ist auch ein Wille." (von Viktor Frankl)

Wenn man sich nicht weiterentwickelt, wird man depressiv und unzufrieden. Bei mir war das so. Wenn ich nachdenke, bin ich jahrelang nur auf einem Fleck gestanden. Es ging weder vor noch zurück. Aber man kann seine Persönlichkeit durch Kreativität ändern. Durch Lebensstilveränderung. Ich habe schön langsam ein klares Bild von dem, was ich mir für mich vorstelle. Und das hat sehr viel mit der Freizeitbeschäftigung zu tun. Ich möchte kreativ arbeiten und Ergebnisse sehen. Und ich muss damit sofort anfangen.

Schon Einstein hat gesagt: „Wann endlich, wenn nicht jetzt?" Ich werde sofort damit beginnen.

Und aus meiner Vergangenheit werde ich lernen, ich werde nicht mehr still in mich hineinjammern, sondern sofort meine Konsequenzen daraus ziehen. Ich muss, wenn ich mich ändern will, die Initiative selbst ergreifen. Und konsequent mein Ziel verfolgen. Eigenverantwortung ist der erste Schritt zur Selbstverwirklichung.

Und für meine Probleme werde ich niemanden verantwortlich machen, weder meine Eltern noch meinen Partner. Ich habe mein Leben schließlich selbst in der Hand und ich kann aus manchen Situationen ausbrechen. Meine Verhaltensmuster kann ich auch ändern, wenn ich erkenne, warum ich gewisse Dinge mache. Und ich werde aufhören, Lukas die Verantwortung für mein und unser Glück zu übertragen.

Heute war ein perfekter Tag. Abends ist noch der Stadtpfarrer gekommen. Es war nett. Er hat mir das Silberkreuz geweiht, das mir Papa aus Italien mitgebracht hat. Und als er gegangen ist, hat er mich ganz fest gedrückt. Ich war glücklich.

15. September 2007

Meine Freundin Sonja hat mir gestern noch ein paar SMS geschickt. Sie hat gemeint, sie hat sich sehr gefreut, mich wiedergesehen zu haben. Am Abend war sie im Stephansdom und hat eine Kerze für mich angezündet, damit ich schnell wieder gesund werde.
So wie das Leben jetzt ist, gefällt es mir viel besser. Ich kann mich wieder freuen und ich erkenne, welche Leute mich gern haben und mir vertrauen. Was mich ärgert, ist, dass ich mich vor meiner Mama wieder beweisen muss. Sie sagt, es wird Zeit mich zu ändern. Sie glaubt mir sowieso nicht, dass ich es ohne Alkohol schaffe. Es wird Jahre dauern, bis sie wieder schlafen kann, wenn sie weiß, dass Lukas und ich fort sind. Sie ist in ihrem Denken so eingeschränkt. Gedankenkreisen. Ein Symptom der Depression. Aber sie würde nie zugeben, depressiv zu sein. Alles nur wegen der missratenen Kinder. Aber ich muss jetzt mein Leben leben und aus den vorgelebten Mustern ausbrechen. Was für meine Eltern und ihr Leben gut war, muss nicht auch für mich gelten. Ich habe ganz andere Voraussetzungen. Die Zeiten sind anders. Ich bin anders. Mir reicht es nicht, einfach nur zu arbeiten und das Geld den Kindern zuzustecken. Und Tag für Tag abends vor dem Fernseher zu sitzen. Das ist nicht meines und muss es auch nicht sein.

Seit ich hier in dem Psychiatrischen Krankenhaus bin, verspüre ich immer wieder Dankbarkeit. Ich bin dankbar für die Erfahrungen, die ich hier machen darf und die Menschen, die ich kennenlernen darf. Das zeigt auch, dass im Leben auch negative Ereignisse positive Seiten haben können.

Wenn man ständig nur Schuldgefühle hat, dann kann man das Leben nicht genießen.

„Bevor du dich daranmachst, die Welt zu verändern, gehe dreimal durch dein eigenes Haus." (chinesisches Sprichwort)

Ich werde heute nach Hause fahren und dreimal durchgehen. Ich habe gemischte Gefühle.

Bin zu Hause angekommen. Lukas hat mir einen ganz tollen Platz zum Wohlfühlen und Arbeiten gemacht. Der Ausblick geht nach hinten in den Garten, auf den Hügel. Hinter der Hecke ist die Ebene, aber verborgen. Es ist wunderschön. Der Tisch ist aus dunklem Holz, wie ich es mir gewünscht habe. Ich habe Platz zum Schreiben. Ich bin glücklich. Die Gefühle kehren zurück. Ich weiß jetzt, dass ich diese Phase schaffen werde. Unter dem Tisch habe ich einen Schafwollteppich, er ist ganz weich. Hier werde ich meine Kreativität ausleben. Ich werde ihn noch dekorieren, mit schönen Kerzen, Steinen, Duftlämpchen. Und an die Wand kommt sichtbar, mein erstes gemaltes Bild. Durch Selbstverwirklichung setzt man sich ein Denkmal. Mein Bild wird mich immer an den Aufenthalt in der Psychiatrie erinnern. Und irgendwann brauche ich es dann vielleicht nicht mehr zur Erinnerung, sondern es ist einfach ein Teil von mir.

Ich möchte unbedingt stricken, aber ich kann es nicht. Ob man sich das selbst beibringen kann? Ich möchte mir mein Leben neu stricken.

In kleinen Schritten wird jetzt das Haus weiterrenoviert. Alles auf einmal geht einfach nicht. Dazu haben wir kein Geld.
Ich spüre, dass es für mich ganz wichtig ist, mich zu Hause wohlzufühlen. Damit ich einen Platz habe, an dem ich mich geborgen fühle und mich zurückziehen kann, wenn mich die Welt draußen nervt.

Habe gerade über die „selbsterfüllende Prophezeiung" nach-gedacht. Sie kommt ja im Buch „Anleitung zum Unglücklich-sein" von Watzlawik vor. Habe da auch mit Sonja darüber diskutiert. Sie ist der Meinung, wenn sie ihren Krebspatienten sagen würde, dass sie in einem gewissen Zeitraum sterben, dann würden sie das auch tun. Genau so könnte es sein, wenn man sein Horoskop liest und da würde drinnen stehen, dass man einen Unfall hat. Wahrscheinlich steuert man dann so richtig daraufhin.

Aber man könnte das sicher auch positiv nützen. Ich werde glücklich sein. Und dann bin ich es. Im Moment bin ich es schon.

Und dann denke ich an die Geschichte mit dem Hammer. Wenn man in Gedanken negative Szenarien durchspielt, dann glaubt man sie auch und denkt, es wäre Realität. Der Mann glaubt, der Nachbar will ihm den Hammer nicht bor-gen, weil er was gegen ihn hat, und dann läuft er rüber und schreit: „Behalte doch deinen blöden Hammer!" Und was hat er davon? Keinen Hammer. Also negative Gedanken werden auch gestrichen, zumindest arbeite ich daran. Der Watzlawik, war ja ein ganz kluges Kerlchen. Anfangs dachte ich, ich ver-stehe das Buch nicht. Aber mit der Zeit habe ich verstanden, was er gemeint hat.

Zurzeit lebe ich in einer anderen Welt. Vielleicht auch fern von der Realität. Ich lebe in einer geschützten Umgebung. Ich brauche keine Angst haben. Alles ist gut.

Habe gelesen, dass verhaltensauffällige Mitglieder einer Fa-milie oft gar nicht die Ursache eines Problems sind (so sehen das meine Eltern), sondern sie drücken etwas aus, was die ganze Familie betrifft. Habe ich in einem Buch von Bert Hellin-ger gelesen. Er ist der Guru auf dem Sektor des Familienstel-lens. Oft sind Probleme eines Menschen ein Hinweis auf eine Störung in der Familie. Und was ist das Problem genau. Dafür müsste meine Familie einmal offen reden. In meiner Jetzigen tun wir das, aber in meiner Alten nicht. Da wird noch immer alles todgeschwiegen.

Ich habe ein Recht auf Zugehörigkeit. Ich wurde in diese Familie hineingeboren. Ich fühl mich aber gar nicht zugehörig. Bei Familienfeiern bin ich nie dabei. Aber ich werde auch in Zukunft ohne Lukas nicht hingehen. Bin ich das trotzige Kind? Nein, das Gestörte.
Ich bin durch meine Verhaltensweisen, und weil ich Armando verletzt habe, noch mehr aus dem System „Familie" hinausgedrängt worden.

In einer Familie nimmt der, der früher da war, den höheren Rang ein. Das ist mir klar, der hat gewisse Vorrechte und mehr Erfahrung. Jeder kümmert sich um seinen Kram. Und ich will Armandos Rang als Erstgeborener gar nicht streitig machen. Ich bin nur auch ein liebenswerter Mensch. Und ich kann auch was. Meinen Eltern kann ich gar nicht dankbar genug sein, für das was sie mir ermöglicht haben, aber ich kann das, was ich schuldig bin, nur an meinen Sohn weitergeben. Wird immer auf die nächste Generation übertragen.
Und Altlasten schleppen sich von Generation zu Generation weiter. Das erinnert mich an die Mutter meiner Großmutter, also müsste das meine Urgroßmutter gewesen sein. Ich kannte sie nicht. Sie wurde als uneheliches Kind eines Wiener Adeligen geboren. Und hat sich ihr ganzes Leben dafür geschämt. Dann hat sich meine Oma für alles in ihrem Leben geschämt. Und meine Mutter schämt sich auch ständig. Ich hätte auch schon so angefangen, aber ich werde dieser Linie von weiblichen „armen Frauen" einen Strich durchmachen. Ah ja, und dann hat es noch einen Axtmord gegeben. Irgendeine weibliche Vorfahrin wurde mit einer Axt erschlagen. Ist aber angeblich mit dieser Axt im Kopf noch zum nächsten Bauernhof gerannt. Muss schrecklich gewesen sein. Aber Genaues weiß ich leider nicht drüber. Aber das wäre sicher mal interessant, da nachzuforschen.
Die Liebe der Kinder zu den Eltern ist bedingungslos. Darum verwirklichen sie auch fremde Lebensträume. So wie ich immer noch gefährdet bin, zu tun, was mein Papa sich wünscht. Man übernimmt die Werte, die Grundhaltung und die Gefühle, ohne zu wissen, was sie bedeuten. Darum war

ich vielleicht ein trauriges Kind. Meine Mama war auch immer traurig oder hat zumindest ständig Angst gehabt.

Es gibt so ein gewisses Lebensgrundgefühl schreibt Hellinger, die von anderen Familienmitgliedern einfach übernommen werden. Mein Hang zur Melancholie und Depression kommt sicher auch ein wenig daher.

16. September 2007

Heute Nacht konnte ich nicht so gut schlafen, wie im Krankenhaus. Aber das liegt sicher daran, dass wir hier zu zweit im Bett schlafen, und wenn einer sich rührt, der andere auch aufwacht. Aber ich bin dann morgens ganz fit aufgestanden und habe lange gefrühstückt. Das sind die kleinen Dinge, die das Leben schön machen.

Abends waren wir gestern noch in der Messe. Der Stadtpfarrer ist hergekommen und hat uns begrüßt. Ich habe mich wahrgenommen, gefühlt und er hat so eine Wärme ausgestrahlt. Als wir zur Kommunion gegangen sind, kamen meine Eltern zu mir und haben mich mit dem üblichen Küsschen links und rechts begrüßt. Aber den Lukas schaut Papa nicht mal an. Er ignoriert ihn vollkommen. Wenn wir mit Mama reden, steht er meterweit weg und hüpft nervös von einem Bein aufs andere. Und bei der Predigt war noch dazu das Thema „der verlorene Sohn". Man soll Fehler verzeihen. Ich habe mir gedacht: „Hoffentlich hört Papa zu." Aber er würde seine Meinung nie ändern. Da frag ich mich, wie religiös er wirklich ist oder ob er nur wegen der Optik in die Kirche geht. Nein, das will ich ihm nicht unterstellen.

Beim Frühstück heute haben wir darüber geredet, dass man sich das Leben nach seinen Wünschen und Bedürfnissen einrichten kann. Wenn man etwas wirklich will, geht es. Ich könnte doch eine Praxis eröffnen. Und vielleicht wirklich die Ausbildung zum Mediator machen. Mit einer guten Zeiteinteilung geht alles. Und auch die Freizeit kann geplant werden und auf keinen Fall vernachlässigt werden. Wie ich es schon getan habe.

Ich habe noch viel Potenzial, und wenn der Alkohol wegfällt, stehen mir alle Türen offen. Das Selbstwertgefühl wird von selbst kommen. Mein Therapeut, Dr. Oberndorfer, hat gesagt, ich habe eine gewinnende und charmante Art und übe eine Faszination aus. Das klingt super. Irgendwie auch geheimnisvoll. Oder ist es nur die Art eines kleinen Kindes in einem erwachsenen Körper?

Als ich meinen Arbeitskollegen Mik an der Kreuzung getroffen habe, muss ich ja auch sehr hilflos gewirkt haben. Mit einem Buch in der Hand, vollkommen orientierungslos in einer fremden Stadt. Muss ziemlich verloren gewirkt haben. Aber es war eine nette Situation. In der letzten Zeit erlebe ich viele solche Situationen, aber vielleicht habe ich früher einfach die Augen nicht aufgemacht.

Der Stadtpfarrer hat gemeint, wenn sich jemand „selbst finden" will, muss man zum Heiligen Antonius beten, der ist zuständig für Dinge, die man verloren hat. Da musste ich lachen.

In meiner Grundstimmung sind Schuldgefühle und Traurigkeit. Eigentlich ist das da, seit ich mich erinnern kann. Der Ursache sollte man auf den Grund kommen.

Lukas trifft immer so absolute Aussagen, wenn er mit Daniele streitet. Das macht mich krank. „Du lügst immer", „nie machst du etwas richtig!" Ich möchte, dass er sich da mehr zurücknimmt, und ich werde dieses Thema in der Therapie ansprechen.

Was Hellinger noch rät, ist, die Eltern annehmen und würdigen. Ich möchte das auch tun, sie haben sehr viel für mich getan und sich aufgeopfert. Aber irgendwann muss Schluss sein und ich meinen Weg gehen. Ohne Einmischung und ohne Ratschläge. Ändern kann ich sie ja sowieso nicht mehr. Außerdem finde ich nicht, dass ich so schlecht geraten bin. Mir stehen alle Wege offen. Und ich bin keine Kriminelle oder lebe auf der Straße.

Es liegt bei mir, das Beste aus meinem Leben zu machen. Nicht mehr an meinen Eltern. Sie sollen sich nicht mehr verantwortlich dafür fühlen.

Das Lebensgrundgefühl wird ja schon in den ersten Lebensjahren übernommen. Da hat auch meine Oma mit ihrer Schwarzmalerei und Schuldgefühlen noch mitgespielt. Sie war eine liebenswerte Person, aber ständig auf der Hut vor allem. Hinter jedem Busch hat sie einen potenziellen Mörder lauern gesehen. Meine Mutter hat sich irgendwann aufgegeben, mag sein durch ihre Krebserkrankung oder sie hat sich Papa einfach untergeordnet, um den Weg des geringsten Widerstandes zu gehen. Den Beruf hat sie aufgegeben. Ihren Bedürfnissen ist sie nicht nachgegangen. Oder hat sie doch die Erfüllung als Ehefrau und Mutter gefunden. Ich weiß es nicht, aber glücklich wirkt sie nicht. Aber das liegt an den Kindern. Die ständig Schwierigkeiten machen. Sagt sie zumindest. Sie macht, was mein Vater ihr anschafft. Ich könnte so nicht leben. Aber ich muss es auch nicht. Aber Ansätze habe ich auch, ich will es auch immer allen recht machen. Irgendwie bin ich demütig. Aber ich erwarte mir dafür auch Anerkennung. Die kriegt man halt selten.

Als Kind hatte ich einen ausgefüllten Terminkalender. Jeden Tag musste ich irgendwohin. Flöte, Ballett, Schwimmen, Jungschar, Ministranten. Ich war ständig unterwegs. Dazwischen hab ich dann gelernt. Irgendwann hatte ich das alles satt. Wollte fortgehen, wie meine Freundinnen. Da war ich im Teenageralter.

Wenn ich gewisse Einstellungen von meinen Eltern übernommen habe, die auf mich und mein Leben nicht zutreffen, sollte ich sie ihnen zurückgeben. Das sind ihre Eigentümer.

Bezüglich dieser „selbsterfüllenden Prophezeiungen", die Watzlawik beschreibt, fällt mir auch wieder Mama ein. Sie hat immer gewisse Situationen vorausgesehen „da wird das und das passieren", „dort wirst du wieder Alkohol trinken". Und wie war es? Ich bin fortgegangen und habe mich zugeschüttet, so wie sie es vorausgesehen hat. Aber ich werde mich da nicht mehr beeinflussen lassen. Ich bin die Königin in meinem Leben.

Wenn Mama anruft, fragt sie immer dasselbe. Was ich gegessen habe und was ich essen werde. Und sie fragt, ob es mir eh gut geht. Was wäre, wenn ich „nein" sagen würde? Ich glaube, sie würde das gar nicht hören, weil sie sowieso mit dem vorgefassten Gedanken anruft, dass es mir schlecht geht. Und wenn ich sage, es geht mir gut, kann das nicht sein und ich lüge sie an. So ist sie nun mal. Und das Essen war für meine Großmutter schon sehr wichtig, was ich aber verstehe, da war Krieg.

Ich will nicht so viel essen, dass ich zunehme. Das sollte sie mal verstehen. Ich weiß ja mittlerweile selbst, dass die rasche und gewaltige Gewichtsabnahme nicht gut für mich war, aber jetzt ist es nun mal so. Und warum sollte ich es jetzt mit Gewalt ändern, wenn ich vorher mit Gewalt abgenommen habe.

Die Rückkehr ins Krankenhaus heute macht mir gar nichts aus. Im Gegenteil. Ich werde mir aus diesem Aufenthalt so viel es geht rausholen.

Nach einem schönen Nachmittag im Aqrarium in Steinerkirchen, bin ich wieder zurück im PSYCHIATRISCHEN SPITAL. Liege schon im Bett. Gerade ist meine Mitpatientin Maria ins Zimmer gekommen, sie war total überdreht und hat mich geküsst und gesagt, es geht ihr so gut. Sie war am Wochenende bei ihrer Mutter und die hat ihr sogar ein eigenes Zimmer eingerichtet, in das sie jederzeit kommen kann. Und sie haben das ganze Wochenende geredet und gemeinsam gekocht. Ich hätte auch gerne so eine Beziehung zu meiner Mama. Aber das würde nicht funktionieren. Ich freu mich für Maria.

17. September 2007

Heute muss ich an meiner Hausübung weiterarbeiten und mir überlegen, wer ich bin. Aber das ist so schwierig und ich kenne mich gar nicht. In der Beziehung muss ich auf meine Weiterentwicklung bestehen. Mein Therapeut wollte Armando einladen, aber das will ich nicht. Ich möchte ihn gar nicht sehen, da würde ich wieder in die Kleinkindrolle schlüpfen.

Beim Frühstück hat mir meine Mitpatientin Dani gesagt, dass sie mich cool findet. Weil ich mein Leben so geführt habe, wie ich es geführt habe. Mit Kind und Studium, Beziehung und trotzdem nichts ausgelassen habe. Na ja, für Außenstehende mag das ja cool wirken, aber mich hat es in die Klapse gebracht. Schlussendlich. Aber gefreut hat mich ihre Meinung trotzdem. Zumindest kann mich keiner als spießig bezeichnen, obwohl ich eine Phase hatte, da wollte ich so sein wie meine Eltern und nur zu Hause vor dem Fernseher sitzen. Jeden Tag dasselbe. Ich dachte mir, das Leben soll so sein.

Hat Armando womöglich Angst, dass ich ihm den Platz in der Familie streitig mache, weil ich denselben Beruf ausübe? Vielleicht will er deshalb nicht, dass ich über die Arbeit rede?

In der Morgengruppe hatten wir heute das Thema „Freundschaften". Ich muss sagen, dass ich bei diesem Aufenthalt schon merke, wer zu mir steht und wer nicht. Besuche habe ich noch immer nicht sehr viele. Aber ich suche den Kontakt auch nicht wirklich. Noch nicht. Zurzeit bin ich froh, dass ich mit Gleichgesinnten reden kann, die mich sicher verstehen. Dani hat heute gesagt: „Man will nicht, dass einem die Menschen die schweren Koffer abnehmen, man möchte oft nur, dass sie wissen, wie schwer sie sind." Verständnis oder zumindest der Versuch, eine psychische Krankheit zu verstehen, wäre toll.
In der Krankheit oder in Krisenzeiten erkennt man die wahren Freunde. Und in meinem Fall muss ich sagen, sind das sehr wenige.

In sich hineinspüren, wonach einem gerade ist. Das kann auch sein, bei schönem Wetter mal einen Tag drinnen auf der Couch zu verbringen. Da hatte ich früher gleich ein schlechtes Gewissen. Das kann man doch nicht machen. Bei schönem Wetter gehört man raus.

Ich bin dankbar, hier sein zu können.

Manchmal habe ich das Gefühl, als könnten die Menschen, die gutmütig sind, „draußen" nicht überleben. Das Gefühl kommt, wenn ich in der Morgengruppe sitze und sehe, wie verletzlich jeder einzelne Patient ist und wie oft er von anderen ausgenutzt wurde.
Ich werde versuchen, die Dinge so zu sehen, wie sie sind. Nichts beschönigen und nichts übertreiben. Klar über alles nachdenken.

In der Wirbelsäulengymnastik haben wir heute getanzt, zu afrikanischer Musik. Ich hab mich frei gefühlt. Tanzen tut der Seele gut. Eine neue Erkenntnis, die ich heute erfahren habe. Mal sehen, was ich daraus lerne.
Frau Feichtinger hat wieder die ganze Gruppe unterhalten, indem sie allen erzählt hat, warum sie da ist und wie lange schon. Sie hat eine unterhaltsame Art. Ich hab sie richtig ins Herz geschlossen. Mit ihrer Großmutterfrisur und dem gepflegten Auftreten. Allerdings ist sie jünger als meine Mama. Aber man kann mit ihr über alles sprechen und sie hat sehr viel Lebenserfahrung. Ist klar, nachdem sie Leiterin eines Pflegeheimes war, da muss sie ja viel erlebt haben. Und sie hatte immer mit Menschen zu tun.

Heute habe ich wieder was für mich getan. Ich habe mich im Spiegel angeschaut und mich hübsch gefunden, dann bin ich unter die Dusche und habe mich nett hergerichtet. Ein Kleidchen angezogen, geschminkt und Schmuck angelegt. Daran merke ich, dass es mir bereits besser geht. Meine Mitpatienten hier sagen mir immer, wie hübsch ich bin, aber das ist wieder die Geschichte mit dem „Annehmen-Können".

Habe panische Angst vor dem Besuch meiner Eltern heute. Fühle mich verloren und nervös. Was ist, wenn ich mein Leben doch nicht schaffe?
Maria hat ihre Mutter wieder. Ich werde zu meiner nie ein richtiges Verhältnis aufbauen können. Ich kann ihr ja nicht mal in die Augen schauen. Aber für was schäme ich mich so? Ja, wenn ich zu viel getrunken hatte, versteh ich ja, warum ich

sie nicht anschauen konnte. Aber da muss noch was anderes sein. Ich muss aufhören, meinem Papa alles recht machen zu wollen. Es wird nie alles richtig sein.

Vielleicht habe ich meiner Mama gegenüber Schuldgefühle, weil Opa Alkoholiker war und sie deswegen keine glückliche Kindheit hatte? Vielleicht habe ich da eine Schuld übernommen?

Aber mir gehts ohne Alkohol viel besser und ich werde aufhören, Missbrauch damit zu betreiben.

Was die Bulimie betrifft, muss ich mir einen Kompromiss mit mir selbst ausmachen. Mir fehlt da irgendwie der Wille. Meine Ärztin wird heute mit meinem Therapeuten darüber sprechen.

Vor ein paar Monaten gab es eine Situation beim Fortgehen, da habe ich Armando wieder mal getroffen. Er hat mich gefragt, wie es mir geht und ich habe gesagt: „Ganz gut, aber Mama hat Angst, dass ich vom Fleisch falle." Er hat dann ganz sarkastisch darauf gesagt: „Du schaust aber eh nicht aus, als würdest du abbrechen." Vor einem halben Jahr war das, ich habe dann noch etliche Kilo abgenommen. Bis ich 47 Kilo hatte.

Fühl mich so verloren. Mein Papa wird sich wieder denken, ich sollte arbeiten gehen, damit ich nicht auf blöde Gedanken komme. Arbeit ist das Wichtigste. Und er kann stolz auf seine „Ärzte" sein.

Als Kind hat mir Papa einmal Geld gegeben, damit ich mir eine Leberkäs-Semmel kaufen kann. Ich habe mir aber ein Pixiebuch gekauft. Als er am Mittag heimkam, hat er mich mit seinem Lederpantoffel auf den nackten Hintern geschlagen. Das war das einzige Mal, dass ich mich erinnern kann, dass ich eine Tracht Prügel bekam. Danach konnte ich nicht mehr sitzen. Bis heute weiß ich den Grund nicht dafür.

Warum fallen mir jetzt ständig Situationen aus der Kindheit ein?

Ich versuche jetzt, mich an zwanzig schöne Dinge in meinem Leben zu erinnern.

Die Weihnachtsfeste mit Oma und Opa
Das Schlafen bei Oma und Opa
Ostereier suchen im Garten von Tante Resi
Der letzte Urlaub in Italien
Das gemeinsame Mittagessen am Sonntag, als Lukas noch nicht geächtet wurde
Die Kekse zu Weihnachten
Die Umarmung vom Stadtpfarrer
Die Umarmung von Maria
Der Besuch von Sarah
Apfel, Semmeln und der Pfefferminz-Hagebuttentee bei Oma
Mein Sohn Daniele
Die aufmunternden Worte meines Chefs
Der erste gedruckte Artikel in der Krankenhauszeitung

Das sind nur 13, aber macht nichts.

Beim Besuch meiner Eltern ist Daniele wieder bei Frau Feichtinger gesessen. Dann sind sie Sommerflieder suchen gegangen und haben sich den Anstaltskindergarten angeschaut. Daniele hat Dani auch einen gebracht und meinen habe ich neben mein Bett gestellt. Er ist wunderschön.

Nachtrag:
Der Sommerflieder von Daniele

Mein Papa hat heute über einen meiner Cousins geschimpft, der von Italien nach Österreich gezogen ist. Ich finde das nicht richtig. Man sollte nicht ständig über andere Menschen urteilen. Er bezeichnet ihn als „Hochstapler". Er lebt eben anders und er zeigt seinen Status gerne. Jeder, wie er will. Er hasst ihn, seit er mal gesagt hat, dass er mehr Geld verdient, als einer, der Medizin studiert hat. Na und? Ich fühle mich nicht angegriffen. Und er gehört zur Familie.
Armando hat mir einen schönen Gruß ausrichten lassen. Vielleicht ist mein Aufenthalt in der Psychiatrie für meine Familie auch nicht schlecht. Vielleicht wird mehr nachgedacht. Meiner Mama ist das heute mit den Schuldgefühlen, die von der Urgroßmutter herkommen, sogar einleuchtend gewesen.

Ich werde einen Zyklus malen zu Hause, die vier Jahreszeiten. Ich habe da schon eine Idee. Schön langsam glaube ich selbst, kreativ zu sein. Aber ich bin noch etwas antriebslos.

„Selbst ein Leben, das wir anscheinend vertan haben, lässt sich noch rückwirkend mit Sinn erfüllen, indem wir gerade durch die Selbsterkenntnis über uns hinauswachsen." (Viktor Frankl)

Ich möchte nie wieder ein Leben führen, wie ich es vorher gemacht habe. Ich erkenne meine Fehler. Wenn man sie erkennt, kann man etwas ändern. Jeder kann sein Glück selbst erschaffen.

18. September 2007

Daniele hat gestern bei meinen Eltern übernachtet. Lukas ist dann fortgegangen, weil er mit jemandem reden wollte. Früher konnte ich da nicht schlafen, wenn ich im Dienst war, weil ich gewusst habe, dass er Bier trinken wird. Und er hat mich da ja meistens belogen. Aber jetzt weiß ich, dass irgendwann das Vertrauen wieder da sein wird, weil wir beide eine harmonische Beziehung haben wollen.

Heute werde ich zum ersten Mal zur Leibtherapie gehen. Habe keine Ahnung, was das ist und den Namen noch nie gehört.

Mein Bild bekommt immer mehr Tiefe. Habe heute das Meer gemalt. Mit Blau und Grüntönen. Da gehe ich richtig auf. Bei der Visite werde ich ansprechen, dass ich Angst habe, nach Hause geschickt zu werden und ich mich noch nicht bereit fühle. Ich muss meine Sorgen einfach ansprechen.
Susanne, die Alkoholikerin, kommt in mein Zimmer. Sie hat es nicht ausgehalten, nichts mehr zu trinken. Das erschüttert mich und macht mich traurig.

Meine Ärztin hatte das Gespräch mit Dr. Oberndorfer. Er sieht meine Essstörung nicht als herkömmliche, sondern ausgelöst durch eine problematische Beziehung und der Familie. Ich hatte das ja auch schon vermutet, weil es gewisse Situationen gibt, da muss ich kotzen gehen. Meist nach einem Streit, oder wenn mir irgendetwas zu viel wird. Ich möchte nie wieder so eine Beziehung führen, wie meine war. Dr. Oberndorfer meint, es gibt Frauen, die brauchen dieses „Heiß-Kalt". Ich aber nicht. Ich möchte nie wieder geschlagen und gedemütigt werden.

Ich brauche neben dem Beruf unbedingt einen Ausgleich, damit ich mich „ganz" fühle und ich brauche eine Partnerschaft, in der ich mich auf den anderen verlassen kann und der mich unterstützt. Wo ich mich verstanden fühle, wo ich meinen Flügeln beim Wachsen zusehen kann, wo ich zu nichts gedrängt werde und in der ich meine eigene Meinung entwickeln kann.

Meine Bezugsschwester hat gesagt, ich bräuchte keine Angst haben, nach Hause geschickt zu werden, da ist noch überhaupt keine Rede davon.

Im Haus muss erst noch was geändert werden, weil ich so viele negative Assoziationen habe. Da ist viel passiert.

Was mich sehr belastet, sind die Streitereien zwischen Daniele und Lukas. Am liebsten würde ich da davonlaufen und alles hinter mir lassen. Einfach meine Ruhe haben. Das tut mir innerlich so weh.

Es gibt hier eine junge Frau, die möchte ihr Kind zur Adoption freigeben, weil sie weiß, dass sie aufgrund ihres psychischen Zustandes nicht in der Lage ist, ein Kind aufzuziehen. Es lebt schon bei Pflegeeltern. Das nenne ich Stärke. Einzusehen, dass man zu etwas nicht fähig ist, dass man etwas nicht ändern kann. Manche würden sie dafür verurteilen, ich nicht.

Sie wird in einer Wohngemeinschaft wohnen.

Heute sieht sie fröhlicher aus als sonst. Ich bewundere sie, weil sie heute lächelt.

„Es sind die kleinen Dinge, die das Leben groß machen."

In der Depressionsinformation ging es heute um die Gedankenebene.
Wie kann man vom Pessimisten zum Realisten werden?

Man braucht gut funktionierende soziale Beziehungen, Aktivitäten, die einem Spaß machen und man ändert die Gedanken.

„Nicht die Dinge selbst beunruhigen die Menschen, sondern die Vorstellung von diesen und die Art, wie wir darüber denken."

Daraus ergibt sich dann das Verhalten. Wie bei der Geschichte mit dem Hammer von Watzlawik.
Meine Mama ist Meister im Katastrophieren.
Meist denkt man auch negativ über sich. „Ich kann das nicht", „andere können das besser als ich", „ich werde nie etwas richtig machen". Da muss man ansetzen. Also, man muss aufhören, alles übertrieben zu verallgemeinern, man muss aufhören, Schlüsse aufgrund ungenügender Beweise zu ziehen und das absolutistische Denken beenden, nicht alles überbewerten und perfektionistisches Denken aufgeben. Sprich ein Umdenken muss stattfinden.
Gedanken hängen stark mit dem Selbstwertgefühl zusammen. Sprich, wenn ich meine Gedanken über mich selbst ändere, werde ich selbstbewusster und bin mir mehr wert. Und automatisch dann auch für andere. Ist ja dann eine Tatsache.

Heute haben sich Frau Feichtinger und Maria verabschiedet. Maria ist so herzlich, wir haben uns ganz lange gedrückt. Aber sie sah ein wenig verängstigt aus. Sie weiß, dass der Zeitpunkt gekommen ist, wo sie sich ihrem Leben wieder stellen muss. Man gewöhnt sich sehr schnell an Menschen.

Die Leibtherapie war ein Wahnsinn. Zuerst haben wir über meine Probleme gesprochen und dann über das, was ich mir von diesem Aufenthalt wünsche. Sie hat mich gefragt, wo ich die Harmonie spüren möchte und ich habe gesagt, ich möchte sie im Brustkorb spüren als Wärme und Weite. Das ist so eine Art Energiearbeit. So was habe ich noch nie gespürt. Ist unbeschreiblich. Wir haben auf der Shiatsumatte gearbeitet und es ging nur um mich. Es geht dann um Berührungen und Bewegung.

Bewegung ist Leben. Daher ist die Grundlage aller Lebensprozesse und Lebensäußerungen der sich bewegende Leib. Mit Leib ist der Mensch in seiner Ganzheit gemeint, in seinem körperlichen Befinden, seinen emotionalen Regungen, geistigen Strebungen und sozialen Interaktionen. In der Leibtherapie wird der Leib zum Ausgangspunkt des therapeutischen Handelns, denn er ist Grundlage von Wahrnehmen, Empfinden, Fühlen und Handeln und Denken.

Jetzt habe ich das Gefühl, dass ich mich zurückziehen möchte, ich möchte alleine sein. Ganz für mich sein. Und auch nicht mehr nachdenken.

19. September 2007

Ich sitze jetzt in dem Psychotherapieinstitut und warte auf Dr. Oberndorfer. Er hat sich schon zwanzig Minuten verspätet. Ich bin sehr unruhig und habe keine Ahnung, warum. Vielleicht, weil in der Therapie immer so viel hochkommt. Das Gefühl war schon nach dem Aufstehen da. Vielleicht horche ich zu viel in mich hinein.
Dani habe ich heute beim Frühstück von der Woche vor meinem Krankenhausaufenthalt erzählt. Das was ich noch weiß zumindest und das ist ja nicht viel. Ich habe diese Woche mit Alkohol trinken und dem Versuch, alle meine Probleme zu vergessen, verbracht. Sie hat daraufhin gemeint, dass ich eine

„steile Frau" wäre. Das verstehe ich nicht ganz, weil ich das nicht als herausragende Leistung in meinem Leben empfinde. Aber warum kann ich das nicht einfach so sehen, dass diese Woche für mich notwendig war, um endlich die Augen aufzumachen? Und warum kann ich nicht annehmen, wenn jemand zu mir sagt, ich sei ein großartiger Mensch?

Bin von der Therapie zurück. Habe das Gefühl, es war heute sehr produktiv. Wir haben die Eigenschaften durchbesprochen, die ich über mich aufgeschrieben habe. Er hat gemeint, ich soll sie mir noch mal genau anschauen, vielleicht merke ich dann, dass sie gar nicht negativ sind, sondern ich sie nur als negative Charaktereigenschaften sehe. Er meint auch, dass ich nicht manipulierbar bin und nichts und niemandem „blind" folge, sondern mir sehr wohl Gedanken mache. Und irgendwie hat alles mit meinem Bedürfnis nach Harmonie zu tun.
Er meint auch, ich soll mich nicht von anderen so hinstellen lassen, als wäre ich die Kranke, die jetzt therapiert werden muss. Die sich ändern muss, weil sie krank ist. Und es geht nicht um Schuldzuweisungen. Das möchte ich auch gar nicht. Ich habe wieder eine Hausaufgabe bekommen. Ich soll eben meine Charaktereigenschaften noch mal durchgehen und das Positive heraussuchen. Ich brauche diese Aufgaben, weil ich gerne strukturiert an etwas arbeite.
Ich habe beschlossen, Armando einen Brief zu schreiben. Dr. Oberndorfer findet das auch besser, weil er, wenn wir uns gegenübersitzen würden, in die Verteidigungsposition gehen würde und ich würde in die Rolle der kleinen Schwester fallen.
Mit Dr. Oberndorfer bin ich heute gemeinsam auf der Couch gesessen, und wir haben mein Tagebuch miteinander gelesen. Irgendwie war das voll schön. Ich konnte mich öffnen. Ich habe jemanden in meine Gedankenwelt gelassen, jemanden, dem ich vertrauen kann.
Meine Ärztin würde es gut finden, wenn ich auch nach dem Aufenthalt hier weiter zu ihm zur Therapie gehen könnte. Ich möchte auch nicht schon wieder Therapeuten wechseln. Sie denkt überhaupt noch nicht an eine Entlassung. Sie weiß,

dass ich noch Zeit brauche. Ihr wäre es noch zu früh, wenn ich wieder in den Beruf einsteigen würde. Mir auch. Bevor man heimgeht, wird man auch noch mal gefragt, ob man es sich vorstellen kann. Manche sagen, man merkt, wenn es an der Zeit ist.
Ich bin glücklich, weil ich mich auf mich konzentrieren kann.

20. September 2007

Mein Bild ist fertig und ich bin überglücklich. Ich hätte es mir nie zugetraut. Feuer, Erde, Wasser, Farbe, geschlängelter Weg, Sandinseln, Sonne. Und das alles ist in meinem Gehirn entstanden.

Bei der Visite heute habe ich gesagt, dass es mir fantastisch geht. Hat sicher mit der Fertigstellung des Bildes zu tun und gleichzeitig denke ich mir, dass ich noch nicht fertig bin mit mir, und noch nicht nach Hause zurückkehren kann.

Heute habe ich Armando einen Brief geschrieben. Es ist mir egal, wenn er etwas darin findet, was ihm nicht gefällt. Ich habe es versucht und einen Schritt gesetzt und ich habe mich für meine Aussage, er hätte seine Familie im Stich gelassen, entschuldigt. Mehr kann ich derzeit nicht tun. Und ich habe ihm gesagt, dass ich ihn gern habe.
Heute Mittag habe ich gegessen und war anschließend nicht am WC. Ich bin stolz auf mich.
Ich habe das Gefühl, meine Bedürfnisse schon viel besser ausdrücken zu können. Am Abend werde ich stricken. Ich werde mir das selbst beibringen.

Sitze wieder in der Depressionsinfo. Heute ist Fragestunde. Woher kommen Depressionen?

Man unterscheidet drei Gruppen:

· Die Anpassungsstörungen: Die werden durch ein einschneidendes Ereignis ausgelöst. Man kann die Ursache meist gut erkennen. Die verschwinden auch wieder.
· In Zusammenhang mit Organerkrankungen: z. B. bei Schilddrüsenunterfunktion.
· Mehrere Auslöser: Das kann genetisch sein, es gibt richtige Depressionsfamilien oder durch Ereignisse in der Kindheit, durch einen ungesunden Lebensstil, ...

Depressionen verlaufen auch bei jedem anders.

War ich heute zu enthusiastisch? Ich fühle mich jetzt ausgelaugt und müde.
Therapieren kann man Depression in dem man den Lebensstil ändert, sich Hobbys sucht und „Nein-Sagen" lernt.

Heute hatte ich ein Gespräch mit der Ernährungsberaterin, weil meine Ärztin gemeint hat, sie soll mir Tipps geben, um nicht zuzunehmen. Die Suppe mittags wird weggelassen, abends bekomme ich eine Salatplatte und einen zuckerfreien Joghurt. Da kann ich mich satt essen und brauche kein schlechtes Gewissen zu haben. Ich möchte meinem Körper gesunde Sachen zuführen. Zu viel Obst soll ich auch nicht essen, wegen des enthaltenen Fruchtzuckers.

Die Worte „ich muss" möchte ich aus meinem Wortschatz kikken.
Kinder muss man schützen, man sollte sie loben, nicht für ihre Leistungen, sondern für das, wie sie sind, wie sie Gefühle und Bedürfnisse ausdrücken. Ich wurde eigentlich immer nur nach Leistungen beurteilt. Gefühle gab es nicht. Und das Wort Psyche glaub ich, kannte keiner.

Liebe ist: Die Anerkennung, dass es, so wie es ist, schön und gut ist.

Heute hat eine Pflegehelferin zu mir gesagt, dass, immer wenn sie mich sieht, sie sich denkt, dass ein Besuch kommen würde, weil ich gar nicht hierher passe.
Ich finde das nicht, ich brauche diese Auszeit.

Die Familie entscheidet immer was für einen gut oder schlimm ist. Man nimmt das dann auch an. Aber Gedanken lassen sich verändern. Als Kind nimmt man die Reaktionen der Erwachsenen wahr und lernt daraus. Man denkt nicht darüber nach, ob es gut oder schlecht ist. Man ist kritiklos. Und als Erwachsener gibt man dann die emotionale Umgebung der Kindheit wieder. Vielleicht sollte ich mir wirklich Gedanken machen über die Hausübung und mir überlegen, wie ich bin und nicht, was ich übernommen habe?

Also, ich werde mich jetzt daran machen, mich zu analysieren. Ich gehe Punkt für Punkt einfach durch.

- Gutmütigkeit:
Das merke ich auch im Beruf, wenn ich ohne zu überlegen Dienste tausche, wenn mich jemand fragt. Ich wollte immer, dass es dem anderen gut geht. Ich selbst hatte nie etwas vor. Und wahrscheinlich habe ich es auch gemacht, um gemocht zu werden. Ich war immer auf die Meinung von Außen über mich fixiert. Diese Eigenschaft war für meine Umwelt gut, aber für mich auf die Dauer problematisch. Gebe oft nach und das hat mit meinem Bedürfnis nach Harmonie zu tun.

- Harmoniebedürfnis:
Dabei fallen mir Wörter wie Ruhe und Frieden ein. Innerliche Ausgeglichenheit. Ich brauche neben dem Stress und den vielen menschlichen Tragödien in der Arbeit einfach Ruhe und Zeit für mich, ohne Aufregung und Streit. Wie das so oft mit Lukas vorkommt, gerade nach Nachtdiensten. Ich bin dann müde und er glaubt, ich bin sauer und dann kommt es zu Missverständnissen. Darüber kann man reden.

- Unsicherheit:
Das hat mit meinem fehlenden Selbstwertgefühl zu tun, kann aber natürlich auch ein Symptom der Depression sein. Ich muss umdenken lernen und mich nicht immer fragen, was die anderen über mich denken. Ich werde meine Denkweise ändern. Und meine Beharrlichkeit, ich darf mich einfach nicht immer gleich aus dem Gleichgewicht bringen lassen, wenn jemand Kritik an mir übt.

- Nachgiebigkeit:
Das hat auch mit dem Harmoniebedürfnis zu tun. Ich will einen Streit schnell beenden oder gar nicht darauf einsteigen, damit wieder Ruhe einkehrt. Ich habe aber nie gesehen, dass das Thema dann aber gar nicht vom Tisch ist.

- Depression:
Hat sich schleichend entwickelt. Aber sicher schon einige Jahre. Ich denke vor 11 Jahren mit den Panikattacken hat das angefangen. Sie ist jetzt da, damit muss ich leben und ich arbeite jetzt hart, damit sie wieder verschwindet.

- Pessimismus:
Ist sicher eine Eigenschaft, die ich als Kind mitbekommen habe. Alles ist schlecht und wird immer schlecht sein. Die Menschen sind schlecht. Hat sich im Rahmen der Depression sicher verstärkt. In der Depressionsinfo hat die Vortragende gesagt, sie ist eine Gegnerin des Optimismus. Das Leben ist einfach wirklich nicht immer schön und wenn man ein zu arger Optimist ist, fällt man dann umso tiefer. Ideal wäre ein Realist zu sein. Da kann man umdenken, indem man sich denkt: „Sind meine Zweifel wirklich berechtigt oder basieren sie nur auf haltlosen Vermutungen?"

- Verletzbarkeit:
Durch den mangelnden Selbstwert. Ich fühle mich oft angegriffen, auch wenn es mein Gegenüber gut mit mir meint. Wahrscheinlich kann ich schlecht mit Kritik umgehen. Vielleicht auch, weil ich mich ständig für alles schuldig fühle.

Somit bin ich leicht angreifbar und beziehe alles zu schnell auf mich.

- Sensibilität:
Nehme mir einfach zu viele Dinge zu Herzen. So bin ich. Ist aber keine schlechte Charaktereigenschaft.

- Die Arbeit als Lebensmittelpunkt:
Zu Hause hat in den letzten Jahren einfach zu wenig Harmonie geherrscht, darum habe ich begonnen, mich mit der Arbeit zu identifizieren und mich durch sie zu definieren. Hatte keine anderen Gedanken. Und dadurch habe ich auch ständig die Arbeit mit nach Hause gebracht. Ich hatte ja nichts anderes zu tun. Und von klein auf wurde mir eingetrichtert, dass Arbeit und Fleiß das Wichtigste sind im Leben. Man soll sich nur darauf konzentrieren. Durch das viele Reden über die Arbeit zu Hause gab es dann natürlich auch Probleme mit Lukas, weil ihn das nicht interessiert hat und er sich dachte, wir haben überhaupt keine anderen Gesprächsthemen.
Da ich aber viele belastende Dinge erlebt habe, musste ich mich damit beschäftigen, weil ich keine Hobbys hatte. Und wenn ich was gut gemacht hatte in der Arbeit, wollte ich Lob. Da man das in der Arbeit selbst ja nie kriegt, hätte ich es gerne vom Partner gehabt. Und das kann man nicht verlangen. Sich selbst loben wäre da angebracht.

- Familienmensch:
Ich bin in einer Großfamilie aufgewachsen. Heute noch denke ich an die Weihnachtsfeste. Die sehe ich in einem verklärten Licht. Mir fehlt meine „alte" Familie und in der „neuen" herrscht Chaos. Klingt nach einer ausweglosen Situation.

- Essstörung:
Ich will nicht mehr abnehmen und auch nicht zunehmen. Ich will so bleiben, wie ich bin. „Du darfst!" Meine Eltern verstehen das nicht. Die glauben, es wäre richtig für mich 10 Kilo zuzunehmen und verstehen nicht, dass das in einer psychischen Katastrophe münden würde. Lukas sagt, ich habe ihm mit 80 Kilo gefallen und tue es auch jetzt mit knapp unter 50.

- Entscheidungsunfähigkeit:
Ich kenne meine Bedürfnisse ja kaum. Wie soll ich mich dann entscheiden können. Am liebsten ist mir, wenn jemand anderer für mich entscheidet. Ich weiß noch nicht, was gut für mich ist. Aber daran kann ich arbeiten.

- Verbale Schwäche:
Ich kann oft keine klaren Gedanken fassen und dann natürlich auch nichts sagen, weil ich die wirren Gedanken nicht in Sätze bringen kann. Darum reagiere ich in Streitsituationen meistens mit Schweigen, weil ich oft nicht mal eine Meinung zum Thema habe oder gar nicht weiß, was ich davon halte. Oft sage ich dann zum Schluss was Lukas hören will. Das muss ich auf jeden Fall ändern. Ich möchte ein eigenständig denkender Mensch werden.

- Innerliche Leere:
Dies ist ein Symptom der Depression. Oft habe ich das Gefühl, dass gar nichts in mir ist. Ich bin weder traurig noch fröhlich. Einfach neutral. Wie wenn ich mich dahintreiben lassen würde. Und ich konnte mich über nichts mehr freuen.

- Mangelndes Selbstwertgefühl:
Ist ein sehr schwieriges Thema. Auch wenn ich für etwas gelobt werde, kann ich es nicht annehmen, weil es gar nicht richtig ankommt. Ich habe noch nie so richtig an mich geglaubt, sonst würde ich nicht denken, in meinem Leben ist mir immer alles „passiert". Meinen Eltern wollte ich immer alles recht machen, aber es hat nie funktioniert. Es war irgendwie nie gut genug, so wie ich war. Jetzt bin ich Ärztin, aber das ist auch nicht so gut, weil ich keine Oberärztin bin und keine Fachausbildung gemacht habe. Ich bin halt nur Arzt für Allgemeinmedizin mit Notarztausbildung. Und in der Partnerschaft werde ich auch sehr oft auf meine Fehler hingewiesen. Ich hatte oft das Gefühl in meinem Leben, dass ich den mir aufgegebenen Vorgaben nicht gerecht werden konnte. Scheinbar schlummert irgendetwas anderes in mir, als für mich bestimmt war.

- Inaktivität und Freudlosigkeit:
Da hoffe ich, dass sich im Rahmen der Therapie etwas ändern wird. Über mein Bild konnte ich mich schon wahnsinnig freuen.

- Gehemmt im Zeigen von Gefühlen:
Da tu ich mich sehr schwer. Besonders was körperliche Nähe betrifft. Ich bin meistens ziemlich perplex, wenn mich jemand umarmt. Aber in meinem Elternhaus gab es das nicht. Es schien zwar nach außen so, weil wir uns immer mit Küsschen begrüßt haben, wie es in Italien üblich ist, aber Gefühle wurden nicht gezeigt. Lukas wirft mir oft meine Gefühlskälte vor. Gut, in der letzten Zeit habe ich nichts gefühlt, aber ich kann es auch nicht richtig. Außerdem gab es so viele Konflikte in letzter Zeit, dass ich zu keiner Umarmung fähig gewesen wäre. Und da hat mich Lukas oft gedrängt in seiner Hilflosigkeit und von mir verlangt, ihn in den Arm zu nehmen. Da sind dann doch Gefühle aufgetreten, aber die waren negativ besetzt. So was wie Abneigung habe ich da empfunden. Es war ein Teufelskreis. Die Harmonie, die ich mir gewünscht habe, hat einfach gefehlt. Ich habe mich oft zu Dingen hinreißen lassen, obwohl ich sie gar nicht wollte und innerlich ist was zersprungen. Ich habe mit massivem Widerwillen nachgegeben.

- Aussprechen von Dingen, ohne vorher nachzudenken:
Damit habe ich schon viele Menschen verletzt. Und oft ist das unter Alkoholeinfluss passiert. Bin auch etwas impulsiv oft. Auf jeden Fall habe ich oft Dinge gesagt, die ich gar nicht so gemeint habe. Und das tut mir jetzt furchtbar leid.

- Nichtwissen, was ich will:
Bisher habe ich die richtige Erfüllung im Leben noch nicht gefunden. Komme mir vor, als wäre ich ständig auf der Suche. Aber ich weiß eben nicht, was ich will. Vielleicht liegt es ja ganz nah und ich sehe es einfach nicht. Für meine Beziehung weiß ich, was ich will. Ein glückliches Familienleben, Hobbys, ... Im Beruflichen habe ich es noch nicht gefunden. Aber ich werde die Augen und Ohren offenhalten.

- Verdrängen:
Das funktioniert bei mir sehr gut. Mit gewissen Problemen will ich mich einfach nicht auseinandersetzen und die werden dann weggeschoben und existieren in meiner Welt nicht mehr. In der realen Welt jedoch schon. Ich denke mir oft: „Wird schon wieder werden" oder „wird schon irgendwie gehen". Ich spreche dann Probleme nicht an, weil ich mir von vorneherein denke, es hat sowieso keinen Sinn. Aber eigentlich kann ich das gar nicht wissen, da fehlen die Beweise.

- Möchte schlank bleiben:
Ich habe mir dieses Gewicht auf mühsame und auch grausige Weise erkämpft und will das nicht aufgeben. Ich fühle mich jetzt so wohl, wie ich bin. Wahrscheinlich wollte ich auch die Aufmerksamkeit meiner Umwelt dadurch erregen. Immerhin haben sich viele Menschen Gedanken gemacht. Ich wurde wahrgenommen. Und es wurde erkannt, dass etwas nicht stimmt. Vielleicht ein Hilfeschrei, so wie mein Selbstmordversuch mit den Tabletten. Aber mit dem Ergebnis bin ich auch zufrieden, und es macht mir Spaß Kleidung einzukaufen, das hatte ich noch nie vorher in meinem Leben.

- Untreue:
Es hat mir etwas gefehlt und ich habe nach Bestätigung gesucht. Fähig dazu war ich allerdings nur unter Alkoholeinfluss. Es gab keine Harmonie und keinen Frieden in meinem Leben. Ich habe mich minderwertig gefühlt, unfähig auf eine gewisse Art. Und dann hatte ich einige One-Night-Stands. Das war aber ebenfalls ein Teufelskreis. Gebracht hat es mir gar nichts, außer jede Menge Ärger mit Lukas. Was ich auch verstehe. Es kam zu Konflikten und Handgreiflichkeiten und ich wurde von meinem schlechten Gewissen verfolgt. Nebenbei hatte ich ja keinerlei Lust auf Sex. Ich kam mir vor wie in einem Sumpf, aus dem es kein Zurück mehr gab und ich langsam versinken würde. Und keiner hört meine Schreie, weil keiner da ist. Schließlich war es meine Entscheidung, in den Sumpf zu gehen.

- Die Liebe zum Beruf:
Die Medizin interessiert mich sehr. Ich habe gerne mit Menschen zu tun, fühle mich im Beruf ernst genommen und auch respektiert, dort bin ich Arzt. Dort bin ich nicht die „ewig kleinbleibende Tochter" und auch nicht die untreue Partnerin. Allerdings sind die Dienste sehr anstrengend und die Notarzteinsätze zehren an der psychischen Substanz. Allerdings hatte ich die Seitensprünge auch immer mit Männern aus meinem Arbeitsumfeld. Und dann hatte ich im Nachtdienst keine Ruhe mehr, weil Lukas damit nicht umgehen konnte und wenn ich im Dienst war, hatte er regelmäßig eine Krise und hat was getrunken. Einmal war ihm alles so egal, dass er Daniele alleine zu Hause gelassen hat. Er hat mich dann angerufen und ich habe mich hilflos gefühlt. Wir haben ihn dann abgeholt und er hat die Nacht im Krankenhaus verbracht, was mir wieder Probleme verursacht hat. Hatte oft den Kopf mehr zu Hause, aber ich habe den Dienst dann doch geschafft. Bei einem Notfall schaltet das Hirn auf Alarm und man ist nur bei diesem Patienten, der Hilfe braucht.

- Mangelnde Konsequenz:
Meine Vorhaben werfe ich oft über den Haufen. Nach drei Wochen habe ich wieder zu rauchen begonnen. Ich traue mir einfach zu wenig zu. Muss mir viel mehr sagen: „Ich schaffe das!" Mein Chef hat mich ziemlich kritisiert dafür, dass ich zu schwach war, zum Nichtraucher zu werden.

- Gefühl des Unverstandenseins:
Fühle mich von der ganzen Familie nicht verstanden. „Warum macht sie immer wieder Probleme?", werden sie sich denken. Lukas hat halt auch oft nicht verstanden, warum ich träge und antriebslos war. Mit Depressionen hatte er noch nicht so viel Erfahrung. Er fühlt sich auch immer gleich kritisiert. Wenn ich sage, im Garten wäre etwas zu tun, fühlt er sich angegriffen und meint, ich will ihn ständig beschäftigen. Es ist aber, weil ich keine Kraft hatte. Ich hatte natürlich nicht das Gefühl ihn herumzukommandieren und dann kam es wieder zu Streit.

- Gesprächskultur:

Das hat auch wieder mit Harmonie zu tun. Ich hasse es, wenn Lukas mit Daniele streitet und ständig die Wörter „immer" und „nie" benutzt. Da denke ich mir, das brennt sich in sein Gehirn ein, und als Erwachsener traut er sich nichts zu. Wenn er so was mit mir macht, kann ich es akzeptieren, aber nicht bei unserem Kind. Ich höre so Sätze wie: „Du hast die letzten Jahre immer nur Blödsinn gemacht." „Du gehst immer fremd!" „Immer meckerst du an mir herum." „Du tust nie etwas im Haushalt." „Immer willst du mich beschäftigen." „Nie hast du mich lieb." Und dann beginnt sich der Teufelskreis wieder zu drehen. Ich habe natürlich dann keine Lust auf Sex und dann kommt eine neuerliche Anschuldigung: „Nie willst du mit mir schlafen!" „Du findest mich grauslich." Und dann habe ich natürlich noch weniger Lust. Eh klar.

- Haus:

Ich möchte mich zu Hause wohlfühlen, das ist ganz wichtig für mich. Ich brauch meine Oase der Harmonie. Wenn ich mich nicht wohlfühle, habe ich ständig das Gefühl, fortgehen zu müssen und dann habe ich wieder was getrunken, um das alles auszuhalten. Lukas hat mir oft an den Kopf geworfen, dass es mein Haus ist und er das nie wollte. Komischerweise stehen wir aber beide zur Hälfte im Grundbuch. Ich zahl nur den Kredit ab. Ich muss zugeben, dass ich durch die Depression auch unfähig war, den Haushalt richtig zu führen. Aber ich werde da jetzt eine Konsequenz ziehen und mich nach einer Haushaltshilfe umsehen. Schließlich habe ich oft eine 70-Stunden-Woche und da kann ich nicht alles machen. Habe ich auch keine Lust dazu. Bei der Umgestaltung der Räume kann ich nicht mithelfen, weil ich absolut kein räumliches Vorstellungsvermögen habe. Ich muss das immer fertig sehen. Aber ich mag Farben und da kann ich mithelfen. Wir arbeiten an unserem Haus und ich bin mir sicher, dass es toll werden kann.

- An andere denken:
Zurzeit denke ich ständig an meine Kollegen, die arm sind und meine Dienste übernehmen müssen. Das lässt mir einfach keine Ruhe. Und Schuldgefühle treten dauernd auf. Manchmal frag ich mich, ob das mit dem Missbrauch im Kindergarten zu tun hat. Das liest man oft. Aber eigentlich möchte ich in meinem Leben nichts auf diese Erfahrung schieben. Es stand mir frei, mein Leben zu leben.

- Libidoverlust:
Da fällt mir dieser Teufelskreis, den ich oben beschrieben habe, wieder ein. Ist ein Symptom der Depression oder ein Zeichen dafür, dass in der Beziehung etwas nicht stimmt. In meinem Fall wahrscheinlich beides. Auch deswegen mache ich mir Vorwürfe, weil ich mir immer wieder einrede, dass mit mir was nicht stimmt. Teilweise habe ich Angst vor dem Schlafengehen, weil ich weiß, dass es dann aufgrund meiner Lustlosigkeit wieder zu Diskussionen kommt, was das Ganze dann wieder verstärkt. Die Seitensprünge haben mir auch keinen Spaß gemacht. Vor allem hätte ich zu Hause ja, was ich in dieser Hinsicht bräuchte, wenn ich wollen würde.

- Impulsivität:
Manchmal kann ich doch sehr spontan sein. „Ich geh mal los und schaue, was passiert." Wenn es mir gut geht, kommt sogar manchmal mein italienisches Temperament durch. Aber das ist mittlerweile schon lange her.

- Schüchternheit:
Das glaubt mir kein Mensch. Im alkoholisierten Zustand natürlich nicht. Aber ansonsten trau ich mich nicht mal alleine in ein Kaffeehaus, weil ich mir denke, die Leute reden vielleicht über mich oder denken sich „wie schaut denn die aus". Durch meinen Beruf ist das aber viel besser geworden, weil ich tagtäglich mit Menschen zu tun habe. Ich gestalte Powerpoint-Vorträge, aber andere müssen sie halten. Oft wirke ich durch meine Schüchternheit arrogant.

- Ich hasse Belehrungen:
Mein Papa und mein Partner wussten immer schon, was gut und was schlecht für mich ist. Ist auch ganz praktisch, wenn man selbst nicht denken muss. Allerdings führt es auch dazu, dass man selbst keine Entscheidungen mehr treffen kann. Und auch nicht mehr weiß, was man selbst will und was von anderen kommt. Ich erkenne meine eigenen Bedürfnisse nicht mehr. Aber das wird sich jetzt ändern. Es wäre an der Zeit, mich zu lösen und mich auf meinen eigenen Weg zu machen. Aber wo wird der hinführen?

- Fehler machen:
Ich habe viele gemacht, das gebe ich zu. Aber jeder Mensch macht Fehler. Das gehört zum Leben dazu. Und Fehler sind das, was andere Menschen als Fehler bezeichnen. Für mich persönlich muss es gar kein Fehler sein. Das Leben, das mich hierher geführt hat, mag für Außenstehende ein grober Fehler meinerseits gewesen sein, aber ich kann daraus profitieren, ich habe jetzt die Möglichkeit, darüber nachzudenken und Dinge zu verändern. Das hätte ich neben der Arbeit und dem Beziehungschaos nicht gemacht.

- Hass gegenüber Handgreiflichkeiten:
Ich hasse mich dafür, dass ich das mir gegenüber zugelassen habe. Ich habe nicht „halt, bis hierher und nicht weiter" gesagt. Ich habe keine Grenzen gesetzt. Andererseits fühle ich mich auch schuldig, weil mein Partner immer wieder sagt, ich habe ihn dazu getrieben. Dann denk ich mir, so wie ich bin, ich bin ein schlechter Mensch und habe es verdient. Dann kommt noch die Scham dazu, weil in der Arbeit alle gesehen haben, was los war. Es war die Hölle. Jeder Blick in den Spiegel hat Traurigkeit, Scham und Hilflosigkeit in mir ausgelöst. Daran muss ich in der Therapie arbeiten.

- Möchte eigene Wege gehen:
Ich möchte meine eigenen Hobbys haben, getrennt vom Partner und trotzdem ein harmonisches Zusammenleben praktizieren. Mich selbst verwirklichen und aus dieser Symbiose ausbrechen. Oder ist es ein Parasitendasein?

- Abhängigkeit vom Partner:
Wir machen immer alles gemeinsam. Ich fühle mich psychisch abhängig. Ich kann nicht ohne ihn und scheinbar auch nicht mit ihm. In meinem Leben war ich noch nie alleine.

- Kreativität:
Plötzlich wird mir von vielen gesagt, ich wäre kreativ. Ich habe das noch nie gesehen. Die Liebe zum Malen habe ich entdeckt und ich schreibe sehr viel. Habe zwei Artikel für die Krankenhauszeitung geschrieben. Ist ja gar nicht so wenig. Somit habe ich ja schon etwas, was mir gehört.

- Bin sozial:
Ich helfe gerne anderen Menschen in Not. Derzeit bin ich halt selbst „ein Arzt in Not".

- Selbstzweifel:
Ich trau mir nichts zu, aber das wird sich ändern. Vielleicht schreib ich ja wirklich mal ein Buch. Ich muss es nur für möglich halten, vielleicht passiert es dann von selbst und mein Traum fliegt.

- Gute Schauspielqualitäten:
Das habe ich, glaub ich, von meinem Vater geerbt. Nach außen den Schein wahren. Ich kann innerlich noch so unruhig sein, nach außen wirke ich ruhig und gelassen. Zumindest in der Arbeit.
Wenn es mir schlecht geht, spiele ich eine Rolle und sage es geht mir gut. Aber zuletzt wurde ich durchschaut. Irgendwann muss eine Tarnung ja auffliegen. Als Kind musste ich nach einem Streit zu Hause schon immer „draußen" so tun, als wäre nichts. Mein Papa hat einmal zu mir gesagt: „Lach gefälligst, wenn wir Leute treffen!" Die Illusion der glücklichen, anständigen und heilen Familie muss gewahrt werden.

- Gewissenhaftigkeit:
Ich habe immer meine Pflichten, soweit es mir möglich war, erfüllt. Jetzt zum Schluss ging einfach gar nichts mehr.

- Bin unfähig im Jetzt zu leben:
Ich denke entweder an gestern oder an morgen, darum kann ich auch so schlecht genießen. Im Urlaub habe ich immer die Tage gezählt, bis ich wieder heimfahren muss.

- Perfektionismus:
Ich bilde mir immer ein, perfekt sein zu müssen. Bin dann enttäuscht, wenn ich merke, dass ich nicht perfekt sein kann. Mein Papa hat immer gesagt, wenn man etwas macht, dann mit vollem Einsatz, mit 120 Prozent oder man lässt es lieber. Ich glaube aber, dass es gar nicht so sein muss.

- Ungeduld:
Ich bin ein sehr ungeduldiger Mensch. Wie ein Kind bei der Fahrt in den Urlaub. „Sind wir bald da?" Genauso geht es mir jetzt. Ich will ganz schnell gesund werden. Da fällt mir meine Mama ein: „Was du heute kannst besorgen, das verschiebe nicht auf morgen."

- Habe Träume:
Ich soll ihnen Flügel wachsen lassen. Ich schiebe immer alles weg, weil ich mir denke, dass es sowieso keinen Sinn hat, und vergrabe meine Träume in einem Kästchen, den Schlüssel werfe ich weg. Aber jetzt weiß ich, dass es wichtig wäre, es aufzusperren. Vielleicht schreibe ich doch mal ein Buch.

Jetzt habe ich meine Hausübung erledigt, werde sie kopieren und Dr. Oberndorfer zum Lesen mitbringen. Dann brauchen wir nicht über einem Buch zu sitzen.

21. September 2007

Habe mit dem Stricken begonnen und es funktioniert sogar. Zuerst mache ich einen Schal. Ich fange klein an.
Meine Zimmerkollegin Susanne meint, sie wird diesmal lange bleiben und nicht gleich wieder nach dem Nüchternwerden gehen, weil es mit mir im Zimmer so nett ist. Ich muss mich ein

wenig abgrenzen. Ich steigere mich da immer zu viel rein. Am Nachmittag werde ich wieder Linz erkunden. Mich in ein Caféhaus setzen, lesen und nachdenken. Der Freitag gehört jetzt mir ganz alleine und morgen fahre ich wieder nach Hause.

Ich möchte mir einen Freundeskreis aufbauen. Immer alles nur mit Lukas zu machen, das ist nicht gut. Da fehlt auch der Gesprächsstoff.

Gestern ist mir alles zu viel geworden. Wahrscheinlich habe ich zu viel über mich nachgedacht. Aber das Stricken hat mich beruhigt. Das hat was Meditatives.

Es wird sicher gut, wenn Lukas und ich während der Woche unsere eigenen Wege gehen, dann freut man sich auf das Wochenende. Der Mensch möchte sich ja schließlich austauschen. Und zum Ich wird man durch das Du.

Ich muss differenzieren, welche Menschen in meinem Leben gut für mich und welche nicht gut für mich sind.

Meine Zimmerkollegin meint, ich bin zu gut. Kann man überhaupt zu gut sein? Ich würde das von mir selbst nie sagen.

Hier gibt es einen Patienten, der hat ADHS. Das kenne ich nur von den Kindern, wenn sie hyperaktiv sind. Aber er ist erwachsen. Ich finde ihn nett. Er hat bei seinen Freunden ziemlich ausgesiebt, die haben plötzlich seinen Lebenswandel kritisiert. Und er ist ständig auf Achse. Ist Leiter von einer Firma und meint, er könnte sich nie unterordnen. Ich bin eher passiv, weiß nie, was ich tun will, wahrscheinlich, weil ich nicht mal weiß, was ich überhaupt will. Was erwarte ich mir vom Leben? Das ist wieder die Geschichte von der Harmonie. Ich kann dieses Wort schon nicht mehr hören.

Ich bin ein wertvoller und liebenswerter Mensch.

Mein Chef hat mir wieder eine SMS geschrieben, dass ich es schaffen werde. Es wird halt ein schwerer Weg.

Pfleger Kurt hat heute zu mir gesagt, ich soll alles etwas langsamer angehen. Ich lege in alles, was ich tue, einen Perfektionismus hinein. Sogar beim Erledigen der Hausübungen für meinen Gesprächstherapeuten. Ich betreibe angeblich die Therapien wie eine Arbeit.

Aber ich will ja nur die Zeit nützen und das Beste rausholen, aber eben ganz schnell. Er hat recht und es fällt scheinbar sogar auf.

Ab Montag mache ich Entspannungsübungen nach Jacobsen und dann werde ich schon ruhiger werden. Ich lebe viel zu schnell. Er sagt, Strukturen sind schon gut, aber ich strukturiere hier die Freizeit ja auch ganz straff. Ich werde ruhiger werden. Vielleicht kann ich irgendwann die Ruhe genießen. Sehnen tu ich mich danach. Das war auch vor meinem Selbstmordversuch so, ich wollte einfach nur Ruhe haben.

Ich werde meine eigenen Werte finden, getrennt von meinen Eltern.

Habe die Sonne auf der Terrasse genossen und nichts getan. Nur die Wärme auf der Haut gespürt.

Heute war ein guter Tag. Ich bin dankbar.

22. September 2007

Als Kind sollte ich immer alles gleich erledigen. Vielleicht kommen daher meine Ungeduld und meine Getriebenheit. In der Arbeit denke ich mir immer, es ist eine Art von Faulheit, wenn ich meine Pflichten sofort erledige, weil ich mir denke, dafür kann ich nachher durchatmen. Aber da tut sich dann meist schon etwas anderes. Aber ich mache mir selbst immer Stress. „Gut Ding braucht Weile." Für mich muss das mit dem „heute besorgen" und „nicht morgen" ja nicht mehr gelten. Ich kann selbst entscheiden. Ich kann mir jetzt Zeit lassen. Und ich muss nicht alles strukturieren, weil ich ja eigentlich ein eher chaotischer Mensch bin. Alles andere ist anerzogen. Und angenehme Dinge muss ich doch wirklich nicht strukturieren und ordnen und einen Zeitplan aufstellen.

Bei Daniele habe ich auch schon so angefangen, ihm zu sagen, er soll seine Hausübung gleich nach dem Heimkommen erledigen, aber eigentlich sollte er sie machen, wenn er glaubt, er möchte sie machen und ist mit dem Kopf dabei. Das werde ich ändern.

Von Bert Hellinger habe ich heute wieder was Schönes gelesen, das muss ich mir notieren:
„Als tiefste Liebe wird erlebt, wenn jemand, so wie er ist, anerkannt wird, und zwar als notwendig so. Er kann gar nicht anders sein. So ist es richtig. Obwohl er anders ist als ich, und ich anders bin als er, anerkennen wir uns beide als richtig. Das ist die eigentliche Liebe. Nicht, dass ich jemanden umarme oder so. Das wäre vordergründig."

Bin jetzt wieder zu Hause.
Der Vormittag war sehr anstrengend, weil meine zwei Männer wieder einmal gestritten haben. Ich habe mir gedacht, dass eh nichts einen Sinn hat. Aber dann wurde die Situation besser. Daniele wird flügge. Er fährt mit ein paar anderen Kindern mit dem Rad ins Kino. Ohne Erwachsene. Er ist überglücklich. Er hat sich schon Sorgen gemacht, er findet keine Freunde. Und ich, gerade ich, habe ihm gesagt, er müsse Geduld haben. Für ihn ist es wichtig, auch mal alleine was zu unternehmen. Er soll sich entwickeln können, und ich wünsche ihm gute Freunde. Er ist jetzt Gymnasiast und wird älter.

Ich fange an, diese Wochenenden zu Hause zu genießen. Aber das Krankenhaus ist noch immer mein Zufluchtsort. Armando müsste meinen Brief schon bekommen haben, aber es ist noch keine Reaktion gekommen.
Das tut weh.

23. September 2007

Ich konnte heute Nacht wieder nicht gut schlafen und jetzt bin ich müde. Als ich aufstand, dachte ich, ich muss die Welt niederreißen, aber dann kam der Zusammenbruch.

Abends waren wir gestern wieder in der Messe, das gefällt mir derzeit sehr gut. Meine Eltern haben gestrahlt, als sie mich gesehen haben. Sie machen mir derzeit keine Vorwürfe und knuddeln mich, wenn sie mich sehen.

Meinem kleinen Bruder habe ich gestern eine SMS geschickt, aber es kam keine Antwort zurück. Später habe ich dann gesehen, dass er im Kaffeehaus gesessen ist. Das hat mir auch wehgetan. Warum grenzen mich meine Geschwister so aus? Gut, sie haben alle selbst Probleme, aber ich bin doch kein schlechter Mensch. Ich bin wertvoll!!!

Umberto ist heute Vormittag gekommen, das hat alles wieder vergessen gemacht. Wir haben gequatscht und Kaffee getrunken. Es war sehr gemütlich und ich war glücklich.

Nachts konnte ich nicht schlafen, weil sich Lukas von einer Seite auf die andere gedreht hat. In der Früh hat er dann gesagt, das war, weil so eine hübsche Frau neben ihm gelegen hat. Ich wusste natürlich, warum er so unruhig war und was er wollte. Das hat mich an früher erinnert. Aber warum kann ich mich nicht freuen, dass er mich hübsch findet? Ich sehe immer nur, dass er Sex von mir will und das ist böse.

Meinen Eltern habe ich gestern wieder Kuchen gebracht, Papa hat gemeint, er hätte noch nie so einen guten Heidelbeerkuchen gegessen. Aber das hat er sicher nur so gesagt. Und eigentlich ist das Mama gegenüber nicht schön. Meine Mama ist immer nett zu Lukas, aber Papa ignoriert ihn total. Ich kann nur sagen, Lukas bemüht sich sehr.

Manchmal denke ich mir, ich wäre gerne Hausfrau. Ich koche und backe gerne, stricke gerne, aber mit dem Putzen hab ich es nicht so. Ich hasse es.

„Wünsche nicht etwas anderes zu sein, als du bist, aber versuche dies so gut wie möglich zu sein." (Franz von Sales)

Habe versucht, einen Dialog mit meinem inneren Kind zu führen. Es braucht Harmonie, Liebe, Sicherheit, es möchte wahrgenommen werden, es möchte akzeptiert werden, so wie es ist. Es möchte Wärme und möchte beschützt werden, es will keine Angst haben, allein gelassen zu werden. Es möchte die Liebe und den Zusammenhalt mit den Geschwistern. Es möchte verstanden werden.

Ich werde mir jetzt ein paar Dinge vornehmen.
Ich weiß, dass ich für meine Erfahrungen und Erlebnisse selbst verantwortlich bin, und kein anderer. Weder meine Eltern noch mein Partner. Daran muss ich glauben. Und ich werde meine Gedanken ändern, dann ändert sich auch die Zukunft. Ich werde nicht mehr ständig an die Vergangenheit denken, sondern im Jetzt leben und ich werde den Menschen, auf die ich jetzt wütend bin, verzeihen. Es bringt mir jetzt nichts, böse zu sein. Und ich werde mich selbst achten. Ich werde genießen lernen, was dann auch heißt, mehr im Jetzt zu leben.

Ich bin nicht wie meine Eltern und entscheide mich nicht dafür, so zu werden. Nur weil meine Mama krank war und Brustkrebs hatte, muss das nicht für mich gelten. Ich bin ein eigener Mensch.
Das Wort „sollen" werde ich durch „können" ersetzen.
Da klingt gleich alles anders.

24. September 2007

In der Morgengruppe haben wir heute darüber geredet, dass die Menschen schon anders über die Psychiatrie denken als früher. Früher wurde man zum Außenseiter. In den Medien wird auch mehr darüber berichtet. Und eine Depression kann jeden treffen. Die Gesellschaft hat sich verändert, die psychischen Krankheiten nehmen zu. Sicher auch wegen des Leistungsdrucks. Mir ist bei gewissen Gesprächen schon aufgefallen, wenn man offen über seine Probleme spricht, dann erzählt das Gegenüber sogar von ähnlichen Problemen. Durchlebt haben die meisten Menschen schon schwierige Phasen, aber die wenigsten gestehen es sich selbst ein oder nehmen Hilfe an. Ich bin stolz auf mich, das gemacht zu haben.

Im Leben sollte man immer offen bleiben für Dinge, die man nicht kennt. Es muss nicht immer alles nach dem Schema „F" ablaufen. Das Leben ist bunt.

Ich habe das Gefühl, dass ich derzeit eine positive Entwicklung durchmache. Ich versuche eigentlich immer, Verständnis für andere Menschen aufzubringen.

Dr. Oberndorfer hat mir eine neue Aufgabe gegeben. Was ich in mir fühle, wenn ich nicht will, dass Lukas mich angreift. Sehr schwierig, aber nicht unlösbar. Er hat gemeint, darin muss der Schlüssel versteckt sein. Mein Therapeut bezeichnet mich des Öfteren, wenn er über mich spricht, als „fesche Katze". Da bin ich dann perplex. Aber er ist ein Außenstehender und wird das schon wirklich so sehen. Da kann ich es annehmen. Er ist weder mit mir verwandt, noch mit mir liiert und er ist ein Mann. Na ja, ein männlicher Psychotherapeut.

Er meint, das Verweigern zeigt meine körperlichen Grenzen. Es gibt scheinbar eine Grenze und die ist auf der Ebene zu suchen. Weil ich da einfach sage, bis hierher und nicht weiter. Auf der verbalen Ebene gibt es scheinbar keine, da lass ich alles zu mir sagen. Aber warum habe ich mich dann schlagen lassen?

Ein Problem sieht mein Therapeut in der Terrasse, die Rudi mir auf dem Hügel im Garten gebaut hat. Es ist das steingewordene Monument meines Seitensprungs mit ihm. So habe ich das noch nicht gesehen. Außerdem wurde die gebaut, bevor sich etwas entwickelt hat. Also ich habe kein Problem damit. Ich soll mehr in mich hineinspüren, da liegt die Lösung.

Vielleicht glaub ich irgendwann mal selbst, dass ich hübsch bin. Aber das liegt ja bekanntlich sowieso immer im Auge des Betrachters.

Mein Therapeut hat eine sehr beruhigende Art und wir lachen auch oft. Ich kann wieder über mich selbst lachen.

Er meint, es gibt viele Beziehungen, in der die Frau alles über sich ergehen lässt. Sie haben Sex mit ihrem Mann, obwohl sie das gar nicht wollen. Das empfindet er als krank, aber nicht, wenn man sagt, man hätte keine Lust. Er hat auch gefragt, warum ich in dieser Hinsicht nicht einfach mitmache, wie sonst bei so vielen Dingen in meinem Leben, aber das kann ich nicht.

Lukas meint immer zu wissen, was gut für mich ist, aber ich glaube im Endeffekt, weiß er, was gut für ihn ist, und möchte das über mich erreichen.

Die Leibtherapeutin hat heute gemeint, ich bin auf einem guten Weg. Es tut sich etwas. Sie spürt ja die Energien. Allerdings ist der Herzmeridian bis zur Fersenmitte blockiert. Da ist es kalt. Die Peripherie ist noch nicht mit Energie versorgt. Auch beim Handgelenk ist eine Blockade. Leider kenne ich mich da zu wenig aus. Kann es sein, dass ich verletzt bin?

Dani hat heute gesagt, wenn sie mich und Lukas irgendwo gesehen hätte, hätte sie nie geglaubt, dass wir zusammen sind, weil wir total konträre Typen sind. Ich frag bei solchen Aussagen nie nach. Aber diesen Satz habe ich schon des Öfteren gehört.

Pfleger Markus ist heute zu mir ins Zimmer gekommen und hat gesagt, ich soll nicht alles niederreißen, sondern mit Ruhe angehen. Dem Personal fällt es auch schon auf, dass ich nicht „nein" sagen kann.

Bei der Visite hat meine Ärztin gesagt, dass sie den Partnerschaftskonflikt als sehr problematisch sieht. Und, dass es kein Wunder ist, dass ich zusammengeklappt bin, ich hatte laut ihr vier Jobs. Ich war Notärztin, Mutter, Hausfrau und Partnerin. Das klingt schon viel. Irgendwie habe ich es ja auch bis vor kurzem hingekriegt.

Es heißt, dass jeder, der einen anderen schlecht behandelt, als Kind schlecht behandelt wurde. Und wenn jemand gewalttätig ist, ist sein innerer Schmerz sehr groß. Ich weiß nicht, was Lukas passiert ist als Kind. Er erzählt nie etwas.

Tante Antoinette aus Italien hat mir liebe Grüße ausrichten lassen, sie hatte auch mal schwere Depressionen.

Mein Papa hat beim Besuch heute wieder angefangen, warum ich mich nicht einfach für eine Ausbildung zum Internisten bewerbe. Das ist so ein schöner Beruf. Er versteht gar nichts. Und er will mich immer in eine Rolle drängen, die ihm gefällt. Ich will nicht mehr seine Träume leben!!!!!
Ich führe jetzt mein eigenes Leben und einmal wäre ich fast schon in diese Falle getappt, als ich mich für die Interne beworben habe, weil er es gerne gesehen hätte. Aber ich habe die Bewerbung dann zurückgezogen, als ich mich gefragt habe, was ich da eigentlich mache.
Ich bin ein eigenständiger Mensch und werde in Zukunft fühlen, was gut für mich ist.
Aber es zerreißt mich innerlich, wenn ich ihn reden höre.

Was wäre der ideale Beruf für mich?
Zurzeit stelle ich mir einen vor, in dem ich keine fixen Zeiten habe, sondern mir die Zeit einteilen kann. Mit Menschen möchte ich zu tun haben. Ein Teil davon sollte mit Kreativität zu tun haben. Kreativität ist ein weitgefasster Begriff.

Ich kann kreativ sein.
Ich kann meinen Körper mögen.
Ich kann eine erfüllte Partnerschaft führen, in der beide glücklich sind. In der wir uns ergänzen und das Beste im anderen hervorbringen.

Ich habe mir ein paar Affirmationen zurechtgelegt. Weil man seine Gedanken ändern kann.

Ich möchte mir jetzt überlegen, was ich denke, wenn ich keinen Sex haben will.
„Hoffentlich lässt er mich in Ruhe und will nichts von mir. Ich möchte nicht berührt werden. Ich möchte für mich sein. Ich bin müde und möchte einfach nur schlafen. Es ist immer dasselbe. Wie kann er nur Sex haben wollen, wenn wir doch eh

ständig nur streiten? Er hat immer Lust. Es ist jeden Abend dasselbe. Ich habe Angst."
Was steckt dahinter?
Das ich Abstand brauche? Zeit für mich?

Habe Daniele heute beleidigt, weil ich zu ihm gesagt habe, dass ich ihm einen Psychotherapeuten suche, wenn er ständig weiter nervt und sagt, er ist zu dick. Er war dann stinksauer auf mich. Kann ich verstehen.
Ich kann auch nicht vergessen, dass Mama öfter gesagt hat, als ich klein war, ich gehöre in ein Heim für schwer erziehbare Kinder. Sie hat sich wahrscheinlich auch nicht mehr zu helfen gewusst. Man macht dieselben Fehler unbewusst, obwohl man es gar nicht will. Aber ich kann mich verändern, weil es mir bewusst ist.

Vielleicht habe ich das Gefühl, Lukas bestimmt über mich und meinen Körper. Es ist zu viel Nähe da. Wir sind fast wie eine Einheit.

25. September 2007

Es ist irrsinnig schwer für mich, meine Beziehung zu beurteilen, weil Lukas sich in der letzten Zeit so geändert hat. So wie es jetzt ist, ist es O.K. Und ich kann nur über die Vergangenheit nachdenken. Was nicht schlecht ist, ich kann daraus lernen. Ich kann jetzt sagen, was ich auf keinen Fall mehr will.

Dieser Mitpatient mit dem ADHS hat gestern noch aus seinem Leben erzählt. Es ist gut, wenn man hört, dass es auch andere mit Problemen gibt. Im März hatte er ein Burn-out. Vorher hat er 20 Jahre lang viel Alkohol getrunken. Er hat dann einen körperlichen Entzug gemacht. Danach hatte er noch einen Entzug von Beruhigungsmittel und einen Koffeinentzug. Ich wusste gar nicht, dass es so etwas gibt. Angefangen hat er mit Energy-Getränken, die wurden ihm schnell zu wenig und er wollte abnehmen. Dann hat er sich in der Apotheke Koffeintabletten besorgt und ganz viele davon genommen. Er hat 18 Kilo abgenommen und ständig Herzklopfen gehabt. Aber er konnte ganz viele Dinge gleichzeitig tun. Ist erschrekkend, was es alles gibt. Aber jetzt hat er sein Leben im Griff und seine Frau ist immer zu ihm gestanden.

Meine Ergotherapeutin hat sich nach der Therapiestunde heute noch Zeit für mich alleine genommen. Sie hat mir eine Information gegeben über einen Kurs für experimentelle Acrylmalerei. Sie meint, das wäre das Richtige für mich. Den könnte ich mit Lukas gemeinsam besuchen. Es sind fünf Kursabende.
Dann haben wir uns noch über mein Bild unterhalten. Heute hat mir die Farbe Orange sehr gut darin gefallen. Das ändert sich täglich. Orange ist eine Kraftfarbe. Sie meint, das passt sehr gut zu meiner Entwicklung. Ich bin auf dem Weg.
Die ständige Müdigkeit macht mir zu schaffen, ab circa 17 Uhr bin ich vollkommen K.o. Die vielen Therapien sind halt doch anstrengend und gestern waren meine Eltern wieder da. Im Anschluss bin ich dann immer müde.

Die Antidepressiva sind bei mir sehr hoch dosiert, aber ich vertrage sie gut, ich habe keinerlei Nebenwirkungen. Ich werd sie schon brauchen. Die Stimmung wird täglich besser. Abends ist es immer schlechter. Da fange ich zum Grübeln an.

Warum lasse ich es zu, dass so viele Leute über mich bestimmen? Mein Papa, Lukas. Ich bin ein leichtes Opfer, weil ich willenlos bin und nicht weiß, was ich will. Da ist mir dann eigentlich geholfen.

Zurzeit habe ich ein irrsinniges Ruhebedürfnis. Ich sitz gar nicht mehr so gerne im Aufenthaltsraum und quatsche mit den anderen. Das ist mir zu anstrengend. Irgendwie bin ich aber trotzdem rastlos.

Ich habe noch immer Angst zuzunehmen. Darum kreisen meine Gedanken. Jeden Mittwoch ist Wiegetag, morgen ist es soweit. Ich habe schon Angst. Aber da habe ich schon Fortschritte gemacht. Anfangs bin ich den Schwestern auf die Nerven gegangen und habe mich jeden Tag abwiegen lassen. Nebenbei kommt man sich auf dieser Waage eh vor, als würde man auf einer Kloschüssel sitzen. Es ist so eine Sitzwaage und darum kann man sie nicht selbst ablesen, dazu müsste man die Augen hinten haben. Ich würde meinen Körper gerne richtig spüren, dann bräuchte ich keine Waage mehr.

Ich bin doch in die Stadt gefahren, mir ist im Krankenhaus die Decke auf den Kopf gefallen. Ich war gar nicht gut drauf.
In der Ergotherapie soll ich jetzt mit Speckstein arbeiten, ich bin diesem Stein gegenüber sehr skeptisch eingestellt, aber da ich gerne Schmuck trage, werde ich einfach einen machen. Die Therapeutin meint, ich sollte etwas „Erdiges" machen. Etwas formen, so wie ich mein Leben jetzt forme.

Ich sitze vor einem Cappuccino mit Kokosgeschmack und frage mich, wie viele Kalorien der hat. Wahrscheinlich sehr viele. Ich genieße aber das Alleinsein. Ich kann tun, was ich will. Ich könnte mir zurzeit sogar eine Wohnung für mich alleine vorstellen mit einem Hobbyraum darinnen. Wo ich ungestört das tun kann, worauf ich Lust habe. Früher war ich viel geselliger. In der Gymnasialzeit, da habe ich ständig herumtelefoniert, ob jemand Zeit hat, etwas zu unternehmen. Ich wollte ständig von zu Hause weg. Jetzt bin ich gerne für mich.
Nachdem ich einige Schals gestrickt habe, werde ich mir jetzt das Sockenstricken beibringen, habe mir eine Anleitung besorgt. Handarbeiten macht mir jetzt Spaß. Hätte mir nie gedacht, der Typ dazu zu sein.
Mein Papa hat gemeint, es ist ganz egal wie lange ich im PSYCHIATRISCHEN SPITAL bleiben muss, Hauptsache ist, es geht mir nachher besser, und ich kann wieder arbeiten gehen. Auf meine vier Jobs, die ich zu machen habe, sind meine Eltern gar nicht eingegangen, als ich ihnen davon er-

zählt habe. Sie haben nur gefragt: „Wieso vier?" Bei mir ging ja auf keiner der vier Ebenen mehr etwas weiter. Ich habe weder als Mutter noch als Hausfrau, noch als Partnerin funktioniert und zum Schluss konnte ich auch nicht mehr in die Arbeit gehen.

Warum mich manche für das Tagebuchschreiben kritisieren, verstehe ich nicht. Für mich ist das wichtig, und wer weiß, vielleicht mach ich noch mal ein Buch daraus. Meine Ärztin findet es gut.

Die Zeit verfliegt. Bald bin ich fünf Wochen hier.

In einer Beziehung sollte man keine Forderungen stellen. Das ist nicht der Sinn der Sache. Man gehört sich ja auch nicht gegenseitig. Man darf die Zeit miteinander verbringen. Vielleicht sollte man sich dessen mehr bewusst sein.

Habe in einem Buch gelesen, dass eine Frau oft untreu wird, wenn sie sich nicht von ihrem Vater gelöst hat, weil sie dann neben dem Mann noch einen Vater sucht. Das ist dann ein Liebhaber. Hm. Oder wenn sie den Vater im Mann sieht, dann sucht sie auch einen Liebhaber. Also, man muss sich vom Vater lösen. Das ist der Schluss, den ich daraus ziehe. Ich will weder einen Vater noch einen Liebhaber außerhalb meiner Beziehung haben. Aber ich spüre schon noch eine sehr starke Bindung zu meinem Vater. Und das mit 34 Jahren. Arg.

Ich werde aufhören mit Lukas über die Dinge zu sprechen, die wir in der Therapie besprechen. Das ist meines. Er hat dann zu allem seine Meinung und die will ich aber gar nicht hören. Seiner Meinung nach habe ich sehr wohl Grenzen, weil ich ständig nur sage, was ich nicht will. Möglicherweise weiß ich ja nur, was ich nicht will und eben nicht, was ich will. Lukas sieht nur meine Seitensprünge, aber nicht, dass ich trotz der Schläge noch immer bei ihm bin. Ich habe mich laut ihm „immer nur aufgeführt" und nur „Scheiß gemacht". IMMER UND NUR.

Ich weiß nicht, ob es jemals besser wird. Er hat mir auch vorher wieder einen Monolog darüber gehalten, wie er die Dinge

sieht. Und ich höre ihm dann zu und sage: „Du hast recht."
Das muss sich ändern.

Was haben meine Eltern eigentlich von mir erwartet?
Mein Papa wollte erst mal, dass ich Arzt werde.
Mein Lebensstil ist nicht so, wie es ihren Erwartungen entspricht.
Ich soll eine gute Mutter sein und körperlich fit sein.
Ich soll eine glückliche Partnerschaft führen. Aber nicht mit Lukas.
Das Haus soll schön sauber sein, und ich soll mit einem Lächeln durchs Leben gehen. Oberärztin soll vor meinem Namen stehen.
So sollte ich sein. Das wäre perfekt.
Und ich versuche ihnen immer noch zu übermitteln, wie gut es mir nicht geht. Aber sie glauben es sowieso nicht. Wer nicht so lebt wie sie, kann nicht glücklich sein und außerdem bin ich weit davon entfernt, wenn ich es mir ehrlich eingestehe.

Warum sollte ich nicht tun, was ich tue?
Was ist an einer Notärztin so schlecht. Nur weil ich viel auf der Straße unterwegs bin, brauchen sie den Job nicht so hinstellen, als wäre ich deshalb eine Prostituierte. Da würde ich mehr Geld verdienen.

Samstags backe ich Kuchen und bringe ihn meinen Eltern in die Kirche mit, damit sie sehen, dass ich gut backen kann und wie fromm ich jetzt bin. Warum tue ich das eigentlich? Warum sind sie mir immer noch so wichtig? Warum verrate ich mich selbst?

Aber ich unternehme gerne mit meinen beiden Männern etwas, und in der Kirche kann man loslassen. Und ich verwöhne sie gerne. Darum backe ich gerne Kuchen. Also sind es zwei Fliegen mit einer Klappe. Und wenn jemand sagt, dass der Kuchen gut ist, fühle ich mich bestätigt und beweise, dass ich auch eine gute Hausfrau sein kann. Aber will ich das denn?

Auch der Kuchen wird irgendeine Bedeutung haben.

Papa erzählt mir ständig von anderen Kollegen, die eine Praxis aufgemacht haben oder neben dem Krankenhaus auch noch in einer Praxis arbeiten. Das sind gemachte Leute, laut Papa. Aber, dass es sich da teilweise um Kollegen handelt, denen nichts anderes übrig geblieben ist, das sieht er nicht. Aber egal. Ins eine Ohr rein, beim anderen wieder raus. Wenn das so einfach ginge.

Der Widerspruch in meinem Leben ist, dass neben dem Arztsein, gar nicht mehr viel Zeit bleibt für die restlichen 3 Berufe. Ich habe für Daniele viel zu wenig Zeit. Er würde mich brauchen. Zuerst werde ich zu mir finden, dann habe ich auch wieder Kraft, mich um ihn zu kümmern.

Ich kann mich nicht erinnern, dass mir als Kind mal so richtig zugehört wurde. Es gab ja gar keine Gespräche. Darum habe ich wahrscheinlich die Waltons immer so gerne geschaut. Die haben sich zusammengesetzt und über Probleme geredet und gemeinsam geschaut, sie zu lösen. Wenn man einem Kind nicht zuhört, kann man nichts über seine Träume erfahren. Und Träume zeigen einem aber, wer man ist. Von Papa habe ich immer nur gehört, was zu tun ist. Und ich hatte nie so eine richtige Mutter-Tochter-Beziehung mit Gesprächen über Frauenthemen, wie ich es aus dem Fernsehen kenne. Aber jetzt gehöre ich nur mir selbst und bin kein Teil eines anderen. Ich kann alles ändern.

Viele Dinge im Leben geschehen durch den Zufall. Ich brauche nur mit offenen Augen durchs Leben gehen und es werden sich immer wieder Möglichkeiten auftun. Auch in beruflicher Hinsicht. Ich glaube, ich bin in den letzten Jahren mit Scheuklappen herumgelaufen.

Gibt es in meinem Leben etwas, das ich gerne tun würde? Ja, ein Buch schreiben. Das verfolgt mich in meinen Gedanken immer wieder. Ich sollte aktiv werden. Ich werde einfach am Wochenende zu Hause mal den Titel in meinen Laptop tippen.

Was ist für mich eine sinnvolle Arbeit?
Wenn sie mir auch Zeit für Freizeit ermöglicht. Wenn ich gerne hingehe. Ich möchte mit Menschen zu tun haben, ich möchte Menschen helfen. Wenn ich mir Dinge, die ich mir wünsche, mit dem Geld, das ich verdiene, kaufen kann. Ich möchte in der Arbeit Erfüllung finden und Perspektiven zur Weiterentwicklung sehen. Derzeit trifft das nicht ganz zu. Mir fehlt die Perspektive und die Erfüllung.

Ich werde mir jetzt ausmalen, wie mein idealer Job aussieht? Mein Arbeitsplatz ist in meinem Wohnhaus, der Keller ist dafür ausgebaut worden. Meistens beginne ich so gegen 9 Uhr. Meine Sekretärin teilt die Termine nach Rücksprache mit mir ein. Überall sind gemütliche Möbel, an den Wänden sind warme Farben und schöne Bilder, die ich selbst gemalt habe. Ich arbeite in einer beratenden Funktion. Medizin spielt eine Rolle. Mittags habe ich Zeit mit meiner Familie zu essen. Abends kommen meistens Freunde zum Abendessen oder einfach nur zum Plaudern oder Spielen. Wir haben einen Kamin. Die Arbeit und das Privatleben erfüllen mich. Ich habe Zeit, meinen Hobbys nachzugehen und Freunde zu treffen. Ich bin glücklich.
Ich kann mir leisten, was ich mir wünsche. Ich werde von der Kundschaft sehr geschätzt für meine Arbeit, es kommen nur wenige pro Tag, aber für die Menschen habe ich genug Zeit. Ich verspüre Freude bei der Arbeit. Am Wochenende habe ich immer frei. Meistens sind Menschen um mich herum, aber ich kann mich auch zurückziehen, wenn ich es möchte.

Ich muss in Bezug auf die Arbeit auch etwas ändern, aber eins nach dem anderen. Jetzt krieg ich zuerst mein Leben wieder in den Griff und dann fange ich zu planen an. Irgendwann möchte ich nicht mehr am Wochenende und in der Nacht arbeiten.

Aber wenn ich mir den Traum, den ich oben hatte, erfüllen möchte, muss ich auf jeden Fall Zusatzausbildungen machen. Und da scheitere ich wahrscheinlich. Kostet zu viel. Habe doch keine Zeit. Die typischen Ausreden. Aber darüber werde ich nach meiner Entlassung aus dem Krankenhaus nachdenken.
Aber ich denke mein Weg wird in die Selbstständigkeit führen.

26. September 2007

Heute habe ich mein Bild abgeholt. Mit meiner Ergotherapeutin habe ich dann noch stundenlang geredet. Sie hat mir geraten ich soll „Die Blume des Frauseins" malen. Ist eine schöne Aufgabe. Ich werde mir etwas überlegen. Mit dem Frausein habe ich ein Problem. Darüber habe ich vorher nie nachgedacht. Ich fühle mich nicht als ganze Frau. Und in der Arbeit habe ich immer meinen Mann gestanden. Ich soll mich mal vor mein Bild setzen und für jeden Stein oder jede Muschelinsel, eine Begabung oder gute Charaktereigenschaft finden. Als ich das Bild fertiggestellt habe, ist mir ein Stein vom Herzen gefallen. Vielleicht, weil ich stolz war, das ein mal ein Meter Bild fertiggestellt zu haben und durchgehalten zu haben. Und es gefällt mir. Aber es werden Tage kommen, an denen es mir nicht gefällt. Das ist dann einfach so.
Ich werde meine Mitte finden. Ich finde das Leben immer spannender. Ich bin zufrieden. Ich werde meine Kräfte besser einteilen, damit ich am Nachmittag nicht immer so K. o. bin. Und ich werde versuchen, alles mehr mit Achtsamkeit zu erledigen. Wenn ich Mittag esse, konzentriere ich mich nur darauf. Wenn ich male, konzentriere ich mich nur auf das Bild.
Und ich muss mir klar werden, dass ich nicht so perfekt sein kann, wie es meine Eltern gerne hätten. Und ich kann für mich Dinge tun, die mir Freude bereiten und dadurch zu einem glücklicheren Menschen werden. Und wenn ich mich verändere, wird sich auch automatisch meine Umgebung ändern. Zu den Menschen, die mich jetzt verurteilen, werde ich keinen Kontakt mehr haben.

Nach dem Wochenendausgang werden meine Ärztin und ich über meine Pläne reden. Kann mir noch immer nicht vorstellen, nach Hause zu gehen, aber es wird schon langsam Zeit, mir Gedanken zu machen.

Habe Angst vor den Belastungen des Alltags. Lena meint, dann werde ich in circa zwei Wochen heimgehen, wenn das Thema angesprochen wird.

Ich könnte jetzt weinen. Ich habe das Gefühl zum ersten Mal in meinem Leben wird so richtig auf mich geschaut. Meine Bedürfnisse werden ernst genommen und ich habe Zeit für mich. Aber irgendwann muss ich wieder „draußen" leben, und dann habe ich noch zwei Wochen für mich. Ich möchte Anfang November wieder arbeiten gehen. Und ich glaube, meine Ärztin hat viel Erfahrung und weiß, was sie tut.

Fühle mich von Lukas bezüglich unseres Sexuallebens sehr unter Druck gesetzt. Ich habe ihm jetzt eine böse SMS geschrieben, dass er sich ein Sexhaserl suchen soll, dass dumm ist und er soll nicht mit ihr zusammenziehen und keine Kinder bekommen, damit der Alltag sie nicht einholt. Er hat mir dann zurückgeschrieben: „Wieso dumm? Das habe ich ja schon." Warum mache ich das mit? Dieses ständige Auf und Ab in der Beziehung. Er wird sich nicht ändern. Das tut verdammt weh. Ich kann nicht mehr.

Durch die SMS kommt ständig ein Blödsinn raus, weil einer von uns beiden immer irgendetwas falsch versteht.

Am Nachmittag hat er mich dann besucht und war schlechter Laune. Ich weiß nicht, ob unsere Beziehung noch etwas werden kann, wenn er nicht auch eine Therapie macht.

Bevor er gegangen ist, hat er mir dann noch vorgeworfen, dass ich das ganze Wochenende alleine an meinem Schreibtisch verbracht habe. Das stimmt aber nicht. Wir waren einkaufen, dann habe ich gekocht, dann waren wir im Kaffeehaus und abends in der Kirche. Also von wegen „ganzer Tag". Warum verteidige ich mich überhaupt? Ich brauche das gar nicht, aber er schafft es immer wieder, dass ich ein schlechtes Gewissen habe.

Habe mir jetzt angewöhnt, wenn ich abschalten will, mir eine Fluchtfantasie auszumalen.

Ich wohne in einer Hütte auf einer einsamen Insel. Es ist eine Bambushütte mit Strohdach. Es ist heiß, manchmal kommt ein Platzregen, das Meer ist blaugrün. Ich sitze am Ufer im Sand und lasse das glasklare Wasser über meine Beine spülen. Ich schaue auf den Horizont hinaus und lasse die Seele baumeln. Gedanken kommen und gehen. Ich ernähre mich von Kokosnüssen und Bananen. Ich bin bei mir.

27. September 2007

Heute Morgen fand ich meinen Körper plötzlich schön. Gar nicht dick, wie sonst im Spiegel.

Lukas hat gestern Abend noch angerufen und gar nicht mehr aufgehört, Probleme zu wälzen. Er kommt sich ausgeschlossen vor. Und er meint, zu mir kommt er nicht durch. Es kommt ihm so vor, als wäre das Ganze nicht Traum aber auch nicht Realität. Und dann habe ich mich wieder schuldig gefühlt, weil ich ihn womöglich aus der Therapie ausschließe. Aber es geht doch um mich. Ich wollte dann einfach nur meine Ruhe haben. Ich habe in der Diskussion keinen Sinn mehr gesehen. Ich fange zu zweifeln an, ob die Beziehung gut für mich ist. Bisher wollte ich kämpfen. Jetzt fühle ich mich besiegt. Er hat Angst, weil er nicht mitbekommt, was hier im Krankenhaus passiert. Er hat keine Kontrolle! Er meint, ich lebe hier im Krankenhaus so, als wäre es ein 80-Stunden-Job. Ich hetze von einer Therapie zur nächsten und nehme mir für nichts anderes Zeit. Sicher wird ständig über die Beziehung gesprochen, vielleicht hat er einfach nur Angst, dass ich es mir plötzlich anders überlege und einen Schlussstrich ziehe.

Und das leidige Sexthema. Ich kann es schon nicht mehr hören. Vor kurzem hat er mich am Telefon gefragt, ob ich glaube, dass wir irgendwann wieder ein normales Sexleben haben werden. Ich habe gesagt, dass ich es nicht weiß, und er war dann fertig, weil er sich erwartet hatte, dass ich sage: „Ich hoffe." Aber ich kann nichts versprechen, ich kann kein Datum sagen und ich will nicht lügen.

Bis jetzt hat er das Leben mit Daniele alleine super gemeistert. Ich hoffe, er schmeißt jetzt nicht alles hin.
Ich frage mich, ob ich jemals so weit sein werde, meine Tagebücher zu lesen.

Ein neuer Mitpatient ist heute gekommen. Er hat Frau und Mutter verloren und musste seine beiden Kinder dann alleine großziehen. Er war als Wirtschaftsprüfer in einer Bank tätig, aber er hat das Wirtschaftsstudium nie beendet. Mit 52 Jahren hat er dann begonnen, seinen Traum zu verwirklichen und hat angefangen, Sozialwirtschaft zu studieren. Jetzt ist er kurz vor dem Abschluss. Ich finde das großartig. Wenn man seine Träume verwirklicht.

Heute schreibt mir Lukas ständig, dass er so gerne mit mir kuscheln würde. Aber ich bin mit mir selbst so beschäftigt, dass ich es nicht möchte. Ich habe ihm aber geschrieben, dass wir es am Wochenende tun werden. Wieder einmal habe ich mich verraten. Und ihn belogen.
Der Professor hat heute bei der Visite ständig mein Bild betrachtet und hat mich gefragt, was es für mich bedeutet. Er hat gemeint, dass sich da ja gewaltig etwas tut. Ich habe gesagt, dass ich mich vor dem Wochenende ein wenig fürchte. Wegen der schwierigen Beziehung. Warum ich mich wirklich fürchte, habe ich ihm nicht erzählt. Auf jeden Fall hat der Professor gemeint, Lukas soll nächste Woche zu meiner Ärztin wegen eines Gesprächs kommen. Ich habe gefragt, ob ich da nicht dabei sein muss. Er hat gelacht und gemeint, dass ich nicht muss, wenn ich nicht will. Mich würde das aufregen, weil er dann wieder so überlegen tun würde, so, wie wenn er eh alles im Griff hätte, und ich muss therapiert werden. Ich würde gerne als gleichwertiger Partner dastehen. Neben ihm. Ich bin kein Dummchen. So komm ich mir neben ihm oft vor. Ich kann auch alleine überleben.

„Da dürfen Sie nicht erschrecken, wenn eine Traurigkeit vor Ihnen sich aufhebt, so groß, wie Sie noch keine gesehen haben; wenn eine Unruhe, wie Licht und Wolkenschatten über Ihre Hände geht und über all Ihr Tun. Sie müssen denken, dass etwas an Ihnen geschieht, dass das Leben Sie nicht vergessen hat, dass es Sie in der Hand hält; es wird Sie nicht fallen lassen. Warum wollen Sie irgendeine Beunruhigung, irgendein Weh, irgendeine Schwermut von Ihrem Leben ausschließen, da Sie doch nicht wissen, was diese Zustände an Ihnen arbeiten? Warum wollen Sie sich mit der Frage verfolgen, woher das alles kommen mag und wohin es will? Da Sie doch wissen, dass Sie in den Übergängen sind, und nichts so sehr wünschten, als sich zu verwandeln." (Rainer Maria Rilke)

Vielleicht sollte ich aufhören, ständig die Ursachen zu suchen, sondern einfach alles nehmen, wie es ist. Eine Veränderung ist im Gang.

In der Depressionsinfo ging es heute um die Behandlung von Depressionen. Bei den Anpassungsstörungen, die einen Auslöser haben, wie den Tod eines nahen Verwandten zum Beispiel, muss man keine Medikamente nehmen. Es reicht, wenn man sich mit dem auslösenden Ereignis auseinandersetzt.

Bei den Depressionen, die durch eine organische Störung ausgelöst werden, wie z. B. die Schilddrüsenunterfunktion, wird das Organ behandelt.

Bei der dritten Gruppe, bei der es viele Faktoren gibt, wie z. B. eine Störung im biologischen Stoffwechsel oder zu wenig an Botenstoffen (Serotonin), einer genetischen Komponente, ungesunder Lebensstil, Stress, negative Ereignisse in der Kindheit, da wird eine Medikamenteneinnahme und eine begleitende Gesprächstherapie empfohlen, alles mit mehr Achtsamkeit. In der Akutbehandlung werden die Antidepressiva vier bis sechs Wochen gegeben, die Erhaltungstherapie wird dann sechs Monate eingenommen. Wenn eine Depression zum ersten Mal aufgetreten ist, kann man dann aufhören. Ansonsten nimmt man sie weiter. Viele Menschen wollen gar nicht aufhören, sie zu nehmen, weil sie so gut geholfen haben. Da sie auch kaum Nebenwirkungen haben, kann man sie weiternehmen.

Ich werde meine Tabletten nicht so bald absetzen. Ich merke schon eine Veränderung.
Leider dauert es mindestens drei bis vier Wochen, bis die Antidepressiva ansprechen, deswegen werden in der Akutbehandlung meist auch Beruhigungsmittel gegeben. Ich habe keine genommen. Ich wollte einen klaren Kopf haben.

Habe mit Lukas telefoniert und er wollte wieder hören, dass ich ihn liebe. Begonnen hat das Gespräch mit: „Ist dir schon was Positives über mich eingefallen?" Ich halte diesen Zwang ihm was Nettes sagen zu müssen nicht mehr aus. Ich bin so mit mir selbst beschäftigt und mit den Dingen, die rund um mich geschehen, dass ich einfach keine Kraft dazu habe. Ich fühle mich unter Druck gesetzt. Ich kann das einfach nicht mehr. Das „so tun als ob". Ich habe ihn ja wahnsinnig gerne und ich möchte mit ihm zusammenbleiben. Er ist nüchtern der netteste Mensch, den ich kenne, aber derzeit wird mir alles einfach zu viel. Darum bin ich hier. Er sagt, er müsse mir den ganzen Tag sagen, wie sehr er mich liebt. Aber das braucht er nicht, ich weiß das. Und ich weiß, dass ich es annehmen kann, wenn es mir besser geht. Wir haben später noch mal geredet und er hat mir erklärt, dass er einfach nur Angst hat. Ich versteh das. Umgekehrt hätte ich es auch. Wir sollten einfach viel mehr miteinander reden und unsere Ängste und Sorgen mitteilen.

Als ich heute zum Ausgang des Krankenhauses gekommen bin, habe ich über Armando nachgedacht. Wenn er sich jetzt melden würde, dann würde ich ihm sagen: „Ich kann und will keinen Kontakt mehr." Zumindest jetzt nicht. Ich bin sehr verletzt.

Ich mache mir ständig Gedanken wegen meines sexuellen Desinteresses. Woher kann das kommen? Habe in einem Lehrbuch nachgelesen, da waren einige Faktoren angeführt: Beruflicher Stress (den hatte ich oft), persönlicher Kummer (auch das trifft zu). Belastungen in jedem Lebensbereich können dazu führen. Na dann ist es ja klar. Und dazu eine problembehaftete Beziehung und ständig Streit. Kann da noch jemand wollen?

Vielleicht kommt es ja wieder, wenn ich die Frau in mir entdecke. Auf jeden Fall möchte ich nicht als die „kranke" in diesem Partnerschaftssystem hingestellt werden. Es liegt nicht nur an mir.

28. September 2007

Ich fühl mich schon fröhlicher heute, aber es ist noch nicht so ganz, wie es einmal war. Aber ich denke ständig darüber nach, wie es zu Hause werden wird. Ich habe Angst. Angst zu versagen. Zu wenig gelernt zu haben bei diesem Aufenthalt.

Eine Mitpatientin hat heute in der Gruppe erzählt, dass sie in der Zwickmühle steckt, weil man ihr gesagt hat, wenn sie weiter im Krankenstand ist, wird sie ihre Arbeit verlieren. Ich finde das arg. Es geht wirklich nur mehr um Leistung und nicht um den Menschen.

Muss ich mir auch Sorgen machen? Bisher dachte ich, es wird akzeptiert. Mein Chef weiß, dass ich Zeit brauche.

Oft liegen die Probleme ja gar nicht beim Chef, sondern bei den Kollegen, die den Mitarbeiter „mittragen" müssen. So wie meine Kollegen jetzt mehr Dienste machen müssen, meinetwegen. Aber wenn ich so höre, was die Mitpatientin so erzählt, bin ich froh in so einem Team, wie ich es habe, arbeiten zu können.

In der letzten Zeit habe ich keine Perspektive mehr gehabt, die Zukunft sah für mich schwarz aus. Das kann auch Depressionen auslösen.

Ob ich meine Tagebücher mal für ein Buch verwenden kann? „Schuss vor den Bug - mein Leben in der Psychiatrie." Klingt nicht schlecht.

Warum verliert man den Kontakt zu Menschen, die man gern hat? Ich habe eine Cousine in Rom, die immer mein Lebensmensch war. Wir haben uns viele Briefe geschrieben und gemeinsam geträumt. Wir waren uns sehr ähnlich. Ich habe viel Zeit bei ihr verbracht. Irgendwann als ich Lukas kennengelernt habe, ist dann der Kontakt immer weniger geworden. Dann ist ihr Vater, Onkel Tito gestorben und dann ist der Kontakt total abgebrochen. Mein Papa hat jetzt auch keinen Kontakt mehr. Ich weiß nur, Lella hat geheiratet und hat ein Kind. Ihr Jurastudium hat sie fertiggemacht und als Rechtsanwältin gearbeitet. Sie ist eine der wenigen Akademikerinnen in unserer italienischen Familie. Aber ich bräuchte eigentlich nur ihrer Mutter einen Brief schreiben, von ihr habe ich ja die Adresse. Ich habe wirklich wunderschöne Zeiten bei ihnen verbracht. Rom ist eine tolle Stadt. Und Onkel Tito war ein toller Mensch. Eigentlich ist er ja Papas Onkel, aber sie sind gemeinsam aufgewachsen, und er wurde von meiner Nonna gestillt.

Meine Ärztin sieht die Ursache des Libidoverlustes in der Partnerschaft und als Symptom der Depression. Und die Stimmungsschwankungen, die ich habe, sind bei so einem langen Aufenthalt normal, ist so was wie ein „Lagerkoller".
Ich mache mir ständig Vorwürfe, weil ich mich hier wohlfühle. Ich werde hier respektiert, ernst genommen, aufgebaut, man unterstützt mich, schaut auf meine Bedürfnisse, und wenn ich keine Lust zum Reden habe, muss ich nicht, sondern kann mich zurückziehen.
Allerdings bin ich von dieser innerlichen Hektik getrieben, die mich ständig zwischen Tagebuchschreiben, Lesen und Stricken hin und her reißt. Und nichts kann ich lange machen. Mir fehlt die Geduld. Ich kann nicht mal längere Zeit an einem Platz bleiben.

Wenn ich mich körperlich betätige und mir tolle Kleidung anziehe, fühle ich mich jünger. Nach einem Nachtdienst und einer durchsoffenen Nacht fühle ich mich wie 100. Also, was ist besser? Ich bin draufgekommen, dass es für mich ganz wichtig ist, ausreichend zu schlafen. Ohne Störungen. Dann geht es mir morgens besser. Und im Spiegel seh ich nicht so verbraucht aus.

Habe mich heute mit dem Thema „Zeit" auseinandergesetzt. Ich stehe mit ihr auf Kriegsfuß. Ich kann sie nicht genießen, die Zeit, die mir zur Verfügung steht. Darum bin ich innerlich so getrieben. Ich sehe die Zeit immer nur als das, was schnell vergeht, zu schnell. Ich sollte das Jetzt genießen, die Vergangenheit akzeptieren und die Zukunft auf mich zukommen lassen. Mit der Konzentration nicht in die Zukunft schweifen oder an die Vergangenheit denken, sondern alles mit Achtsamkeit im Jetzt machen.
Als ich mein Bild gemalt habe, war ich nur damit beschäftigt. Es gab für mich nichts anderes. Kein Gestern und kein Morgen. Alles war gut. Ich war ganz in diesem Bild.
„Das intensive Leben lässt die Stunden kurz und die Erinnerungen lang erscheinen."
Habe angefangen „Hector und die Entdeckung der Zeit" von Francois Lelord zu lesen.
Da steht ein guter Satz drinnen:
„Die Vergangenheit existiert nicht mehr, also existiert sie nicht. Die Zukunft existiert noch nicht, also existiert sie nicht. Die Gegenwart existiert nicht, denn sobald wir von ihr reden, ist sie Vergangenheit."
Aber das Leben in der Gegenwart, wenn ich nicht darüber spreche, müsste dann funktionieren. Was ist, wenn das Leben wirklich nur ein Traum von irgendjemandem ist?

Dani hat mir erzählt, sie hat von mir geträumt und in diesem Traum hat sie sich dann gefragt, wie viel ich wiege. Da sie das zu beschäftigen scheint, habe ich es ihr gesagt.
Sie hat heute auch gemeint, mein Problem ist wahrscheinlich, dass ich zu viele Talente habe. Kann man zu viele haben? Bis vor kurzem habe ich gar keines gesehen.

Ich möchte kleine Schritte in ein abenteuerliches Leben machen. Die Anmeldung zum Yogakurs ist für mich schon abenteuerlich und meine Kaffeehausbesuche alleine in einer fremden Stadt.

Ich sitze jetzt in einer Bäckerei und schreibe. Gegenüber sitzt ein junges Pärchen, das sich voll streitet. Auf einem Fest hat irgendeiner das Mädchen fotografiert, als sie ihren BH hergezeigt hat. Find ich witzig. Aber ihr Freund hat das erfahren, er war nicht dabei und meint er verprügelt den „Fotografen", wenn er das im Internet veröffentlicht oder überhaupt jemandem zeigt. Er fährt am Nachmittag hin und schaut sie sich an und dann werden sie vernichtet. Die Gespräche sind ziemlich tief. Da fallen ganz grausige Wörter. War ich in dem Alter auch so?

Werde mir jetzt überlegen, wie ich so war als Kind bis jetzt, in 5-Jahres-Schritten.

0 Jahre - ich wurde als Wunschkind geboren und war das einzige Mädchen. In der Schwangerschaft hatte meine Mama Angst um mich, weil sie schon ein behindertes Kind hatte. Meine Eltern gingen beide arbeiten. Meine Oma passte auf mich auf.
Im Kindergarten wurde ich von der Kindergartenhelferin sexuell missbraucht. Ich erzählte es zu Hause und sie wurde versetzt.

5 Jahre - ich spielte sehr viel mit Puppen und mit den Kindern aus der Siedlung. Ich war furchtbar eifersüchtig, als Umberto auf die Welt kam. Meine Mama hörte dann zu arbeiten auf und wurde Hausfrau. Richtige Freunde hatte ich noch keine. Die Volksschule verlief ohne Komplikationen.
Als Umberto 1 Jahr alt war, erkrankte meine Mama an Brustkrebs. In dieser Zeit passte Oma auf uns auf. An mehr kann ich mich nicht erinnern. Mein Papa hat geweint. Uns wurde gesagt, sie müsste sterben. Was aber nicht passierte.

10 Jahre - ich kam ins Gymnasium, ich hatte Angst vor den älteren Schülern. Ich lernte Gabriele kennen, sie wurde meine beste Freundin. Wir konnten über alle Probleme sprechen. Ich war schüchtern und traute mich ohne meine Freunde nirgends alleine hin. Ich fühlte mich teilweise ausgestoßen, weil

ich etwas dicklich war. Alle waren in meine beste Freundin verliebt, ich war das fünfte Rad am Wagen. Meine Freizeit war verplant, ich lernte zuerst Geige, dann Querflöte, ging ins Ballett (anfangs war ich bei den Aufführungen „die zu dick geratene Maus"), in die Jungschar, war Ministrantin und ging jeden Tag ins Schwimmtraining. Armando war auch Schwimmer. Eigentlich war ich nur zum Schlafen zu Hause und zwischen den Terminen erledigte ich die Dinge für die Schule. Im Sommer war ich überglücklich, wenn ich auf ein Zeltlager fahren konnte. Dort verliebte ich mich immer bis über beide Ohren. Die romantischen Gefühle am Lagerfeuer waren toll. Leider wurden meine Gefühle nie erwidert.

15 Jahre - ich interessierte mich immer mehr für Jungs. Im Sommer bei meiner Großmutter lernte ich Gaetano kennen. Es war romantisch. Wir fuhren mit der Maschine in den Sonnenuntergang. Er schaute immer in den Rückspiegel und sagte, ich hätte schöne Augen. Er versprach mir die ewige Liebe, wir wollten heiraten. Er war um 4 Jahre älter. Mein Papa erlaubte es nicht, weil ich zuerst Matura machen müsste. Es hat nicht gehalten. Später hatte ich immer das Gefühl, nicht attraktiv zu sein. Ich geriet in die falschen Kreise und war oft auf Partys, bei denen viel Alkohol getrunken wurde. Dann war ich nicht mehr so schüchtern. Es kam zu ersten sexuellen Erfahrungen, die mich nicht begeisterten und dann hatte ich die erste längere Beziehung. Am Wochenende tranken wir viel Alkohol. Die Pubertät war sehr schwierig für mich. Ich konnte mit den auftretenden Gefühlen nicht umgehen. Über das „Frauwerden" konnte ich mit keinem Erwachsenen reden. Für meine Mama war alles, was damit zusammenhing, tabu.

20 Jahre - endlich konnte ich alleine in Wien leben. Kaum Kontrolle, außer die täglichen morgendlichen Anrufe von meiner Mama. Ich studierte Medizin. Ich war unter den Kollegen sehr beliebt, wir gingen viel in Kneipen. Männer begannen, sich für mich zu interessieren. Es gab einige Abenteuer, aber nichts Fixes. Ich spielte ständig den Clown. Auf die Uni

ging ich selten. Die Prüfungen klappten trotzdem. Dann lernte ich Lukas kennen. Anfangs wollte ich keine Beziehung, aber er war hartnäckig. Das gefiel mir. Er behandelte mich oft schlecht, vor allem vor seinen Freunden. Die sagten mir: „So ist er halt, man muss ihn so akzeptieren." Der Alkohol spielte eine große Rolle dabei. Wir zogen zusammen, ich wollte ein Kind, Daniele wurde geboren. Wegen Panikattacken begann ich eine psychiatrische Therapie. Als Daniele geboren war, verschwanden sie so, wie sie gekommen waren.

25 Jahre - ich studierte fertig. Lukas und meine Eltern finanzierten mich. Lukas wurde zum ersten Mal handgreiflich. Dann habe ich in einer Lehrpraxis in Wien angefangen und da ich in Wien keine Perspektive sah, beschloss ich doch wieder in meine Heimat zurückzukehren und fing dort im Krankenhaus an. Die Beziehung kriselte oft. Ich begann wieder Alkohol zu trinken, nachdem ich eineinhalb Jahre gar nichts getrunken hatte.

30 Jahre - der große Crash kam. Irgendetwas ist an meinem 30. Geburtstag passiert. Ich fing an, fremdzugehen. Im Krankenhaus war ich beliebt, zumindest taten die Leute so. Lukas begann wieder handgreiflich zu werden, aus Eifersucht. Ich war lieber alleine in einer Kneipe als zu Hause. Der Teufelskreis begann, sich zu drehen. Wir trennten uns zweimal. Irgendwann bekam ich dann Depressionen, eine Essstörung, der Alkoholkonsum wurde mehr. Ich konnte nicht mehr. Jetzt bin ich seit fünf Wochen in der Psychiatrie.

Mein Leben in groben Zügen.
Ich habe andere Menschen nie über meine Wünsche in Kenntnis gesetzt. Oder gesagt, was ich nicht will. Ich habe so dahingelebt.
Meinen Eltern habe ich nie von meinen Träumen erzählt und zu Lukas habe ich nie „Halt, bis hierher und nicht weiter!" gesagt. Auch in Wien nicht, als er mich vor seinen Freunden immer als „Dummerl" hingestellt hat. Ich bin in ein anderes Zimmer gegangen, habe geweint und mir gedacht: „So will

ich das nicht!" Aber ich konnte mit niemandem darüber reden. Durch unsere ständigen Streitereien in der Öffentlichkeit haben sich die Freunde dann auch distanziert. Wer möchte das schon mitbekommen? Es war wirklich teilweise sehr tief. Am nächsten Tag hat er sich an nichts erinnern können, aber ich habe es teilweise auf Band aufgezeichnet, ihm dann nicht vorgespielt, weil ich mir dachte, das macht ihn nur wütend und hat keinen Sinn. Bis auf Herbert haben sich alle verabschiedet als unsere Freunde, und Herbert ist jetzt tot. Er hat mich auch noch am ehesten verstanden. Lukas kann man nur mögen, wenn man ihn gut kennt.

Ich war bei allem, das ich gemacht habe nur mittelmäßig. Wenn ich im Schwimmen einen Pokal oder eine Medaille gewonnen habe, habe ich mich gefreut, aber ich war nur mittelmäßig. Im Nachhinein habe ich diese Zeit verklärt. Beim Erlernen der Instrumente war ich auch mittelmäßig, ich habe es gerade zur ersten Übertrittsprüfung geschafft und sonst hätte ich aufhören müssen. Beim Studium war ich mittlerer Durchschnitt, genau wie in der Schule. Bin halt so durchgekommen. Manche Prüfungen habe ich zweimal gemacht, die sechste Gymklasse habe ich auch zweimal gemacht. In der Turnusausbildung war ich fleißig, aber sicher theoretisch nicht so gut drauf, wie manch anderer Kollege. Habe halt gewusst, wo ich nachschauen muss. Und was man nicht im Kopf hat, muss man mit den Beinen ausgleichen. Jetzt gebe ich mich mit meinem jetzigen Job zufrieden, obwohl ich den nie wollte und ich weiß, dass ich ihn nicht ewig machen kann. Also, ich bin mittelmäßig. Von Anfang an. Als Kind war ich nicht beliebt, aber auch nicht richtig unbeliebt oder ein Außenseiter. Mein Papa wollte immer das Beste und ich war mittelmäßig.
Aber wann genau habe ich meinen Weg verloren? Ich glaub im Alter zwischen 15 und 20.
Als ich mit dem Turnus fertig war, wurde mir eine Ausbildungsstelle zum Kinderarzt angeboten. Ich habe sie nicht angenommen. Ich war nicht mit voller Überzeugung dabei. Und jetzt arbeite ich in einem Job, den ich überhaupt nie geplant

hatte und wenn, wollte ich ihn nur ein halbes Jahr machen. Es sind mittlerweile zweieinhalb Jahre. Früher wäre das für mich undenkbar gewesen.

Ich werde wieder über mein erfolgreiches Leben fantasieren, wie ich es mir vorstelle.

Ich lebe in einem großen Haus, das aus viel Glas und Holz besteht, es hat große Räume, eine Bedienerin kommt zweimal pro Woche. Wir haben einen offenen Kamin, der Garten ist eben, voller bunter Blumen, manchmal kommt ein Gärtner, in einem Gewächshaus züchte ich Gemüse, auf dem Grundstück ist eine Garage, darin stehen die zwei Autos, das meines liebevollen Mannes und mein eigenes. Morgens stehe ich auf und mache am Balkon meine Yogaübungen, ich erwache aktiv, dann geh ich unter die Dusche und mache mich hübsch, wir treffen uns zum gemeinsamen Frühstück und besprechen den Tag, lesen die Zeitung, dann gehen unsere Wege auseinander. Ich fahre in meine Praxis, in der ich sowohl Meditation und Psychotherapie anbiete, als auch als praktische Ärztin arbeite. Mein Mann erledigt die bürokratischen Dinge. Eine nette Krankenschwester arbeitet bei mir, sie spricht die Termine mit mir ab und ist bei den Behandlungen behilflich. Mittags treffe ich mich meist mit einer Freundin zum Essen, wir essen ein Vitalmenü oder einen Salat. Danach haben wir noch Zeit zu quatschen, bevor ich wieder in die Praxis fahre. Gegen 16 Uhr ist Feierabend. Wir treffen uns zu Hause und nehmen dann bei Kerzenlicht das Abendessen gemeinsam ein. Wir hören gute Musik und jeder erzählt von seinem Tag. Dann habe ich noch Zeit in meinem Atelier auf dem Dachboden, das aus Glaswänden besteht, ein Bild zu malen oder an einem Buch zu arbeiten. Mein Mann liest sehr viel, mein Sohn lädt gerne Freunde ein. Vor dem Zubettgehen lese ich noch ein wenig. Wir haben ein erfülltes Sexualleben. Zwanglos. Hin und wieder nehmen wir uns Urlaub, ich habe keine Flugangst und wir steigen in einem Luxusresort in der Karibik ab, meist für zwei Wochen. In Italien haben wir eine ganz kleine Wohnung. Manchmal fliegen wir übers Wochenende zum Shoppen nach New York. Am Wochenende haben wir immer frei. Oft kommen Freunde zum Essen. Es fehlt uns an nichts. In der schönen offenen Küche fühl ich mich wohl. Wir haben Zeit für uns und ich habe auch Zeit für mich allein. In kalten Winternächten gehen wir abends in unsere Sauna und dann erzählen wir uns vor dem offenen Kamin, wie glücklich wir sind.

Muss ich mich für diese Fantasie schämen? Nein.

Mein Papa hat mir immer zu verstehen gegeben, dass nur der Beruf des Arztes gut ist, weil alles andere brotlos ist. So wie das Dolmetschen und Lehramtsstudium, das ich begonnen hätte. Das ist meine Stimme im Hinterkopf und sein Traum.
Warum ist es gerade der Beruf des Arztes, der meinen Papa so fasziniert. Wir sind doch keine Götter in Weiß, sondern ganz normale Menschen. Mit Schwächen und Problemen. Und wie man sieht, ist auch kein Arzt vor einer Krankheit gefeit. Und sich selbst zu helfen ist ganz schwierig. Bei anderen weiß man es immer ganz genau. Wenn meine Mama gesundheitliche Probleme hat, würde sie nie mich fragen, weil sie mir nichts glaubt. Wozu haben sie mich dann studieren lassen?

Ich werde meinen Eltern jetzt einen Brief schreiben, den ich nicht abschicke.

Liebe Mama, lieber Papa!
Ich bin wütend und möchte euch mitteilen, warum. Auf Mama bin ich wütend, weil sie sich und ihre Träume aufgegeben hat und mir vorgelebt hat, dass das Leben schlecht ist. Ihr ging es immer schlecht. Es gab nie Gespräche zwischen uns, als ich es gebraucht hätte. Sie hat mir beigebracht, dass man sich für alles schämen muss und besonders für den eigenen Körper. Und ich bin wütend, weil sie ins Krankenhaus musste und einfach gegangen ist, Papa hat geweint und mir wurde gesagt, dass sie nicht mehr lange leben wird. Ihr Leben war ständig eine Flucht in eine Krankheit, auch als sie den Krebs besiegt hat. Und, wenn ich mal was gemacht habe, das ihr nicht gepasst hat, hat es geheißen, ich wäre schwer erziehbar

und sie hätte nur Sorgen mit mir und deshalb geht es ihr schlecht. Sie kann meinetwegen nicht schlafen. Und für Papa sollte ich gut gelaunt sein und das „brave" Mädchen spielen. Und gehorchen. Was er gesagt hat, war richtig und er wusste auch, was richtig für mich ist. Ich sollte funktionieren.

Mama hat gesagt, ich muss ins Gym gehen, weil die HAK nichts für mich ist. Sie wusste, was gut für mich ist. Auch in der Freizeit sollte ich alles mit 150-prozentigem Einsatz machen. Beschäftigung war wichtig, dann kommt man nicht auf dumme Gedanken. Gekümmert haben sich andere Leute um mich, die Ballettlehrerin, der Schwimmtrainer, die Geigenlehrerin, die Querflötenlehrerin, die Jungscharführer, ... Zu Hause wurde nicht geredet. Mit keinem der Kinder. Über Gefühle, Träume, Pläne. Ich habe ausgeführt. Und als ich sexuell missbraucht wurde, habt ihr dafür gesorgt, dass die Person vom Kindergarten wegkommt, aber ihr habt euch nicht um mich gesorgt. Ihr habt mit mir nie darüber geredet. Mama, ich hätte dich gebraucht. Und du hast alles immer an Papa weitergegeben, sofort. Es gab keine Geheimnisse zwischen uns. Ich bin wütend.

So und jetzt lasse ich die Vergangenheit hinter mir und lebe mein Leben.

29. September 2007

Heute Früh hat mir Umberto eine SMS geschrieben, dass er gerne wieder bei mir zu Hause vorbeischauen möchte. Ich würde mich sehr darüber freuen. Er ist unkomplizierter als Armando. Lukas hat mir versprochen, er wird dieses Wochenende versuchen ruhiger zu sein, wenn er mit Daniele eine Diskussion hat. Heute Nacht habe ich geträumt, dass wir noch ein Kind bekommen haben, es war eine unkomplizierte Hausgeburt, ein kleiner Francesco. Ich bin nachher gleich in die Arbeit gegangen und habe meinem Chef gestanden, dass ich nach der Geburt ein Bier getrunken habe.

Ich träume auch immer wieder von Häusern mit riesigen Zimmern. Immer wieder kann man ein Neues entdecken. Die Räume sind riesig. Da war auch eine riesige Steintreppe, die führte zu einer Tür, diese führte auf eine Gasse in einer Stadt, die ich nicht kannte. Die Räume könnten für meine Talente stehen, die ich gerade entdecke. Oder für die verschiedenen Aspekte in meiner Psyche. Die Geburt kann für einen Neuanfang stehen. Es tut sich etwas.

Habe in einem Lexikon nachgelesen.
In Frauenträumen zeigt der Zustand des Hauses die augenblickliche Situation. Jedes Zimmer im Haus hat seine eigene Bedeutung. Geht man von einem Zimmer in ein anderes, dann deutet das einen Wandel an. Die oberen Räume, auch der Dachboden, zeigen auf den geistigen Bereich, das Verstandesleben hin. Ich bin immer Richtung oben gegangen, und habe ständig neue Zimmer entdeckt. Der Ausgang war im Obergeschoss auf die Straße hin. Geht man in einen neuen leeren Raum, wird man neue Erfahrungen sammeln, den Horizont erweitern. Durchforscht man das Haus, versucht man sich zu ergründen.
Das passt total auf meinen jetzigen Zustand. Stimmt, die augenblickliche Situation.
Der Aufstieg einer Treppe symbolisiert den Übergang in eine neue Bewusstseinsebene. Breite und schöne Treppen verheißen Reichtümer und Ehre. Da kann ich mich ja freuen.
Eine Tür öffnen und schließen steht in der Regel für den Geschlechtsakt, kann aber auch allgemein die Einstellung zur Sexualität widerspiegeln. Ich bin durch die Tür auf die Straße gegangen. Eine Tür zwischen äußeren und inneren Räumen deutet daraufhin, dass es zu einem Konflikt zwischen Bewusstem und Unbewussten kommen kann. Es war ja eine Tür, die in eine ganz andere Umgebung geführt hat. In eine Stadt, die ich nicht kannte. Befindet man sich in einer fremden Stadt, erfordert ein schmerzhaftes Ereignis eine Änderung des Lebensstils. Das habe ich schon gemerkt.
Zum Thema Geburt habe ich auch noch etwas gefunden. Eine Geburt im Traum ist als Hinweis auf einen Neubeginn, das Entstehen neuer Pläne zu sehen. Ich fange gerade neu an.

Wie passend. Sie ist als Weiterentwicklung der eigenen Persönlichkeit zu sehen. Das finde ich toll, ich entwickle mich weiter.

Bin zu Hause in unserem Haus. Mein Platz wird immer schöner. Jetzt kann ich auch Musik hören. Höre zurzeit viel Klassik, afrikanische und südamerikanische Musik. Auch Entspannungsmusik. Das tut mir gut.
Das ist Glück. Ich fühle mich wohl und zu Hause. Die Tage sind gemütlich, kein Stress, kein Streit. Aber ich habe im Krankenhaus noch etwas zu erledigen. Das spüre ich. Jetzt wo es mir besser geht, merke ich erst, wie schlecht es mir wirklich gegangen ist.
Die Hausübung über mein Sexualleben muss ich auch noch machen. Schade, dass ich nicht weiter zu Dr. Oberndorfer gehen kann. Einen neuen Therapeuten haben wir auch noch nicht. Wieder ein Neuanfang.
Es werden noch einige Schwierigkeiten auf mich zukommen denke ich. Es gibt viel zu tun.

„Plane das Schwierige da, wo es noch leicht ist.
Tue das Große da, wo es noch klein ist.
Alles Schwere auf Erden beginnt stets als Leichtes.
Alles Große auf Erden beginnt stets als Kleines."
(Laotse)

Einer Veränderung muss man Zeit geben. Ich muss mir Zeit geben. Ich beginne schon Dinge zu tun, die ich jahrelang nicht mehr gemacht habe.
Ich kann Sachen machen, die sonst keiner macht, weil ich meine eigene Art dabei habe, und ich kann Dinge lieben, wie sie sonst keiner liebt. Schließlich sind wir doch alle einzigartig. Aber ich mache gerne viele verschiedene Dinge, und das bereitet mir dann Stress. Ich interessiere mich für so vieles. Ich möchte viel lernen und mich für Dinge begeistern. Als ich den Studiumeignungstest an der Kepleruniversität gemacht habe, ist rausgekommen, dass ich für viele Studien geeignet wäre. Dann wusste ich erst recht wieder nicht, was ich will. In

einer meiner Visionen arbeite ich auch als freiberufliche Journalistin. Habe das Gefühl, ich bin ständig in Eile.

Ich glaube, ich muss jetzt jeden Moment nutzen, meinen Zielen und Wünschen nachzujagen und möglichst alles gleich tun, weil die Zeit voranschreitet. Bin ständig getrieben. Und der Alkohol hat mich ruhiggestellt.

Vielleicht sollte ich mir einfach nur ein Zeitmanagement zurechtlegen.

Ich möchte als Ärztin arbeiten, ich möchte schreiben und malen. Und natürlich will ich eine ordentliche Mutter für Daniele sein. Wie bringe ich das unter den Hut?

Also, ich führe das Leben als Ärztin und gehe in die Arbeit. Das habe ich immer so gemacht. Partnerin und Mutter bin ich automatisch, wenn ich zu Hause bin. Hin und wieder sollten wir Familienabende einplanen. 20 Minuten am Tag könnte ich an einem Buch schreiben, aber auch malen, wenn mir danach ist. An den Wochenenden kann ich auch schreiben und malen. Ich kann Kuchen backen.

Falls ich mich für eine Zusatzausbildung entscheide, kann ich die dank Lukas Unterstützung am Wochenende machen. Würde auch nicht jedes sein. Ein paar Yogaübungen müssten sich auch jederzeit ausgehen. Für die Krankenhauszeitung schreibe ich schon. Das muss mir genügen. Also, irgendwie lässt sich alles unter einen Hut bringen. Wenn man Unterstützung hat und dran bleibt.

In Zukunft werde ich mir meine Gefühle anschauen und wahrnehmen. „Hallo Gefühle! Was ist da drinnen bei euch los?" Momentan bin ich eher ängstlich. Und ich werde immer wieder etwas Neues lernen, nur nicht stehen bleiben.

Wenn ich an „Ärger" denke, welche Gedanken kommen mir da?

Armando, ich ärgere mich über ihn. Über seine Ignoranz mir gegenüber, er meldet sich nicht.

Ich ärgere mich über Papa, der mir ständig Tipps gibt, welche Ausbildung ich machen soll. Ich ärgere mich über Mama, die mir ständig sagt, ich soll zunehmen, und dass sie meinetwegen nicht schlafen kann und ich wäre schuld, dass es ihr schlecht geht. So etwas kann man nicht sagen. Man kann nicht immer andere Leute verantwortlich machen. Obwohl ich auch so Ansätze habe. Ich ärgere mich über Lukas, über seine Aggressionen, darüber, dass er mich geschlagen hat und so haben es alle mitbekommen. Ich ärgere mich über meine beste Freundin, die sich nicht meldet, obwohl ich sie kontaktiert habe. Ich ärgere mich über mich selbst, dass ich es soweit kommen hab lassen und jetzt auf der Psychiatrie bin.

„Verletztheit"
Ich bin verletzt, weil Armando mich nicht ertragen kann und mich aus seinem Leben gestrichen hat. Ich bin verletzt, weil die Beziehung mit Lukas nicht so ist, wie ich es mir vorstelle. Ich bin verletzt, wenn Lukas und Daniele sich streiten. Ich bin verletzt, wenn ich höre, dass meine Eltern meinetwegen unglücklich sind. Ich bin verletzt, wenn ich mir denke, die Kollegen am Arbeitsplatz reden schlecht über mich. Ich bin verletzt, wenn mich Menschen nicht so akzeptieren, wie ich bin.

„Angst"
Ich habe Angst davor, die Kontrolle über mein Leben noch mal zu verlieren. Ich habe Angst, dass mich die Leute im Krankenhaus, wenn ich wieder arbeiten gehe, schief ansehen. Ich habe Angst, dass meine Beziehung scheitern könnte. Ich habe Angst, nie richtig glücklich werden zu können. Ich habe Angst, meine Eltern ganz zu verlieren.

Für das Leben, das ich geführt habe, habe ich mich im Endeffekt selbst entschieden. Ich habe viele Strapazen auf mich genommen. Die Ausbildung war nicht leicht. Daneben war immer die kaputte Beziehung, mit der ich auch leben musste. Ich war fleißig in der Arbeit und habe dann eine Stelle bekommen. Es hat sich bezahlt gemacht. Ich hatte nie ein Konkurrenzdenken.
Ich habe immer noch das Gefühl, ich müsste tun, was mein

Papa sich für mich vorstellt. Ich habe immer noch das Gefühl, ich müsste mich beweisen. Damit er stolz auf mich ist. Aber auch nach Erreichen des Doktortitels hat sich nichts geändert. Es ist immer noch so. Also ist es ganz egal, was ich mache. Es wird nie gut genug sein.
Aber es kann für mich gut genug sein.

30. September 2007

Wieder mal konnte ich in den eigenen vier Wänden nicht schlafen. Es war kein erholsamer Schlaf. Lukas war wieder unruhig im Bett. Aber es kam zu keiner Diskussion. Er ist verständnisvoll zurzeit.
Habe mir überlegt, was in solchen Situationen wirklich in mir vorgeht.
Wenn ich merke, er wird unruhig, mache ich total zu. In diesem Moment bin ich ganz bei mir. Ich beschütze mich. Ich denke mir: „Ich will nicht." Ich bin einfach nur müde. Dann beginnen die Gedanken zu kreisen.
Ich finde es unverständlich, dass er mit mir schlafen will und mich andererseits grün und blau schlägt, und, dass er immer ins Gesicht schlägt. Mag er mein Gesicht nicht? Mag er nur meinen Körper? Ich habe kein Vertrauen, ich kann nicht vergessen. Ich will gar nicht hören, dass er mich schön findet und begehrenswert. Ich glaub ihm das nicht. Ich hoffe, dass diese Situation bald vorbei ist. Ich sehne mich nach Ruhe, nach dem Alleinsein. Ich möchte schlafen. Ich fühle mich benutzt. Ich will kein schlechtes Gewissen deswegen haben. Ich habe noch kein Vertrauen. Ich will nicht angegriffen werden. Ich verkrampfe mich immer mehr. Ich möchte in Ruhe schlafen, ohne Angst haben zu müssen, dass er etwas von mir will. Morgen fahre ich wieder ins Krankenhaus, da bin ich für mich. Ich bin noch nicht so weit. Irgendetwas in mir ist kaputt.

Ich habe Angst, dass Lukas, wenn ich ein Buch schreiben würde, es ins Lächerliche zieht. Er möchte jetzt auch malen. Das finde ich gut. Obwohl ich gerne etwas hätte, das ganz meins ist. Wahrscheinlich habe ich nur Angst, dass er dann schönere Bilder malt. Aber jeder ist anders und jeder malt anders. Wenn es ihm Freude macht, ist es O.K. Ich fühle mich neben ihm oft wie ein Mensch zweiter Klasse. Das liegt aber an meinem mangelndem Selbstwertgefühl. Vor was habe ich Angst? Dieses Gefühl geht einfach nicht weg.

Meine Mama ruft ständig an und sagt, es geht ihr nicht gut. Sie hat ein Schwindelgefühl und der Blutdruck ist hoch. Auf meine Ratschläge hört sie aber nicht, nur auf die ihres Hausarztes. Und warum erzählt sie mir das dann eigentlich?

Viele Leute sagen, ich hätte im Leben schon viel erreicht, aber ich liebe mich selbst zu wenig um das schätzen zu können, glaub ich mal.
Ich habe die Anerkennung meines Papas durch die Ausübung meines Jobs nicht erreicht. Es ist nicht das, was er sich für mich vorgestellt hat. Gestern vor der Kirche hat er wieder zu mir gesagt, ich solle mehr essen. Es ist jetzt wichtig für mich, meine eigenen Wege zu gehen. Zumindest wird es langsam Zeit. Es ist schwierig, die Werte der eigenen Familie abzulehnen. Ich möchte auch in der Medizin meinen eigenen Weg finden. Das war der Plan während des Studiums.
Mein Papa hat immer Vorschläge, einmal soll ich Internistin werden, einmal Augenärztin. Ich will weder das eine noch das andere. Als Internistin hätte ich während der Ausbildung gar keine Zeit mehr und ich möchte auch nicht ständig in fremde Augen schauen. Er hat mich doch gelehrt, mit dem Herzen dabei zu sein.
Hautärztin hätte er sich auch schon ausgedacht, da soll ich in eine andere Stadt ziehen. Den Beruf würde ich ja gar nicht schlecht finden, aber ich will nicht mit meiner Familie wegziehen, außerdem gibt es ganz wenig Ausbildungsplätze, und ich will es nicht wirklich.
Notärztin sein hat für ihn keinen Wert. Und das tut weh.
Bis ich weiß, was ich wirklich will, ist es aber für mich das Richtige.
Sie wissen gar nicht, was ich alles leiste und es ist schön, Men-

schen retten zu können. Manche würden sterben, wenn ich nicht kommen würde, um zu helfen.

„Gehe nicht, wohin der Weg führen mag, sondern dorthin, wo kein Weg ist, und hinterlasse eine Spur." (Ralph Waldo Emerson)

Was würden Sigmund Freud und Kaiserin Sissy oder Scarlett O´Hara zu mir sagen, was meinen weiteren Weg betrifft?
Sigmund Freud: Sie interessiert sich für den Menschen und für die Medizin. Wir müssen sie auf ihrem Weg unterstützen. Sie soll das machen, was ihr gefällt. Der Weg ist geebnet, wir können sie nur durch Lob und Anerkennung zu ihrem Ziel geleiten. Es ist wichtig, auf den Menschen einzugehen und seine Bedürfnisse zu erkennen. Sie soll ihre Träume nicht vergessen.

Kaiserin Sissy: Und wir müssen ihr klar machen, dass sie sich dabei nicht selbst vergessen darf. Sie muss auf ihre Bedürfnisse achten. Wenn sie in einer beratenden Funktion tätig sein möchte, stellen wir ihr Räumlichkeiten zur Verfügung und unterstützen sie tatkräftig. Das Leben hat auch seine schönen Seiten, man muss nur auf dem Weg bleiben. Du brauchst nicht uns zu imitieren. Wir haben das gemacht, was wir für uns als richtig empfunden haben, dir steht die Welt noch offen. Vergiss das Frausein nicht! Achte auf dich. Tu dir selbst nicht weh.

Scarlett O´Hara: Und vergiss die Liebe nicht. Wann immer du ein Problem hast, ich werde dir zuhören und gemeinsam werden wir eine Lösung finden. Schreibe doch ein Buch oder male. Gib deinen Träumen Flügel. Und wenn einmal ein Tag nicht so toll verläuft, vergiss nicht: Morgen ist auch noch ein Tag.

Jetzt stell ich mir vor, was ich mir von meinen eigenen Eltern wünschen würde.

Wir sitzen beim sonntäglichen Mittagessen, Lukas ist auch dabei. Ich sage ihnen, dass ich eine Ausbildung zur Mediatorin machen möchte. Mein Papa sagt, dass er stolz auf mich ist, weil ich meine Träume verwirkliche. Meine Mama lächelt mich an und sagt, dass sie für mich eine schöne Zukunft sieht, auch ihr Wunsch wäre es gewesen, sich selbstständig zu machen und etwas Neues zu lernen. Aber sie hat die Erfüllung in der Familie gefunden.

Ich denke, ich habe auch schon viele Erfahrungen in meinem Leben gesammelt, die ich auch weitergeben könnte.

Und ich habe von meiner Familie auch positive Eigenschaften mitbekommen.
Ich bin gutmütig und harmoniebedürftig wie Mama, ich bin liebevoll wie Oma, ich bin pflichtbewusst wie Papa, ich kann fröhlich sein wie Opa, ich habe das Aussehen von beiden Elternteilen, ich habe ein italienisches Temperament, durch meinen behinderten Bruder bin ich sozial geworden.

In meiner Familie wurde immer nur das Beste für die Kinder gewollt. Meine Eltern haben sich aufgeopfert und ihre Interessen hintenangestellt. Sie haben sich im Leben alles selbst erarbeitet. Durch Fleiß und Konsequenz. Die Familie stand an erster Stelle, die Großeltern wurden gepflegt.

Ich habe Angst, dass ich mir zu viel von meinem „neuen" Leben erwarte. Ist es überhaupt ein neues Leben? Ich bin doch eigentlich noch dieselbe. Nur habe ich einige Erfahrungen mehr. Alle meine Fehler sind noch da. Aber es kommen jetzt auch die Stärken hervor, die in der Versenkung verschwunden waren. Ich erkenne meine Bedürfnisse und merke auch, wie es zu Hause immer harmonischer wird. Das Umfeld ändert sich schon. Und ich komme mir schon viel gelassener vor. Und auch ruhiger. Lukas geht auf mich zu und versucht mich zu verstehen. Wir sind unterschiedliche Charaktere, das müssen wir einsehen, zwei verschiedene Persönlichkeiten. Ich kann zu mir als Frau finden.
Was braucht die Frau in mir?

Ich wünsche mir einen liebevollen Mann an meiner Seite, der mich in meinen Vorhaben unterstützt. Mit mir gemeinsam träumt. Der meine Fähigkeiten anerkennt und mich schätzt. Der mich respektvoll behandelt. Mich nicht unterdrückt und mich mein eigenes Leben führen lässt, ohne sein eigenes Glück von mir abhängig zu machen. Ich möchte auch von meinem Papa als Frau akzeptiert werden und nicht als kleines Mädchen. Als einen Menschen, der nicht nur etwas leistet, sondern der auch den Wunsch nach Liebe und Anerkennung hat.

Lukas und Daniele haben sich zu Hause ein „Männerzimmer" gestaltet. Ich finde das sehr gut. Schön langsam bekommt jeder seinen Platz.
Ich denke, dass es auch meinem Sohn besser geht, seit ich in Behandlung bin. Ich bin viel ausgeglichener geworden. Ich fühle mich wohl. Es wird alles gut.

1. Oktober 2007

Bin wieder in meinen „Schutzbunker" zurückgekehrt. Habe sehr gut schlafen können. Ich war komplett erledigt.
Bin gespannt, was Dr. Oberndorfer zur Hausübung sagt und ob wir auf einen grünen Zweig kommen. Ich denke mir langsam und frage mich, ob es nicht doch mit Lukas zu tun hat, meine Lustlosigkeit.

Ich bin zurück von der Therapie und könnte heulen. Ich fühl mich ganz klein. Durch die Hausübung sind wir auf die Beziehung im Allgemeinen gekommen. Es scheint so, als würde ich mich von Lukas immer als „dumm" hingestellt fühlen und als nicht „normal". Ich hoffe nur, dass er das nicht bewusst macht. Dr. Oberndorfer hat gemeint, wenn ich nichts ändere, bin ich bald wieder in der Psychiatrie. Sex hat auch etwas mit Aggressionen zu tun. Und davor habe ich Angst. Und diese Gefühle sind äußerst gesund. Ein „Nein" sollte akzeptiert werden und nicht als abnormal hingestellt werden. Ich fühle mich jetzt manipuliert. Mein Therapeut meint, er würde es schade finden, wenn ich aus der Beziehung aussteigen würde, weil ich jetzt meine Vorstellungen einbringen kann und kämpfen soll, sonst wäre es in der nächsten Beziehung wieder genau dasselbe. Ich hätte nichts daraus gelernt. Ich würde denselben Typen suchen und ich könnte mich wieder nicht auf meine eigenen Beine stellen. Es liegt wirklich an mir. Ich sage nicht, was ich will. Ich gebe meine Wünsche nicht preis. Ich komme mir klein vor. Daran muss ich arbeiten, dann könnten wir eine wunderbare Beziehung haben, weil Lukas zu jedem Gespräch bereit ist.

Auf jeden Fall habe ich jetzt Angst, mein Therapeut sagt, es kommt jetzt eine schwierige Zeit auf mich zu, aber da muss ich durch. Und wie soll ich das neben der Arbeit schaffen? Mit meiner Entwicklung ist er jedoch zufrieden, er meint, ich mache Fortschritte.

Die ideale Beziehung wäre, wenn jeder sein eigenes Leben führen würde, es auch alleine führen könnte, aber man froh ist, mit dem Partner zusammen sein zu können. Keine Zwänge, keine Anschuldigungen.

Da ich psychisch dann etwas angeknackst war, hatte ich noch ein Gespräch mit meiner Ärztin. Sie möchte jetzt mit Lukas ein Gespräch führen, er soll Mittwoch kommen und sie möchte auch, dass wir ein Paargespräch mit Dr. Oberndorfer führen. Ich hätte eine Therapeutin in meiner Heimatstadt anrufen sollen, aber ich will nicht von Dr. Oberndorfer weggehen. Ich kann sie nicht anrufen. Ich bin erledigt. Ich muss mich jetzt auf die Beine stellen. Meine Ärztin hat mir zum ersten Mal während meines Aufenthaltes hier eine Beruhigungstablette verabreicht und hat gesagt, ich solle schlafen. Ich kann aber nicht. Ich habe heute in den Therapiestunden mein Leben zusammenbrechen sehen. Mir wurde bewusst, dass es so nicht weitergeht. Auf keinen Fall. Sonst sterbe ich. Qualvoll. Eine Beziehung stell ich mir anders vor. So war es nie geplant.

Irgendwie fühle ich mich von meinem Therapeuten im Stich gelassen. Ich soll hier rauskommen und dann schauen, wie ich weiterkomme. Na ja, wahrscheinlich erst, wenn ich wirklich zu Hause jemanden gefunden habe. Ich habe heute den Besuch meiner Eltern abgesagt, ich kann heute nicht. Meine Mama versteht das nicht. Daniele hat mich angerufen und gefragt, warum ich nicht will, dass sie kommen. Jetzt habe ich ein schlechtes Gewissen. Aber ich bin so aufgewühlt. In mir brodelt ein Kessel. Ich möchte heute alleine sein. Ich wäre kein guter Gesprächspartner.

Lukas hat mir eine SMS geschrieben und gemeint, er kann jetzt auch bald nicht mehr. Und er hat mich gefragt, was er am Wochenende falsch gemacht hat. Gar nichts hat er falsch gemacht. Keiner hat etwas falsch gemacht. Mein Therapeut hat auch gemeint, wenn man das von außen so betrachtet, bin ich auch sehr praktisch. Erfolgreich, attraktiv, gutmütig und ich lasse mir viel gefallen. Bin ich willenlos? Für die Hausübung hat er mich gelobt, ich hätte sie mit Bravour gemacht. Meine Gedanken hätte ich klar aufgeschrieben und mich gut ausgedrückt. Aber was soll er als mein Therapeut sonst sagen. Noch auf mich draufsteigen, wo ich doch eh schon am Boden liege?

Ich habe Angst, wenn ich Lukas gegenüber immer klar heraussage, was ich mir denke, dass er mich verbal niedermacht. Meine Mama glaubt jetzt, am Wochenende ist etwas vorgefallen. Immer geben sie Lukas die Schuld. Der Professor hat mich bei der Visite angeschaut, als würde er sich denken: „armes kleines Mädchen." Aber ich habe mich selbst dazu gemacht. Ich kann nicht schlafen, ich fahre Kaffee trinken.

Sitze jetzt gemütlich in einem Kaffeehaus. Ganz nach meinem Geschmack. Gemütliche Lederstühle, dunkles Holz und ich kann die Leute auf der Straße durch die Glasscheibe beobachten. Eine ganz ruhige und angenehme Atmosphäre. Ich genieße das Alleinsein. Das Krankenhaus ist für mich die Welt geworden, die in Ordnung ist. Und in der ich in Ordnung bin. Ich denke Lukas hat eine gewisse Abneigung gegen meinen Therapeuten entwickelt. Ist ja klar, er redet mir gut zu. Und er hat erreicht, dass ich mittlerweile der Beziehung kritisch gegenüberstehe. Aber Lukas denkt wahrscheinlich, er manipuliert mich. Aber es hat nie jemand gesagt, ich solle ihn verlassen. Er fühlt sich ausgegrenzt. Von dem Beruhigungsmittel werde ich langsam müde. Und warum glaubt mir Lukas nie, dass ich ihn liebe? Ist das eine Taktik? Und immer höre ich, dass ich mich nicht genug um Daniele kümmere. Das stempelt mich auch wieder als krank ab. Das Wort „Scheiß bauen" kann ich auch nicht mehr hören. Das soll ich mein ganzes Leben lang gemacht haben. Und ich bin abartig, weil ich fremdgegangen bin. Aber vielleicht hatte ich Gründe. Um mich aus der Reserve zu locken, bezeichnet mich mein Therapeut immer als die „Depperte".

Bin heute auch ein bisschen stolz auf mich, weil die Socken, die ich gestrickt habe, es sind ja meine ersten, Ähnlichkeiten mit einer Socke aufweisen. Also, das Talent ist noch ausbaufähig.

Bevor wir im Juli in den Urlaub gefahren sind, hatte ich auch schon eine Phase, in der ich in der Freizeit nur mehr getrunken habe. Lukas ist dann mal von der Arbeit heimgekommen und ich wollte ihm nicht zuhören. Er ist dann ganz wild geworden und hat mich zu Boden geworfen und gemeint „er wird mir jetzt was antun, mich muss man ausmerzen." Daniele hat dann Oma angerufen und die ist gleich gekommen. Lukas hat dann zu ihr gesagt, dass er keinen Ausweg mehr sieht, weil ich so viel trinke. Er hat aber immer mitgetrunken. Ich habe mich so schlecht gefühlt. Ich war wieder mal an allem schuld. Er war sicher noch restalkoholisiert vom Vortag. Und ich war die Kranke. Der Fehler im System. Aber ich will ihm keine Schuld zuweisen. Es gehören immer zwei dazu. Und mein Leben war ja wirklich SCHEIßE. Mein Therapeut meint, ich hätte genaue Vorstellungen, wie es laufen sollte, nur setze ich es nicht um. Ich sehe die Dinge. Allerdings jetzt erst. Er sagt, ich wäre sehr klug. Er meint auch, wenn Lukas mit einer so klugen und attraktiven Frau wie mir zusammen sein will, muss er sich auch damit abfinden, dass mich andere gut finden. Das mit den Seitensprüngen hat sich für mich aber erübrigt, ich lasse mich nicht mehr benutzen. Von niemandem! Wenn ich mich emotional von meinem Papa lösen würde, bräuchte ich vielleicht auch in der Beziehung nicht mehr zu allem „Ja und Amen" sagen.

„Ich wollte doch einfach nur das Leben, was von selbst aus mir herauswollte, warum war das so schwer?" (Hermann Hesse)
Vielleicht weil ich gar nicht weiß, was aus mir herauswill.

Lukas hat immer gemeint, dass man sich auf mich nicht verlassen kann, weil ich beim Fortgehen immer soviel trinke. Deshalb hat er mich behandelt wie mein Vater. Aber umgekehrt konnte ich mich auf ihn auch oft nicht verlassen. Man konnte mir nicht vertrauen und ich habe ihm nicht vertraut. Wie soll da eine ordentliche Beziehung daraus werden?

Das Leben könnte so schön sein, aber ich bin in der Psychiatrie gelandet. Aber das ist meine Chance. Ich hatte mal Träume, wie ich mir eine Beziehung vorstelle. Angeblich habe ich einem Professor im Gymnasium durch einen Aufsatz mal aus der Patsche geholfen. Zumindest hat er sich bei mir bedankt. In seiner Ehe hat es damals gekriselt. Ich weiß allerdings nicht, ob er sich dann hat scheiden lassen oder ob er an der Beziehung gearbeitet hat, gemeinsam mit seiner Frau. Die Theorie hatte ich einmal im Kopf. Aber praktisch konnte ich es nicht umsetzen.

Ich fühle mich einsam und vom Leben betrogen. Ein wenig Glück hätte ich doch verdient.

2. Oktober 2007

In der Ergotherapie bearbeite ich jetzt diesen Speckstein. Und es macht mir sogar mittlerweile Spaß. Habe eine schöne Kette gemacht. Ein rosa Dreieck mit einer roten Perle in der Mitte. Habe sie sogar gleich umgehängt. Jetzt bin ich also auch Schmuckdesignerin. Es macht Spaß etwas zu formen. Ich möchte mein Leben jetzt auch nach meinen Vorstellungen formen. Da ist das Arbeiten mit einem Stein gar nicht schlecht. Und oft wird es dann anders, als man glaubt, aber auch gut und man ist zufrieden.

Heute gehts mir wieder viel besser. Oft ist es gut, eine Nacht zu schlafen und am nächsten Tag von vorne zu beginnen. Mit Lukas hatte ich gestern noch ein gutes Gespräch am Telefon. Am Anfang hat er zwar sehr laut geredet, weil er aufgeregt war, aber er ist momentan einfach genauso hilflos wie ich. Mir würde es an seiner Stelle nicht anders gehen. Mama hat auch angerufen, weil sie hören wollte, dass es mir besser geht. Dann geht es ihr auch besser.

Gestern hat sie mir sogar recht gegeben hinsichtlich ihres Blutdruckes. Ich habe ihr ja gesagt, man kann ihre Medikamente noch steigern. Ihr Hausarzt war sich da nicht sicher und hat sich scheinbar erkundigt. Also kann ich ja doch was.

Jetzt stricke ich mir einen Poncho, da bin ich sehr ausdauernd. Wenn ich mir was in den Kopf setze, dann mach ich das auch. Das hat mein Papa schon immer zu mir gesagt.

Lukas hat auch gemeint, wir sollten uns einen anderen Freundeskreis suchen. Wir sitzen sonst wieder immer mit denselben Leuten zusammen, die ständig nur von ihren Problemen reden und wie schlecht nicht alles ist und dabei wird dann ganz viel Alkohol getrunken. Um die Zunge zu lockern und die Probleme zu vergessen. Ich will das auch nicht mehr. Da würde der ganze Trott von vorne beginnen. Wie es halt in den Kneipen so ist, alles nur oberflächlich. Wenn wir öfter mal ins Theater oder auf Lesungen gehen würden, da lernt man auch andere Menschen kennen. Die nicht nur das nächste Bier im Kopf haben. Ich wollte ja ursprünglich mal in unser Stammlokal gehen, damit man sieht, dass es mir besser geht. Das ist typisch für mich. Ich muss mich ständig beweisen. Aber ich habe das nicht mehr nötig und ehrlich gesagt, was würde es mir bringen?

Hier bin ich glücklich, wenn ich wieder ein Produkt meiner Kreativität fertiggestellt habe. Das sind Dinge, die mir guttun. Und da brauch ich die Meinung anderer nicht. Lukas meint, ich soll mir überlegen, wie ich meine Interessen in einer 60-Stunden-Arbeitswoche unterbringe. Aber das lässt sich irgendwie machen, wenn ich nur will.

Die Therapien laufen langsam aus bei mir. Das Heimkehren naht.

Daniele hat jetzt einige Freizeitbeschäftigungen. Aber ich möchte auf keinen Fall, dass es zu viel wird. Ich will auf keinen Fall, dass er so viel um die Ohren hat, wie ich als Kind. Da hat er keine Zeit mehr für sich. Ein Kind muss sich auch zurückziehen können.

Ich habe mir heute die Haare ganz kurz abschneiden lassen. Es gefällt mir sehr gut. Und wieder hat mein Papa seinen Willen durchgesetzt. Aber er hatte recht, die langen Haare waren total dünn und kaputt. Im Rahmen der Depression sind sie mir büschelweise ausgefallen. Ich war schon sehr unglücklich damit. Ich kann auch mit kurzen Haaren fraulich sein. Die Friseurin hat mich auch ermutigt dazu, sie hat gemeint, dass ich mit meinen großen braunen Augen das ideale Gesicht für eine Kurzhaarfrisur hätte. Es ist noch etwas ungewohnt, aber ich kann jetzt schon damit leben. Ein Neuanfang. Immer wenn ich etwas ändern wollte, habe ich bei den Haaren angefangen.

Die Leibtherapeutin hat sich heute bei mir bedankt, weil sie schon lange keine so zarte Patientin mehr hatte. Sie hat gemeint, mit mir kann man super arbeiten. Habe mir nie gedacht, dass ich es akzeptieren könnte, wenn jemand Fremder auf meinem Bauch herumdrückt. Aber es hat gutgetan. Und sie meint, es gibt noch etwas zu tun. Das ist so spannend. Und schön langsam kriege ich sogar wieder warme Füße. Ich habe immer so gefroren, da konnte es noch so warm sein. Es tut sich etwas.

Die Mitpatienten waren heute alle so nett und haben sich mit mir über die neue Frisur gefreut. Das war schön. Angeblich seh ich total verändert aus. Ich finde ich sehe aus wie Umberto, nur viel dünner.

3. Oktober 2007

Gestern sind mir die Maschen von den Nadeln gefallen, knapp bevor ich eine Socke fertiggestellt habe. Ich habe mich nicht mal so arg geärgert und einfach wieder angefangen. Das sehe ich als Fortschritt. Hauptsache es macht Spaß. Heute hat Lukas das Gespräch mit meiner Ärztin.

Tatjana, eine Mitpatientin, sie ist Schwester auf einer Intensivabteilung, hat mir heute gesagt, dass sie meint, ich bin eine gute Ärztin, weil ich so viel Gespür habe. Das tut gut. Aber ich denke auch, dass ich gut auf meine Patienten eingehen kann. Vielleicht war auch die Empathie eines meiner Probleme. Ich habe oft mitgefühlt. Ich habe nicht bemerkt, dass ich dabei auch kaputtgehe.
Man sagt, zu spät, wenn es nicht mehr geht. Man denkt, man muss funktionieren und achtet nicht auf sich. Sich selbst wahrnehmen und pflegen, das wäre ideal, wenn man das könnte. Wenn man auf sich achtet, kann man auch für andere Menschen etwas tun. Man sollte sich bewusst öfter ein paar Minuten Auszeit nehmen und sich bewusst werden, dass man das braucht. Das geht auch in der Arbeit.

„Bitte tu etwas." Wie oft habe ich das gehört und wollte es einfach nicht wahrhaben. Ich habe es ignoriert und damit habe ich mich selbst ignoriert. Ich wollte mir meine ganzen „Baustellen" nicht anschauen. Ich habe den Kopf in den Sand gesteckt. Ich habe es nicht sehen wollen.
Mit größeren Problemen kann man besser umgehen, dann entsteht diese reaktive Depression. Diese schleichende Art der Depression ist heimtückisch, weil man sie erst spät erkennt.

Ich denke mir, wir Insassen in der Psychiatrie, sind um einiges weiter, als manche Menschen „draußen". Die immer noch kämpfen und funktionieren. Wir haben das Problem erkannt und wissen, dass wir etwas tun müssen, dass wir etwas verändern müssen, um in der Welt weiter zurechtzukommen.

Ich denke, die innere Balance ist die Wurzel des Glücks.

Ich werde Dr. Oberndorfer einfach fragen, warum er glaubt, dass es nicht gut ist, wenn ich weiter zu ihm zur Therapie komme und warum er meint, es ist besser, ich gehe zu einer Frau. Das steht mir als Patientin zu. Bisher habe ich mich immer noch nicht umgeschaut. Die Uhr tickt aber.
Jetzt wird Lukas bald zum Gespräch kommen.

Heute war ein schöner Tag. Das Gespräch ist mittlerweile vorbei. Sie haben über mich und meine Stimmungsschwankungen gesprochen, weil die mich sehr beschäftigen. So kann er mich besser verstehen und es kommt in Zukunft zu keinen Missverständnissen mehr, wenn er weiß, dass das zu meinen Symptomen im Rahmen der Depression gehört. Er hat ihr auch gesagt, dass mich der Beruf oft sehr mitnimmt, weil ich nach schlimmen Situationen nicht abschalten kann. Und das Gespräch fehlt zwischen uns. Ich drücke meine Gefühle und Stimmungen nie aus. Aber durch eine Gesprächstherapie wird sich das sicher bessern. Lukas rechnet damit, dass ich noch zwei Wochen hier bleiben werde. Ich habe noch keine Ahnung. Über das Thema Gewalt in der Beziehung haben sie auch gesprochen und wie er sich danach fühlt. Er braucht halt auch eine Therapie. Aber es ist sehr gut, dass dieses Thema angesprochen wurde.
Danach waren wir mexikanisch essen und in meinem Lieblingscaféhaus. Wir haben ganz viel geredet. Es hat mir gutgetan. Ich sehe meine eigenen Probleme. Ich muss anfangen, auch etwas dagegen zu tun. Halt, habe ich nicht schon angefangen?
Vielleicht wäre ich sogar ein guter Lebensberater. Bei anderen weiß ich es ganz genau.
Irgendjemand hat mir heute eine Rose aufs Kopfkissen gelegt. Ich glaube es war eine ehemalige Mitpatientin. Ich fühle mich hier im Krankenhaus wirklich angenommen. Meine Leibtherapeutin meint, ich soll versuchen, mich wieder mehr zu spüren. Auch zu Hause weiter mit dem Körper arbeiten. Shiatsu hat sie mir empfohlen. Yoga ist auch gut. Alles, bei dem der Körper eingesetzt wird.

Meine Freundin Sarah hat sich heute gemeldet. Nach dem letzten Besuch bei mir hat sie sich akut Urlaub genommen und ist in die Therme gefahren. Ihr ging es auch nicht sehr gut. Das war richtig. Bevor man zusammenklappt, sollte man für sich etwas tun. Sie ist Krebsspezialistin und hat auch schwierige Situationen zu meistern. Ihre Patienten sterben oft. Sie hat mir geschrieben, dass sie den Eindruck hat, dass ich etwas total Sinnvolles mache. Ich denke, wir befinden uns zurzeit in einer ähnlichen Phase. Irgendwie herrscht Aufbruchsstimmung und die Frage nach dem Sinn des Lebens schwebt im Raum. Sie wird mich nächste Woche wieder besuchen. Hat mein Aufenthalt für andere Menschen auch etwas Gutes? Scheinbar denken manche nach. Ich bin voller Zuversicht.

Für jede Erfahrung in meinem Leben bin ich selbst verantwortlich. Jeder Gedanke kann die Zukunft ändern. Ich werde an eine schöne Zukunft denken. Ich werde mich selbst wieder lieben und dann wird alles im Leben funktionieren. Und ich werde mich von der Vergangenheit lösen, sie annehmen, wie sie war, aber nicht mehr darüber urteilen. Man kann in jedem Moment etwas verändern. Und ich kann meine Lebensumstände verändern. Wenn ich merke es funktioniert so nicht, dann mache ich etwas anderes. Konsequenzen aus dem Gelernten ziehen. Wenn ich mir Harmonie wünsche, werde ich sie auch bekommen.
Ich habe das Gefühl, ich muss hier noch Aufgaben erledigen, bevor ich heimgehe.
Die Vergangenheit ist vergangen und für mich erledigt,
Oft habe ich im Leben Dinge getan, die ich gar nicht wollte. Das will ich jetzt nicht mehr.
Ich habe meinen Körper durch den Alkohol und die Bulimie misshandelt. Ich will das nicht mehr.
Ich habe mir ständig für alles die Schuld gegeben. Ich will das nicht mehr. Ich habe nie meine Wünsche ausgedrückt. Ich will das jetzt.

4. Oktober 2007

Mein Chef hat mir geschrieben, dass er gestresst ist und noch nicht weiß, wann er mich besuchen wird. Ich halte es jetzt auch nicht mehr für notwendig. Außerdem soll er nur kommen, wenn er es gerne tut und nicht aus Pflichtgefühl.
Ob ich mich wirklich verändert habe, wenn ich hier rauskomme? Ich werde das wahrscheinlich selbst nicht merken.
Gestern hatte ich in Lukas Anwesenheit endlich das Gefühl, dass ich so sein kann und auch darf, wie ich bin.
Lukas wird mein Bild an einem Platz in der Nähe meines Rückzugsortes hängen.
In meiner Welt ist gerade alles in Ordnung. Mit Gedanken kann ich alles reparieren.

Bei der Visite wurde heute zum ersten Mal meine Abreise angesprochen. Wir haben nächsten Freitag ins Auge gefasst. Aber vorher soll ich unbedingt noch mit Lukas zu einem Paargespräch. Allzu lange soll ich nicht zu Hause bleiben, da der Einstieg in den Beruf immer schwieriger ist. Aber das muss ich selbst fühlen. Für mich wäre es ideal am Dienstag darauf heimzugehen, weil ich dann noch zweimal beim Dr. Oberndorfer wäre und zweimal bei der Leibtherapeutin. Das brauch ich für mich, um abzuschließen.

Hatte im Wintergarten ein Gespräch mit Karola. Sie hat mir aus ihrem Leben erzählt. Irgendwie sind die Lebensgeschichten der Patienten ähnlich. Auch die meine. Ihr Mann ist ein Geschäftsmann, der ständig reist und nur an seine Arbeit denkt. Sie hält ihn für gefühlskalt. Sie selbst ist mit Leib und Seele Lehrerin für sehbehinderte Kinder. Sie haben auch kein Sexualleben mehr, was immer wieder zu Streit führt. Ist das den Männern wirklich so wichtig? Wenn sie nicht mehr weiter kann, dann trinkt sie, auch eine ganze Flasche Schnaps auf einmal. Dann holt ihr Mann ihren Vater zu Hilfe. Ihre Tochter ist jetzt auch in einer Gesprächstherapie, weil sie durch die Ehekrise in der Mitte gestanden ist. Ich wollte ja auch mit Daniele schon mal wohin, aber er will es absolut nicht.

Auf jeden Fall wollte auch sie sich umbringen. Sie ist betrunken mit einem Messer in den Wald gefahren, aber dann eingeschlafen.

Ich habe Tabletten geschluckt und Maria wollte von einer Autobahnbrücke springen. Wir sind alle gleich alt und haben uns dann hier getroffen und wir hatten viel Gesprächsstoff. Die Männer sind nicht gut weggekommen. Gut, Maria hat das hinter sich, sie hat sich scheiden lassen. Da hat ihr Vater geschimpft. Der dürfte meinem ähnlich sein. Obwohl meiner ja Tarantella tanzen würde, mit Kastagnetten in den Händen, wenn ich Lukas verlassen würde.

Ich werde heute wieder alleine ins Café fahren und nachdenken.

Der Termin für meine Abreise macht mich ängstlich. Wie wird es werden?

Aber es ist mein gutes Recht, als Patientin zu fragen, ob ich noch bis Mittwoch bleiben kann. Ich muss das Abschließen. Selbstbestimmung nenn ich das.

Meine Mama denkt, ich wäre arm, weil ich schon so lange hier bin, aber ich hole hier viel nach. Ich bin nicht arm. Und jetzt, wo es mir viel besser geht, schon gar nicht mehr.

Lukas hat eine Theorie aufgestellt, er meint, dass sich Armando auch etwas die Schuld gibt, weil ich am Anfang meiner Turnusausbildung wieder mit dem Alkoholtrinken angefangen habe. Wegen des alkoholfreien Biers wurde ich immer gehänselt. Aber ich kann mich nicht erinnern, dass Armando mich gedrängt hätte, ein Alkoholhaltiges zu trinken. Im Gegenteil, wenn er gekommen ist, hat er immer ein paar ohne Alkohol mitgebracht. Das heißt, mit weniger Alkoholgehalt, einen minimalen Promillegehalt hat es ja.

Das erste Bier habe ich mit Kollegen auf der Chirurgie getrunken.

Eine Sorge habe ich bezüglich Daniele, die ich mit Lukas unbedingt besprechen möchte. Es geht um die ständige Kritik an ihm. Ich habe Angst, dass Daniele sich denkt, dass er nicht gut genug ist, und dann wird er womöglich auch mal ein Mensch ohne Selbstwertgefühl.

Ich habe immer versucht, Papas Anerkennung zu gewinnen, aber es hat nicht so ganz funktioniert. „Ich bin nicht gut genug". Das habe ich mir oft gedacht. Ich denke, man kann nicht immer die Kindheit für Dinge, die später nicht toll laufen, verantwortlich machen, aber durch die Zeit, in der Mama mit Krebs im Krankenhaus war, hatte ich oft Angst, verlassen zu werden. Und ich hatte ständig ein Gefühl der Einsamkeit. Und an diese Zeit kann ich mich immer noch nicht erinnern. Ob da jemand mit mir gesprochen hat? Ich kann mich auch nicht mehr erinnern, wer mir gesagt hat, dass sie sterben wird. Oder habe ich das nur selbst geglaubt. Vielleicht habe ich Krebs einfach mit Tod gleichgesetzt.

Ich kann mich aber erinnern, dass ich immer mit meiner Cousine Rosaria verglichen wurde. Wenn ich irgendwie aus der Reihe getanzt bin, hat es geheißen, ich bin wie sie. Für meine Mama war Rosaria ein rotes Tuch, eine Schauspielerin. Ich denke, sie war einfach nur aufgeweckt.

Dann gab es noch meine Tante Margarethe, die mich ständig kritisiert hat, weil ich wie ein Junge gekleidet war und weil ich keine Tischmanieren hatte. Bei jedem Treffen hatte ich Angst, was sie wieder zu mir sagen würde. Aber die Angst kam vielleicht auch daher, weil meine Mama mich im Volksschulalter, als die Lehrerin gesagt hat, wir müssten aufgeklärt werden, mit dem Auto zu ihr gefahren hat. Dort setzten wir uns ins Wohnzimmer und sie brachte ein Buch und erzählte mir anhand von grausigen Bildern etwas über den Körper von Erwachsenen und was man so tut damit. Ich war entsetzt. Sie war Krankenschwester und hat es sehr nüchtern erklärt. Ich glaube, ich habe gar nichts gesagt. Meine Mama hat im Auto gewartet in der Zwischenzeit.

Ich glaube jeder Mensch hat ein kleines Kind in sich. Meines ist derzeit halt sehr ausgeprägt.

Ich möchte meinen Eltern keine Schuld mehr geben, auch sie waren mal Kinder, denen man wehgetan hat. Die Vergangenheit kann man nicht ändern. Meine Eltern haben ihr Bestmögliches getan. Sie haben uns Kindern beigebracht, was sie selbst gelernt haben. Und meine Mama hatte sicher auch keine so schöne Kindheit mit einem Vater, der Alkoholiker war. Und ich denke, die Ehe von meinen Großeltern war auch nicht immer so rosig.

Papa war ein Kind unter vielen anderen. Jetzt wird er von meiner Nonna immer auf ein Podest gestellt, aber damals ist er sicher zu kurz gekommen. Möglicherweise will er deshalb seine Träume in uns Kindern verwirklichen. Ob man sich seine Eltern wirklich ausgesucht hat? Ich kann es mir nicht vorstellen. Manche meinen schon, damit man eine gewisse Lektion im Leben lernt.

Der Regen prasselt an die Scheibe. Ich finde das schön. Noch vor ein paar Wochen hätte ich eine miese Stimmung gehabt bei dem Wetter. Aber es hat mal jemand zu mir gesagt, dass es gar kein schlechtes Wetter gibt, sondern nur unpassende Kleidung. Außerdem bin ich hier im Warmen und sitze vor einer schönen Tasse Cappuccino. Ich genieße es. Ich vertraue mich dem Strom des augenblicklichen Geschehens an. Ich bin am richtigen Ort, zur richtigen Zeit und tue genau das Richtige.

In der Genussgruppe haben wir Regeln gelernt, die finde ich gar nicht schlecht.

1.   Genieße bewusst

2.   Genieße lieber wenig aber richtig

3.   Genieße die kleinen Dinge des Alltags

4.   Schule deine Sinne für den Genuss

5.   Gönne dir den Genuss

6.   Nimm dir Zeit zum Genießen

7.   Genieße auf deine eigene Art

8.   Überlasse deinen Genuss nicht dem Zufall

Ich denke, dass für mich als Frau jetzt eine tolle Zeit beginnen kann. Das Alter ist ideal. Nicht mehr zu jung und auch noch nicht zu alt. Ich kann meinen eigenen Stil entwickeln und ich kann mein Leben gestalten, nach meinen Vorstellungen. Toll. Ich werde es genießen.

Oft stelle ich einfach nur Vermutungen auf. Ohne Beweise zu haben. Zum Beispiel denke ich mir oft, dass Lukas etwas nicht verstehen wird, also spreche ich es gar nicht an. Und oft denke ich mir, ich will nicht lästig erscheinen, deshalb bin ich oft zurückhaltend.
Bedürfnissen gehe ich oft nicht nach, weil zu viel Aufwand damit verbunden wäre, oder ich denke mir, dass es zu viel Zeit in Anspruch nimmt.
Und dann denke ich mir, ich mache es halt irgendwann einmal. Somit ist die Erfüllung meines Bedürfnisses schon zu Grabe getragen.

Ich liebe es mit Büchern und Schreibausrüstung in einem netten Café zu sitzen, aber zu Hause ist mir das zu viel Aufwand. Ich bräuchte mich nur ins Auto zu setzen.

Ich werd nicht mehr so einfach aufgeben und mich im Leben dahintreiben lassen. Ich nehme das jetzt selbst in die Hand. Und ich werde nicht mehr einfach nur funktionieren.

Das Thema Arbeitsplatz muss ich auch mal überdenken. Ist es das, was ich will? Ich habe es satt, ständig Aufträge von den Schwestern zu bekommen, in welche Untersuchungskoje ich gehen soll und wo noch jemand wartet. Aber den Druck mache ich mir ja selber, indem ich alles erledige, was verlangt wird. Das wird natürlich ausgenützt. Und dann der ständige Ärger mit den Schwestern auf den Stationen, die denken, ich lege ihnen böswillig einen Patienten auf die Station. Ich bin eine gut bezahlte Telefonistin. Aber ich habe auch sehr viel gelernt in den zweieinhalb Jahren. Auch fachlich, gerade was Notfälle innerhalb des Krankenhauses betrifft. Und das Team ist in Ordnung. Sieben verschiedene Menschen, jeder großartig auf seine Art. Aber die Kollegen auf den Stationen belächeln uns oft. Die sollten sich einmal einen Tag in die Notaufnahme stellen. So, jetzt ist es raus. Ich bin scheinbar mit der Arbeit doch nicht so zufrieden. Aber ich brauche Geduld. Bis sich etwas Neues ergibt, brauche ich den Job. Wie könnte ich das Beste daraus machen? Ich komm dort nicht mehr vom Fleck. Ich kann meine Fähigkeiten dort nicht entfalten. Auf jeden Fall brauche ich in meiner Freizeit einen Ausgleich. Die nächtlichen Ausfahrten mit dem Notarztwagen, direkt aus dem Bett heraus und das Nichtwissen, was einen erwartet, ist oft auch „unpackbar", fast nicht auszuhalten. Die Nächte sind echt anstrengend. Und wenn keine Ausfahrt ist, dann kommt ein Patient nach dem anderen in die Notaufnahme und manchmal haben sie nur einen Sonnenbrand, durch den sie nicht einschlafen können. Ich fühle mich oft wie eine Marionette. „Sie wünschen, ich spiele." Zeit bleibt für den Einzelnen sowieso keine. Der Mensch wird nicht mehr gesehen. Ich muss mich umorientieren. Aber ich kann noch wählen.

5. Oktober 2007

Heute kommt ein Fernsehteam. Auf der Station herrscht ein Tohuwabohu. Keiner weiß, was er davon halten soll. Worte wie Stigmatisierung fallen. Ich weiß nicht, was an meinem Arbeitsplatz gesagt werden würde, wenn man mich auf einer psychiatrischen Abteilung sieht, wo ich gerade ein Bild male oder etwas bastle. Ist aber auch ein witziger Gedanke. Und dann könnte ich auch noch Grüße senden.

Es gibt genug Menschen, die damit nichts anfangen können. Jeder kann es gar nicht verstehen. Wenn man selbst noch nie damit in Kontakt kam, mit einer psychiatrischen Erkrankung.

Armando hat mir gestern eine SMS geschrieben. Ich bin voll sauer jetzt. ER hat gefragt, wie lange ich noch im „Kuckucksnest" bleibe und wie viel ich schon zu genommen habe. Dann hat er geschrieben, ich soll auf 58 Kilo zunehmen. Was geht ihn das eigentlich an? Aber ich habe natürlich brav geantwortet. Hab ich denn gar kein Recht auf Eigenbestimmung? Darf ich nicht zunehmen, wie viel ich will? Ich bin wütend. Was bildet er sich ein? Zuerst meldet er sich wochenlang nicht und dann gibt er mir Ratschläge?!
Aber so ist er eben und ich sollte ihn so annehmen. Und immerhin hat er sich gemeldet.
Ich bleibe noch bis Mittwoch und ein Paargespräch wird noch organisiert. Habe heute mit einer guten Bekannten telefoniert, sie arbeitet auch im selben Krankenhaus wie ich und sie hat mir geraten, noch nicht mit 1. November arbeiten zu gehen. Ich soll erst mal schauen, wie es mir nach so einem langen Aufenthalt zu Hause geht.

Das Fernsehen war da und hat gar nichts gefilmt. Die Aufregung war also umsonst.

Es ist noch immer alles in Ordnung in meiner Welt. Alles läuft gut.

Jetzt nicht mehr. Lukas hat mir im Streit wieder so viele Dinge an den Kopf geworfen. Immer bescheiße ich ihn, ich ändere mich nie, immer geht alles nach mir, ... Das Übliche. Und Daniele ist wieder einmal danebengestanden. Das geht nicht. Und dann kommt er her und will mich in den Arm nehmen. Was bildet er sich eigentlich ein? In mir sträubt sich etwas. Warum kann er nicht endlich aufhören, über diese blöden Seitensprünge zu reden? Daniele glaubt, wenn wir streiten, ist er schuld. Die Angst vor zu Hause wird immer größer.
Morgen ist es wieder so weit, zumindest übers Wochenende.

Wir werden das Bad gemütlich machen. Wir arbeiten daran, unsere Beziehung zu verbessern, aber es ist schwer. Und wir streiten viel, aber das heißt auch, dass sich etwas tut.

Stimmt es, dass sich immer nur alles um mich dreht? Ich empfinde es nicht so.

Ich habe mich und meine Eltern jetzt geschrumpft im Geiste und getröstet und dann habe ich uns gemeinsam in mein Herz gesetzt. Danach musste ich weinen. Meine Eltern waren auch verletzlich als Kinder und sind es auch jetzt noch.

Ich empfinde Dankbarkeit.

6. Oktober 2007

Heute ist Armandos Hochzeitstag. Damals war es ein schöner Tag. Ich musste viel weinen. Hatte das Gefühl, ein Teil von mir zieht aus.
Heute Früh habe ich mich toll gefühlt und mich dementsprechend angezogen.
Habe wieder Komplimente bekommen beim Frühstück.
In meiner Welt ist jetzt alles in Ordnung. Ich fühle mich gut. Ich werde ein schönes Wochenende zu Hause verleben.

Meine Ergotherapeutin hat mir eine Mail geschrieben, sie meint, sie findet es toll, wie ich reflektiere und mich verändere. Und sie würde sich freuen, wenn wir uns wiedersehen würden. Heute habe ich schon Acrylfarben besorgt, damit ich zum Malen beginnen kann.

Und ich werde mit dem Meditieren beginnen, damit ich ruhiger werde.

Die Tage werden kürzer. Ich empfinde die Dunkelheit derzeit sogar als angenehm. Ich liebe Kerzenschein. Ein Gefühl der Geborgenheit stellt sich ein.

7. Oktober 2007

Heute habe ich zum ersten Mal das Gefühl, hierbleiben zu wollen, anstatt zurück ins Krankenhaus zu fahren.
Obwohl wir in der Nacht Sex hatten und ich es nicht wollte. In der Früh hat Lukas gesagt, er macht sich schon Sorgen wegen meiner Entlassung aus dem Krankenhaus und weil ich mich überhaupt noch nicht geändert habe. Ich bin immer noch so ein unzufriedener Mensch meint er. Dann hat er neben Daniele wiedermal die Seitensprünge erwähnt. Das finde ich äußerst unpassend. Ich bin einfach ruhig geblieben. Aber ich war gekränkt. Auf dem Handballturnier unseres Sohnes haben wir dann weitergeredet und er hat gesagt, dass er mir nicht vertraut. Ich habe dann gesagt, dass wir uns trennen können und uns einen Mediator suchen sollten. Er hat dann von seiner Angst erzählt, ich könnte ihn vor die Tür setzen. In der Früh hat aber er zu mir gesagt, ich solle nicht mehr heimkommen. Ich bemühe mich, wirklich anders zu werden. Ich kämpfe jeden einzelnen Tag. Warum sieht er das nicht? Und warum will er mit mir Sex haben, wenn ich eh so ein furchtbarer Mensch bin in seinen Augen.
Ich habe mir in diesem Moment gedacht, die Zeit im Krankenhaus war vergeudet.

8. Oktober 2007

Ich habe diese ständigen Vorhaltungen, was ich irgendwann einmal getan habe, satt. Und das immer neben unserem Sohn. Er denkt überhaupt nie darüber nach, was er ihm damit antun könnte. Gestern kam alles so rüber, als wäre ich wieder einmal an allem schuld. Er sagt, er würde alles für mich tun, dann soll er mich doch einfach mal verstehen. Er braucht Sicherheit. Ich genauso. Ich möchte mir auch sicher sein, nie wieder geschlagen zu werden. Ich habe mich in die Ecke gedrängt gefühlt wie immer, wenn wir ein Streitgespräch haben. Und ich wollte nur eine saubere Trennung, wenn unsere Probleme laut ihm eh unüberbrückbar sind. Warum akzeptiert er nicht einfach, dass ich ihn liebe, und ohne ihn nicht sein will. Und ich ihn für einen großartigen Menschen halte. Auch wenn es keiner versteht. Er soll es einfach als gegeben annehmen, dann wäre alles leichter. Jetzt bin ich verzweifelt, weil ich Angst habe, dass sich nichts ändert. Aber dann weiß ich, was zu tun ist.

In der psychotherapeutischen Gruppe geht es heute um Kindererziehung. Früher hatte jedes Kind Aufgaben zu erledigen, heute sitzen sie vorm Fernseher oder spielen Playstation. Die Werte haben sich geändert. Die Eltern hatten mehr Zeit. Aber wenn man genauer nachfragt, hatten sie auch nicht mehr davon, sie haben zu Hause auf dem Hof gearbeitet. Kinder mussten sich früher mehr mit sich selbst auseinandersetzen. Ich nicht, ich war beschäftigt. Die Lehrer hatten mehr zu sagen. Heute dürfen sie nicht mal mehr Strafaufgaben geben. Die Kinder kennen ihre Rechte sehr gut.

Die Gesprächstherapie war heute toll. Ein Praktikant war heute dabei, ich hatte kein Problem damit. Vor der Stunde hat Dr. Oberndorfer zu ihm gesagt: „Jetzt kommt Fr. Dr. Vitiello, mit der arbeite ich sehr gerne, weil wir so gut vorankommen." Zuerst haben wir über Armandos SMS gesprochen. Wir haben uns darauf geeinigt, dass er eben ein Unfallchirurg ist, darum ist er kurz angebunden, nur das Wesentliche wird erfragt und immerhin hat er sich Gedanken gemacht. Glücklich macht mich das aber noch nicht muss ich gestehen. Aber es ist ein Anfang. Der Grund, warum ich zu einer weiblichen Therapeutin gehen soll, ist der, weil ich durch die Frauensolidarität mal so richtig über Männer schimpfen könnte, die in meinem Leben ja eine große Rolle spielen. Das klingt gut. Dr. Oberndorfer und ich verstehen uns zwar auch sehr gut, aber er möchte Stunden einsparen. Außerdem meint er, irgendwann würde der Zeitpunkt kommen, wo wir uns gewaltig streiten und dann würde ich erst mal nicht mehr kommen und später wäre mir dann die lange Fahrt zu mühsam. Einmal in der Woche sollte ich jetzt zur Therapie gehen. Und das wären doch immer 60 Kilometer hin und wieder zurück.

Lukas habe ich von der Stunde heute erzählt und per SMS muss wieder ein Missverständnis rausgekommen sein. Er wollte nichts mehr sagen. Ich habe ihm halt gesagt, dass meine Ärzte und Therapeuten meinen, es wäre sinnvoller, jeder von uns beiden würde erst mal in Einzeltherapie gehen und später können wir dann gemeinsam zur Paartherapie, falls es dann überhaupt noch möglich sein sollte. Er sträubt sich gegen eine Einzeltherapie.

Über die Streitgespräche mit Lukas am Wochenende haben wir auch gesprochen in der Therapiestunde, aber ich seh das heute sowieso etwas anders. Immerhin habe ich von mir aus einige Dinge gesagt, wie ich sie sehe, und das war gut. Besonders, dass meine besten Jahre jetzt vor mir liegen. Da hat Lukas ziemlich geschaut und ich denke, er musste das erstmal verdauen. Er muss wahrscheinlich mit meinem Egotrip erst umgehen lernen, darum wäre eine Therapie seinerseits gut. Aber ich bin ja „die Gestörte". Dr. Oberndorfer fand die Meldung „cool" von mir. Gestern hätte ich innerlich eine Trennung wirklich akzeptieren können, weil ich mir gedacht habe, mein Leben liegt noch vor mir und ich möchte noch so viel machen und das in Ruhe.

Lukas hat einen Termin bei einer Ehe-, Familien- und Lebensberaterin organisiert, sie ist auch Trainerin für Paarkommunikation. Ich möchte auf jeden Fall hingehen, wir können uns das mal anschauen. Sie kann uns ja auch Ratschläge geben. Man sieht, dass er sich dahinterklemmt. Wir wollen ja beide an der Beziehung arbeiten und das ist das Wichtige daran. Wenn beide es wollen, kann und wird es auch funktionieren. Habe heute eine Therapeutin in meiner Gegend kontaktiert. Leider habe ich sie nicht erreicht, aber ich habe ihr aufs Band gesprochen. Dr. Oberndorfer hat mich überrumpelt, er hat mir sein Handy in die Hand gedrückt und ihre Nummer gewählt. Da hatte ich keine andere Wahl mehr. Aber zum Telefonieren bin ich rausgegangen, ich wollte nicht, dass jemand meine Unsicherheit sieht. Sie ist eine patientenorientierte Therapeutin und macht auch Focusing. So wie Dr. Oberndorfer, das heißt, man muss auf die Körpergefühle mehr achten.

Die Besonderheit ist die innere Orientierung des Gesprächs an bedeutungshaltigen Körperempfindungen, dem sog. Felt Sense, die der Klient als „körperliche Resonanz" zu seinem Problem zu spüren lernt. Durch schrittweise Symbolisierung (Suchen stimmiger Worte, Bilder, Bewegungen, ...) dieser körperlich fühlbaren Bedeutung eines Problems sollen die zuvor nicht dem Bewusstsein zugänglichen, unklaren Aspekte dieses Problems klarer verstanden und damit einer Veränderung zugänglich gemacht werden.

Der Focusing-Prozess läuft in folgenden Schritten ab:

1. Freiraum schaffen: Sich auf das Problem einstellen, jedoch einen inneren Abstand dazu wahren.

2. Einen Felt Sense kommen lassen: Aufmerksamkeit auf Brust-/Bauchraum richten und dabei „körperliche Resonanz" zum Thema entstehen lassen.

3. Den Felt Sense beschreiben – „einen Griff finden": Einen Begriff oder eine kurze Beschreibung für dieses - meist diffuse - Körpersignal kommen lassen.

4. Vergleichen: Den gefundenen Begriff mit dem Felt Sense abgleichen.

5. Fragen: Was braucht der Felt Sense, um sich mit dem Problem (wieder) wohler zu fühlen und Lösungsrichtungen zu entwickeln?

6. Annehmen und schützen: Schützen des Prozesses gegen innere Kritikerstimmen, Ergebnis würdigen.

Als Grundhaltungen in diesem Prozess werden u.a. „Freundlichkeit sich selbst/dem eigenen Körper gegenüber", „das Existierende annehmen" und absichtsloses „Da-Bleiben und Kommen-Lassen" empfohlen. Die körperlich spürbare Veränderung (felt shift) vom unklaren Gefühl zur inneren Klarheit, die der Fokussierende dann erleben soll, wird als wesentlicher Bestandteil der Persönlichkeitsentwicklung betrachtet. (Quelle: Wikipedia)

Ich werde auf jeden Fall auf mich achten und in mich reinhören, auch wenn Lukas sagt, dass sich alles nur um mich dreht. Es gibt ja Gründe, warum ich in der Psychiatrie gelandet bin.

Die Therapeutin hat mich zurückgerufen, sie klang sehr nett und einen Termin hat sie noch frei. Was für ein Glück. Gleich nach meiner Entlassung werde ich bei ihr ein Erstgespräch haben. Wieder ein Schritt weiter nach Hause.

Lukas möchte zuerst zweimal in eine Paartherapie, bevor er in Einzeltherapie geht. Er weiß sonst nicht, was er besprechen soll. Ich habe ihm gesagt, das kommt von selbst. Aber er ist halt noch nie mit so etwas in Kontakt gekommen. Allerdings hatte ich vor meinem ersten Therapiegespräch im Mai auch keine Ahnung, was auf mich zukommt. Jetzt bin ich ja schon direkt routiniert. Ich bestehe auf jeden Fall darauf, dass er das macht. Das soll eine Bedingung für unseren weiteren gemeinsamen Weg sein.
Ein Pfleger hat heute ein wenig abwertend über Lukas gesprochen, das hat mich sehr geärgert. Er hat gemeint, dass es Zeit wird, einmal nachzudenken, was er mir alles angetan hat, und es wird Zeit zu handeln, was seine Aggressionen angeht. Mich hat das wahrscheinlich geärgert, weil ich viele gute Seiten an ihm kenne. Er liebt mich wahnsinnig und würde auch alles für mich tun. Und er bemüht sich, er will genauso daran arbeiten. Und er hat ja auch bewiesen, dass er die Beziehung, wie sie mal war, nicht mehr will, indem er die ganzen Wochen lang auch keinen Tropfen Alkohol angerührt hat.

9. Oktober 2007

Gestern hatte ich wieder Besuch von meinen Eltern. Meiner Mama hat das gefallen, wie ich dagesessen bin und Socken gestrickt habe. Sie hat gemeint, sie hätte mir das nie zugetraut. Als Kind sind mir in der Volksschule angeblich immer die Nadeln eingerostet, weil ich so langsam war, wenn ich was stricken musste. Ich kann mich nicht mehr erinnern, aber wird schon so gewesen sein. Was das Arbeitengehen betrifft, meint sie auch, es wäre richtig, noch ein wenig zu Hause zu bleiben. Zumindest tut sie verständnisvoll. Was sie wirklich denkt, weiß ich nicht. Aber Papa hat heute wieder mal alle

Register gezogen. Er hat gemeint ich könnte mich in Ried, Wels oder Linz bewerben. Das Pendeln wäre egal. Das sind überallhin circa 60 Kilometer. Und ich soll eine Haut- oder Leberausbildung machen. Ich habe mich gefragt, was eine Leberausbildung ist. Er weiß nicht, dass das zur Interne gehört, aber als ich ihm das gesagt habe, hat er gleich gemeint, ich soll wieder mal eine Interneausbildung machen und Oberarzt werden. Er hat nicht aufgehört damit. Anfangs wollte ich es ignorieren, aber dann ist es plötzlich aus mir rausgeplatzt. Ich habe geschrien, dass ich möglicherweise mit der Medizin ganz aufhören werde und eine Ausbildung zur Mediatorin mache. Dann war Stille. Aber ich habe die Tränen in seinen Augen gesehen. Und meine Mutter hat gemeint: „Dann war ja das ganze Studium umsonst." Ist irgendetwas umsonst im Leben?

An das Gespräch zwischen Papa und mir in der Küche nach der Matura, an das kann sie sich auch nicht mehr erinnern. Damals hatte ich mich fürs Dolmetschstudium eingeschrieben und Papa hat gemeint, dass das ein „brotloses" Studium ist und man nicht davon leben könnte, und warum ich denn nicht Medizin mache. Für sie war immer alles meine Entscheidung. Aber das Gespräch hat mich sehr beeinflusst, und ich habe als „brave Tochter", die ich immer sein wollte, den Rat befolgt. Heute kann ich nicht mehr sagen, ob ich das Medizinstudium wirklich wollte oder nicht. Es hat mir sehr gut gefallen und ich bin gerne Ärztin.

Jetzt bin ich da, wo ich eben bin und weiß, dass mir noch alles offen steht, und ich endlich eigene Entscheidungen treffen kann. Es wird auf jeden Fall spannend.

Gestern Abend hatten wir noch Spaß, ein paar Patienten sind zusammengesessen, und ich habe ihnen dann erzählt, dass ich gar nicht krank bin, sondern nur hier bin, um eine Reportage über das Leben in einer Psychiatrie zu schreiben, deshalb laufe ich immer mit meinem Tagebuch herum. Dann haben wir diese Fantasie weitergesponnen. Irgendwann war ich dann ein Spion vom Gesundheitsministerium und lasse eine Bombe platzen, wenn ich nach Hause gehe und allen sage, dass ich sie verarscht habe.

Lukas hat mich dann gefragt, als ich ihm davon erzählt habe, ob er in der Geschichte mein jugendlicher Liebhaber sein dürfte.

Gestern habe ich auch Patientenpost von ein paar Leuten aus meinem Krankenhaus bekommen. Bei der Adresse haben sie „Psychiatrie????" geschrieben. Sie wussten nicht wirklich, auf welcher Abteilung ich stationiert bin, aber scheinbar haben sie sich gedacht: „Wo sollte sie denn sonst sein?" War ein netter Brief:
„Liebe Nunzia! Wir wünschen Dir alles erdenklich Gute, baldigste Besserung und freuen uns schon auf Deine Rückkehr!" Wieder mal habe ich mit den Tränen kämpfen müssen.

Von Lukas habe ich dann auch Patientenpost bekommen, aber es wäre besser gewesen, er hätte das nicht gemacht. Er hat darin gefragt, ob er da obszöne Dinge reinschreiben kann, oder ob jemand die Post liest. Von dem Brief habe ich mir einfach was anderes erwartet. Aber ich hab ihn ja gefragt, ob er mir auch schreiben könnte, und da wird ihm nichts eingefallen sein auf die Schnelle. Die Einrichtung find ich ja gut. Man kann im Internet einen Brief schreiben und der wird dann ausgedruckt und in einem schönen Kuvert, mit einer Sonnenblume darauf, zum Patienten gebracht. Geht ganz schnell.

Heute war ein Notfall auf der Station. Eine ältere Dame ist kollabiert, war aber nichts Ernstes. Mich hat es schon ein wenig gejuckt, aber ich war auch froh, das Ganze mit Abstand sehen zu können. Aber an meinen Beruf hat es mich stark erinnert.

Der Professor hat mich heute bei der Visite gefragt, ob ich mit dem Heimgehen nächste Woche umgehen kann. Was soll ich darauf sagen? Irgendwann muss ich mich dem Leben „draußen" wieder stellen. Kann mich nicht ewig verkriechen. Meine Ärztin kommt am Nachmittag noch mal, um über das vergangene Wochenende mit mir zu sprechen. Sonntag Früh war schon schlimm für mich. Eine emotionale Katastrophe, aber es hatte eben Sinn, weil es zu einem Gespräch zwischen Lukas und mir geführt hat. Aber wenn diese Aufregungen neben der Arbeit auch wieder dauernd stattfinden, dann kann ich wahrscheinlich bald wieder nicht mehr. Darum brauche ich noch Zeit zu Hause. Ich bin immer „die Gestörte", die sich ändern muss. Ich empfinde es zumindest so. Und ich möchte nicht mehr, dass neben Daniele gestritten wird. Das arme Kind. Ich hoffe er packt das irgendwie.

Bin jetzt doch etwas traurig, weil ich mich für alles verantwortlich fühle, ich gebe mir schon selbst die Schuld. Wenn Lukas beschließt, er macht jetzt alles besser, dann passiert das von einer Minute auf die andere und damit ist es für ihn schon erledigt. Für sich selbst hat er sich dann schon geändert. Und ich bin die „Gestörte", bei der sich auch nach 8 Wochen Aufenthalt auf der Psychiatrie nichts ändert. Aber ich find schon, dass ich mich verändert habe.
Immer redet er vom „Wir" und ich weiß aber, dass es für mich zuerst mal das „Ich" geben muss. Mensch, das klingt egoistisch. Das heißt aber nicht, dass ich einen neuen Partner haben möchte. Ich will ihn. Davor hat er Angst. Ich möchte mich aus dieser „emotionalen Abhängigkeit" lösen. Wir sind zwei verschiedene Individuen. Und er macht alles von mir abhängig, auch sein Glück. Ich habe auch immer Schuld gehabt, wenn er Alkohol getrunken hat, weil er es nicht mehr ausgehalten hat, wenn ich getrunken habe. Aber ist nicht im Endeffekt jeder für sich selbst verantwortlich?
Die Paartherapie ist für ihn auch schon wieder das Wichtigste. Er denkt wahrscheinlich, wir müssen gemeinsam kämpfen und dazu muss er mich überzeugen. WIR; WIR; WIR. Ich will raus aus dieser Einheit. Ich möchte als eigenständiger Mensch gesehen werden.
Vielleicht bin ich wirklich der „faule Apfel" und erzähle immer nur meine Sicht der Dinge, die aber falsch ist. In Wirklichkeit ist es ganz anders und ich habe meinen Therapeuten auch manipuliert?

Aber ich weiß nur, ich kann so, wie es war, nicht weiterleben. Wie konnte ich in so eine emotionale Abhängigkeit gelangen; von der zu meinen Eltern, in die zu meinem Partner. Ein direkter Übergang.

Mein ehemaliger Therapeut wollte mich aber immer davon überzeugen, dass ich sehr wohl eigenständig bin.

Und ich will, wenn ich Nachtdienst habe, nicht mehr ständig mit Lukas telefonieren, auch wenn das teilweise auch an mir hängt. Ich rufe auch oft an. In Gedanken bin ich schon eigenständig. Ich habe mich selbst in die Beziehung reinkatapultiert und meinen Teil dazu beigetragen, dass es so geworden ist und ich mich abhängig gemacht habe und er hat sich abhängig gemacht. Wenn ich am Wochenende am Schreibtisch sitze, den er mir geplant hat, ist es auch nicht recht, weil ich zu wenig mit ihm rede. Aber er will eh nur hören, was er will, dass ich endlich einsehe, dass er es nur gut meint, und ich soll meine Fehler eingestehen. Und dann soll ich ihm huldigen! „Liebe mich und umarme mich", sagt er dann. Er merkt gar nicht, wie er mich damit erdrückt, wie er mich jedes Mal wieder ein wenig mehr zerquetscht. Darum bin ich wahrscheinlich so dünn geworden. Er meint, mich kann man nicht allein lassen, sich nicht auf mich verlassen, weil ich sonst den nächsten „Scheiß" baue. Wie bei einem kleinen Kind. Und so fühle ich mich auch, ganz klein. Er vermittelt mir das so. Bin ich wirklich so ein Egoist?

Morgen treffe ich mich mit Lukas, ohne Daniele. Wir wollen reden. Ich werde mir einige Punkte notieren, die ich mit ihm besprechen möchte. Dann komm ich nicht davon und bin auch vorbereitet.

1. Eifersucht: ich möchte einfach nicht mehr ständig daran erinnert werden, und es nicht ständig um die Nase gerieben bekommen, welch schlechter Mensch ich bin. Wenn er in Therapie gehen würde, könnte er das mit dem Therapeuten besprechen und hätte ein wenig Luft.

2. Eigenständigkeit: Das heißt für mich, dass ich mich weiterentwickeln kann. Ich will nicht unbedingt immer alles gemeinsam machen, sondern ich würde gerne meine eigenen

Interessen verfolgen. Ich möchte etwas, das meines ist. Ich möchte kreativ sein. Wenn wir getrennte Sachen machen, dann haben wir auch mehr Gesprächsstoff.

3. Alkohol: Er darf genauso wenig wie ich mehr was trinken. Der Alkohol muss aus unserer Beziehung komplett raus. Sonst funktioniert es mit Sicherheit nicht. Dazu brauchen wir auch einen anderen Bekanntenkreis. Gewisse Lokale und Veranstaltungen müssen wir meiden. Sollte Langeweile einkehren, müssen wir uns Alternativen suchen.

4. Gesprächskultur: Ich möchte, dass er keine Kraftausdrücke mehr benutzt und die Lautstärke zügelt. Ich möchte nicht mehr bei Gesprächen „in die Ecke" gedrängt werden. Vielleicht könnten wir uns ein Codewort ausdenken, wenn jemand glaubt, er hätte etwas falsch verstanden. „Blume" zum Beispiel. Auch wenn sich jemand gekränkt fühlt. Auch im Umgang mit Daniele. Er soll ihm nicht ständig sagen, dass er alles falsch macht, oder er dumm ist. Das prägt sich ein und bleibt dann als Erwachsener auch da, und er wird unsicher und hat kein oder ein mangelndes Selbstwertgefühl. Da sprech ich aus Erfahrung.

5. Freizeit: Wir sollten auch gemeinsame Unternehmungen planen: Spieleabende mit Daniele, Theaterbesuche oder Lesungen.

6. Psychotherapie: Wir sollten beide getrennt eine machen.

7. Gemeinsame Ziele: Was wollen wir noch erreichen? Hausumgestaltung, Urlaube, Arbeit, ... Dann kann man auch gemeinsam träumen und daran arbeiten.

8. Vertrauen und Verlässlichkeit: Ich werde keine Seitensprünge mehr machen, weil es keinen Grund mehr dafür gibt und es mich auch nicht glücklich macht. Ich möchte mich in der Arbeit sicher fühlen, sie ist hart genug, es soll zu Hause alles gut laufen und Lukas soll Daniele nicht alleine lassen und ins Wirtshaus gehen. Die Telefonkontakte während der Dienste möchte ich einschränken, meist haben wir uns eh nicht wirklich etwas zu sagen.

Das sind schon einige Punkte, über die wir reden können, und ich habe sie schwarz auf weiß.

Frau Feichtinger hat mich heute besucht. Welch Freude. Es geht ihr gut zu Hause. Wir haben fast eine Stunde gequatscht. Sie redet sehr viel über Daniele und wie es war, als sie hier gemeinsam gegessen haben und den Sommerflieder gesucht haben. Sie sagt immer noch, dass er so klug ist und ich stolz auf ihn sein kann. Und er hat eine gute Beobachtungsgabe und ganz viel Gefühl. Ich finde das auch. Ich habe einen großartigen Sohn. Sie kommt im Dezember in meine Heimatstadt, da werden wir uns treffen.

Die Leibtherapie war heute ein Wahnsinn. Ich kann seither nicht mehr gerade gehen, es zieht mich ständig nach rechts. Habe ein leichtes Schwindelgefühl. Sie hat die Cranio-Sacral-Therapie angewandt, um mich in meine Mitte zu bringen. Es ist auch kein unangenehmer Schwindel oder einer, der mir Sorgen bereitet. Der Blutdruck ist niedrig wie immer, aber das bin ich schon gewohnt. In meinem Kopf schaukelt alles. Ich kann keine klaren Gedanken fassen. Die Leibtherapeutin hat heute gemeint, sie hat gespürt, dass ich mir wegen kleiner Dinge Gedanken mache. Stimmt, ich mache oft aus einer Mücke einen Elefanten.

Die Cranio-Sacral-Therapie:
Die heutige Ausprägung als von der Osteopathie losgelöste Therapieform erhielt sie im Wesentlichen durch den Osteopathen John E. Upledger (Craniosacral Therapy, 1983). Upledger reduzierte das Behandlungskonzept der „Osteopathy in the Cranial Field" auf ein Konzept aus 10 Schritten und verband es mit der alternativen Psychotherapie der 1970er Jahre zum Konzept der „Somato Emotional Release" (körperlich-seelische Lösung). Er postulierte dafür sogenannte „Energie-Zysten", in denen sich ein Trauma im Gewebe fixiere.
Die Cranio-Sacral-Therapie beruht unter anderem auf der Annahme, dass die rhythmischen Pulsationen der Gehirn-Rückenmarksflüssigkeit (Liquor cerebrospinalis) sich auf die äußeren Gewebe und Knochen übertragen und ertasten lassen. Die Einzelknochen der Schädelkalotte werden für gegeneinander beweglich angenommen. Diesbezüglich gibt es

entsprechende Untersuchungen von dem St. Petersburger Neurophysiologen Yuri Moskalenko.

Durch Berührung von Kopf und Rücken will der Therapeut Informationen über mögliche Blockaden dieser Bewegung sammeln und dadurch auf Funktionseinschränkungen an Körper und Schädel einwirken, sowie indirekt auch Membranen innerhalb des Schädels (Falx cerebri, Tentorium, Falx cerebelli) und die harte Hirnhaut (Dura mater) beeinflussen. Dieses Vorgehen soll einen angenommenen „Energiefluss" verbessern und Selbstheilungskräfte aktivieren, Funktionseinschränkungen und seelische Traumata lösen. (Quelle Wikipedia)

Ich kann das Gefühl, das ich jetzt habe, einfach nicht beschreiben. Seit ich nach der Craniosakraltherapie aufgestanden bin, habe ich es. Mir ist einfach komisch. Eine Mitpatientin hat mir gesagt, dass es mich beim Gehen nach rechts zieht, das sieht man. Nächste Woche muss ich mit meiner Leibtherapeutin darüber reden. Ich gehe jetzt schlafen, morgen wird es besser sein.

10. Oktober 2007

Was könnte die gestrige Leibtherapie in mir ausgelöst haben? Ich habe noch immer ein komisches Gefühl und heute habe ich einen Linksdrall. Ich kann immer noch nicht gerade gehen. Wenn das Gehirnwasser in Schwingung versetzt wird, kann ich mir gut vorstellen, dass das Schwindel auslösen kann. Ich schaue mal, wie lange es dauert, aber scheinbar habe ich ziemlich angesprochen darauf.

Habe mit der Leibtherapeutin telefoniert. Sie kann es sich nicht erklären und hat noch nie so eine Reaktion gesehen. Es ist eine sehr sanfte Behandlungsmethode. Ich fühle mich aber ruhig und relax. Sie meint, ich soll es bei der Visite sagen. Das überlege ich mir noch, vielleicht wird es ja besser. Vielleicht pendle ich mich einfach jetzt aus. Zuerst ein Rechtsdrall, dann ein Linksdrall und dann werde ich schön langsam in meine Mitte pendeln. Gelagert auf der Behandlungsliege war ich ganz gerade, das kann es also nicht sein. Ich habe mich auch währenddessen sehr wohl gefühlt. Außerdem fühle ich mich schon immer mehr mittig. Ich glaube, ich bin bald wieder die Alte, oder noch besser, ich bin bald in meiner Mitte angekommen.

Die Morgengruppe wurde heute von Schwester Gerlinde geleitet, es war sehr erfrischend. Wir sind gehüpft, haben mit den Beinen fiktive Dinge getreten, dann haben wir wieder positive Dinge über uns selbst gesagt. Ich habe gesagt, dass ich gerne kindisch bin und verbotene Dinge mache. Dann habe ich gesagt, dass ich heute ganz positiv eingestellt bin und zuerst einen Rechtsdrall, dann einen Linksdrall hatte und jetzt mittig bin. Meine Mitpatienten werden sich gedacht haben, dass es schon in Ordnung ist, dass ich in der Psychiatrie bin, bei dem Blödsinn, den ich da so von mir gegeben habe. Es hat ja keiner gewusst, was mir nach der Leibtherapie passiert ist.

Dann haben wir noch eine Visualisierungsübung gemacht. Ich war in einem Turnsaal, er sah so aus wie der in meiner Gymnasialzeit, die Sonne hat durch die Fenster gescheint. Am Ende, dort wo immer die Kletterstangen waren, war eine Tafel. Ich ging auf sie zu und habe mir einen Kreidehalter genommen. Ich habe auf die Tafel geschrieben: „In meiner Familie wird ständig gestritten."
Danach ging ich ein paar Meter zurück und habe das Geschriebene betrachtet. Es ist langsam verblasst und war irgendwann nicht mehr zu sehen. Dann bin ich wieder zur Tafel gegangen und habe hingeschrieben: „Ich bin ein wertvoller Mensch und habe es verdient, glücklich zu sein." Ich bin wieder ein paar Schritte zurückgegangen und habe das Geschriebene beobachtet. Es ist genauso stehen geblieben, wie ich es aufgeschrieben habe. Anschließend bin ich zur Tür und rausgegangen und habe die Tür hinter mir geschlossen.
Anfangs musste ich innerlich lachen, weil wir einige Lehrer in unserer Gruppe haben und ich dachte an Cordula, die wahrscheinlich ein Problem mit der Visualisierung einer Schultafel haben wird. Sie hat mir das später auch bestätigt.

Ich habe eine neue Zimmerkollegin, sie ist Psychologin und hat schon sehr lange schwere Depressionen. Sie bekommt ihre Beruhigungsinfusionen, weil Tabletten ihr nicht helfen. Sie hat schon tagelang nicht mehr geschlafen. Sie war auch Selbstmord-gefährdet. Ihr Bett hat sie sich ganz lieb hergerichtet, mit roten Tüchern und Polstern, Duftkissen und Fotos von ihrem Enkelsohn.
Ich habe noch nicht viel mit ihr reden können, weil sie versucht zu schlafen, aber sie dürfte sehr nett sein.

Bei der Visite haben sie beschlossen, dass eine Computertomografie von meinem Gehirn gemacht werden muss, weil mir schwindlig war.
Jetzt sitz ich da und warte und habe Angst. Was ist, wenn da ein grausiger Befund rauskommt? Es ging ganz schnell. Meine Ärztin hat beschlossen, dass es nötig ist und eine halbe Stunde später haben sie mich schon angerufen, dass ich gleich kommen soll. Ich hatte noch nie so eine Untersuchung. Als Ärztin ordne ich sie jedoch oft an. Jetzt weiß ich, wie sich meine Patienten fühlen. Ungewissheit ist nicht schön.
Ich habe die halbe Station mit dem Strickvirus angesteckt. Ich lenk mich jetzt mit meinen Socken ab.
Oh, ich werde aufgerufen!

Es war ein eigenartiges Gefühl in diesem Gerät. Habe mich etwas mulmig gefühlt. Die RTA hat vergessen den Bildschirm wegzuschwenken, darum konnte ich die Untersuchung verfolgen. Also Gehirn war da, es war also kein Hohlraumsausen und ich habe auch keine Blutung oder Ähnliches gesehen. Aber so genau ist die Computertomografie beim Gehirn nicht. Dafür machen wir immer eine Magnetresonanzuntersuchung. Ich war trotzdem sehr nervös währenddessen. Ärzte sind keine guten Patienten. Auf den Befund muss ich noch bis morgen warten.

Freue mich jetzt schon auf das Gespräch mit Lukas.

Bin wieder im Schutzbunker und es war ein sehr nettes Gespräch. Und produktiv. Wir konnten sehr gut diskutieren. Er fand die Idee mit dem Aufschreiben gut, und ich habe einfach alle Punkte nacheinander vorgelesen und dann hat jeder seine Standpunkte vorgetragen, und wir haben gemeinsame Lösungen gesucht. So hat das „Wir" einen Sinn. Und über die Situation am Sonntag haben wir auch noch mal gesprochen. Wir nehmen uns jetzt auch Zeit für uns allein, ohne unser Kind, das ist wichtig. Wir müssen das als Paar lösen, da hat er nichts damit zu tun. Er ist jetzt auch mit der Einzeltherapie einverstanden. In meiner Welt ist alles in Ordnung.

Heute habe ich die Ergotherapie im gegenseitigen Einverständnis mit der Therapeutin beendet. Mein Ziel ist erreicht, und ich wäre sonst nur mehr dort um die Zeit totzuschlagen. Ich wollte ein Hobby für zu Hause und ich wollte mehr Selbstvertrauen erreichen. Beides habe ich jetzt. Es ist in meinem Bild verwirklicht.

Scheinbar ist es wirklich so, dass man spürt, wenn es Zeit ist und wenn man wieder bereit ist, nach Hause zu gehen. Ich freu mich jetzt schon. Und ich finde es spannend, was das Leben noch so bringen wird und bereithält für mich. Und nach dem Gespräch mit Lukas heute sehe ich auch für unsere Beziehung eine große Chance. Gibt es etwas Größeres, als wenn zwei Menschen wissen, dass sie zusammengehören?

11. Oktober 2007

Lukas hat mir gestern noch ein paar Mal gesmst und mir geschrieben, wie toll er die Idee mit dem Aufschreiben der Punkte, die wir besprechen sollten, fand. Ich glaube, wir sollten uns regelmäßig so zusammensetzen. Einen Tag in der Woche für uns Zeit nehmen. Und das auf neutralem Boden. Nicht zu Hause, sondern auswärts bei einer gemütlichen Tasse Kaffee oder Tee.

Eine Mitpatientin ist genauso lange hier wie ich und war noch kein einziges Mal zu Hause. Jetzt wurde ihr geraten, am Wochenende mal zu versuchen, zu Hause zu schlafen. Sie lebt alleine. Jetzt ist sie etwas verzweifelt. Sie bekommt Beruhigungsmittel und darf deswegen nicht Autofahren. Einkaufen kann sie somit auch nicht, weil sie dazu das Auto bräuchte. Ich habe ihr geraten, da sie ja sowieso mit dem Taxi fährt, den Fahrer zu bitten, kurz vor dem Supermarkt stehen zu bleiben. Daran hatte sie nicht gedacht. Sie wird das schon schaffen.

Während des Gespräches mit Lukas gestern kam es schon des Öfteren zu unangenehmen Situationen, aber wir haben dann gemerkt, dass das nur dann war, wenn das Gegenüber etwas falsch verstanden hat. Also durch Missverständnisse. Ein wenig Angst habe ich schon vor den Vormittagen zu Hause, da bin ich alleine. Aber ich kann ja auch das Haus verlassen und zum Beispiel meine Mama besuchen, wenn ich nicht alleine sein will. Ich möchte so gerne eine Beziehung zu ihr aufbauen, aber ich weiß nicht, ob das jetzt noch funktioniert.
Ich beginne, mich weiblicher zu kleiden. Ich liebe es, jetzt Kleider anzuziehen. Früher hatte ich immer nur Jeans an. Vom äußerlichen Aspekt habe ich mich schon seit längerer Zeit verändert.

„Sei die Veränderung, die du in der Welt sehen willst." (Victor Frankl)

Dinge zu akzeptieren, das ist eigentlich keine Lösung. Kurzfristig vielleicht, aber ich denke nur auf lange Sicht etwas zu ändern, kann die Lösung sein. Wenn man einfach nur akzeptiert, dann gibt man auf. Und es gibt viele Möglichkeiten etwas zu ändern. Man kann sich Hilfe suchen, Strategien überlegen, eine Auszeit nehmen, Kraft tanken, sich selbst Fehler eingestehen, Einsicht zeigen. Eine Änderung ist immer unbequem und hat mit harter Arbeit zu tun. Auch wenn es einen selbst betrifft. Das habe ich jetzt gemerkt. Es kostet Überwindung und Anstrengung. Aber später kommt dann die Erleichterung. Die ist bei mir eingetreten, als ich dankbar war, Hilfe angenommen zu haben. Kleine Schritte unternehmen. Über die weiteren Ziele nachdenken. Das alles habe ich gelernt. Und, dass man nicht alles auf einmal ändern kann. Man muss sich Zeit geben. Auch in der Beziehung gibt es noch viel zu erarbeiten. Und man braucht eine Person des Vertrauens. Es reicht schon eine. Und wenn es ein Therapeut ist.

In der Morgengruppe haben wir heute auch über seelischen Missbrauch gesprochen. Den habe ich hier auch des Öfteren erlebt. Zum Beispiel, wenn ein Mitpatient ständig nur von seinen Problemen spricht und sich gar nicht fragt, ob der andere das überhaupt will.
Ich hatte ja so eine Freundin, Sibylle. Sie hat ständig nur darüber gesprochen, wie schlecht es ihr geht. Ich bin mir wie eine Müllkippe vorgekommen. Sie hat es sich aber nicht nehmen lassen, auch Ratschläge oder gar Wertungen über mein Leben abzugeben. Sie hat gewusst, was nicht gut für mich ist und was gut ist. Sie war total einnehmend. Ich konnte ihr gegenüber nie nein sagen. Und wenn man keine Zeit für sie hatte, war man gleich die schlechte Freundin und wurde beschimpft. Ich habe auch in der Therapie darüber geredet, weil sie mir ja auch leidtut, und jeder hat gemeint, dass das keine Freundschaft war, sondern seelischer Missbrauch und man sollte solche „Freunde" meiden. Sie hat auch öffentlich im Lokal gesagt, dass meine Geschwister und ich alle „einen Knacks" haben. Das macht mich heute noch wütend.

Irgendwie habe ich ein komisches Gefühl, was meine Computertomografie von gestern anbelangt.

Jetzt war Visite und ich hatte recht. Angeblich habe ich ein Aneurysma in der rechten Halsschlagader. Super. Eine Magnetresonanzuntersuchung ist empfohlen worden. Und durch das Abnehmen, meint der Professor, habe ich an Hirnmasse ebenfalls abgenommen. Aber er versteht das nicht, weil ich kognitiv ja überhaupt keine Probleme habe. Ich bin verzweifelt. Wie lange wird es dauern, bis ich zur nächsten Untersuchung drankomme? Er meint auch, wenn es wirklich eine

Aussackung in der Arterie ist, habe ich Glück, weil ich es weiß, viele wissen es nicht und man kann, bevor es platzt schon etwas unternehmen. Viele junge Menschen haben das und wissen nichts davon. Ich mache mir halt trotzdem Gedanken, denn wenn sich der Befund bestätigt, muss das operiert werden, und ich möchte jetzt wirklich bald mal nach Hause. Das war nicht geplant. Aber vielleicht ist es nur ein Artefakt. Ich wollte heute in die Stadt fahren, aber jetzt bin ich wie gelähmt. Ich geh erst mal in den Aufenthaltsraum einen Kaffee trinken. Und dann lese ich mir den Befund noch mal in Ruhe durch. Ich fühle mich jetzt gar nicht wie eine Ärztin, sondern ganz hilflos. Wenn es einen selbst betrifft, schaltet man den Teil seines Gehirns aus, in dem medizinisches Wissen gespeichert ist.
Ich komme gleich zur Untersuchung dran und nicht erst morgen! Super, dann habe ich früher Gewissheit.

Diese halbe Stunde in der Untersuchungsröhre war wirklich nicht ohne. Ich verstehe jetzt, warum viele Patienten da Platzangst bekommen. Der Kopf wird festgeschnallt, damit man sich nicht bewegen kann und dann liegt man da drinnen. Die Decke des Gerätes ist knapp über den Augen. So stell ich es mir in einem Sarg vor. Kopfhörer hat man auf, weil es so laut ist, wie auf einer Baustelle. Man kann die Art des Lärmes auch mit einem Baustellenlärm vergleichen. Als die Untersuchung der Gefäße kam, durfte ich nicht atmen. Aber ich bin zwischendurch einmal eingeschlafen. Jetzt muss ich bis morgen auf das Ergebnis warten. Ich fahre doch in die Stadt. Bis gestern wusste ich nichts von meinem Befund und wenn es heute platzen sollte, dann ist das wohl Schicksal. Lukas und Daniele kommen heute auch extra nach Linz, um bei mir zu sein.
Das mit dem angeblichen Hirnsubstanzverlust macht mich fertig. Sollte ich etwa dumm sein jetzt? Aber ich habe doch keinerlei Symptome, weder Gedächtnisprobleme noch Konzentrationsprobleme. Na ja, ich werd schon sehen, was bei der jetzigen Untersuchung rauskommt.

Oft hatte ich das Gefühl, dass mich mein Hilfsbedürfnis ab-
wertet und ich keine Hilfe einholen darf, weil das von meiner
Schwäche zeigt. Vor einem Jahr hatte ich ein Gespräch mit
einer Kollegin im Krankenhaus, die mir sagte, ich solle mir Hilfe
suchen, weil ich das alleine nicht schaffen kann. Ich war danach voll fertig. Konnte nichts anfangen damit. Habe mich
gefühlt, als hätte mir jemand einen nassen Ball zugeworfen,
der in meinen Händen immer schwerer wurde, aber keiner
war da, zu dem ich ihn hätte werfen können. Ich dachte mir
damals, es kann keiner verstehen, wenn ich mir eine Auszeit
nehme. Es geht einfach nicht. Und so habe ich noch ein Jahr
recht und schlecht funktioniert. Aber wie ich jetzt gesehen
habe, geht das mit der Auszeit schon.

Dieser CT-Befund hat mich ziemlich aus der Bahn geworfen.
Heute Morgen bin ich aufgestanden und war guter Dinge, es
ging bergauf und ich habe mich auf zu Hause gefreut. Jetzt
sitze ich ganz armselig da und habe Angst. Vorgestern habe
ich noch gesagt, die beste Zeit meines Lebens liegt noch vor
mir und heute sagen sie mir, ich wäre eine tickende Zeit-
bombe, die jeden Moment hochgehen kann. Das Leben ist
schon eigenartig.

War heute ein eigenartiger Tag. Aber das Leben geht eben
nicht immer so geradlinig dahin. Dann kam auch noch ein
ganz überschwänglicher Anruf meiner Mama, die von meinem Onkel erfahren hat, dass ich in der Ärztezeitung drinnen-
stehe, weil ich Praxisvertretungen machen möchte. Das hatte
ich vor Monaten reingegeben. Jetzt möchte ich das nicht
mehr. Sie wollte dann natürlich wissen, wie ich das mache,
wo ich doch jetzt im Krankenstand bin und ich habe mir nur
gedacht, ich möchte meine Ruhe haben. Ich hatte überhaupt keine Lust mir darüber Gedanken zu machen, außerdem möchte ich das gar nicht tun und ich werde mich aus
der Liste wieder streichen lassen. Das Ganze würde noch
mehr Stress in meinem Leben bedeuten und ich weiß jetzt,
dass ich eher mehr Ruhe brauche. Ich spüre jetzt ein Ziehen
in der Halsgegend. Was man sich nicht alles einbilden kann.

Heute haben wir Scrabble gespielt, aber da meine Gedanken woanders waren, hat mich das angestrengt. Ich konnte nicht mit Achtsamkeit dabei sein. Ich beobachte mich jetzt ständig, ob ich Wortfindungsstörungen habe oder vergesslich bin. Sicher ist man vergesslicher, wenn man gedanklich ständig um ein bestimmtes Thema kreist. Mama hat schon wieder etwas Schlimmes vermutet, weil Lukas und Daniele gekommen sind. Sie hat mich gefragt, ob es mir schlecht geht, aber ich wollte es nicht bejahen, weil sie sich dann wieder Sorgen macht.

Wir haben uns heute ausgedacht, wie schön es vor dem Kamin wird, den wir uns leisten möchten. Ich freue mich schon auf die heurige Adventzeit.

Wie soll ich mein Leben jemals in Griff kriegen, wenn ich heute schon wieder so verzweifelt bin und den Befund nicht einfach gelassen hinnehme. Ich kann ja sowieso nichts daran ändern. Die Untersuchung ist gemacht und das Ergebnis wird kommen. Egal, ob es für mich positiv oder negativ ist und mit den Konsequenzen muss ich dann leben.

Die Oberschwester von meiner Arbeitsstelle hat mir geschrieben und mir gesagt, dass ich ihnen schon sehr fehle und alle hoffen, dass ich bald wiederkomme. Der Lichtblick des Tages!

12. Oktober 2007

Ich bekomme vom Krankenhaus fast kein Gehalt mehr. Oh Gott, das nächste Problem. Aber das ist nicht so wichtig. Wird schon eine Lösung geben, muss mich halt an den richtigen Stellen erkundigen.

Habe heute in der Morgengruppe ganz offen über den sexuellen Missbrauch als Kind geredet, weil es mich ermutigt hat, als eine andere Patientin darüber geredet hat. War gut, mich damit nicht allein gefühlt zu haben. Da ist noch so viel Unklarheit darüber. Auch sie macht ihren Eltern in gewisser Weise Vorwürfe, weil nicht geholfen wurde. Ich mache meiner Mama insgeheim Vorwürfe, weil niemand mit mir darüber geredet hat, und wenn sie mich zu einem Psychologen gebracht hätte, wäre es auch schon gut gewesen. Oder hätte ich gewollt, dass sie mit mir darüber spricht? Ich kann es mir nicht vorstellen. Da war zu viel Scham in der Erziehung. Sexualität gab es nicht. Während ich heute darüber erzählt habe, hatte ich auch wieder so eine Wut im Bauch.

Wir haben dann noch über Züchtigungen in der Kindheit gesprochen. Eine Patientin hat erzählt, sie musste immer auf Holzlatten knien und hat das dann schon freiwillig gemacht, wenn sie geglaubt hat, etwas falsch gemacht zu haben. Das finde ich schrecklich. Aber jetzt ist mir klar, warum sie immer glaubt, an allem Schuld zu haben und die Konsequenzen tragen zu müssen. Ist es nicht besser, körperlich gezüchtigt zu werden, als mit seiner Seele alleine gelassen zu werden? Da ist zumindest eine Beziehung da. Ich weiß es nicht, aber ich denke, man kann es auf eine Stufe stellen. Es gibt körperlichen und seelischen Missbrauch.

Zurzeit fühle ich mich teilweise wieder wie ein Kind. Aber eigentlich bin ich Mutter und Daniele sollte das Kind sein. Wird er später mal denken, er hatte ein Kind zur Mutter?

Ich habe ein Problem damit, meine Eltern zu umarmen. Im alkoholisierten Zustand habe ich das bei meiner Mama öfter gemacht. Aber sie sagt selbst, dass ihr das schwerfällt. Die Nähe fehlt. Habe oft das Gefühl der Einsamkeit und fühle mich unverstanden. Kommt es daher, dass ich mich als Kind oft allein gelassen gefühlt habe. Das sind Dinge, die mir jetzt erst auffallen. Es gibt Eltern, die wissen ihr ganzes Leben lang, was für die Kinder gut ist. Ich habe solche. Aber scheinbar andere Patienten auch.

Meine Ärztin hat mir geraten, ich solle mich emotional endlich von meinen Eltern lösen. Aber wie macht man das? Für meine Eltern bin ich jetzt auch „krank". Bin ich das?

Die Eltern nach dem Krieg zum Beispiel konnten noch gar nicht wissen, wie sich die Erziehungsmethoden auf das spätere Verhalten ihrer Kinder auswirken. Damals hat man noch nicht so viel darüber gewusst und sie haben es nur „gut gemeint". Das höre ich auch oft. Aber man macht ja „bewusst" keine Fehler. Wenn man Fehler macht, kommt man erst viel später darauf, wenn die Konsequenzen zum Vorschein kommen.

So, jetzt war Visite. Die MR-Untersuchung war ganz in Ordnung. Kein pathologischer Befund. Und mein Gehirn ist auch nicht geschrumpft. Na Gott sei Dank, ich dachte schon, ich wäre dumm.
Ich möchte mich heute mit meinem „inneren Kind" beschäftigen. Heute kann ich ganz frei und ohne Sorgen in mein Stammcafé fahren und lesen.

Die Frage, ob ich mich öfter im Beisein anderer oder nach dem Liebesakt einsam fühle? Das kann ich nur mit „Ja" beantworten. Ich habe mich oft einsam gefühlt. Das kann daher kommen, wenn man das innere Kind vom Erwachsenen trennt. Ich muss den Schmerz aus der Vergangenheit heilen und liebevolles Verhalten mir gegenüber lernen. Und das kommt sicher daher, weil ich mir oft denke, ich sei nicht liebenswert und da können andere Menschen hundertmal das Gegenteil behaupten. Ich glaube es ihnen nicht. Oder habe es nicht geglaubt. Ich habe immer meinen Selbstwert durch die Zustimmung oder Ablehnung der Umwelt bestimmen lassen. Darum musste ich auch immer fortgehen und was trinken, um mir auf diese Weise Bestätigung zu holen. Dadurch habe ich mich in die jetzige Situation katapultiert. Es wurde dann aber eher schlecht über mich geredet, was auch klar ist. Mit meinen Seitensprüngen habe ich mich auch selbst verletzt. Ich möchte jetzt einen Dialog mit meinem inneren Kind führen, das hat mir meine Ergotherapeutin empfohlen.

Ich komme in mein Kinderzimmer und sehe das Kind weinend auf dem beigen Teppichboden sitzen. Es schluchzt ganz laut, die Tränen laufen übers Gesicht. Es schaut mich mit seinen großen braunen verweinten Augen an. Es sieht aus wie ein hilfloses Rehkitz. Ich frage es, was denn los sei und nehme es liebevoll in den Arm. Es schluchzt noch lauter. Ich streichle ihm über die zu einem Zopf zusammengebundenen braunen

Haare. Es erzählt mir, den Papa um Geld gebeten zu haben für eine Wurstsemmel, weil es Angst hatte, wenn es sagen würde, dass es für ein Pixiebuch ist, würde er ihr das Geld nicht geben. Dann ist sie voller Freude losgezogen und hat sich das Buch gekauft. Zu Hause ist der Papa dann wütend geworden, hat zu schreien begonnen und hat es mit seinem Lederpantoffel auf den nackten Hintern geschlagen. Das hat furchtbar wehgetan, und das Gefühl der Demütigung war da. Es hat nicht verstanden, warum der Papa so reagiert hat. Was ist an einem Pixiebuch schlecht? Die Mama hat nicht eingegriffen. Ich streichle dem Kind durch die Haare und sage ihm: „Es ist nicht in Ordnung, dass dich dein Papa geschlagen hat, schon gar nicht auf den nackten Hintern, aber es war auch nicht in Ordnung, dass du ihn angelogen hast wegen des Geldes. Vielleicht hättest du das Geld auch für ein Buch bekommen. Schließlich ist Lesen etwas Schönes. Du kannst gar nicht wissen, ob er „nein" gesagt hätte, wenn du die Frage gar nicht stellst. Das Kind schaut mich an und sagt: „Jetzt habe ich es verstanden, danke, dass du es mir erklärt hast und mit mir geredet hast."

Die Tatsache, dass ich damals bewusst gelogen habe, hatte ich vergessen. Bis heute war mir unklar, warum mein Vater so reagiert hat.

13. Oktober 2007

Gestern Abend war meine Freundin Sarah zu Besuch da. Es war ein tolles Gespräch. Sie ist bis 22 Uhr da geblieben, da schlafe ich meistens schon. Sie findet auch meine Mitpatienten sehr nett. Wir haben über alles mögliche gesprochen. Sie versucht gerade, ein drohendes Burn-out abzuwenden. Manchmal sagt sie sogar Aktivitäten ab, nur um zu schlafen. Sie meint ein Burn-out kommt daher, weil man vorher auf Kredit gelebt hat und bereits angefangen hat, ihn zurückzuzahlen. Irgendwann geht es aber dann doch nicht mehr. Man denkt ja vorher auch nicht dran, den Kredit zurückzahlen zu müssen. Sie hat gemeint, dass ich auch schon des längeren so gelebt habe. Wir sind uns schon ähnlich. Sie hat dann beschlossen, sich Urlaub zu nehmen und ist dann eben in die Therme gefahren und hat etwas für sich getan. Im November fährt sie nach Indien und im Jänner mit ihren Eltern nach Afrika. Das find ich schön. Ich würde auch gerne solche Reisen machen, aber da hindert mich meine Flugangst. Sie hat eh gleich gemeint, ich solle mitkommen nach Indien. Ist im Krankenstand aber eher nicht so gut. Ich muss mich auf meinem ordentlichen Wohnsitz aufhalten, um Geld zu bekommen. Ich muss schließlich den Kredit fürs Haus zahlen.

In der Therme konnte sie gut abschalten und nachdenken. Sie hat auch erzählt, dass in unserem Stammlokal immer noch dieselben Leute sitzen, mit denselben Problemen. Und sie spülen die Probleme immer noch mit Alkohol runter. Sie hat mich auch gefragt, warum ich nicht Psychiaterin werden will, schließlich hätte ich Erfahrung. Ich habe sogar schon vorher daran gedacht. Es ist abwechslungsreich und man kann sich ständig fortbilden. Ich habe mich in Sarahs Gegenwart sehr wohl gefühlt. Und es ist nie Stille entstanden, in der wir nicht gewusst haben, was wir reden sollten. Solche Situationen mag ich nämlich gar nicht, weil ich mich dann immer schuldig fühle. Ich denke, ich muss das Gegenüber unterhalten. Und das stimmt aber gar nicht. Auch die Stille kann schön sein. Die Zeit ist wie im Flug vergangen.

Heute Früh, als ich aus dem Gemeinschaftsraum rausgegangen bin, habe ich gehört, wie Ingrid zur Susi gesagt hat: „Sie ist so eine Liebe." Ich habe innerlich vor Freude gelacht. Ich kann wieder Freude empfinden. Heute fahre ich zum letzten Mal übers Wochenende nach Hause. In einer Viertelstunde werde ich von meinen zwei Männern abgeholt. Ich freu mich.

„Für den genialen Menschen gibt es nichts Geistvolleres, Tieferes als seine eigene Lebensgeschichte. Wenn große Künstler und Philosophen jeder unbedeutenden Einzelheit ihres Lebens eine Art religiösen Kult gewidmet haben, so kann nur ein sehr oberflächlicher Mensch glauben, dass diese Selbstbeweihräucherung war: Sie haben sich eben nur mit den tiefsten Dingen befasst, die ihnen zugänglich waren – es gibt nichts Falscheres als die so häufige Behauptung: Nur seichte Menschen reden von sich selbst. Das Gegenteil ist richtig. Der seichte Mensch spricht fast nie von sich. Die Täuschung, als ob er dies tue, wird dadurch bewirkt, dass er sehr viel von äußeren Dingen redet, die nur für ihn wichtig sind, zum Beispiel von seinem Mittagessen, seinem Vordermann im Amt, seinem Geschäftslieferanten, von sich selbst aber spricht er fast nie und wenn, wie von einem Fremden. Die bedeutenden Menschen aber haben immer und immer wieder von sich selbst geredet, sie spürten nämlich, dass dies eigentlich das einzige Thema sei, worüber sie ein Recht hätten, zu reden." (Egon Friedell)

Ich war immer ein sehr nach außen bezogener Mensch. Ich dachte immer mein Selbstwert und meine Freude stammen von Dingen außerhalb von mir. Aber das stimmt nicht, weil ja unsere Gedanken unsere Gefühle bestimmen. Ich kann mein Glück selbst bestimmen. Ich glaube, die Lösung all meiner früheren Probleme liegt bereits in mir. Ich war immer süchtig nach äußerer Bestätigung, nur dann war ich glücklich. Aber das wird jetzt geändert.
Ich werde gut zu mir selbst sein.
Ideal wäre, Empathie für andere zu entwickeln und einen gesunden Narzissmus mir selbst gegenüber.

Als Kind hatte ich oft das Gefühl, ich wäre nicht gut genug. Eigentlich hab ich das heute auch noch. Meine Eltern mochten mich sehr. Aber ich wurde halt immer als „schwierig" hingestellt. Ich war anders als mein großer Bruder. Ist aber eigentlich klar, kein Mensch ist wie ein anderer. Das macht uns ja so einzigartig. Aber ich hatte nie das Gefühl ein schlechter Mensch zu sein. Aggressionen gab es in unserer Familie nicht. Ich wurde nur einmal verprügelt. Meine Mama kam mir meinem Papa gegenüber eher immer unterwürfig vor. Als ob sie keine eigene Meinung hätte. Die beiden waren wie eine Einheit. Papa hat Mama oft kritisiert, das macht er eigentlich heute noch. Wenn beim Essen etwas nicht nach seinen Vorstellungen ist. Oder er weiß, was gut für sie ist und sagt ihr, sie wird zu dick und das ist ungesund. Zum Weinen ist meine Mama in ihr Zimmer gegangen. Irgendwie denke ich mir, sie hat sich auch schwergetan, Papa etwas recht zu machen. Aber das ist das italienische Temperament. In Süditalien herrscht noch immer ein gewisses Patriarchat. Obwohl, was den Haushalt betrifft, hat eigentlich die Frau schon sehr viel zu sagen. Gewalt gab es keine zu Hause. Alkohol wurde keiner getrunken, beide haben geraucht, aber Papa hat damit aufgehört und kritisiert meine Mama und auch mich, weil wir noch immer rauchen. Er sagt immer, ich solle aufhören. Habe es auch versucht, aber es ist mir nicht gelungen. Gemeinschaftsspiele haben wir keine gemacht, aber meine Mama hat gerne Lotto gespielt, deshalb hat mein Papa oft im Streit gesagt, sie wäre eine Spielerin. Anschaffungen für den Haushalt und die Wohnung haben sie gemeinsam getätigt. Es musste für die Kinder gespart werden. Habe meine Mama nie gesehen, dass sie sich Kleidung gekauft hätte. Wenn, dann war Papa dabei. Sie haben die Verantwortung für ihr eigenes Glück übernommen, haben es aber teilweise stark von den Kindern abhängig gemacht. Aus ihnen musste etwas werden. Etwas Akademisches. Egal was es kostet. Vergnügungen hatten sie keine. Sie gingen nie aus. Erst später haben sie dann angefangen, Bibelreisen zu unternehmen. Gelacht wurde zu Hause schon, aber das hing stark von Papas Stimmung ab. Manchmal kamen Gäste, da wurde dann gekocht, und sie mussten essen bis knapp vorm Übergeben. Ein „NEIN, ich kann nicht mehr", das wurde eher nicht akzeptiert. Glücklich waren sie, wenn die Kinder etwas geleistet hatten. Das war Armandos Hochzeit, unsere Promotion, die Geburt der Kinder. Allerdings wurde Danieles Geburt sehr kritisch gesehen, weil ich noch studierte. Armandos Schwiegereltern meinten, ich wäre unverantwortlich und würde nicht an meine Eltern denken, die das finanzieren müssten. Allerdings wurde ich dann noch mal schwanger und habe das Kind verloren, da haben einige gesagt, es wäre gut so. Schließlich müsste ich mein Studium noch beenden. Sogar meine Mama war erleichtert. In dieser

Zeit habe ich ziemlich gelitten. Ich kann gar nicht sagen, wie ich gelitten habe, und ich habe mir die Schuld gegeben, das Kind verloren zu haben, weil ich selbst verzweifelt war und ich mir dachte, ich habe es mit der Kraft meines Geistes abgetrieben. Der Einzige, der sich gefreut hat und das Kind wollte, war Lukas. Ich wollte es auch, aber ich war einfach verzweifelt. Heute wäre es neun Jahre alt.

Als ich mit Daniele schwanger war, hat Papa gemeint, dass sie sich auch nichts von ihren Eltern reinreden haben lassen. Dem Schmerz hat man sich ergeben. Dem Schicksal hat man sich hilflos ergeben. Es gab viel Selbstmitleid, gerade was meine Mama betrifft, ich glaube, ihr Brustkrebs hat unsere ganze Familie verändert. Ich glaube ich selbst habe mich oft als Opfer gesehen und für den eigenen Schmerz kaum Verantwortung übernommen. Ich hatte auch viel Selbstmitleid. Warum passieren immer nur mir schlimme Dinge? Mich versteht sowieso keiner. Warum versteht mich bloß keiner? So habe ich gedacht. Und ich hatte auch schon Ansätze das Leben als grausam zu bezeichnen. Ich konnte mich gut selbst bemitleiden, aber irgendwann habe ich es verlernt. Das war der Zeitpunkt, als sich meine Gefühle verabschiedet haben. Und ich habe immer andere für mein Unglück verantwortlich gemacht. Und unverstanden habe ich mich als Kind ständig gefühlt. Warum versteht mich bloß keiner? Es wurde auch viel totgeschwiegen. Wenn ich etwas angestellt hatte, war man wütend, hart und verurteilend. Wenn ich etwas gut gemacht habe, wurde ich gelobt, ich war die Allerbeste, man war mächtig stolz auf mich. Ich habe die Freude im Gesicht meiner Eltern gesehen. Ich hatte das Gefühl, wichtig für meine Eltern zu sein. Teilweise habe ich mich sehr geliebt gefühlt und dann gab es Zeiten, da habe ich das Gefühl gehabt, sie mochten mich nicht. Aber das hat wohl jedes Kind. Mein Sohn hat auch schon zu mir gesagt: „Ihr hasst mich", wenn er geschimpft wurde. Kinder empfinden das so. Und Eltern meinen es aber gut, alles geschieht zum Wohle des Kindes. Denkt man zumindest. Ich sollte Daniele viel mehr loben.

Die Gedanken, die ich öfter habe, wenn ich einen inneren Dialog führe, sollte ich auch noch ändern, da kommen Sätze wie:

„Mach keine Schwierigkeiten. Bleib am Boden. Mach doch einfach mit." „Gib doch einfach nach. Das ist einfacher, als zu streiten." „Das, was du willst, erreichst du eh nie, also lass es doch einfach." „Entweder du sagst, was er will oder die Schwierigkeiten hören nie auf." „Es ist doch sowieso alles nur deine Schuld." „Ich kann nicht." Das ist ein passives Verhalten. Vielleicht interpretiere ich auch die Außeneinflüsse oft falsch, und man meint es gar nicht so, wie ich es aufnehme. Und dann habe ich es aber schon in meinem Gehirn gespeichert. Ich sollte diese Sätze gedanklich verändern.

Ich sehe gut aus!
Das war wirklich sehr kreativ!
Ich habe super Arbeit geleistet, ich bin stolz auf mich!
Ich habe Harmonie verdient!
Es muss einen Grund geben, warum ich mich so verhalten habe!
Ich muss nicht alles perfekt machen!
Ich muss nicht perfekt sein!
Es ist in Ordnung, etwas zu riskieren, um Neues zu versuchen!
Es ist in Ordnung, um Hilfe zu bitten und sie anzunehmen!
Ich bin ein liebenswerter Mensch!
Ich bin ein guter Mensch!

So sollte ich denken.

14. Oktober 2007

Meine Ergotherapeutin hat gemeint, es war wirklich gut, die Therapie abzubrechen, sonst wäre ich noch überreizt worden. Sie hat wieder vom „Frausein" entdecken gesprochen. Ich möchte mich auch als Frau wohlfühlen und stolz darauf sein. Habe heute zu Hause sehr gut geschlafen. Das ist der letzte therapeutische Ausgang, bevor ich wieder fix in „mein

Haus" einziehe. Ich freue mich. Ich freu mich auf mein neues Leben. Mein Wecker hat mich mit Vogelgezwitscher geweckt.

Als Kind war ich sehr aktiv. Ich war gerne mit anderen Kindern unterwegs. Ich habe mich oft Tagträumen hingegeben. Ich war Erwachsenen gegenüber eher zurückhaltend und schüchtern. Ich war auch schlampig und eher unorganisiert. Ich war sensibel und temperamentvoll. Ich habe gerne gespielt. Vor allem mit Puppen. Ich habe oft Familie gespielt.

Heute Nachmittag hatte ich doch plötzlich Angst vor dem Heimkommen. Aber ich denke, diese Unsicherheit ist auch normal nach so langer Zeit in einer geschützten Umgebung. Es wird sicher wieder eine große Umstellung. Aber ich werde viel schreiben und malen. Ich zweifle eh schon wieder, ob ich überhaupt Ideen haben werde. Ich werde einfach anfangen und schauen, was sich ergibt und entwickelt. Morgen sollte ich mit Dr. Oberndorfer noch einen Termin zum Paargespräch vereinbaren. Und anschließend können wir dann nach Hause fahren. Ein guter Abschluss.
Ich habe gehört, dass Armando sich zu meiner angeblichen Ausweitung in der Halsschlagader geäußert hat und das hat mich schwer getroffen, auch wenn ich eh keine habe. Er hat gesagt, dass es gut ist, dass ich es weiß, so muss ich nur beim Sex und beim Stuhlgang aufpassen, weil es da am leichtesten platzt. Er hat es ein wenig derber ausgedrückt, aber das möchte ich nicht mal in mein Tagebuch schreiben.
Lukas war heute bezüglich meiner Ängste sehr nachdenklich. Ich denke, er macht sich einfach nur Sorgen. Umberto war wieder zum Kaffeetrinken bei mir, das freut mich immer sehr. Das ist irgendwie doch so eine kleine Familieninsel für mich.
Armando hat mich immer für meinen Alkoholkonsum verurteilt, und jetzt habe ich erfahren, dass er vor kurzem so lange getrunken hat, dass er am nächsten Tag verschlafen hat und zu spät in die Arbeit kam. Ich habe so etwas wie Genugtuung empfunden, obwohl ich mich gleich dafür geschämt habe. Ich möchte einfach nicht mehr verurteilt werden. Ich hatte

meine Gründe, so zu sein, wie ich war. Und andererseits mache ich mir auch Sorgen um ihn. Wahrscheinlich war es umgekehrt auch immer so.

Ich hoffe, ich verstehe mich mit meiner neuen Psychotherapeutin. Ich brauche jemanden, zu dem ich Vertrauen habe. Die Gesellschaft der Mitpatienten wird mir fehlen. Ich konnte mich zurückziehen und wenn ich Lust auf ein Gespräch hatte, bin ich in den Gemeinschaftsraum gegangen und hatte immer jemanden zum Quatschen.

Zurzeit würde ich zu Hause gar keine Bekannten von früher treffen wollen. Ich muss da anfangs vorsichtig sein.

Hier gibt es viele Frauen mit Alkoholproblemen, auch viele Akademikerinnen. Eine Frau Dr. der Geschichte hat heute Morgen von ihren Problemen erzählt. Sie hat vor zwölf und vor zehn Jahren einen Entzug gemacht. Ihr Mann war schwerer Alkoholiker und Jurist. Keiner hat gewusst, dass er eine Leberzirrhose hatte, auch seine Frau nicht. Er ging immer ins Büro. Seine Arbeit hat er bis zum Schluss nicht vernachlässigt. Eines Tages ist sie nach Hause gekommen und hat ihn tot, voller Blut auf dem Vorzimmerboden gefunden. Er ist an blutenden Gefäßen in der Speiseröhre gestorben. Verblutet. Das ist schrecklich. Er hat seit der Studienzeit getrunken. Und sie hat dann auch angefangen.

Man sollte ein liebevolles Verhalten zu sich selbst entwickeln und sich überlegen, was einem der Alkohol eigentlich antut. Vielleicht auch dem inneren Kind zuliebe. Ich bin froh, dass ich noch nicht so tief drinnen war. Ich bin dankbar für mein jetziges Leben.

15. Oktober 2007

Es geht mir gut. Beim Frühstück haben sie mich wieder aufgebaut und gesagt, ich wäre eine hübsche Frau.

In der Morgengruppe haben wir heute das Thema „Weihnachten". Ich freue mich heuer schon sehr. Aber mir fehlt das Feiern im großen Kreis. Oder vielleicht rede ich mir das nur ein, weil ich die Feste in der Kindheit mit den Großeltern so verherrliche. Viele von meinen Mitpatienten, besonders die älteren Semester, sind Weihnachten alleine. Zumindest am Heiligen Abend.

Am 1. Jänner ist ein Neuanfang. Eine ältere Dame hat erzählt, bei ihr fängt die Depression jedes Jahr im Oktober an und hört genau am Neujahrstag auf. So was nennt man saisonale Depression. Da hilft die Lichttherapie. Ich sag immer „Depressionskino" zu unserer Lichtlampe auf der Station.

Ganz versteh ich das nicht, weil ich mir denke so viel ändert sich doch nicht, von einem Tag auf den anderen. Der 31. Dezember ist doch nicht viel anders als der 1. Jänner. Das muss sich im Kopf abspielen. Der Neuanfang.

Ich wünsche mir heuer, dass ich die ruhige und stille Adventzeit genießen kann. Ich werde das Haus schön dekorieren. Da kann ich wieder kreativ sein.

Schön langsam sollte ich mal Pläne für zu Hause schmieden. Übermorgen ist es soweit. Habe für Dr. Oberndorfer das Buch „Hectors Reise oder die Suche nach dem Glück" besorgt. Da geht es um einen Psychiater.

Bin von der Therapie zurück. Dr. Oberndorfer hat sich sehr über das Buch gefreut. Er hat gemeint, er hat ja gar nichts für mich, aber er hat mir in diesen Wochen so viel gegeben. Er hat heute gemeint, ich habe ihn an Marlene Dietrich erinnert, die hatte einen ähnlichen Umgang mit Männern wie ich. Aber sie hat die Kurve gekratzt. Das gibt Auftrieb. Er hat aber nicht gewusst, ob sie eine Psychotherapie gemacht hat. In der ersten Sitzung hat er sich gedacht, dass ich in einer ganz „beschissenen" und schwierigen Situation bin. Er dachte, es würde ganz ganz schwierig werden. Aber schon beim zweiten Mal hat er sich gedacht: „Halt aus, da tut sich schon gewaltig was." Und jetzt ist er vollauf zufrieden mit meiner Entwicklung und den Fortschritten. Ich bin schon viel bestimmter. Gesehen habe ich die Probleme ja immer selbst. Aber ich war wie gelähmt und konnte nicht eingreifen. Meinen Hang zum Extremen, wie zum Beispiel die 30 Kilo Gewichtsabnahme in 9 Monaten, kann man auch in positive Bahnen lenken. Ich habe mich bei Dr. Oberndorfer sehr wahrgenommen gefühlt und bin fast traurig, dass unsere gemeinsame Zeit jetzt vorbei ist. Am Mittwoch haben wir noch um 10 Uhr das Paargespräch, ich bin schon sehr gespannt.

Heute ist meine ehemalige Volksschullehrerin, die sehr streng war und vor der ich gewaltigen Respekt hatte, gerade als Patientin auf die Station gekommen. Die Welt ist so klein. Ich weiß nicht, was ich von der Situation halten soll. Aber vielleicht kann man was Positives rausholen. Und das am vorletzten Tag.

Pfleger Herbert hat mich heute gefragt, ob ich mich für ihn so herausgebretzelt habe. Ich habe zum Spaß gemeint: „Nein für Dr. Oberndorfer." Er meinte dann, er wäre jetzt eifersüchtig. War lustig.

Heute bei der Visite, hatte ich das Gefühl, meine Ärztin zuckt zusammen, weil ich erst am Mittwoch das Paargespräch habe. Anschließend ist meine Abreise geplant. Sie braucht wahrscheinlich mein Bett schon, denke ich mir. Aber warum sagt sie dann nichts? Ich hatte das Gefühl, Dr. Oberndorfer möchte das Paargespräch vermeiden. Meine Ärztin hat heute gesagt, sie dachte sich dasselbe. Ich möchte ihn noch fragen, warum eigentlich.

Lukas muss morgen zur Klassenlehrerin von Daniele, weil sie meint, er kommt nicht mit und man müsse ihm helfen. Ich mach mir große Sorgen und gebe mir schon wieder die Schuld. Vielleicht sind es nur Startschwierigkeiten. Ich denke viel zu viel an mich, anstatt mich auf meinen Sohn zu konzentrieren. Ich bin hier und merke gar nicht, was mit meinem Sohn los ist. Meine Mama sagt auch, das ist, weil ich so lange im Krankenhaus bin und er sich so große Sorgen um mich macht. Daniele meint, dass das nicht stimmt, und er weiß nicht mal, was in der Schule nicht in Ordnung sein sollte. Er ist ziemlich vor den Kopf gestoßen. Er hat jetzt am Telefon zu weinen begonnen und ich wusste nicht, wie ich ihm auf die Entfernung helfen kann. Hilflosigkeit. Und wie wird er sich dann bloß fühlen? Er ist gerade spazieren. Ich mach mir Sorgen. Ich liebe mein Kind und mag nicht, dass er sich schlecht fühlt. Warum habe ich im bloß von dem Termin in der Schule erzählt? Daniele hat jetzt Angst, aus der Schule geworfen zu werden, oder, dass er in die Volksschule zurück muss. Ich habe versucht, ihn per Telefon zu beruhigen. Wie kann ich ihm bloß helfen? Lukas hat mich aufgebaut, er meint, dass wir das mit den Schulschwierigkeiten gemeinsam schon schaffen werden.

Als Kind habe ich mich immer als anders und schwierig empfunden. Anders allerdings im negativen Sinn. „Gestört" wie Dr. Oberndorfer sagen würde. Ich denke, Daniele zweifelt auch oft an sich selbst. Ich war schwierig und abartig und schwer erziehbar. Aber „anders sein" muss nicht immer etwas Negatives sein. Man schwimmt halt nicht mit dem Strom. In Zukunft könnte ich mich als „originell" bezeichnen. Ich war ein originelles Kind. Und ich hätte mich noch so bemühen können, genörgelt wäre ja doch geworden. Es wurde leider viel zu oft die schlechte Laune zu Hause ausgelebt. Ist ja klar, in der Arbeit geht es schlecht. Ich hatte nach stressigen Nachtdiensten auch schon solche Ansätze. Was mich heute noch immer stört, ist, dass Mama dem Papa immer brühwarm alles erzählt hat. Und dann hat sie gesagt: „Na warte, bis der Papa heimkommt." Eine Mitpatientin hat mir erzählt, dass ihr Vater immer der große Exekutor war. Die Mutter hat mit ihm gedroht und er ist dann heimgekommen und hat die Strafe ausgeführt. So mache ich es bei Daniele nicht. Es gibt auch Geheimnisse zwischen uns zwei. Ich muss Lukas nicht alles erzählen, wenn ich damit fertig werde.
Mein Chef hat mir heute eine SMS geschrieben und mich ziemlich ausgefragt, wie ich mit der Situation des Nachhausegehens fertig werde. Wie es mir mit dem Essen, dem Trinken, der Beziehung geht und ob ich das gleiche Umfeld wieder verkraften werde. Ob ich eine Nachbetreuung haben werde und so weiter. Ich weiß schon wieder nicht, was ich davon

halten soll, traut er mir das jetzt nicht zu oder schon? Ich habe brav geantwortet, dass es mir gut geht und ich sehr zuversichtlich bin.

Habe von Daniele auch eine Nachricht bekommen, dass er große Angst hat. Ich finde es sehr gut, wenn er über seine Gefühle spricht.

Meiner ehemaligen Lehrerin bin ich bisher aus dem Weg gegangen. Ich habe Angst, dass es ihr nicht recht sein könnte, wenn sie eine ehemalige Schülerin hier in der Psychiatrie trifft. Aber wir sitzen schließlich beide im selben Boot.

Ich habe sie doch angesprochen. Und wir haben ein sehr nettes und offenes Gespräch geführt. Sie leidet auch an Depressionen, schon seit dem 25. Lebensjahr. Bei mir hat es auch so ungefähr mit dem Alter angefangen, ein bisschen früher. Ihre Tochter war auch schon stationär hier und ihr wurde sehr geholfen, darum ist auch sie sehr begeistert von dieser Station. Sie hat mir ihre Telefonnummer gegeben, weil ich mal zu ihr auf einen Kaffee kommen soll. Aber ich weiß jetzt schon, dass ich da zu schüchtern bin und Angst habe, kein Gesprächsthema zu finden. Ich soll meine Mutter, „die Perle" von ihr grüßen. Ihr Sohn hat sich auch scheiden lassen, wie mein Bruder und ist mit einer Hebamme liiert. Da hätte sie ja viele Gesprächsthemen mit meiner Mutter. Die sollte auf einen Kaffee zu ihr kommen. Sie schätzt meine Mama sehr, das finde ich schön. Auch sie meint, ihr Sohn ist verführt worden. Eine Mutter glaubt halt nie, dass auch das eigene Kind mal einen Fehler begehen könnte. Es muss ja auch kein Fehler sein. Da fällt mir was ein, das habe ich bei Bert Hellinger gelesen.

Da gehts um Schuld und Unschuld und den Trennungsschmerz. Wenn jemand eine Beziehung beendet, wird er meistens als frei und unabhängig gesehen. Aber angenommen, er hätte sich nicht getrennt, dann wäre er vielleicht verkümmert und wäre böse auf den Partner gewesen. Einmal ist er der Täter und einmal das Opfer. Wenn man sich aber denkt, dass auch der oder die Verlassene neue Möglichkeiten nach der Trennung hat, schaut es gar nicht mehr so schlimm aus.

Falls der oder die Verlassene diese Möglichkeiten aber nicht annimmt, bleibt der, der die Trennung wollte, in der Schuld. Da haben beide nichts davon. Also denk ich mir, auch eine Trennung kann eine wunderbare Chance sein. Ich will aber keine Trennung. Ich sehe den Neuanfang in der Beziehung als Chance.

16. Oktober 2007

Ich fand das Gespräch mit meiner Volksschullehrerin wirklich sehr gut gestern. Sie hat ganz offen über ihre Probleme gesprochen. Das hätte ich von meiner Mama auch mal gerne. Heute ist mein letzter Tag hier. Ich bin aufgeregt. Ich werde ihn noch nützen und noch einige Gespräche mit Mitpatienten führen. In der Früh habe ich gleich die Abschluss-Blutabnahme. Der einzige Leberwert, der etwas erhöht war, wird jetzt auch wieder ganz normal sein. Ich habe also keine Angst.
Ich denke schon, dass ich hier sehr viel gelernt habe. Ich sehe den Aufenthalt als durchaus positiv und als einen Wendepunkt in meinem Leben.

Ich sitze jetzt auf der Terrasse in der Sonne und genieße es. Das Wetter ist fast wie bei meiner Ankunft, nur war es da noch Sommer und nicht Herbst und ich war sehr unsicher und verängstigt. Wie die Zeit vergeht. Das waren jetzt beinahe acht Wochen.

Habe heute noch viele Gespräche mit meinen Mitpatienten geführt. Auch mit meiner Volksschullehrerin, mittlerweile sagen wir „du" zueinander. Sie hat mir geraten, mir eine Bedienerin zu suchen. Sie hat recht, ich schaff den Haushalt neben meiner 70-Stunden-Woche nicht. Es wäre Zeitmanagement. Sie hat mir auch gesagt, dass ich eine ganz brave und fleißige Schülerin war. Dann hat sie mich umarmt und allen anderen erzählt, dass ich eine ihrer Schülerinnen war und es hat mich kein bisschen gestört. Ich denke mir, ich habe in der Schule immer getan, was von mir verlangt wurde und ich war nie störend. Angepasst könnte man wieder sagen. Ich habe es dankbar angenommen. Ihre strenge Art hat sie aber noch nicht abgelegt, sie hat noch immer sehr altertümliche Ansichten, was die Kindererziehung betrifft. Aber warum sollte sie das ablegen? Das macht sie als Mensch und als Persönlichkeit aus.

Vor morgen habe ich etwas Angst. Ich muss jetzt ganz für Daniele und seine Probleme da sein. Aber ich habe Kraft getankt.

Eine Arbeitskollegin hat mir jetzt eine liebe SMS geschrieben. Sie freut sich, dass es mir besser geht und ich bin eine Kämpfernatur, meint sie, und, dass sie öfter an mich denkt. So etwas baut auf. Gibt mir noch mehr Auftrieb. Aber ich bemerke dabei, dass meine Stimmung doch noch immer von Außeneinflüssen abhängig ist.

Auch wenn ich diesen Aufenthalt als sehr positiv empfunden habe, möchte ich nie wieder auf diese Station zurückkehren müssen. Es war ein Schuss vor den Bug, um innezuhalten und nachzudenken. Ich habe gelernt, dass es wunderschön sein kann, wenn man Hilfe annimmt. Ich habe gelernt, dass Kreativität in meinem Leben wichtig ist, um mich wohlzufühlen, um ich selbst zu sein. Ich habe die Liebe zum Stricken entdeckt. Ich stricke mir mein Leben, so wie es mir gefällt. Ich habe gesehen, ein wertvoller Mensch zu sein. Für mich selbst. Ich weiß, dass ich den Alkohol in meinem Leben nicht brauche. Ich genüge mir. Ich habe viele Negativbeispiele in dieser Hinsicht kennengelernt. Das möchte ich für mein Leben nicht. Ich weiß, dass ich mich emotional von meinen Eltern lösen muss. Ich muss sie annehmen, wie sie sind, ihnen dankbar sein, für alles was sie für mich getan haben und mir beigebracht haben, aber mir steht es frei, meinen eigenen Weg zu gehen. Ich weiß, dass ich in Zukunft auf mich achten muss und rechtzeitig die Notbremse ziehen muss, sollte es nötig sein. Ich werde mehr in mich hineinhören. Ich habe auch gesehen, dass die meisten psychiatrischen Patienten sehr sensibel sind, das werde ich in meiner Arbeit als Arzt mehr berücksichtigen. Nüchtern kann man viel besser an schwierigen Situationen arbeiten. In Hinkunft wird es auch wichtig sein, Lukas zu sagen, was ich empfinde. Ehrlichkeit und Offenheit.

Heute habe ich die Abschlussbehandlung in der Leibtherapie. Ich freue mich schon und bin sehr gespannt.

Die Leibtherapie war ein Wahnsinn für mich. Die Therapeutin hat gemeint, dass ich heute angekommen bin. Ich hatte endlich warme Füße und warme Hände. Ich habe mir in meinem Bauch ein ganz warmes Rot vorstellen können, es hat ausgesehen wie im Kerzenschein. Es hat mir Kraft gegeben. Ich sollte auf jeden Fall auf der Körperwahrnehmungsebene weitermachen, hat sie gemeint. Ich spüre mich jetzt selbst, jeden einzelnen Muskel. Ich spüre die Weite meines Brustkorbes und meine Fußsohlen auf der Erde. Aber ich habe noch nicht ganz verstanden, warum alle Therapeuten hier gemeint haben, ich solle mit meinem Körper arbeiten, denn der ist sehr wichtig.
Lukas kann leider mit solchen Therapien nichts anfangen, dazu ist er viel zu sehr Realist. Aber er würde das auch nicht brauchen, weil er mit beiden Beinen auf dem Boden steht.
Ich soll eine gesunde Beziehung zwischen Nähe und Distanz aufbauen. Mich zurückziehen, wenn ich Distanz brauche und Nähe zulassen. Ich hoffe, dass ich Lukas gegenüber irgendwann wieder Nähe zulassen kann. Ich wünsche es uns. Aber, wenn das Vertrauen wieder da ist, wird das auch wieder funktionieren. Ich werde den Tag jetzt noch gemütlich bei Tee und Gesprächen ausklingen lassen.

17. Oktober 2007

Der Tag der Abreise ist gekommen. Ich habe gemischte Gefühle. Bin etwas nervös und es stellen sich Versagensängste ein. Werde ich es schaffen? Ich wünsche es mir. Meine Mitpatienten werde ich vermissen, aber der eine oder andere Kontakt wird sich schon halten.

Ich habe eine sehr wichtige Zeit in meinem Leben hier verbracht. Ich möchte ständig Resümee aus dem Aufenthalt ziehen, aber ich kann es derzeit einfach nicht. Ich lege schon wieder eine gewisse Hektik an den Tag und auch Angst, aus dem Ganzen nicht genug rausgeholt zu haben. Ich war eine fleißige Schülerin hier. Jetzt werde ich mich auf meine Stärken konzentrieren und mir bewusst werden, zu was ich fähig bin. Ciao Station D 201 und Danke für alles!!

18. Oktober 2007

Ich bin zu Hause angekommen. Meine gemischten Gefühle von gestern sind jetzt weg. Ich fühle mich sehr wohl. Ich denke, ich bin auch etwas gelassener geworden. Meine Antidepressiva entfalten ihre volle Wirkung nach 3 Monaten. Bin gespannt, wie es mir dann in ein paar Wochen gehen wird. Es geht mir jetzt schon gut. Der Aufbruch gestern war etwas hektisch. Alle sind beim Mittagessen gesessen. So richtig verabschieden konnte ich mich nicht, aber ich habe den Mitpatienten, die mir am wichtigsten waren noch Patientenpost mit meiner E-Mail-Adresse und Telefonnummer geschickt. Die Schwester, deren Name mir gerade nicht einfällt, die mich verabschiedet hat, war etwas gereizt. Sie wird überarbeitet gewesen sein. Sie hat nur kurz „auf Wiedersehen" gesagt, ich habe ihr eine Riesenpackung Schokolade überreicht, worauf sie gemeint hat, ob ich will, dass sie alle recht dick werden, und das war es schon. Aber dafür ist am Vortag der Chefpfleger Herbert in Zivil zu mir gekommen und hat sich verabschiedet und mir alles Liebe gewünscht. Ich sollte nicht immer so viel in die Dinge reininterpretieren. War halt so, die Schwester hatte wahrscheinlich eigene Probleme. Heute Morgen habe ich mit Daniele gefrühstückt, wir hatten Zeit füreinander.

Das Paargespräch bei Dr. Oberndorfer gestern war sehr heftig. Uns ging es beiden sehr schlecht nachher und wir haben kaum geredet. Ich habe mich bei dem Gespräch wieder in die Ecke gedrängt und ständig kritisiert gefühlt. Geredet hat eigentlich nur Lukas, sehr laut und sehr aufgeregt, mit einer wilden Gestik, die ich überhaupt nicht mag. Herausgekommen ist bei dem Ganzen, dass wir offener reden müssen, Missverständnisse klären und, dass Lukas sich mit der ganzen Situation jetzt recht oft überfordert gefühlt hat. Auch für ihn war es schwer. Dr. Oberndorfer hat anfangs wieder ständig, als „die Gestörte" von mir gesprochen. Damit möchte er provozieren. Lukas war während des Gespräches richtig aufgebracht und hatte rote Flecken im Gesicht. Er war richtig gefordert und musste über seine Gefühle sprechen. Ich denke, er wird jetzt in Einzeltherapie gehen. Dr. Oberndorfer hat gemeint, derzeit sitzen wir in zwei verschiedenen Autos, die in die entgegengesetzte Richtung fahren, aber irgendwann werden wir uns mal verabreden und gemeinsam in einem Auto an ein Ziel fahren. Aber zuerst heißt es arbeiten. Irgendwann während des Gespräches bin ich wieder gedanklich ausgestiegen und habe nur mehr laute Geräusche wahrgenommen. Ich sollte daran arbeiten, dabeizubleiben, statt zu flüchten. Ich habe das Gespräch so verstanden, dass ich mich um unseren Sohn zu wenig kümmere und von Lukas die unmöglichsten Dinge verlange. Aber ich denke, er sollte wirklich sagen, wenn ihm etwas zu viel wird. Dr. Oberndorfer sieht die Entwicklung als sehr positiv. Und ich auch. Der Weg ist geebnet, jetzt müssen wir ihn beschreiten. Und ich werde mit dem Herzen dabei sein.

Ich sitze da und höre Trommelmusik, das beruhigt mich sehr. Ich fühle mich wohl an meinem „Arbeitsplatz". Ich schaue ins Grüne, die Wandfarbe gibt mir Kraft und die Heizung wärmt mich. Was will ich mehr?

Ich werde ein Herbstbild malen in schönen warmen Farben. Das Tagebuchschreiben tut mir gut, wenn ich den nötigen Abstand habe, werde ich den Anfang mal lesen. Die erste Zeit im Krankenhaus.

Nächste Woche werde ich mich mit ein paar Krankenschwestern aus der Arbeit treffen. Darauf freu ich mich.

Ich möchte meine Tage planen, damit Struktur hineinkommt, aber ich habe noch keine Idee. Vielleicht ergibt es sich von selbst. Ich muss meine Bequemlichkeit überwinden. Bin für einen Yogakurs angemeldet, ich weiß, dass mir das gefallen wird.

Es gibt nur eine wichtige Aufgabe in meinem Leben, und das ist, mein Leben zu leben.

19. Oktober 2007

Gestern Vormittag ging es mir wahnsinnig gut, ich hätte Bäume ausreißen können. Ich bin dann in die Stadt gefahren und dort hat es mir gar nicht gefallen. Es sind mir zu viele Leute herumgelaufen, ich bin das noch nicht gewöhnt. Aber vielleicht hatte ich auch nur Angst, dass ich jemanden treffe, der oder die mich an mein Leben vor dem Krankenhausaufenthalt erinnert. Ich merke, dass ich noch nicht so ganz belastbar bin. Aber irgendwann muss ich mich dem stellen.

Daniele hat ein „nicht genügend" auf dem Englischtest. Da muss sich jetzt etwas ändern, er weiß einfach noch nicht, wie man lernt. Aber ich habe jetzt Zeit und gemeinsam schaffen wir das. Abends war ich zum ersten Mal im Yogakurs, die ersten beiden Male habe ich ja versäumt. Die Kursleiterin hat eine sehr beruhigende und angenehme Stimme. Am Anfang haben wir Tiefenentspannung bei Kerzenlicht gemacht und danach Atem- und Dehnungsübungen. Zum Schluss eine Chakrenreise durch den Körper. Ich möchte das auf jeden Fall weitermachen, es hat mir sehr gut gefallen. Nur das Hingehen ist eine Überwindung. Abends in die Kälte rauszugehen.

Ich möchte heute den Poncho, den ich gestrickt habe, zusammennähen. Ich hoffe ich kann das. Etwas mehr Selbstvertrauen bitte! Der wird sicher ganz toll.

Heute Nacht hatte ich einen Traum. Meine Mama hat bei meiner Arbeitsstelle im Krankenhaus angerufen und gesagt, sie mögen mir bitte nicht böse sein und mich nicht kündigen. Scheinbar beschäftigt mich das sehr.

In Zukunft werde ich Arbeit und Privatleben strikt trennen, da soll nichts mehr ineinanderfließen. Ich möchte meine spirituellen Neigungen ausleben. Ich möchte naturverbunden und Frau sein. Ich möchte meine Weiblichkeit entdecken.

Wenn ich im Haus vom Erdgeschoss in den ersten Stock gehe, ist das jetzt, als würde ich in eine andere Welt eintauchen. In meine Welt. Die Welt der Sinne. Die Welt, in der ich mich wohl fühle.

Seit ich zu Hause bin, habe ich zwei Kilo abgenommen. Ich sollte wieder regelmäßiger essen, so wie im Krankenhaus. Am meisten genieße ich das Frühstück.

20. Oktober 2007

Heute Nacht hat es zum ersten Mal geschneit. Wir haben uns gestern einen ganz tollen Kamin bestellt, er kommt in einer Woche. Ich freu mich schon auf den Winter, auf die Zeit vor dem offenen Feuer.

Bin gespannt, ob mir zu Hause die Decke auf den Kopf fallen wird, derzeit mach ich sehr viele Dinge. Der Poncho ist toll geworden. Ich habe Freude damit. Es ist schon etwas anderes, ob man sich Kleidung im Geschäft kauft und anzieht oder selbst etwas nach seinen eigenen Vorstellungen produziert.

In meiner Welt ist alles in Ordnung. Nur Daniele und die Schule bereiten mir Sorgen. Aber das wird schon werden.

Ich lese ein Buch über Kaiserin Sisi und finde da immer wieder Parallelen. Sie wollte unbedingt schlank sein und war ein sehr melancholischer Mensch. Und der Franzl hat immer um sie gekämpft und sie hat ihn nicht an sich rangelassen. Der muss sehr gelitten haben. So wie Lukas, wenn ich so verschlossen war und nie gesagt habe, was los ist.

Die Meinung der anderen kann mir egal sein, ich denke, Sisi war es auch egal, sonst hätte sie nicht so gelebt. Rücksicht hat sie nicht wirklich auf andere genommen. So möchte ich das nicht.

Gestern habe ich mich bei Kerzenschein in die Badewanne gelegt, ich habe es so richtig genossen. Durch das Dachfenster konnte ich die Schneeflocken sehen. Genuss soll man auch nicht übertreiben, habe ich gelernt, darum sollte ich vorsichtig damit umgehen. Nicht zu viel genießen, sonst wird es langweilig. Zurzeit mache ich eigentlich fast den ganzen

Tag, worauf ich gerade Lust habe. Malen, lesen, baden, schreiben. Vielleicht setz ich mich wirklich hin und schreibe ein Buch, ich denke, ich habe etwas erlebt, das vielen passieren kann und vielleicht könnte es zeigen, dass das Leben aus Höhen und Tiefen besteht, aber man immer wieder vorankommen kann. Ich finde, ich bin auf dem Weg. Ich zweifle halt immer noch an mir. Aber ich werde einfach mal schauen, was passiert, was aus mir herauskommt.

„Gelassenheit ist eine anmutige Form des Selbstbewusstseins."
(Marie von Ebner Eschenbach)

Wenn man sich denkt, ich schau mal, was auf mich zukommt, eingreifen kann ich immer noch, dann traut man sich ja doch etwas zu.

Ich fühl mich rundum wohl zu Hause und wir werden noch den unteren Stock renovieren, dann wird es noch toller.

Maria, eine meiner Mitpatientinnen ist schon wieder ganz in ihrer Arbeit drinnen. Sie ist eine Businessfrau, ganz anders als ich. Am Wochenende ist sie auch schon wieder beruflich eingespannt. Wir haben oft SMS Kontakt. Ich hoffe, ich sehe sie wieder mal. Sie ist zu bewundern. Ich muss einfach akzeptieren, dass ich noch Zeit brauche, um mir ein neues Leben aufzubauen.

Kaiserin Sisi war auch so rast- und ruhelos. Ihr Partner hat ihr jeden Wunsch erfüllt. Zuneigung konnte sie ihm nur brieflich zeigen, wenn sie weit entfernt war von ihm. Das kommt mir bekannt vor. Ich werde lernen, ruhiger zu sein und ich arbeite an der Beziehung. Ich fühle mich jetzt zu Hause wohl und muss nicht in die Ferne. Ich kann es anders machen.

21. Oktober 2007

Es schneit immer noch. Ich finde das sehr schön. Gestern bin ich im Sessel gesessen und habe gestrickt. Das hat so gut zum Schnee draußen gepasst. Nebenbei habe ich klassische Musik gehört. Abends waren wir in der Kirche. Daniele glaubt immer um sein Recht kämpfen zu müssen und dann wird Lukas wild. Gestern haben sie wieder gefetzt. Und immer wieder geht es um das letzte Wort. Wie können sich zwei Menschen so ähnlich sein und doch wieder nicht. Umberto kommt heute wieder zum Kaffee. Da werden wir wieder quatschen. Ich nehme meine Umgebung jetzt mal so an, wie sie ist. Na und, streiten die beiden, sie sollen sich das miteinander ausmachen.

Lukas beginnt schon wieder Zuneigung einzufordern und behauptet, dass ich ihn nicht mag. Ich werde das ansprechen, weil ich das nicht mag. Ich kann einfach noch nicht so offen auf ihn zugehen. Es gibt Dinge, die brauchen Zeit. Aber ich liebe ihn, und das werde ich ihm sagen.

Morgen habe ich den ersten Termin bei der Gesprächstherapeutin. Ich hoffe, ich finde ihr Haus. Ich habe nur Gutes von ihr gehört. Bin schon gespannt. Ich hoffe, dass die Chemie stimmt, sonst muss ich wieder suchen.

Ich habe überhaupt keinen Drang nach draußen, im Gegenteil, ich genieße die Ruhe und fühle mich im Haus wohl. Es ist noch nicht an der Zeit nach draußen zu gehen.

In der Messe gestern ging es um das Gebet. Und, dass es den Menschen verändert. Das hat auch was mit dem Insichgehen zu tun und jeder kann seinen eigenen Weg zu beten finden, da muss man auch nicht jeden Sonntag in die Kirche gehen. Und es hat auch nichts mit der Religion zu tun, die man ausübt.

Durch meinen Ausstieg fühle ich mich auch irgendwie wie neu geboren. Irgendwie, wie wenn ich am Ufer eines unbekannten Landes stehen würde, und ich es jetzt entdecken kann. Sicher sind Veränderungen oft unangenehm, aber sie gehören zum Leben dazu. Und ich bin bereit. Und zum Erfüllen von Träumen ist es nie zu spät. Das habe ich bei meinem Mitpatienten gesehen, der sich in der Pension den Traum des Studiums erfüllt hat. Und man kann jederzeit damit beginnen, ein Beginn ist schon, sich Pläne zu schmieden, wie man am besten beginnt. Sich überlegen, was man will und wie man es erreichen kann.

„Man kann zu jeder Zeit im Leben Neues lernen, wenn man nur willens ist, ein Anfänger zu sein. Am besten wäre es zu lernen, gern Anfänger zu sein, denn dann öffnet sich einem die ganze Welt."(Ein schöner Spruch, den ich mal irgendwo gelesen habe.)
Beim Stricken lernen, habe ich Geduld bewiesen, ich habe nicht aufgegeben. Und ich werde auch in meinem Leben nicht so schnell aufgeben. Mittlerweile sind einige Schals, einige Paar Socken und ein Poncho herausgekommen. Das sind zwar nur kleine Dinge, aber für mich sind sie groß.

Ich würde gerne mal einen Tag mit Johnny Cash verbringen, er ist leider schon tot, aber ich würde mit ihm über sein Leben diskutieren, weil ich ihn fragen möchte, wie er den Ausstieg aus dem Leben voller Süchte geschafft hat. Ich finde es großartig, wie er sein Leben geführt hat. Ich halte ihn für einen starken Charakter.
Für einen Tag würde ich gerne Kaiserin Sisi sein, um zu verstehen, warum sie ihr Leben so gelebt hat. In Einsamkeit. Wie es zu ihrer Magersucht kam.

Einen Tag würde ich gerne als Katze verbringen, weil sie den ganzen Tag faul auf der Ofenbank verbringen kann, gestreichelt wird, sich keine Sorgen macht und zu essen bekommt. Aber im Winter möchte ich nicht über Nacht draußen sein.
Ich würde gerne im alten Pompeji ein paar Tage verbringen, in seiner Blütezeit. Da sind meine Wurzeln. Das Erdbeben und den Vulkanausbruch möchte ich nicht erleben. Ich kenne diese Gegend sehr gut und ich liebe sie. Ich denke diese Stadt war voller Leben. Den Ausgrabungen nach muss es sehr schön gewesen sein, aber wahrscheinlich nur für die Reichen und nicht für die Sklaven.

Ich war angeblich ein Zwilling, aber der oder die muss während der Schwangerschaft abgestorben sein. Keine Ahnung wie dieses Gerücht in die Welt kam, aber heute habe ich mir überlegt, welches Leben mein Zwilling wohl geführt hätte. Mein Zwilling wäre total cool, er würde sich überhaupt nicht darum scheren, was andere sagen. Sie wäre eine Frau. Sie würde keine Sachen um des Lobes willen machen. Sie hätte sich auch nicht an Armando orientiert, sondern wäre ihren Weg gegangen. Sie hätte Männer zappeln lassen und sie wären ihr auch für ihr Leben nicht wichtig. Sie käme alleine sehr gut zurecht, sie ginge ihren eigenen Weg. Sie hätte die Sportarten ausgeübt, die ihr gefielen. Sie hätte immer Zeit für sich selbst. Sie würde sehr viel reisen, auch alleine und während des Studiums hätte sie ein Auslandssemester gemacht. Sie wäre sehr an Kultur interessiert. Zu unseren Eltern hätte sie immer guten Kontakt, sicher durch ihre Eigenständigkeit, und weil sie wissen würde, was sie will, sich nicht alles zu Herzen nehmen würde. Weihnachten würde sich jeder freuen, wenn sie nach Hause käme. Mit Alkohol hätte sie kein Problem, bei besonderen Anlässen würde sie mal ein Glas trinken. Aber sie bräuchte ihn nicht, um ihre Unsicherheit zu überspielen. Sie wäre gar nicht unsicher.

Sie wäre weggezogen, hätte eine harmonische Beziehung, in der die Partner gleichwertig sind, aber ihr Glück würde sie von ihrem Mann nicht abhängig machen. Sie würden ein idyllisches Leben in einem Haus im Grünen führen. Ein altes Haus, das sie renoviert hätten. Sie wäre selbstständig. Kinder, Job und Mann, alles würde sehr gut funktionieren. Sie hätte eine beratende Funktion, möglich, dass sie aus freien Stücken sogar Ärztin geworden wäre, aber sie hätte sich von der Familie nie beeinflussen lassen. Sie würde IHR Leben leben. Mit ihrer Konsequenz und Eigenständigkeit würde alles sehr gut funktionieren.

Diese Fantasie sagt mir, was ich tun kann. Ich werde mich von meiner Familie abnabeln, auch wenn ich sie wahnsinnig gerne habe. Was das ja nicht ausschließt. In Bezug auf die Arbeit werde ich mir Möglichkeiten suchen, wie ich es mir nach meinen Vorstellungen richten könnte. Ich werde noch einige Zeit dazu brauchen. Und mir klar werden, was ich wirklich möchte.

22. Oktober 2007

Heute werde ich zum Erstgespräch zur Therapeutin fahren. Bin neugierig.
Mit meinen Energien kann ich noch nicht so richtig haushalten. Gestern habe ich eine Socke gestrickt, ein Bild gemalt, ein Buch gelesen und am Nachmittag war ich erledigt. Ich habe ständig das Bedürfnis etwas zu tun. Die Dinge gelingen mir aber auch. Aber ich kann mich nicht stillhalten. Dazwischen habe ich auch noch einen Kuchen gebacken und mittags gekocht.
Montag kommt der Kamin und da werde ich dann ganz ruhig davorsitzen und ins Feuer schauen.
Heute Nachmittag werde ich in Ruhe malen. Und dann einen gemütlichen Abend machen.
Mit Lukas funktioniert jetzt alles so gut, irgendwie ergänzen wir uns. Wenn das so weitergeht, krieg ich auch wieder Lust auf Sex. Derzeit drängt er mich zu nichts. Aber er muss auch auf sich achten, damit er sich nicht überfordert, indem er mir alles recht machen will. Es wird Zeit für seine Therapie.

Bin zurück von der Gesprächstherapie. Die Therapeutin ist sehr nett und kann sich eine Zusammenarbeit gut vorstellen. Ich mir auch. Ich kann sie jederzeit anrufen, wenn ich mit einer Situation nicht klarkomme. Das Angebot fand ich toll. Als es um die Missbrauchsgeschichte als Kind ging, bin ich traurig geworden, aber nicht wütend. Ich wurde emotional des Öfteren alleine gelassen, habe ich das Gefühl. Und unter den ganzen Männern in meiner Familie fehlte mir eine weibliche Bezugsperson. Ich konnte ja mit Mama nicht richtig sprechen. Wahrscheinlich fühlte ich mich deswegen bei meiner Tante Silvia in Italien so wohl. Ich soll mich öfter fragen, wie es mir geht. Sie findet es gut, dass ich so viel schreibe, weil oft Worte noch fehlen und so kann man daran arbeiten, Gefühle auszudrücken. In meiner Familie ist sicher ein großes Problem, dass keiner redet. Sie hat mich teilweise ganz mitleidig angeschaut und das tat mir gut. So richtig einfühlsam. Mein Ich und meine Wünsche sind auf der Strecke geblieben.

Gestern hatte ich ein schlechtes Gewissen, als ich an meinem Schreibtisch saß, weil ich mir gedacht habe, ich kümmere mich zu wenig um Lukas. Ich konnte es gar nicht genießen. Sie hat mir auf den Weg mitgegeben, das zu ändern. Ich brauch im Endeffekt zu Lukas ja nur zu sagen, dass ich mich zurückziehen möchte, und er versteht es eh, aber dazu muss ich mich überwinden. Lukas hat mir gestern beim Malen ständig über die Schulter geschaut, das hat mich gestört, aber ich habe nichts gesagt. Auch das werde ich in Zukunft tun. Über die große emotionale Bindung zu Armando und meinem Papa haben wir auch gesprochen. Mit Lukas ist es ja dasselbe. Ich habe lauter übermächtige Männer. Zumindest empfinde ich es so oder mache ich mich etwa klein?

Die Kindergartenhelferin, die mich missbraucht hat, wurde entsorgt, damit war alles erledigt. Sie konnte mir nichts mehr tun. Und mir fehlt die Erinnerung teilweise. Kann mich nur mehr an ganz wenige Dinge erinnern. Eher nur, wie der Raum ausgesehen hat. Ich habe es verdrängt. Und alle Frauen in meiner Kindheit waren pessimistisch, meine Oma, meine Mama. Als Mama mit Brustkrebs im Krankenhaus war, habe ich mich alleine gefühlt. Eigentlich war das eine schlimme Situation, aber auch da fehlt mir gänzlich die Erinnerung.

Pfleger Herbert hat mir eine Mail geschrieben. Ich hatte ihm geschrieben. Er freut sich, dass ich den Weg zurück gefunden habe.

Es gibt noch viel aufzuarbeiten. Meine Therapeutin meint, es wäre noch nicht so gut, arbeiten zu gehen, aber das habe ich mir selbst schon gedacht, wollte es mir aber nicht eingestehen. In 20 Minuten haben wir den nächsten Termin bei der Paartherapeutin.

Bin wieder zurück. Ich war vor der Stunde total aggressiv Lukas gegenüber, weil Mama mich angerufen hat, dass Daniele sein Handy verloren hat. Ich habe mich so geärgert, dass ich es an Lukas ausgelassen habe. Und ich hatte dann keine Lust mehr auf noch eine Gesprächsrunde. Hat sich dann aber ganz gut entwickelt. Die Trainerin für Paarkommunikation hat gemeint, dass es für uns gute Chancen gibt, weil beide an der Beziehung arbeiten wollen und die Fehler auch einsehen. Das hat uns dann Auftrieb gegeben. Aber jetzt bin ich froh, wieder zu Hause zu sein. Muss den Tag erst mal verarbeiten. Ich werde malen.

Habe mir ein Buch über das Kochen mit den 5 Elementen besorgt, ich möchte meine Familie gesund ernähren. Die Chinesen wussten ja früher, was für Körper und Seele gut ist.

Je mehr ich aufarbeite, desto mehr habe ich das Bedürfnis mich am WC zu übergeben. Ich versteh das nicht. Aber ohne Alkohol fühle ich mich sehr gut. Ich hatte noch keinerlei Bedürfnis etwas zu trinken. Das gefällt mir.

23. Oktober 2007

Daniele hat sein Handy nicht verloren, die Reaktion meinerseits war im Nachhinein ein Fehler.

Mit Lukas möchte ich wieder einige Punkte besprechen. Was das Aussprechen von Bedürfnissen oder Wünschen betrifft. Wir sollten es tun, auch wenn es schwer fällt. Und wir sollten uns bewusst machen, dass man dem anderen damit nichts vorwerfen will, sondern, dass es für einen selbst halt nicht passt.
Und ich möchte ihm sagen, dass ich kein schlechtes Gewissen haben möchte, wenn ich an meinem Schreibtisch sitze. Wir treffen uns heute wieder auf einen Kaffee.

Am Nachmittag war ich in der Stadt shoppen. Ich war so vertieft ins Bücherstöbern, dass ich Daniele total vergessen habe.

Gott sei Dank hat er mich angerufen und ich habe noch schnell eine Tiefkühlpizza besorgt. Von wegen gesunde Ernährung. Dann bin ich heimgesaust. Er hat sich über die Pizza gefreut und gemeint, ich sorge gut für ihn. Sein Trödeln hat auch seine Vorteile, ich bin noch vor ihm zu Hause angekommen.
Nachmittags habe ich mein Bild fertig gemalt.

„Je tiefer du schaust, desto mehr wirst du entdecken, denn in dir befindet sich die Quelle der Weisheit, des Verstehens und des Erwachens - du brauchst sie nur zu berühren." (Thich Nhot Hank)

Vor unserem heurigen Sommerurlaub habe ich mir ein Tatoo auf den rechten Oberarm machen lassen. Es ist ein Tribal, ein Bändchen. Und in die Mitte wollte ich unbedingt das chinesische Zeichen für Lebensenergie haben. Mir war damals schon klar, dass sie mir fehlt. Ich denke ich habe schon sehr gut gespürt, was auf mich zukommt. Jetzt kann ich mein Potenzial entfalten.
Eine große Hilfe ist mir das Yoga, es lässt mich zur Ruhe kommen und gibt mir Kraft.

„Je mehr du deinen Körper belebst, desto bewusster wirst du in deinem Selbst." (Yesudian)

Lukas ist der Meinung, ich brauche mehr Ruhe und Stabilität. Da hat er recht. Ich war als Kind so viel beschäftigt, dass ich einfach nicht zur Ruhe kommen kann, weil ich sie gar nicht kenne. Aber ich könnte mir in Gedanken einfach sagen, ruhig zu sein. Meditation wäre da vielleicht eine gute Lösung.

„Alles, was wir sind, ist ein Resultat dessen, was wir gedacht haben." (Buddha)

Ich möchte in der Früh aufstehen und dankbar sein. Ich bin es auch. Aber ich sage es mir zu wenig. Es gibt ja einiges, für das ich dankbar bin. Zum Beispiel für das, wie es jetzt gerade ist.

Ich könnte Lukas für die Dinge, die er tut viel mehr wertschätzen, dann will er sicher bald mehr tun. Das wäre ein Trick und er fühlt sich bestätigt. Und ich bin ja wirklich dankbar, wenn er im Haushalt etwas macht.

Ich bin dankbar, jetzt hier an meinem gemütlichen Schreibtisch sitzen zu können und mich wohlzufühlen.
Ich bin dankbar für das, was ich im Leben schon erreicht habe.
Ich bin dankbar, jetzt einen köstlichen Marmorkuchen bakken zu können.
Ich bin dankbar für den Tag, der mir noch bevorsteht.
Ich bin dankbar für die Aufzeichnungen, die ich mir mache.
Ich bin dankbar für den Sohn, den ich habe.
Ich bin dankbar, mit Lukas gemeinsam an unserer Beziehung arbeiten zu können.
Ich bin dankbar für meine Familie, die mir vieles ermöglicht hat.
Ich bin dankbar, meinen eigenen Weg gehen zu können.

Mit den Verletzungen meines Vaters mir gegenüber sollte ich umgehen lernen. Dadurch, dass er Lukas als „Nichtvorhanden" behandelt, tut er mir weh, weil er dadurch meine Entscheidung, bei ihm zu bleiben, indirekt kritisiert. Und ich habe Lukas verziehen, er hat mich verletzt und warum kann er das nicht einfach auch? Er ist doch so religiös.

Ich bin dankbar, an dieser Situation arbeiten zu können. Das macht mich nur stärker.

24. Oktober 2007

Heute treff ich mich mit Lukas im Caféhaus zum Gespräch, ich werde eine Liste von Telefonnummern der Psychotherapeuten in der Umgebung mitnehmen. Er sollte das mal anpacken.
Morgen treffe ich mich mit ein paar Krankenschwestern. Ich war sehr gerührt, als die Oberschwester unserer Abteilung ge-

sagt hat, ganz viele Schwestern haben gesagt, sie wollen kommen. Einige fahren sogar von weiter weg her. Ich bin da sehr aufgeregt und denke mir gleich, wie habe ich das bloß verdient. Aber Lukas hat gesagt, ich soll es nicht so sehen, dass wir das Treffen extra meinetwegen machen, sondern des gemütlichen Frühstücks willen und, weil wir Spaß haben wollen. Dann ging es mir gleich besser. Er hat sehr gute Ideen. Und so stehe ich nicht im Mittelpunkt.

Wir haben sehr gut reden können, Lukas und ich heute. Das Thema Sex ist halt noch ein sehr heikles und für ihn ein großes Problem. Ich weiß auch nicht, was ich tun soll. Meine Therapeutin würde sagen, gar nichts, es passt halt gerade nicht und es wird schon von selber wieder kommen. Ansonsten verstehen wir uns ja jetzt prächtig.

25. Oktober 2007

Wir haben gestern einen gemütlichen Abend verbracht. Ich habe Lukas in meinen Wohlfühlraum eingeladen und wir sind auf der Yogamatte gesessen, bei Kerzenschein, haben klassische Musik gehört und gequatscht. Leider war ich bald sehr müde. Lukas hat geredet und geredet. Irgendwann hat er gemerkt, dass ich nichts mehr sage. Mir sind die Augen schon zugefallen. Ich hätte auch nicht wirklich gewusst, was ich reden soll, so müde war ich. Aber die Stimmung war toll. So was sollten wir öfter machen. Die Kommunikation in der Beziehung ist einfach wichtig.

Leider war es dann heute Morgen anders, ich hatte ganz miese Laune, gleich nach dem Aufstehen. Aber ich erkenne keinen Grund für diese depressive Verstimmung. Es wird einfach im Rahmen meiner Depression sein und ich sollte da einfach nicht so viel grübeln. Jeder Mensch hat doch Stimmungsschwankungen. Es ist nun einmal so. Wird auch wieder anders werden. In einer Stunde fahre ich dann schon zu dem Treffen mit den Schwestern. Nach dem Yoga fühl ich mich auch immer besser und das werde ich jetzt einfach machen.

So, es geht mir wirklich besser. Ob mich die Schwestern ausquetschen werden? Aber ich werde auf alle Fragen offen antworten. Ich brauch mich für nichts zu schämen. Das gehört auch zu meinem Neuanfang.

„Und jedem Anfang wohnt ein Zauber inne, der uns beschützt und der uns hilft zu leben." (Hermann Hesse)

Es war sehr nett. Es waren wirklich sehr viele da und ich habe mich nicht unwohl gefühlt in meiner Haut. Alle haben gefragt, wann ich denn endlich wiederkomme. Sie hatten geglaubt, ich komme gar nicht mehr, weil sie in der Ärztezeitung das Inserat bezüglich der Praxisvertretung gelesen haben. Ich habe aber nie gesagt, dass ich nicht mehr komme. Das ist das Krankenhaus, eine Gerüchteküche. Gott sei Dank, weiß ich nicht alles, was über mich gesprochen und gerätselt wurde. Aber ich scheine interessant zu sein. Sie haben mir einen wunderschönen Blumenstrauß und eine Karte überreicht, in der alle unterschrieben haben, auch die, die nicht da waren. Unter meinen Arbeitskollegen herrscht etwas Chaos. Mit mir sind jetzt 4 Krankenstände. Das heißt die übrigen 3 arbeiten sich zu Tode. Ich weiß noch nicht genau, wie es beruflich weitergehen wird. Schwester Heidi hat mir gesagt, dass ich so beliebt bin und sehr oft von mir geredet wird. Ich habe ihr erklärt, dass es oft schwierig ist für mich, so etwas anzunehmen, wenn ich gerade selbst nicht an mich glaube, aber derzeit kann ich es. Ich habe natürlich gleich ein schlechtes Gewissen bekommen, weil die anderen so viel arbeiten müssen, Schwester Birgit hat gemeint: „Das ist schon wieder typisch du!" Sie haben mich durchschaut. Aber so bin ich. Nur erkenne ich es jetzt selbst und kann eingreifen. Es war schön, so viel Anerkennung zu bekommen. Ich habe gesagt, dass ich vielleicht im November noch arbeiten komme. Aber ich denke, ich werde selbst merken, wann es wieder so weit ist und ich arbeiten gehen kann. Ich mache mir jetzt keinen Stress, obwohl ich schon wieder „funktionieren" möchte.

Ich werde die Augen auf jedem Fall für etwas Neues offenhalten. Ich werde irgendwann die Erfüllung im Beruf finden. Muss mir nur die Möglichkeiten anschauen. Bisher habe ich nicht darüber nachgedacht. Aber ich möchte wieder mehr Zeit für Menschen haben.

„Nicht weil es schwer ist, wagen wir es nicht, sondern weil wir es nicht wagen, ist es schwer". (Seneca)

Vielleicht sollte ich mich doch selbstständig machen?

26. Oktober 2007

Meine beiden Männer sind derzeit in der Kirche. Ich habe wieder Yoga gemacht. Da ich das jetzt sehr konsequent mache, sehe ich schon Fortschritte. Heute geht es mir viel besser als gestern. Die Tage sind eben nicht gleich. Und für Stimmungsschwankungen muss man keinen Grund finden. Über meine Eltern denke ich halt auch sehr viel nach.
Heute ist es wieder zu einem kleinen Streit gekommen. Ich hatte gestern ein wenig Bauchschmerzen und Lukas hat mich heute gefragt, ob es schon weg ist. Ich habe darauf mit „ja" geantwortet und er hat gemeint: „Dann grins ein bisserl." Das hat mich dann so an meinen Vater erinnert, der auch immer wollte, dass ich mir in der Öffentlichkeit nichts anmerken lasse, dass ich zu Lukas gesagt habe, er sei wie mein Vater. Das hat ihn gekränkt. Aber ich habe ihm dann erklärt, warum ich so ausgeflippt bin.
Habe heute ein Bild gemalt, es ist rot und golden und die Wörter „Ruhe und Kraft" stehen darauf. Der Satz „in der Ruhe liegt die Kraft" spukt dauernd in meinen Gedanken herum.

27. Oktober 2007

Wir sind heute schon um 5 Uhr früh aufgestanden, weil wir Daniele in die Stadt gefahren haben. Der letzte Harry Potterband kommt heute in die Läden und er wollte unter den Ersten sein, die ihn kaufen. Zuerst wollte er ja zu Fuß und alleine in die Stadt runtergehen, aber ich wollte das in der Dunkelheit dann doch nicht. Gestern Abend ist er ganz früh ins Bett gegangen, um heute fit zu sein. So einen Ehrgeiz, den er da hat. Wäre es doch auch in der Schule so. Meine Ergotherapeutin hat mir wieder eine Mail geschrieben und mir ein Buch empfohlen. „Die Wolfsfrau", das muss ich mir gleich besorgen. Ich weiß aber noch nicht, um was es da geht. Lukas verbringt viel Zeit beim Rennfahren vor der Playstation, da sind wir schon sehr unterschiedlich. Aber jeder soll seine Hobbys haben und er kann sich dabei entspannen. Das Thema „Frausein" wird immer wichtiger für mich. Vielleicht koche und backe ich deswegen zurzeit so gerne. Obwohl ich nichts von den traditionellen Frauenklischees halte.

So, das Buch habe ich mir jetzt besorgt. Es geht um das intuitive Gespür, das kann ich brauchen. Um Wahrnehmungen ausleben und um Kreativität, Mut und Selbstbewusstsein. Das ist ja genau das Richtige für mich. Wie mache ich das Totgeglaubte wieder lebendig in mir, in meinem Haus und meiner Umwelt? Man soll tief in seine Seele blicken. Da gibt es Wüstenpflanzen, die über der Erde ganz verdörrt aussehen, aber wenn sie Blüten treiben, sind sie wunderschön. So wird es auch mit meiner Seele sein. Das Schlimmste über sich selbst herausfinden und die Wahrheit sehen. Deshalb meditiere ich so gerne, weil ich dann bei mir bin und danach viel klarer sehe.

In dem Buch stellt die Autorin 4 wichtige Regeln auf:

1. Du sollst sehen!
2. Du sollst erkennen!
3. Du sollst deine Stimme erheben!
4. Du sollst handeln!
Das sind Dinge, die mir bisher gefehlt haben.

28. Oktober 2007

Lukas hat heute gemeinsam mit mir Yoga gemacht, ich habe ihm die Übungen gezeigt, es war toll. Ich freue mich, dass er Interesse gezeigt hat und mitgemacht hat.

29. Oktober 2007

Gestern kam Umberto noch vorbei. Er hat mir erzählt, dass Armando das Essen bei meinen Eltern heute abgesagt hat, weil Karin heute Geburtstag hat und er für sie kocht. Sie ist jünger als ich und sie ist die Ursache für seine Trennung von seiner Frau. Es ist ein ewiges Hin und Her zwischen den beiden. Mal sind sie zusammen, mal nicht. Mir hat das wehgetan, als ich es gehört habe. Ich bin seine Schwester und für mich würde er nie kochen. An meinem Geburtstag schickt er hin und wieder eine SMS, aber auch nicht immer. Nur wenn ihn jemand daran erinnert, dass ich Geburtstag habe. Aber steht es mir eigentlich zu, dass ich mich ärgere. Er ist nun mal so. Und ich möchte nicht so sein, auch wenn er früher immer mein großes Vorbild war. Auch den Geburtstag meines Sohnes vergisst er immer. Ich vergesse aber die Geburtstage seiner drei Kinder nicht. Vielleicht stört mich nur die Einseitigkeit, wenn immer nur einer etwas tut und nichts zurückkommt, hat es nicht viel Sinn. Das ist wie in einer Beziehung zwischen Eheleuten. Ich fühle mich von ihm einfach weggestoßen. So wie als Kind, als ich ihn mal drücken wollte, weil ich ihm zeigen wollte, dass ich ihn lieb habe und er mich weggestoßen hat. Dabei ist ein Milchzahn flöten gegangen.
Gestern Nachmittag haben wir mit Daniele einen Spielenachmittag gemacht. Es war nett und mittlerweile spiele ich wieder gerne. Während der Depression war es eine Qual für mich, mitspielen zu müssen. Und Daniele sagt jetzt öfter zu mir, dass er mich lieb hat. Vielleicht habe ich doch nicht alles falsch gemacht. Und dann nimmt er mich meistens in den Arm. Ich hab ihn auch wahnsinnig lieb.

Gestern Abend wollte ich nicht in die Messe gehen, um meinem Papa nicht zu begegnen und zu sehen, wie er Lukas ignoriert.

Heute kommt auch noch unser Kamin. Welch Freude. Das wird ein toller Winter.

Meine Talente sind in mir verborgen, ich muss sie nur aktivieren. In mir steckt eine ganz starke Persönlichkeit, eine Frau, die nach außen hin schon viel erreicht hat, ich muss sie weiter anspornen. Und immer nur nett zu sein, erleichtert das Leben auch nicht. Ich muss lernen zu sagen, wenn mir etwas gegen den Strich geht. In jedem Lebensbereich. Nicht immer nur „ja" oder „du hast recht" sagen.

„Wenn ich schlicht und einfach ich selbst bin, werde ich von vielen abgelehnt und ausgestoßen, aber wenn ich mich willig anpasse, lehne ich mich selbst ab und stoße mich selbst aus meiner Mitte." (Clarissa Pinkola Estés)

Das sehe ich jetzt auch so. Wenn man immer nur angepasst ist, wird man ständig verletzt. Intuition sollte ich einsetzen. Die Antworten sind in mir. Und so werde ich auch beruflich meinen Weg finden.

Den Kamin können wir leider erst morgen einheizen, er muss noch trocknen. In der heutigen Therapie ging es wieder mal um meine Eltern. Das Thema beschäftigt mich einfach so sehr. Ich muss jetzt mein Leben leben. Und ich muss mich davon distanzieren, dass mir meine Mama einfach nicht das geben konnte, was ich als Kind gebraucht hätte. Sie war mit ihrem Leben beschäftigt und hat ums Überleben gekämpft. Es geht halt immer nur um sie und gar nicht so richtig um mich, weil sie ihr Befinden von den Kindern und von den Umständen abhängig macht. Und vor meinem Vater werde ich nicht mehr als die kleine Tochter dastehen, der man Ratschläge geben muss, ich möchte aus der Rolle raus. Ich bin eine Frau und eine Ärztin. Ich muss seinen Vorstellungen jetzt nicht mehr genügen. Und ich muss auch nichts mehr tun, um mich vor ihm zu beweisen. Ich kann selbst stolz auf mich sein.

Ich habe ja schon viel erreicht. Wenn ich mich an meine Promotionsfeier erinnere, war das auch eher die Feier meiner Eltern. Ich habe mich eher als Statist gefühlt. Da wurden Leute eingeladen, mit denen ich nicht viel zu tun hatte und auch heute nicht habe. Freunde meiner Eltern zum Beispiel. Und ich habe eine Frau eingeladen, die meine Patientin war bei der letzten Prüfung und sie wurde von Mama zurechtgewiesen, weil Mama geglaubt hat, sie gehört nicht zu uns und nimmt ihnen den Platz weg. Diese Patientin war der einzige Mensch, der wirklich dazugehört hat, außer dem engsten Familienkreis natürlich. Leider ist sie kurz danach gestorben. An diesem Tag habe ich mich abends noch ziemlich betrunken. Am nächsten Tag habe ich dann beschlossen, eine Zeit lang nichts mehr zu trinken.

30. Oktober 2007

Im Traum kann man angeblich Probleme lösen. Heute Nacht habe ich geträumt, meinem Papa die Meinung gesagt zu haben. Ich habe ihm gesagt, dass ich kein kleines Kind mehr bin. Und, dass ich selbst weiß, was gut für mich ist. Vielleicht ist das ja schon die Lösung. Es ihm bei Gelegenheit wirklich mal zu sagen, wie ich mich in seiner Gegenwart fühle. Gestern in der Therapie habe ich mich wie ein hilfloses kleines Mädchen gefühlt, als wir über ihn gesprochen haben. Das ehrfürchtig aufblickt. Als ich mich anschließend mit Lukas getroffen habe, bin ich immer noch ganz klein auf der Bank im Café gesessen. Meine Lebhaftigkeit wurde als Hysterie angesehen. Vielleicht sind das aber wirklich nur meine italienischen Wurzeln gewesen. Ich war von uns Kindern die Einzige, die sich für das Land und die Leute interessiert hat. Ich bin auch die Einzige, die sich bemüht hat, die Sprache zu lernen. Und ich habe viel Zeit bei meinen Verwandten verbracht. Ich bin stolz auf meine italienische Familie. Und im Nachhinein kann ich mich auch nicht erinnern, wirklich so ein furchtbar schwieriges Kind gewesen zu sein. Ich würde mich als ganz normal bezeichnen. Aber eigentlich ist das heute ja gar nicht mehr wichtig. Es ist wichtig, wie ich jetzt bin und was ich jetzt aus meinem Leben mache. Ob meine Mama mit den Kindern und der Behinderung meines Bruders überfordert war? Ich stelle es mir äußerst schwierig vor. Meine Mama ruft täglich an und fragt mich, wie es mir geht, das ärgert mich schon sehr, weil eben ständig dieselbe Frage kommt und sie möchte es ja nur für sich selbst wissen. Aber ich kann ihr nicht sagen, dass mich das stört, weil ich mir denke, ich verletze sie damit. Aber meine Therapeutin meint, ich darf mich nicht für ihr Leben verantwortlich fühlen. Es ist ihre Geschichte und ich habe die meine. Sie sitzt jeden Tag zu Hause und grübelt, was nicht alles Schlimmes passieren könnte. Das ist der beste Nährboden für Depressionen. Und dann kommt Papa nach Hause und hat schlechte Laune. Aber wie gesagt, das ist ihres und ich kann ihr da nicht helfen, auch wenn ich es wollen würde.

Umberto wünscht sich ein selbst gemaltes Bild von mir. Das werde ich machen. Mit Spachtelmasse und den Farben rot, gold und schwarz. Vielleicht nehme ich auch noch Naturmaterialien.

Jetzt hat Mama noch mal angerufen, ob ich Allerheiligen auf den Friedhof oder nachher zum Tee komme, ich habe abgesagt. Ich möchte es einfach nicht. Und ich werde auch keine Erklärung abgeben. Ich möchte Lukas nicht alleine lassen und möchte nicht wieder in die Kindrolle fallen. Dafür bin ich noch nicht stabil genug.

Habe erfahren, dass meine ehemalige Zimmernachbarin aus dem Krankenhaus, die frühpensionierte Ärztin, an dem Tag meiner Abreise wieder stationär aufgenommen wurde, weil sie über vier Promille hatte. Das ist ein Teufelskreis. Es tut mir leid. Aber sie muss das selbst schaffen, man sieht, dass ihr die Hilfe, die ihr angeboten wird, nichts hilft, weil sie sie nicht annehmen kann.

Ich möchte ganz viele neue Dinge lernen. Vielleicht noch ein Instrument. Aber alles der Reihe nach. Zuerst konzentriere ich mich auf Yoga und Malen. Ich bin noch immer nicht überzeugt, dass ich ein Buch schreiben könnte. Wen sollte mein Leben wirklich interessieren?

Bei meiner Beziehungsarbeit darf ich nicht vergessen, dass das Leben mit einem Partner nicht immer nur schön sein kann, es darf auch Tiefen geben. Nur man muss sich dessen bewusst sein und nicht gleich aufgeben. Oft lohnt es sich.

„Eine wilde Geduld ist vonnöten, um bei einer Liebe zu bleiben, wenn sie sich in ihrem Todesaspekt offenbart." (Adrienne Rich)

Was muss in meinem Leben sterben, damit ich lebendiger werden kann? Ich denke diese unsichtbare Nabelschnur zwischen meinen Eltern und mir, die nie durchtrennt worden ist. Und meine Selbstzweifel möchte ich begraben.

„Alles was wir wirklich suchen, sucht uns seinerseits schon seit Ewigkeiten und es findet uns, wenn wir nur ein Weilchen innehalten können." (Clarissa Pinkola Estés)

Durch meine jetzige Auszeit lerne ich, schön langsam innezuhalten. Und meine Erfahrungen kann ich in Energien umwandeln.

31. Oktober 2007

Als Kind habe ich mich zu Randgruppen geflüchtet, das heißt, ich war da ein Teenager. Die haben immer etwas angestellt, aber da war ich nie aktiv dabei. Vielleicht war das die Flucht aus einem erdrückenden Elternhaus, in dem es ganz viele Regeln gab.
Oder ich habe mich unverstanden gefühlt. Ich kann mich nicht erinnern, dass meine Mama mal so richtig zu mir gestanden wäre, es wurde immer alles an Papa weitergegeben. Das finde ich immer noch nicht richtig. Laut dem Buch „Die

Wolfsfrau" sucht man sich oft Ersatzmütter, „deren Augen sehen, deren Ohren hören, deren Zungen sprechen und die voller Verständnis sind". So wie meine Tante Silvia in Italien. Ich habe mich von ihr immer verstanden gefühlt und das tue ich heute noch. Sie hat einen Weitblick. Und ist eine irrsinnige Kämpfernatur. Und sie lässt andere so sein, wie sie sind. Ich möchte diese Bitterkeit und die Familienneurose ablegen. Aber dazu brauche ich emotionalen Abstand. Ich muss in meinem Leben die Erfüllung finden. Aber so wie es jetzt ist, habe ich es mir nie erträumt, dass es mal wirklich so sein könnte. Es herrscht endlich Harmonie und Ausgeglichenheit. Ich habe mir einfach einen Weg gesucht, meine Kreativität rauszulassen.

1. November 2007

Heute Vormittag war ich mit Daniele am Friedhof. Er hat mich ein wenig über meine Großeltern ausgefragt, ob sie sehr ver-kalkt waren, bevor sie gestorben sind. Manchmal stellt er schon eigenartige Fragen.
Heute Nacht habe ich wieder geträumt, ich habe meine Mama gefragt, warum sie nie meine weibliche Bezugsperson sein konnte. Sie hat dann eine Erklärung abgegeben, da kam irgendetwas von „mit zehn Jahren" vor, da ist irgendetwas passiert. Ich weiß aber nicht, ob sie es auf sich oder auf mich bezogen hat. Bin nicht schlau geworden daraus.

Teilweise habe ich das Gefühl, als hätte ich in meine „alte" Familie nie richtig reingepasst. So, als ob der Storch das Haus verwechselt hätte. Und jetzt fühle ich mich doch von ihr aus-gestoßen. Auf Armando bin ich so sauer, dass wenn er sich jetzt melden würde, ich sagen möchte, dass ich keinen Kon-takt haben will. Aber er wird sich nicht melden und ich würde es wahrscheinlich auch nicht sagen. Aber es raubt mir die Energie. Die ständige Hoffnung, dass es irgendwann wieder werden könnte. Und er hat mich schon so oft fallen gelassen. Nur, weil er mein Bruder ist, muss ich mich nicht mit ihm verste-

hen. Ich werde ihn als meinen Bruder anerkennen, schließlich
kommen wir aus demselben Stall, aber mehr ist dann halt
nicht. Ich brauche keinen Kontakt zu ihm zu haben. Er stößt ja
nicht nur mich vor den Kopf, sondern auch ehemalige gute
Freunde von ihm. Ich werde mich nur mehr mit Menschen
umgeben, die mit mir auf einer Wellenlänge sind.
Alle anderen sind nicht gut für mich.

2. November 2007

Umberto war gestern statt des Familientreffens bei mir. Ich
habe mich wichtig gefühlt. Papa hat angerufen und gesagt,
ich soll Mama mal unseren Kamin zeigen. Er selbst kommt ja
nicht in unser Haus. Das tut so weh. Ich möchte so angenommen werden, wie ich bin, und Lukas gehört nun mal zu mir.
Gestern Abend haben wir gemeinsam den Brandner Kaspar
im Fernsehen angeschaut, Lukas und ich. Er wollte dann dauernd wissen, welches Alter ich im Himmel annehmen würde,
damit wir dort dann zusammenpassen. Ich hasse solche Fragen. Er meint dann natürlich: „Oder würdest du dir einen anderen suchen?" Innerlich habe ich mich wieder in die Ecke
gedrängt gefühlt. Er erwartet auf solche Fragen natürlich en-
thusiastische Antworten wie „wir werden dort ewig jung und
glücklich sein". Und wenn ich ihm sagen würde, dass mich
solche Fragen nerven, würde er sagen, dass ich keinen Spaß
verstehe. Aber kann ich das mit Sicherheit behaupten, wenn
ich ihm gar nicht sage, dass sich da bei mir innerlich etwas
sperrt, wenn er solche Dinge fragt.

Seelisch ausgehungerte Frauen flüchten sich oft in Suchtver-
halten. Man greift nach jedem Strohhalm. Das habe ich auch
in der Psychiatrie gesehen. Da gibt es viele. Und die Fassade
wird lange aufrechterhalten. Man vergeudet dann sinnlos die
Zeit und die Talente. Ich musste erst meine Talente entdek-
ken. Oft lernt man durch die schlimmen Zeiten mehr als durch gute
Zeiten.

Ich würde schon wollen, dass meine Mama vorbeikommt, aber vorher müsste ich das ganze Haus putzen. Meine Therapeutin hat gefragt: „Warum eigentlich, ich dachte sie kommt wegen Ihnen?" Auch wenn sie mich in Wien besucht haben, hat mein Papa den Staubsauger in die Hand genommen und alles sauber gemacht. Es ist nie wirklich um mich und mein Inneres gegangen. Er hat sich nie mit mir auseinandergesetzt. Nur durch Ratschläge und Besserwissen.

Ich lebe jetzt ein anderes Leben und werde mich nicht mehr unterordnen und es allen recht machen, auch in der Arbeit nicht mehr.

3. November 2007

Heute haben wir wieder an der Einrichtung in unserem Haus weitergearbeitet. Unsere Höhle wird wirklich sehr gemütlich. Meine Mama hat heute schreckliche Dinge zu Daniele gesagt. Sie würde sich nicht mehr operieren lassen, auch wenn sie schwer herzkrank wäre, da würde sie lieber sterben. Warum sagt sie so etwas zu einem Kind? Daniele denkt schon ziemlich kritisch. Er findet es auch eigenartig, dass Mama nur das kochen darf, was Opa anschafft.

Im Wohnzimmer haben wir jetzt ein gemütliches Kaffeetischchen mit zwei ganz gemütlichen Sesseln, in denen wir auch reden können vor dem Kamin.

Wenn man sich gefangen fühlt, dann treten Depressionen auf. Ich muss sagen, ich habe mich auf keinen Fall frei gefühlt. Im Gegenteil, ich habe mich kontrolliert und eingesperrt gefühlt. Auch in der Beziehung. Verfangen in einem Leben, das ich so nie wollte. Aber jetzt habe ich meine Freiräume. Ich kann tun, was mir gerade einfällt. Ich sehe die Freiheit auch im Ausleben der Kreativität. Vormittags habe ich viel Zeit für mich. Und das alles habe ich jetzt, weil wir darüber reden. Und ich meine Bedürfnisse ausdrücke. Ich habe nicht gesehen, dass der Zeitpunkt für eine Flucht schon viel früher da gewesen wäre. Aber irgendwann konnte ich nicht mehr und musste mir eingestehen, dass ich sofort flüchten muss, bevor ich sterbe.

Heute Nacht habe ich geträumt, dass ich ganz viel Alkohol getrunken habe und mich dann auf einen Seitensprung eingelassen habe. Es war schrecklich.

4. November 2007

Gestern waren wir wieder in der Messe. Es war das Gleiche wie jeden Samstagabend. Mein Papa ist wieder meterweit weggestanden, als ich mit Mama geredet habe.

5. November 2007

Heute ist Montag und ich habe wieder Zeit für mich. Ich genieße das. Lukas hat heute Nacht wieder mal das Schlafzimmer verlassen und ist ins Wohnzimmer. Aber er war nicht so wütend wie früher. Es steht ihm zu, sich zu absentieren.

Vor ein paar Tagen habe ich geträumt, dass der Abstrich beim Frauenarzt nicht in Ordnung war. Hat das etwas mit dem „Frausein" zu tun?

Wenn Papa mich an der Hand nimmt oder mir übers Gesicht streichelt, schmelze ich dahin. Ich bin ja wirklich noch sein kleines Mädchen. Wie soll ich mit diesen Problemen umgehen. Mit diesem Hin- und Hergerissensein? Kommt Zeit, kommt Rat. Ich möchte nicht die Augen verschließen vor dem Wahnsinn, der ringsumher passiert, und versuchen, irgendwie damit zu leben. Ich schade mir ja selbst damit, außerdem verfalle ich dann immer in den Missstand, die Fehler bei anderen zu suchen. Was ich bei anderen wiederum schwer verurteile. Es ist einfach nicht leicht. Ich muss Verantwortung für mich selbst übernehmen. Und es ist eben kein Honiglecken, wenn man etwas verändern will. Ich hasse Honig.

Ich habe jetzt wieder Lebensfreude. Wenn ich Alkohol getrunken habe, habe ich mich frei und selbstbestimmt gefühlt und dann bin ich frei und selbstbestimmt in mein Unglück gerannt. Jetzt sehe ich die Fehler. Ich war gar nicht mehr ich selbst. Ich habe mir zugeschaut und war verwundert, aber tun konnte ich nichts. Der gewaltsame Einschnitt durch den Krankenhausaufenthalt war in jeder Hinsicht meine Rettung. Und ich werde mir überlegen, wo meine Fallen lauern. Sie sind überall. Sie sind im Streit mit Lukas verborgen, wenn ich dabei nicht meine Frau stehe, sie sind in gewissen Lokalen, manche Menschen sind sehr gute Fallensteller, die, die sich selbst als Opfer sehen. Und im Krankenhaus lauern auch ganz viele. Bei internen Veranstaltungen. Bei manchen Kollegen. In der Oberflächlichkeit, die da oft herrscht und wo ich nicht mehr mitmachen werde. Ich bin kein oberflächlicher Mensch. Und die Fallen liegen auch in mir selbst versteckt, in meiner Bequemlichkeit, dem zu schnellen Aufgeben, wenn etwas nicht klappt und in meiner Außenbestimmtheit. Aber ich seh das jetzt alles und kann es ändern. Gewisse Situationen muss ich halt anfangs meiden, bis ich ganz stabil und bei mir selbst bin. Auf dem Weg bin ich.

6. November 2007

Manchmal sind Dinge nicht so, wie sie zu sein scheinen oder wie man sie sich wünscht.

Ich sitze jetzt im Zug und fahre zur chefärztlichen Untersuchung, weil mein Krankenstand schon so lange dauert. Die müssen überprüfen, ob er gerechtfertigt ist. Schließlich kriege ich ja jetzt Geld von ihnen. Bin schon lange nicht mehr Zug gefahren, aber es ist sehr gemütlich. Ich genieße es. Habe mir das Buch „Der Weg der Kaiserin" mitgenommen. Ich werde daran arbeiten, Kaiserin in meinem Leben zu werden.

Gestern in der Therapie haben wir hauptsächlich über Lukas gesprochen. Meine Therapeutin meint, ich solle mir mehr Freiraum geben, um mich vom Kind zur Frau entwickeln zu können. Ich steh des Öfteren als „die zu Therapierende" da. Es kommt halt oft so rüber, als ob ich die Beziehung kaputt gemacht hätte, die nicht an andere denkt und die an allem Schuld hat. Vielleicht bürde ich mir das auch selbst auf. Lukas Eltern machen ja auch mich verantwortlich dafür, dass er ins Gefängnis musste vor 2 Jahren. Sie haben aber nie gesehen, wie schlimm ich nach den Prügeln aussah. Wahrscheinlich hätten sie sich für ihren Sohn geschämt. Und das war schon vor meinen Seitensprüngen. Lukas sieht das halt anders. Es gibt immer zwei Seiten einer Medaille. Dann haben wir über das Thema Sex gesprochen, es war mir etwas peinlich meiner Therapeutin gegenüber, aber nur am Anfang. Sie meinte, dass es zurzeit zu einem Kind ja gar nicht passen würde. Und ich es ja selbst spüre, ob ich bereit bin oder nicht. Und in der Beziehung gab es so viele Verletzungen, dass einem die Lust vergehen muss. Sie hat mich auch gefragt, ob ich mir all die Jahre nie gedacht habe: „Oh Scheiße."Aber ich habe ja nichts mehr gefühlt und dachte es muss einfach so weitergehen. Ich habe irgendwie den Schein gewahrt und im Leben außerhalb des Hauses irgendwie funktioniert. Sie meinte, ich solle eine „sexfreie Zeit" einfordern. Lukas ist da aber jetzt eh verständnisvoll und zwingt mich zu nichts. Seine Bedürfnisse kann er halt auch nicht einfach wegstecken. Anschließend habe ich mich mit Lukas getroffen. Die Therapeutin hat noch gemeint, ob das wirklich gut ist. Ich war zu dem Zeitpunkt auf 180, weil wir über die ganzen Verletzungen in der Beziehung gesprochen haben. Ich habe mir gedacht: „Na warte du, jetzt sag ich dir die Meinung." Ich hatte das Gespräch noch nicht verdaut.

Lukas wollte dann natürlich wissen, um was es gegangen ist. Und ich habe den Fehler gemacht zu erzählen, obwohl das meine Geschichte ist.

Meiner Therapeutin gegenüber habe ich auch gesagt, dass mein Chef viel mitgemacht hat mit mir und sie hat gemeint, ob ich nie daran gedacht habe, was ich alles mitgemacht habe. Daran habe ich nie gedacht. Mir taten immer die anderen leid. Und es ging mir sehr schlecht. Aber ich habe es immer überspielt. Und immer weitergemacht und immer gedacht, es wird sich schon ändern, ohne aber selbst was dazu beizutragen.

Beim Gespräch mit Lukas hat er sehr verständnisvoll getan und mir gesagt, dass er mich für die Dinge, die ich jetzt so tue, sehr bewundert. Und das mit dem Sex fällt ihm halt schwer, aber er versteht mich auch. Und ich versteh ihn auch. Er ist ja auch nicht unschuldig an meiner verlorenen Lust. Teilweise hatte ich das Gefühl, er hat Tränen in den Augen. In der Nacht hat er dann wieder zu wandern begonnen und ist ins Wohnzimmer. Ich habe ihn angesprochen und er hat mir gesagt, dass es ihm so schlecht geht und er mit der Situation nicht klarkommt. Ich war schwer enttäuscht, weil er am Nachmittag noch so verständnisvoll getan hat, und wollte dann selbst im Wohnzimmer übernachten. Und dann ist er aggressiv geworden und hat zu schreien begonnen. Daniele ist dann aufgewacht. Lukas hat gemeint, dass ich nie an ihn denke und immer mit allen anderen schlafe und mit ihm nie. Dann hat er noch gesagt, er hält es nicht mehr aus und sucht sich eine andere. Am Nachmittag hat das noch so nach Vertrauen geklungen und da hat er mir wieder alles Mögliche an den Kopf geworfen. Ich war sehr verletzt und verzweifelt. Er ist dann wieder ins Wohnzimmer gegangen und ich bin im Schlafzimmer geblieben. Ich habe geheult wie ein Schlosshund, ich bin mir gedemütigt und unverstanden vorgekommen. Ich habe mir gedacht, dass ich doch immer nur an andere gedacht habe und ob ich eh niemanden verletze. Ich möchte ja auch für Lukas, dass der Sex wieder funktioniert, mir fehlt in der Hinsicht nichts. Ich muss diese Schuldgefühle ablegen.

Ich bin schon gespannt, was der Chefarzt sagt. Muss aber erst mal das Gebäude suchen. Ich kenn mich in Linz nicht so gut aus.

So, bin jetzt wieder zurück und sitze in einem Café im Bahnhof. Es war ein nettes Gespräch mit der Chefärztin, aber jetzt bin ich sehr durcheinander. Sie hat mir zu denken gegeben, ob es im November wirklich schon Zeit ist, wieder arbeiten zu geben. Oft fällt man dann sofort in die nächste Depression, wenn man sich nicht genug Zeit genommen hat. Ich denke halt immer, dass meine Kollegen schon viel für mich arbeiten mussten. Meine Mama hat am Telefon auch gleich gesagt, dass mich meine Kollegen ja Mitte November erwarten und sich auf mich verlassen. Jetzt weiß ich gar nichts mehr. Ich muss für mich selbst entscheiden, ob es schon geht oder nicht. Die Chefärztin hat mich wieder daran erinnert, wie viel ich wirklich um die Ohren habe, Frausein, Mutter, Ärztin, Partnerschaft. Und das waren ja alles meine Baustellen. Sie hat gemeint, sie hat mich schon durchschaut, gleich am Anfang, ich bin so eine, die schnell wieder funktionieren möchte. Da hatte sie recht. Finanziell ist der Krankenstand auch eine ziemliche Einbuße. Der Gedanke im Advent noch Zeit für mich zu haben, ist aber auch schön.

Im Allgemeinen war es heute aber ein schöner Tag in Linz. Warum habe ich plötzlich Angst vor meinem Chef? Wenn für die Krankenkasse alles in Ordnung ist, dann müsste es auch für das Krankenhaus in Ordnung sein. Ich frag mich halt immer, was die anderen über mich denken. Andererseits sind sie die letzten Wochen auch ohne mich ausgekommen. Jeder ist ersetzbar. Mir gehts gar nicht gut. Bin melancholisch.

Jetzt bin ich wieder zu Hause und ein Lichtblick kam per Mail. Eine Kollegin hat mir geschrieben, ich solle mir Zeit geben. Das hilft mir jetzt. Wegen gestern bin ich noch ziemlich nachdenklich, das habe ich Lukas gesagt, er möchte heute reden. Ich habe schon wieder Angst vorm Zubettgehen.

Was brauche ich derzeit um mich wohlzufühlen? Ich brauche Zeit für mich, das Yoga ist mir wichtig, meine Freizeitbeschäftigungen sind mir wichtig. Ich brauche etwas, das ich herstellen kann, bei dem ich ein Ergebnis sehe. Etwas das aus mir herauskommt. Ein Ausdruck meiner Gedanken. Und ich brauche meinen Platz, an dem ich mich frei und geschützt fühle, das ist der Raum mit meinem Schreibtisch. Hier kann ich zu mir finden.

Und ich brauche Zeit alleine mit Daniele, da bin ich ich selbst. Gerade ist es gemütlich, ich sitze am Schreibtisch und er in meinem Lesestuhl und lernt.

Was wird bei dem Gespräch mit Lukas heute auf mich zukommen? Ich will nichts sagen, damit ich meine Ruhe habe, nur des Friedens willen oder um niemanden zu verletzen oder zu enttäuschen. Ich möchte auch in der Kommunikation bei mir sein.

Jede psychische Verausgabung ist so, als würde man Geld von einem Konto abheben, irgendwann ist das Konto überzogen, wie ich selbst gespürt habe. Entscheidungen darf man nicht in einem kopflosen Zustand treffen. Mit Achtsamkeit überlegen.

7. November 2007

Nach der Diskussion gestern habe ich eine Stunde lang geheult. Ich war nervlich am Ende und habe mich wieder einmal ganz klein und unfähig gefühlt. Lukas hat gesagt, dass man mit mir einfach nicht reden kann und er sieht keinerlei Fortschritte. Da kommt wieder raus, dass ich die „zu Therapierende" bin. Das hat mir so wehgetan, weil das meine Welt, in der ich jetzt sehr zufrieden bin, gefährdet. Und wieder hat er gesagt, dass er sich eine andere sucht. Das ist eine Erpressung und eine Drohung, die sehr weh tut. Ich bin mir dann noch kleiner vorgekommen. Habe mich wie ein Kleinkind gefühlt, das geschimpft wird und das gar nicht versteht wieso. Wie damals, als ich mir mit dem Jausengeld ein Buch gekauft habe. Ich hatte das Gefühl, überhaupt nichts recht machen zu können und, dass alle meine Bemühungen umsonst sind. Ich steige immer als „Verlierer" in solchen Diskussionen aus. Ich sollte mich wirklich mal auf die Beine stellen und sagen: „So nicht mit mir!" Und alle Vorsätze aus der Therapie waren weg, wie aus dem Gehirn gelöscht. Kein bisschen Selbstbewusstsein war da. Es gibt auch keine „sexfreie Zeit". Ich bin soweit nachzugeben. Er fragt mich ja immer, ob es bald wieder so weit sein wird. Ich habe das Gefühl, er versteht gar nicht, dass er mich da unter Druck setzt, obwohl es nicht seine Absicht ist. Mein Therapeut im Krankenhaus hat einmal gesagt, er wird es immer weiter versuchen. Er ist ein Mann. Ich hoffe, er geht bald in die Psychotherapie, dann kann er diese Probleme auch besprechen.

Ich male jetzt ein Bild. Ich möchte blaue Farben verwenden. Wenn Impulsivität und Kreativität durch gewaltsame Einengung des Seelenlebens behindert werden, dann treten Symptome der Depression auf. Es muss wirklich einiges schiefgelaufen sein vor meinem Krankenhausaufenthalt.

Daniele hat mir auch gesagt, er bewundert mich für die Dinge, die ich jetzt tue. Er meint, dass er selbst gar nichts gut kann. Ich werde mit ihm ein Bild malen, dann sieht er, dass er es kann.

Wenn ich meditiere, fühle ich mich frei, frei von Sorgen, von Forderungen, da gibt es kurze Zeit nur mich und meinen Atem. Ich bin auch in gewisser Weise auf der Suche nach der Heimat. Alles, was ein Gleichgewicht erzeugt und entspannt, ist schon Heimat. Ich bin auf dem Weg zur Heimat, aber noch nicht ganz angekommen. Dazu braucht es noch Zeit. Unzufriedenheit ist gar nicht so schlecht, weil es zu Verhaltensänderungen führen kann, wenn man sich darüber bewusst wird. Unzufrieden war ich schon sehr mit meinem Leben. Früher hatte ich den ganzen Tag den Fernseher laufen, auch wenn ich nicht hingeschaut habe, nur um mich nicht einsam zu fühlen. Das kann ich mir jetzt nicht mehr vorstellen, jetzt bin ich froh, wenn es ganz still ist. Und wenn, dann lege ich mir klassische Musik auf oder Weltmusik. Es gibt Zeiten im Leben, da muss man sich von allen Leuten und Dingen abkehren und bei sich sein.

8. November 2007

Heute fühl ich mich gut. Meine Tage sind ausgefüllt. Was das Arbeiten betrifft, warte ich auf ein Bauchgefühl. Ich möchte wieder voll da sein, wenn es so weit ist. Das Malen und das Schreiben sind für mich mittlerweile Kanäle geworden, durch die ich mich wirklich ausdrücken kann. In den letzten Jahren konnte ich mich zu gar nichts aufraffen, ich hatte keine Lust zu irgendetwas. Na Ja, In welchem Lokal ich ein Glas Wein trinken könnte, das hat mich beschäftigt. Aber sonst kam gar nichts aus mir heraus. Wenn ich etwas getrunken hatte, kamen schon Ideen, aber die waren am nächsten Tag wieder weg. Und ich habe immer wieder nach Ausreden gesucht, um etwas nicht tun zu müssen. Die Üblichen waren die Zeit, die fehlt, das Geld, dass ich nicht habe, ich kann es ja sowieso nicht, ...

Aber es ist mir mittlerweile wichtig, mir immer im Kopf zu behalten, dass man Hilfe annehmen kann, wenn man sich etwas nicht zutraut, das ist keine Schande und Komplimente sollte man annehmen. Ich bin viel zu selbstkritisch. Und Kritik ist auch etwas Positives, man kann überlegen, etwas anders zu machen. Und dann geht es ums Anfangen, das ist die größte Hürde. Es geht darum sich einfach mal hinzusetzen und sich vorzunehmen, das Projekt in Angriff zu nehmen, dann tut sich von selbst etwas. Mir geht es mit den Bildern so, wenn ich mich hinsetze, kommt meistens eine Idee, wenn nicht, dann macht das auch nichts. Dann versuche ich es ein andermal wieder. Es hat sich schon sehr viel getan, da hätte ich früher schnell aufgegeben. Es geht da auch um das „sich bewusst Zeit nehmen". Und Zeit findet man immer. Das ist auch keine Ausrede. Ich male derzeit sehr viele Dinge, die das Feuer betreffen. Jetzt habe ich gelesen, dass das mit der Wiederbelebung innerer Funktionen zu tun hat. Ich finde das sehr interessant. Und ein Kamin steht für Herzenswärme, für die Wärme des innersten Sinneszentrums. Der Kamin war immer ein Traum von mir. Und jetzt habe ich ihn und kann stundenlang davorsitzen und träumen.

Jetzt werde ich meine Kreativität in der Küche ausleben und etwas für meine beiden Jungs zaubern.

9. November 2007

Gestern war ich wieder in der Yogastunde. Eigenartig ist nur, dass kaum jemand mit einem anderen spricht. Viele kommen zu zweit. Ich war ganz alleine in der ersten Reihe, aber es hat mir nichts ausgemacht, ich bin ja wegen des Yogas dort. Meine Gelenkigkeit macht Fortschritte. Und ich werde weiterüben, bis ich wie eine Gummischlange bin.
Ich werde mich bei eBay anmelden und einfach zum Spaß ein Bild von mir reinstellen.
Zurzeit kann ich mit der Samstagabendmesse wenig anfangen, weil für mich die Situation mit meinem Papa fast unerträglich ist und außerdem mag ich nicht ständig hören, dass ich so große Schuld habe. Es geht immer nur darum, und ich muss ganz viel beten, damit die Schuld wieder weggeht. Sicher habe ich viel Schuld, aber ich bin mir dessen bewusst und ich denke es ist besser, wenn man einfach nur was ändert. Darum fasziniert mich der Buddhismus so. Ist ja mehr eine Philosophie als eine Religion. Jeder Mensch bemüht sich doch, in jedem Moment sein Bestes zu geben. Das, was in dem Moment möglich ist. Die Fehler stellen sich erst im Nachhinein heraus. Und die macht man unbewusst. Ich möchte einfach nicht immer als „die Sünderin" dastehen. Ich habe meine Fehler eingesehen und bin gewillt, mich zu verändern.

„Je tiefer du schaust, desto mehr wirst du entdecken, denn in dir befindet sich die Quelle der Weisheit, des Verstehens und des Erwachens - du brauchst sie nur zu benützen." (Thich Nhat Hanh)

Gestern haben wir in der Yogastunde eine Meditation gemacht, die hieß „das innere Lächeln" und es hat mich wirklich zum Lachen gebracht. Zuerst haben wir versucht aus den Augen zu lächeln und dann haben wir dieses Lächeln mit dem Speichel geschluckt und in den ganzen Körper geschickt. Ich habe mir eher die Spucke vorgestellt, wie sie im Magen liegen bleibt und dort lächelt.

„Ich atme ein und bin mir meines Herzens bewusst. Ich atme aus und lächle meinem Herzen zu." (Thcih Nhat Hanh)

Habe einen guten Spruch gefunden, den ich meinem Papa zeigen könnte.
„Dein Weg ist sehr gut für dich, aber nicht für mich. Mein Weg ist gut für mich, aber nicht für dich." (Swami Vivekananda)

Vielleicht könnte er mich dann besser verstehen. Ist ein sehr schöner Satz.

10. November 2007

Ich bin froh wieder weinen zu können. Ich hatte schon geglaubt, ich wäre ein gefühlloser Steinklumpen. Jahre hat das angedauert.
Ich schäme mich immer noch für die Zeit vor dem Krankenhausaufenthalt. Die Woche davor war so schlimm. Ich denke, ich sollte das in der Therapie ansprechen, weil ich damit nicht klarkomme. Eigentlich schäme ich mich schon für manche Dinge, die vor einem Jahr passiert sind. Ich war auf den Weihnachtsfeiern letztes Jahr schon richtig peinlich. Ändern kann ich das ja nicht mehr, aber ich kann lernen, damit umzugehen und es nicht mehr so ernst zu sehen. War einfach so und jetzt ist es anders. Und durch die letzte Zeit bin ich gewachsen. Ich bin noch nicht ganz groß, aber es ist täglich zu merken. Ich frage zu Hause immer noch, ob es eh niemanden stört, wenn ich mich zurückziehe, statt einfach zu sagen: „Ich bin kurz weg, aber ich komme wieder." Ich bin noch etwas zu wenig selbstbestimmt. Aber das wird schon. Ich erkenne es.

11. November 2007

Ich bin wieder ganz für mich allein, weil die beiden Jungs die Großeltern väterlicherseits besuchen. Heute Morgen habe ich aus dem Badezimmerfenster geschaut und es war alles weiß, ich hatte Glücksgefühle. Habe mich so richtig rundum wohl-gefühlt. Wir sind aufgestanden und haben gemeinsam ge-frühstückt. Es war sehr harmonisch.

Wenn die Seele am Boden ist, hilft sie sich selbst, sie sucht immer einen Ausweg. Das klingt so, als bräuchte man über-haupt keine Angst zu haben. Aber es ist ja wirklich so. Ich habe einen Neuanfang gemacht. Und ich brauche mich vor niemanden dafür zu rechtfertigen, ich brauche niemandem erklären, wie ich mich verändert habe und ob ich mich ver-ändert habe. Ich brauche es nur für mich selbst zu wissen. Mein unnötiges Pflichtbewusstsein werde ich auch noch ab-legen.

„Höhepunkt des Glücks ist es, wenn der Mensch bereit ist, das zu sein, was er ist." (Erasmus von Rotterdam)

Werde wieder ein Buch lesen. Meine Therapeutin hat mir den „Weg der Kaiserin" empfohlen. Soll einen wirklich zur selbst-bewussten Frau machen. Na dann, das kann nicht schaden. Ich werde also zur Kaiserin werden. Zumindest in meinem klei-nen Reich. Klingt spannend. Für die traditionelle chinesische Medizin habe ich mich schon immer interessiert, aber ich habe mir immer gedacht, für eine Ausbildung habe ich weder Zeit noch Geld. Die üblichen Ausreden also.

12. November 2007

Habe wirklich ein Bild von mir ins eBay gestellt. Jetzt warte ich, aber ich erwarte mir nichts. Ich habe mich auf jeden Fall überwunden und das ist mir wichtig.

Heute Abend sehe ich meine Arbeitskollegen zum ersten Mal, wir gehen Gans essen. Gestern war das Fest des Heiligen Mar-tins. Ich habe mich über die Einladung gefreut, aber ich habe auch Angst. Lukas kommt mit. Ich habe Angst, dass mich je-mand gemein anspricht. Eine Kollegin hat mir aber geschrie-ben, dass sich alle freuen würden, wenn ich heute komme. Ich werde hingehen.

Lukas findet es cool von mir, dass ich das Bild bei eBay einge-stellt habe. Es ist halt schwierig, weil es so viel Kategorien gibt, meint er. Aber wie gesagt, ich habe eigentlich schon getan, was ich wollte und das gibt mir Auftrieb. Es hat ziemlich lange gedauert, bis ich es geschafft habe, musste zuerst das Foto komprimieren, weil es viel zu groß war. Hab das mit einem E-Mail-Programm gemacht. Ich bin stolz auf mich, es so hinge-kriegt zu haben. Man muss sich einfach selbst loben, andere loben einen eh nicht.

Mama hat erzählt, dass Armando gestern nach mir gefragt hat und wann ich wieder arbeiten werde. Ich will gar nicht, dass er sich nach mir erkundigt. Das klingt sehr verletzt. Wegen heute Abend macht sie sich schon wieder Sorgen, dass ich mich dort betrinke. Warum vertraut sie mir überhaupt nicht? Sie hat auch meinen kleinen Bruder deswegen schon angesprochen. Warum sollte ich was trinken? Es geht mir gut!

ICH BIN KEIN KLEINES KIND MEHR!!!

Und sie soll aufhören, ihre Befindlichkeit von mir abhängig zu machen. Sie ist ständig in der Opferrolle.

Eine Zeit lang dachte ich, Mädchen sind genauso viel wert wie Jungs, aber nur wenn sie etwas leisten. Ich habe auch ständig gehört, dass es leichter ist, zehn Jungs zu erziehen als ein Mädchen. Das eine Mädchen war ich.

Habe mich über Essstörungen etwas schlaugemacht, weil ich oft darüber nachdenke, warum es bei mir soweit gekommen ist. So eine Phase hatte ich vor zehn Jahren schon einmal, hat sich aber in der Schwangerschaft von selbst verabschiedet. Sie treten auf, wenn eine Frau verlernt hat, sich selbst zu er-nähren und zu bemuttern. Die Kämpferinnen, die laut chine-sischer Medizin holzbetont sind, die fangen dann an, zu erbrechen. Jede Zeit, in der starke Belastungen auftreten, kann so etwas auslösen. An der chinesischen Medizin faszi-niert mich, dass sie die Psyche stark miteinbezieht. Warum mache ich eigentlich nichts in dieser Richtung?

Nach der Gesprächstherapie war ich heute vollkommen durch den Wind. Ich soll mir nicht ständig die alleinige Schuld für meinen Zustand und die Beziehung aufladen. Das hält kein Mensch aus. Oft mache ich das, um mich vor der Umwelt zu rechtfertigen mit Lukas zusammen zu sein. Wenn ich sage, dass ich ständig böse zu ihm war, denken sie sich, dass ich auch nicht ohne bin und er steht dann besser da und somit verstehen sie, dass ich noch bei ihm bin. Das ist mir erst heute klar geworden. Ich erwarte mir ständig den Segen von außen, statt mir einfach zu denken, ich möchte mit ihm gemeinsam kämpfen und das geht nur uns was an und keinen anderen. Wir sind heute ganz an den Ursprung der Beziehung zurückgegangen, in die Kennenlernphase. Damals war ich sehr unsicher. Einerseits wollte ich die Beziehung, andererseits wieder nicht. Aber er war hartnäckig und das hat mir imponiert. Er wusste, was er will, im Gegensatz zu mir. Über heute Abend haben wir auch gesprochen und sie hat ganz liebe Sachen gesagt. Sie hat gemeint, so hilflos, wie ich derzeit aussehe, muss man mich mit meiner Art ja mögen und meine Kollegen werden sehen, dass es gut ist, mir eine Auszeit genommen zu haben. Bin gespannt. Ich werde einfach ich selbst sein. Zurzeit denke ich mir ja beim Blick in den Spiegel: „Mann, schaust du scheiße aus." Aber meine Therapeutin sagt, das zeigt, dass sich etwas tut und ich mich entwickle. Und warum sollten die anderen eine gewisse Hilfsbedürftigkeit nicht sehen dürfen? Beim Verabschieden hat sie mir über den Arm gestreichelt, das hat mir Kraft gegeben. Ich bin in den Therapiestunden wie ein zitterndes kleines Kind dagesessen. Vielleicht lebe ich dort nur das aus, was mir gefehlt hat. Eine Person, die mir gegenübersitzt und mich versteht. Und sich auch in Ungerechtigkeiten mit mir gemeinsam reinsteigert. Ich finde es toll, wenn meine Therapeutin sich vom Sessel erhebt und sagt: „So eine Frechheit!" Und das ist nicht auf mich bezogen. Meine Therapeutin findet die Entscheidung erst im Jänner wieder arbeiten zu gehen, vernünftig von mir. Und ich werde jetzt die Zeit bis dahin nützen.

Als ich heute im Buch der Kaiserin gelesen habe, hat mich das wütend gemacht, weil ich mir gedacht habe, dass ich noch lange nicht so weit sein werde, um so selbstbewusst durchs Leben zu gehen. Ich kann meine Therapeutin anrufen, wenn ich Probleme habe mit den Kollegen. Das tut so gut.

Die Seitensprünge dürfen mir nicht dauernd vor die Nase gehalten werden, weil ich ja selbst ein großes Problem damit habe. Ich möchte mich davon distanzieren und es einfach als vergangen ansehen. Das hat nichts mit mir wie ich jetzt bin zu tun. Das war einmal. Ändern kann ich es nicht, aber mich damit abfinden und dazustehen. Sie hat mich gefragt, was mir die anderen gegeben haben, was ich bei Lukas nicht gefunden habe. Es war einfach, weil mir gesagt wurde, ich sei eine tolle Ärztin und mir wurde gesagt, ich solle mir manche Dinge einfach nicht gefallen lassen. Eigentlich ging es darum, meinen Wert als Frau zu erkennen. Ich war im Endeffekt auf der Suche nach mir. Aber das ist heute nicht mehr wichtig. Das waren nur Rauschgeschichten, die mich nicht vorangebracht haben. Im Gegenteil, ich habe mich dadurch nicht gefunden, sondern eher mehr verloren.

In meinen vier Wänden bin ich jetzt schon die Kaiserin. Wenn ich alleine bin, fühle ich mich auch nicht klein.

13. November 2007

Die Situation mit meinen Kollegen gestern Abend war mir anfangs sehr unangenehm. Es hat keiner mit mir gesprochen, sie waren aber alle in Gespräche involviert. Ich habe jeden mit Handschlag begrüßt. Zeitweise habe ich mir gedacht, ich stehe auf und gehe einfach und weine zu Hause. Aber ich habe mir dann gedacht, dass sie vielleicht auch nicht wissen, wie sie nach so langer Zeit mit mir umgehen sollen. Dann hat aber mein Sitznachbar Jokl ein Gespräch angefangen und dann ging schon alles leichter. Mike saß mir gegenüber und hat mich auch ganz normal behandelt, wie wenn ich nie weg gewesen wäre. Ich habe dann erfahren, dass am darauffolgenden Tag eine Dienstbesprechung einberufen worden ist, und habe mich wieder ausgeschlossen gefühlt, weil ich nichts davon wusste. Meine Kollegin Alex hat dann aber gesagt, ich solle auch kommen und der Chef wollte mich sowieso anrufen. Für mich stand sofort fest, dass ich da hingehen werde. Abends bin ich dann im Bett gelegen und habe ziemlich gegrübelt, um was es da wohl gehen wird. Ich habe nur gehört, dass wegen der Dienstplanerstellung gestritten wird. Da habe ich mir natürlich gleich wieder gedacht, dass das auch meine Schuld ist, weil die anderen durch meine Abwesenheit ja mehr arbeiten müssen. Es hat aber gestern keiner gesagt, dass er sich freut, mich zu sehen. Und, dass ich meine langen Haare auf ganz kurz schneiden lassen habe, hat auch keiner gemerkt. Na ja, vielleicht habe ich mir zu viel erwartet. Mit den Schwestern war es halt anders, aber die mussten auch nicht meine Dienste übernehmen. Im Großen und Ganzen war es aber ganz nett und ich habe Knödel mit Pilzen gegessen. Ohne danach das Bedürfnis zu haben, die Toilette aufzusuchen. Lukas hat sich nicht besonders amüsiert, weil die meiste Zeit von der Arbeit die Rede war. Nachts hat er mir dann wieder gesagt, wie verzweifelt er ist, weil ich nicht mehr mit ihm schlafen will. Aber ganz nett. Nur habe ich mir trotzdem gedacht, dass ich bald nicht mehr kann und den Hut draufwerfe. Ich habe doch gewissn Grenzen. Dann bin ich aber eingeschlafen. Ein Kollege aus dem Krankenhaus wollte sich umbringen, man weiß noch nicht, ob er es überlebt. Da denke ich mir schon immer, man sieht es manchen Leuten einfach nicht an, wenn sie verzweifelt sind. Es gibt gute Schauspieler.

Meine Therapeutin hat mich gestern gefragt, was ich an mir so schlecht finde. Mir sind meine negativen Gedanken eingefallen. Und warum ich glaube, dass ein Psychotherapeut Lukas recht geben würde und sagen würde: „Ja, sie hat sie ja wirklich ganz schlimm behandelt, da hätte jeder zugeschlagen. Das waren ja monatelange Qualen." Ich habe dann doch gesagt, dass dieser Therapeut wahrscheinlich seinen Job verfehlt hat.

Meine Mama hat angerufen und gefragt, wie es gestern war. Ganz bald in der Früh, wahrscheinlich um zu schauen, ob ich noch im Bett liege, weil ich mich gestern betrunken habe. Als sie gehört hat, dass wir heute schon wieder ein Treffen in einem Gasthaus haben, war sie ganz aus dem Häuschen und hat gefragt, warum wir das nicht im Krankenhaus machen können. Umberto hat nachher erzählt, dass sie zu ihm gesagt hat, dass sie es nicht gut findet, dass wir die Besprechungen im privaten Rahmen machen, weil ich ja schließlich Alkoholikerin bin. Sie hat überhaupt nichts verstanden. Und sie traut mir scheinbar auch nicht zu, nichts zu trinken. Da hat sie wieder etwas, worum sie sich Sorgen machen kann. Sonst geht es ihr ja auch nicht gut.

Irgendwie fühle ich mich jetzt doch ein wenig unrund. Mich freut nichts so wirklich, aber ich denke mir, dass das eine normale Phase ist. Ich kann nicht immer nur aktiv sein. Ich brauche Ruhepausen, um dann wieder etwas entstehen lassen zu können. Habe darüber mittags mit Lukas gesprochen, er meint, auch das wäre ganz normal. Ich kann ihm meine Ängste schon besser mitteilen.

Mein Chef hat mich nicht angerufen.

14. November 2007

Als ich gestern bei der Besprechung aufgetaucht bin, hat mein Chef gesagt: „Schön, dass du gekommen bist." Dann hat er irgendetwas gesagt, dass er mich anrufen wollte, es aber dann doch nicht getan hat und er mir das mal privat erzählen wird. Ich habe mich gar nicht ausgekannt. Hätte ich kommen sollen oder nicht? Aber ich habe mich dann ganz wohl gefühlt. Eine Kollegin tat mir dann leid, weil alle irgendwie gegen sie waren, weil sie angeblich zu wenig Dienste macht. Also das Klima im Team dürfte nicht so gut sein derzeit. Ich habe aber dazugehört und ich habe auch gesagt, dass ich im Jänner wieder einsteigen werde. In Zukunft werde ich auch in der Arbeit mehr auf mich schauen und auch darüber sprechen, wenn mich etwas belastet. Auch im Team ist das Gespräch wichtig. Mik hat mir gesagt, dass er sich schon sehr freut, wenn ich wiederkomme. Ich war mit meinem Verhalten zufrieden. Ich habe meinem Chef heute eine Mail geschrieben, weil ich den Grund wissen wollte, warum er so komisch herumgeredet hat und er hat mir dann geantwortet und mir erklärt, dass er mich vor meinen Kollegen schützen wollte. Er dachte, es kommen für mich unangenehme Ansagen, weil sie so viele Dienste machen müssen. Aber es war nicht so.

Ich werde jetzt mein Leben selbstbestimmt führen. Das Datum für meine Rückkehr in die Arbeitswelt habe ich schon selbstbestimmt. Ich hab die Kraft in mir. Und ich weiß ganz genau, was gut für mich ist. Ich brauche nur öfter mal Ruhe, um nicht mich und das, was ich wirklich vom Leben möchte, zu vergessen. Ich werde die Kaiserin in meinem eigenen Leben sein.

Meine Ziele werde ich mir in Zukunft vorsagen, dann mobilisiere ich damit auch Kräfte, um sie zu erreichen. Worte und Gedanken haben Macht. Ich muss die kleinmachenden Gedanken loswerden.

Es geht mir viel besser, seit ich meine Kollegen gesehen habe.

Ich habe mich mit den Frauen in der griechischen Mythologie auseinandergesetzt. Anfangs dachte ich mir, ich finde mich gar nicht darin. Sicher haben manche der Göttinnen in meinem Leben schon eine Rolle gespielt, da war der Wunsch nach einer Beziehung, wie sie für Hera typisch ist. Dann der Wunsch nach einem Kind wie bei Demeter. Schließlich bin ich auf Persephone gestoßen und habe mir gedacht: „Das bin ja ich." Es war sogar richtig erschreckend für mich diese Charakterähnlichkeiten. Sie ist Demeters Tochter und Demeter selbst hat viele Eigenschaften, die meine Mutter auch hat. Sie macht ihr Glück von den Kindern abhängig. Geht es den Kindern schlecht, geht es ihr auch nicht gut. Ist sehr interessant dieser Ausflug in die griechische Mythologie. Also, ich bin also Persephone, eine der verletzlichen Göttinnen. Sie war einerseits das unbeschwerte Mädchen und andererseits wurde sie die Königin der Unterwelt. Als Erwachsene steht sie für die Wiederkehr oder Erneuerung des Lebens nach dem Tod. Zeus war ihr Vater. Demeter ist aufs Muttersein fixiert, Zeus ist der Göttervater, man kennt ihn ja. Ein Patriarch. Meinen Papa habe ich auch immer „vergöttert". Persephone wurde von Hades in die Unterwelt entführt. Meine Eltern halten Lukas auch für einen Hades, der mich in den Untergang geführt hat. Er hat sie mit Gewalt in die Unterwelt gebracht. Hermes, der Götterbote, hat sie dann aber wieder zu ihrer Mutter gebracht. Aber vorher hat sie von einem Granatapfel gegessen, somit musste sie ein Drittel des Jahres bei Hades verbringen. Ich fühle mich auch oft hin- und hergerissen zwischen den Ansichten meiner Eltern und Lukas. Später wurde sie dann aber zur Königin der Unterwelt und war gerne dort. Sie hat die Verstorbenen geleitet. Frauen, die ihr ähnlich sind, neigen dazu, nicht von sich aus zu handeln und sich von anderen beeinflussen zu lassen. Ich bin scheinbar die Reinkarnation von Persephone, was das betrifft. Ich höre auch immer auf andere, beziehungsweise habe ich mir oft etwas einreden lassen. Und am liebsten würde ich heute noch tun, was mein Papa vorschlägt. In meinen Handlungen war ich immer nach außen gerichtet und bin eher passiv gewesen. Da ich mich oft nicht zwischen zwei Dingen entscheiden konnte, war ich froh, wenn das jemand anders übernommen hat. Obwohl da meistens eine dritte Variante die beste Lösung wäre. Aber es hat eine Veränderung stattgefunden, ich bin nicht mehr zur Gänze so. Persephone wurde in zwei Aspekten gesehen, die Kore - das Mädchen und als Göttin der Unterwelt. Das Mädchen weiß noch nicht, wer sie ist, und ist sich seiner Wünsche und Stärken nicht bewusst. Ich erkenne die Stärken jetzt schön langsam. Ich führe jetzt das Leben, das ich mir immer gewünscht habe. Ich habe meine Interessen wiederentdeckt. Und ich habe mir im Krankenhaus viele Gedanken gemacht, wer ich bin, was ich will, aber da brauche ich sicher noch einige Zeit, bis ich annähernd am Ziel angelangt bin. Aber ich entwickle mich von Persephone, dem Kind weg. Ich möchte zu Persephone, der Königin der Unterwelt werden. Ich war der ewige Teenager, der nicht wusste, wer oder was er sein wollte, wenn ich mal „erwachsen" bin und ich habe immer auf etwas gewartet, das mein Leben verändern könnte. Und dann kam die Depression. Und dann gibt es noch das zu enge emotionale Verhältnis zu meinen Eltern. Ich hatte kein eigenes Selbstgefühl. Ich wollte immer nur meinem Papa alles recht machen. Und meine Mama hat heute noch ein kontrollierendes Verhalten. Wenn sie jeden Tag anruft und fragt, wie es mir geht, was ich tue und was ich esse. Ein passives, abhängiges Verhalten hatte ich auch in Bezug auf Lukas. Ich hatte kein eigenständiges Leben mehr. Ich lebte sein oder zumindest unser Leben, aber nicht meines. Ich habe einfach so dahingelebt, mich treiben lassen und konnte auch keine klaren Gedanken darüber fassen. Und ich habe mich überall angepasst. Ich war wie ein Chamäleon. Dadurch hatte ich auch kaum mit jemandem Schwierigkeiten, weil ich mich gut auf andere Personen einstellen kann. Ich habe mich bemüht, zu tun, was von mir erwartet wurde. Solange Persephone das Mädchen ist, kann auch die Sexualität nicht erwachen. Auch, wenn ich derzeit aufgrund meiner Lustlosigkeit, noch ein Problem damit habe, freue ich mich schon, wenn in mir die Göttin der Unterwelt erwacht, oder womöglich gar Aphrodite. Beim Malen der Bilder habe ich ja schon Kontakt zu dieser Göttin. Zur Führerin der Unterwelt kann man durch Erfahrung und durch seelische Entwicklung werden. Mit der Unterwelt könnte man auch die tieferen Schichten der Psyche bezeichnen, dort wo Erinnerungen und Gefühle verscharrt sind. Und dort schau ich jetzt schon immer wieder mal vorbei. Als Königin der Unterwelt repräsentiert Persephone die Fähigkeit, sich zwischen der Wirklichkeit und des Unterbewussten hin und herzubewegen. Ich versuche das durch Meditation zu lernen. Ich möchte „meine Tiefe" kennenlernen. Ehemalige Psychiatriepatienten weisen oft Persephone-Merkmale auf. Na, das trifft voll ins Schwarze. Der Aufenthalt im Krankenhaus war also ein Ausflug in die Unterwelt. Dort habe ich Erfahrungen gemacht und die kann ich an andere weitergeben. Das kann für manche hilfreich sein. Ich, die Führerin durch die Unterwelt. Klingt nicht schlecht. Animalisch irgendwie. Auf die Fragen zu meinem Aufenthalt möchte ich sowieso wahrheitsgemäß und ehrlich antworten. Bei den Eigenschaften, die diese Göttin hat, kann man sein ganzes Leben lang offen für Veränderungen sein. Man muss auch warten können, bis sich eine Situation verändert hat oder bis einem die eigenen Gefühle klar werden. Sich in Geduld üben. Das werde ich lernen. Mit offenen Augen, aufnahmebereit durch die Welt und das Leben gehen. Ich werde mir selbst gegenüber in Zukunft liebenswert sein. Zeiten, in denen ich nicht kreativ bin, werde ich als Ruhepausen sehen, dann kommt wieder Aktivität und Kreativität. Alles fließt im Leben. Nichts bleibt gleich. Meinen Träumen werde ich Beachtung schenken.

Ich könnte jetzt morgens aus dem Bett hüpfen und tanzen. Bin gut gelaunt und freue mich auf den Tag.
Die Persephone-Frau hat etwas Jugendliches an sich. Wahrscheinlich kleide ich mich deshalb wie ein junges Mädchen, zumindest seit ich 32 Kilo weniger habe. „Kümmert euch nur um mich, weil ich so klein und zart bin!" Vielleicht war das der Grund für meine Gewichtsabnahme. Ich wollte zeigen, dass ich klein und verletzlich bin. Nicht so, wie ich nach außen war. Oder wie ich mir eingebildet habe, zu sein. Stark und unbeugsam. Von wegen. „Seht alle her, ich kann nicht mehr, ich bin schwach!" Das hätte ich am liebsten dauernd hinausgeschrien. Da war die kleine Persephone am Werk. Ich war wie eine Weide im Wind, die sich den Umständen und den Menschen mit einer stärkeren Persönlichkeit angepasst hat. Ich habe alles „ertragen", ohne Gefühlsregungen zu zeigen. Persephone hatte eine überbesorgte Mutter, ich auch. Auch mir wurde nicht die Zeit gelassen, herauszufinden, was meine Vorlieben und Wünsche sind. Auch wenn ich von einer Aktivität zur nächsten gelaufen bin. Aber so richtig mit dem Herzen war ich nirgends dabei. Ich habe gemacht, wovon ich glaubte, dass es anderen Menschen bzw. meinen Eltern gefällt. So, wie ich jetzt Kuchen backe und ihn meinen Eltern bringe, weil ich denke das gefällt ihnen. Aber jetzt entdecke ich meine Vorlieben, aber was ich genau fühle, kann ich noch immer nicht so richtig beschreiben oder erklären. Da fehlen noch die Worte. Die Persephone-Tochter ist nachgiebig und will gefallen. Das möchte ich heute noch. Aber ich

arbeite jetzt daran, mir zu gefallen und möchte nicht mehr auf das Lob von außen angewiesen sein. Die Entscheidung für ein Studium geschieht entweder zufällig, oder sie geht den Weg des geringsten Widerstandes. Das ist möglicherweise der Grund, warum ich immer das Gefühl habe, mein Medizinstudium ist mir passiert. Wenn Persephone zur Königin der Unterwelt heranreift, was ich jetzt vorhabe, wird sie oft zur Künstlerin, Dichterin, Therapeutin oder Psychologin. Darum möchte ich eine Ausbildung machen, in der die Psyche auch berücksichtigt wird. Ich habe da jetzt Erfahrungen. Der Typ des jungen Mädchens ruft mütterliche Reaktionen bei anderen Frauen hervor. Das Gefühl hatte ich schon öfter. Im Krankenhaus waren immer sehr viele ältere Damen um mich herum, die mich aufgebaut haben. In einer Beziehung will Persephone, dass der Partner entscheidet. Ich möchte oft, dass Lukas entscheidet. Aber ich weiß jetzt auch, wie wichtig es für mich ist, selbst Entscheidungen zu treffen, auch wenn es mir schwer fällt. Eine Beziehung zu einem Mann ist oft ein Weg, sich von einem dominanten Elternteil zu lösen. Deshalb bin ich so schnell mit Lukas zusammengezogen. Ich wollte unabhängig sein. Eine unsichtbare Nabelschnur ist jedoch geblieben. Jetzt bin ich eine Schachfigur, die zwischen meinem Papa und Lukas steht. So fühle ich mich zumindest. Aber ich entscheide mich für Lukas, er und Daniele sind meine Familie. Oft tauscht man einen dominanten Elternteil gegen einen dominanten Partner aus. Aber wenn ich lerne, selbstständiger zu sein und intuitiv meine eigenen Entscheidungen treffe, kann ich zur Königin der Unterwelt werden. Auch am Anfang der Beziehung hatte ich keine Ahnung, was ich will. Ja, nein, weiß nicht. „Weiß nicht" verfolgt mich ständig. Ich creme mich täglich ein, um meine beginnenden Falten zu bekämpfen. Kann sein, dass ich ein Problem mit dem Älterwerden habe. Ich wollte schon des Öfteren die Realität nicht wahrhaben. Beim Persephone-Typ kommen gehäuft Depressionen vor. Aber daraus kann sich eine Wende im Leben ergeben. Wenn man die Chance wahrnimmt, kann man im Alter Ratschläge geben. Fast zu einem Orakel werden, weil man andere Aspekte in der eigenen Psyche entwickelt hat. Und ein

Teil bleibt ewig jung. Oder man kann auch in der Unterwelt gefangen bleiben. Das kommt für mich nicht in Frage. Und Lukas ist nicht der Hades, für den mein Papa ihn hält. Persephone Typen werden oft von anderen Menschen beherrscht, weil die Zielgerichtetheit und der Antrieb fehlt. Daran arbeite ich jetzt und ich finde mich schon sehr in Ordnung so. Eine Wahl zu treffen heißt, andere Möglichkeiten auszuschalten. Das kenne ich nur zu gut. Ich hasse das Endgültige. Es könnte ja anders immer noch besser werden, so denke ich. Ich habe das Leben immer als Spiel betrachtet, wie Peter Pan im „Nimmerland". Ich werde Entscheidungen treffen. Ich werde erwachsen. Aber etwas Kindliches möchte ich mir behalten, Träume und Fantasien, Fröhlichkeit. Und ich werde mich von Demeter und Zeus lösen. Ich bin nicht machtlos und abhängig. Und ich werde nicht mehr jedem Konflikt aus dem Weg gehen, nur damit mich alle lieb haben. Ich möchte „echt" sein. Ich brauche keine anderen Menschen mehr, um in den Spiegel zu sehen. Die Persephone-Frau wird depressiv, wenn sie sich von anderen Menschen dominiert und eingeschränkt fühlt. Durch meine hilflose Art habe ich mich durch Lukas manipuliert gefühlt, aber ihn somit auch umgekehrt manipuliert. Als Persephone entführt wurde, hat sie nicht mehr gegessen und nicht mehr gesprochen. Das habe ich auch gemacht. Habe mich immer mehr verschlossen und bin immer dünner geworden. Ich werde weiterhin in meine seelischen Tiefen hinabsteigen. Und was mein Sexualleben betrifft, hoffe ich, von Aphrodite zu lernen.
Für heute habe ich genug geschrieben.

Meine Welt ist schwer in Ordnung.

28. Oktober 2007

Ich muss heute mit 34 Jahren nicht mehr erzogen werden, weder vom Partner noch von den Eltern. Und schon gar nicht gebändigt werden. Ich bin O.K. so, wie ich bin. Und ich muss auch nicht so sein wie jemand anderer. Ich habe die Möglichkeit alles zu tun, was mir wichtig ist. Und das größte Hindernis auf dem Weg sind meine eigenen Gedanken. Und ich brauche niemanden mehr, der mich bemuttert, weil ich selbst für mich sorgen kann, und ich warte jetzt nicht mehr darauf, dass es andere machen. Ich werde für mich selbst Verantwortung tragen. Und es wird spannend. Ich denke, die Zukunft ist unbekannt, aber überraschend und immer wieder neu. Ich lasse mich von anderen nicht mehr beeinflussen. Ich weiß ja im Endeffekt wirklich selbst, was für mich wichtig ist. Ich brauch Zeit für mich. Und ich werde aufhören, es allen recht zu machen, um gemocht zu werden. Es braucht mich gar nicht jeder mögen. Meine Dummheiten werde ich akzeptieren, sie bringen Würze ins Leben. Ich brauche Fragen nicht beantworten, die ich nicht beantworten will, und Telefongespräche kann ich abbrechen, wenn ich das Gespräch nicht mag. Und ich werde nicht mehr immer „ja" sagen. Ich lebe jetzt und das genieße ich. Ich höre auf zu jammern und mich selbst zu bemitleiden. An meinem Energieplatz mit dem Schreibtisch, ist alles so, wie ich es haben möchte. Wenn ich etwas beendet habe, werde ich in Hinkunft etwas Neues anfangen. Ich möchte mit Respekt behandelt werden.

Es hat sich einiges geändert seit dem Sommer. Ich bin jetzt glücklich. Lukas und ich haben zwar hin und wieder noch Streit, aber durch ein Gespräch, in dem wir Missverständnisse aus dem Weg räumen, funktioniert es jetzt sehr gut. Und vor allem sprechen wir jetzt auch über unsere Empfindungen.
Im Oktober fange ich mit einer dreijährigen Ausbildung zur Ärztin für traditionelle chinesische Medizin an. Ich leiste es mir und die Zeit habe ich auch. Ich werde an manchen Wochenenden nicht zu Hause sein, aber meine Männer unterstützen mich. Wenn mir meine Eltern Ratschläge geben, horche ich nicht mehr hin, weil ich jetzt weiß, was ich will. Mein Weg wird mich doch in die Selbstständigkeit führen. Bis dahin werde ich meine Arbeit als Notärztin weiterführen. Ich kann nur sagen, dass sich sehr viel verändert hat und ich mich fühle, als wäre ich auf einem guten Weg. Das heißt, ich glaube auch daran. Ich stehe morgens auf und freue mich auf den neuen Tag

und die Dinge, die ich machen kann. Teilweise fühle ich mich als Kaiserin. Wenn mir etwas unangenehm ist, Lukas gegenüber auszudrücken, dann sage ich: „Die Kaiserin hätte gerne ..." oder: „Die Kaiserin mag das jetzt nicht." Das geht dann viel leichter. Wir werden beide weiter in Einzeltherapie gehen und das Beste daraus machen. Ich bin sehr zuversichtlich. Es ist wunderbar zu wissen, wo man hingehört. Meinem Sohn geht es in der Schule viel besser. Wir haben uns die Fächer aufgeteilt und unterstützen ihn. Ich lerne Biologie mit ihm. Das macht mir auch Spaß. Ich freue mich auch schon, im Jänner wieder in den Beruf einzusteigen und trotzdem weiter auf mich zu achten und mir meine persönlichen Freiräume zu geben. Ich habe aus dieser schwierigen Zeit sehr viel gelernt, und ich bin dankbar die Erfahrung gemacht zu haben, wie das Leben auf einer psychiatrischen Abteilung ist und welche Kraft man dort sammeln kann. Es war wohl die wichtigste Zeit in meinem bisherigen Leben.

15. November 2007

Heute Nacht hat es so richtig geschneit. Und ich habe sehr gut geschlafen. Ich freu mich derzeit wirklich sehr über mein Leben, so wie es ist. Ich fühle mich selbst verwirklicht. Mein Bild, das ich bei eBay reingestellt habe, haben schon achtzehn Leute angeschaut. Wahnsinn. Gestern war mir nicht nach der Yogastunde. Aber deshalb möchte ich kein schlechtes Gewissen haben, mir war einfach nicht danach. Es muss nicht immer sein. Stattdessen habe ich gestrickt. Zu Lukas fühl ich mich wieder viel mehr hingezogen. Ich schlafe gerne neben ihm ein. Ich glaube unser gemeinsames Leben wird ganz toll. Was mein Selbstbewusstsein betrifft, habe ich vielleicht doch nicht so wenig, wie ich gedacht habe. Auch mit meinem Sohn Daniele habe ich viel mehr Geduld. Und ich habe mehr Geduld mit mir selbst. Es geht mir einfach viel besser.

18. November 2007

Mit selbst gestrickten Kleidungsstücken habe ich jetzt große Freude. Habe mir eine Haube gestrickt. Eine Leinwand mit einem Bild von Leonardo da Vinci habe ich mir besorgt. Lukas hat das gestern ganz kreativ an der Decke befestigt. Mit einem Papprohr hat er Schrauben in die Decke gedreht, die meterweit über ihm war. Ich war begeistert. Jetzt hängt der „perfekte Mensch" im Stiegenhaus und ich kann ihn von meinem Schreibtisch aus sehen. Umberto, mein kleiner Bruder, war gestern wieder zu Besuch, es war sehr nett. Ich habe ihm von meinen Projekten erzählt, die ich im Kopf habe.

Er hat mir erzählt, dass sich Mama aufgeregt hat, weil wir die Dienstbesprechungen immer im „Wirtshaus" haben und laut ihr bin ich ja eine Alkoholikerin, die da sehr gefährdet ist.

Dieses absolute „Nichtvertrauen" tut mir verdammt weh. Als ob ich keinen eigenen Willen hätte. Ich geh doch nicht zu einer Dienstbesprechung und plötzlich betrinke ich mich vollkommen. Was hält sie von mir? Ich bin doch ihre Tochter und sie müsste mir ein wenig vertrauen. Denke ich mir zumindest. Aber sie braucht diese Sorgen. Kann es sein, dass sie sich sonst nicht gebraucht fühlt?

Mir geht es wirklich gut.

„Sollte dieser Durst nach Dasein etwa dadurch entstanden sein, dass wir es jetzt gekostet und sogar allerliebst gefunden hätten - das Leben?" (Schopenhauer)

Jetzt, da das Datum meines Arbeitsbeginns feststeht, der 2. Jänner, geht es mir besser, ich bin ruhiger geworden, wenn ich ans Arbeiten denke.

Wenn meine Mutter anruft, klinge ich am Telefon immer traurig, ich weiß nicht, warum. Automatisch legt sich da ein Schalter um, der von fröhlich auf traurig schaltet. Da kann ich gar nichts dagegen tun. Klar, dass sie dann denkt, mir geht es schlecht.

Habe das Wohnzimmer herbstlich dekoriert. Sieht nett aus, mit Blättern und Nüssen, einfach Dingen aus der Natur.

20. November 2007

Ich möchte meine Eltern auf keinen Fall anschwärzen. Ich muss mir nur bewusst machen, dass ich die freie Entscheidung habe, um mein Leben anders zu führen. Es ist nicht alles schlecht. Aber oft geht es um das Innere des Menschen, um seine Träume, Gefühle und Wünsche und damit können sie nichts anfangen.
Die Zeit, als meine Mutter mit Brustkrebs im Krankenhaus war, habe ich vollkommen aus meinem Gedächtnis gestrichen. Ist wohl so eine Art Schutzmechanismus der Psyche. Ich kann mich nicht mehr erinnern, wer sich um mich gekümmert hat und auch nicht wie. Ich bin in dieser Zeit auf jeden Fall versorgt worden. Umberto war noch ein Kleinkind, Armando hat in Wien studiert, Papa hat gearbeitet. Oma war bei uns.

Ich werde mich nicht mehr von anderen beeinflussen lassen und mir nichts mehr kaputt machen lassen. Von niemandem. Es ist mein Leben!
Ich bin 34 Jahre alt, habe „meine Familie" an meiner Seite, die mich hoffentlich in allem unterstützt. Ich werde es einfordern. Ich kann mir selbst eine Mutter sein. So wie ich es mir gewünscht habe.

21.November 2007

Ich bin dankbar für das Leben, wie es jetzt ist. Habe Kontakt zu einer alten Freundin aufgenommen, Helene. Sie wollte mich in der Klinik zweimal erreichen, aber ich war jedes Mal spazieren. Mir hat aber nie jemand etwas ausgerichtet. Jetzt hab ich Helene kontaktiert. Wir werden uns treffen. Ich weiß jetzt, dass der Kontakt zu anderen sehr wichtig ist. Und Helene lebt ihr Leben und nicht das der anderen. Sie weiß genau, was sie will. Das ist gut zu sehen.
Morgens frühstücke ich mit Daniele, das genieße ich sehr. Manchmal kommt es mir so vor, als würde ich ihn jetzt erst so richtig kennenlernen. Ich finde ihn großartig.

Meine Mama hat wieder angerufen und sie hat mich etwas verwundert, sie hat zwar wieder davon gesprochen, was wer zu Mittag gegessen hat - und das interessiert mich doch überhaupt nicht, aber sie hat mich auch gefragt, ob es mir auch wirklich gut geht. Und dann hat sie mir schöne Grüße vom „Papi" ausgerichtet. Ich habe Angst, dass sie an meinem Leben, so wie es jetzt ist, etwas auszusetzen haben. Ich will mir das nicht kaputt machen lassen.

„Die Zukunft hat viele Namen.
Für die Schwachen ist es das Unerreichbare.
Für die Furchtsamen ist sie das Unbekannte.
Für die Tapferen ist sie die Chance."
(Victor Hugo)

Ich werde tapfer sein.
Ich hatte einen Traum, da war ein Friedhof und da waren viele Särge. Zuerst waren sie verschlossen, dann hat sich einer geöffnet. Eine mir unbekannte Frau war darinnen. Sie hat sich von ihrem Mann verabschiedet, weil sie beim Sterben keine Möglichkeit hatte, weil er nicht in der Nähe war. Ich bin daneben gestanden und habe zugeschaut. Es war herzzerreißend.
Habe natürlich wieder bei den Traumdeutungen nachgeschaut. Ein Friedhof bedeutet den Wunsch nach Ruhe. Eine Sache abschließen und begraben wollen. Zeigt aber auch innere Unruhe an. Der Sarg heißt, dass man die Vergangenheit begraben will. Ein Trennungsstrich unter eine Beziehung. Passt ganz gut mit dem zusammen, dass ich mehr im Jetzt leben will und die Vergangenheit Vergangenheit sein lassen will.

22.November 2007

Gestern Abend hat Mama noch angerufen. Sie möchte am 2. Dezember mit uns allen zum Essen gehen. Von Lukas hat sie nichts gesagt. Ich habe ziemlich gezögert, mindestens eine halbe Minute lang gar nichts gesagt. Eigentlich wollte ich „nein" sagen, aber ich habe es nicht getan. Ich habe zugesagt. Ich möchte vorher aber noch mit meiner Therapeutin darüber reden. Ich möchte Armando einfach nicht begegnen. Ich bin verletzt. Ich weiß, dass ich noch nicht bereit bin. Ich packe das noch nicht. Und ich werde sicher als „die arme Kranke" hingestellt. Ich kann das noch nicht. Andererseits werde ich sicher beschimpft, wenn ich nicht hingehe, weil ich meine Eltern dadurch sehr verletze. Manchmal komme ich mir so richtig egoistisch vor, weil ich so viel an mich denke. Aber wenn es mir besser geht, dann geht es auch meiner Umgebung besser.

Eine Freundin hat sich gestern gemeldet, sie ist aus Indien zurück. Wir treffen uns. Ich freu mich schon, das wird interessant. Sie hat sicher viel zu erzählen.

Ob meine Gedanken und meine Entwicklung überhaupt jemanden interessieren werden? Ich meine, wenn ich wirklich ein Buch daraus mache. Andererseits, warum sollte ich mich für meine Gedanken schämen? Es sind „meine". Wenn ich meine Gedanken ablehne, dann lehne ich mich selbst ab. Außerdem kann man Gedanken ändern.

In der Vorweihnachtszeit möchte ich das Haus schmücken und die Stille genießen. Und ich werde das Manuskript abschicken. Ich möchte das für mich tun.

23.November 2007

Gestern war ich schlecht gelaunt und sehr nachdenklich. Das Familienessen liegt mir schwer im Magen. Und dann war ich mit mir unzufrieden. Ich habe in dem Manuskript gelesen und fand es schrecklich. Dann wollte ich ein Bild malen und das gefiel mir dann auch nicht. Und dann hab ich einfach gar nichts mehr getan. Bin nur in die Yogastunde, wo ich mich anfangs überhaupt nicht fallen lassen konnte. Mit der Zeit ging es dann. Die Übungen werden immer schwieriger. Danach hab ich mich einfach ins Bett gelegt und heute ist ein neuer Tag. Die Welt sieht anders aus und das Bild sieht auch anders aus. Besser. Habe weitergemalt und es ist gut geworden. Jeder Tag ist eben nicht gleich.

Lukas habe ich gefragt, ob er mitgeht aufs Familienfest. Er will nicht und ich werde für mich noch eine Entscheidung treffen. Was könnte passieren? Armando könnte so tun, als ob nichts wäre. Dabei möchte ich nicht mitmachen. Ich möchte nicht so tun, als wäre alles in Ordnung, wenn es nicht so ist. Papa könnte mir wieder gute Ratschläge geben. Aber ich könnte über den Dingen stehen. Ich weiß nicht, ob ich schon so weit bin. Aber das kann ich nur rausfinden, wenn ich hingehe.

„Jeder Augenblick hat eine besondere Botschaft." (Haszrat Inayet Khan)

So, jetzt habe ich meine Mutter wieder verletzt. Sie hat gefragt, ob Lukas mitkommt, sie hätte ihn eh weit weg von Papa gesetzt. Und er schaut ihn nie böse an. Ich habe ihr dann gesagt, sie solle Papa nicht immer verteidigen, er macht das sehr wohl. Dann hat sie gemeint, dass er das tut, weil Lukas mir in der Vergangenheit wehgetan hat. Ich habe dann gesagt: „Genau, er hat MIR wehgetan!" Und dann hat sie von Armando geredet, der ja angeblich immer nach mir fragt, der Gute! Ich finde, er kann sich das sparen. Ich lass nicht mehr zu, dass man so mit mir umgeht. Die Monate der Ignoranz stecke ich einfach nicht so schnell weg. Ich möchte keinen Kontakt zu ihm. Das habe ich ihr gesagt. Und sie hat dann gemeint: „Der Herrgott wird schon wissen, was er mit dem Ganzen bezweckt." Mit der ganzen Streiterei, meint sie. Aber es wird ja gar nicht gestritten, es wird beinhart ignoriert. Das war immer schon so. Jedem Gespräch wird in unserer Familie einfach aus dem Weg gegangen und jeder frisst den Frust in sich hinein. Und Mama sagt, dass es ihr deswegen so schlecht geht. Und ich fühle mich natürlich schlecht und schuldig deswegen. Ich bin schuld, dass es ihr schlecht geht. Ich bin so wütend. Ich könnte laut losheulen.

Ich will einfach nicht so tun, als wäre alles in Ordnung.

Das Schlimme für mich ist, dass ich auch in Zukunft weder eine gute Beziehung zu meiner Mama noch zu Armando haben werde. Das geht einfach nicht mehr. Oder zumindest nicht so, wie ich es mir wünsche und vorstelle. Damit muss ich lernen umzugehen. Ich darf mir da keine unnötigen Hoffnungen mehr machen. Der Zug ist abgefahren. Meine Therapeutin würde mich jetzt fragen: „Was braucht es jetzt?" Und ich habe keine Ahnung. Ich werde jetzt einfach tanzen, zu afrikanischer Trommelmusik. Das macht den Kopf frei.

Mama hat wieder angerufen und gefragt, was sie falsch gemacht hat, was ich jetzt therapeutisch aufarbeiten muss. Oder was mir meine anderen Geschwister angetan haben? Hätte ich doch nichts gesagt. Ich mach auch immer alles falsch. Jetzt fühlt sie sich wieder schuldig. Ich will doch einfach nur mit diesen Umständen fertig werden, um glücklich leben zu können. Sie hat mal gedacht, wir wären eine gute Familie. Das hab ich auch mal gedacht. Eine Familie, in der alles totgeschwiegen wird. Jeder Konflikt wird unter den Teppich gekehrt.

Lukas hat mich heute an den Tag erinnert, an dem ich betrunken beim Pfarrer war, weil ich keinen Ausweg mehr gesehen habe. Danach habe ich meine Eltern angerufen. Papa hat gesagt, das geht ihn nichts an, es ist die Aufgabe von Lukas mich in die Schranken zu weisen. Und meiner Mama war ich peinlich. Sie ist mir entgegengegangen, damit ich nicht zum Haus komme und die Nachbarn mich sehen. Dann hat sie mich nach Hause gebracht. Ich war ihr einfach nur peinlich.

24. November 2007

Es herrscht wieder mal Streit im Haus zwischen meinen beiden Männern. Sie sind so stur. Sie sind sich so ähnlich. Jeder will recht behalten. Und mir tut es weh. So muss es meiner Mama gehen. Warum kann ich mich nicht einfach so verhalten, als wäre in der Familie alles in Ordnung. Der Harmonie und Mama zuliebe. Armando und Papa verstehen mich ja sowieso nicht. Mein Verhalten empfinden sie sicher als „hysterisch". Sie verstehen mich einfach nicht. Ich war schon immer anders, ein bisschen komisch. Vielleicht vermute ich auch nur, dass sie mich nicht verstehen. Beweise hab ich keine dafür.

Gestern war ich mit Lukas im Caféhaus und er hat mir ein paar Ratschläge gegeben, was meine Familie betrifft. Entweder ich versuche die Beziehungen in der Familie zu ändern, wenn ich die Hoffnung nicht aufgeben will, oder ich finde mich einfach damit ab und gewinne Abstand. Aber wie soll ich Abstand gewinnen? Mama ruft täglich an. Mein eigenes Leben führe ich zumindest jetzt schon. Ich lebe mit Lukas zusammen und gehe jetzt meinen Zielen nach. Vielleicht seh ich ja doch alles falsch? Vielleicht bin ich das Problem? Ich bin knapp davor, das hart erarbeitete wieder fallen zu lassen und wieder zum Leben vor der Psychiatrie zurückzukehren. Ich könnte wieder einfach so dahinleben und kritiklos durchs Leben gehen, ohne meine Werte und Interessen weiter zu verfolgen. Den Weg des geringsten Widerstandes. Dann kehre ich zurück in das Leben als „Schwarz-Weiß-Film". Meine Therapeutin hat recht, ich habe Angst, dass das Haus, das ich mir mühsam aufgebaut habe, wieder einstürzen könnte.

25. November 2007

Ich sitz im Trockenen und draußen regnet es in Strömen. Ich genieße es.
„Wenn die Seele eine bestimmte Klarheit der Wahrnehmung erlangt hat, gewinnt sie an Wissen und eine Lebensmotivation jenseits aller Sehnsucht." (Ralph Waldo Emerson)
Mir fällt auf, dass sich die Einstellung gegenüber Lukas geändert hat. Ich kann schon Zuneigung und Zärtlichkeit annehmen. Und ich freue mich über seine Komplimente. Ich fühle mich wohl in meiner Haut, in meinem Körper. Das hat sicher auch damit zu tun. Ich hab mich lieber und dadurch kann ich andere lieber haben. Ich habe das Gefühl, dass alles in meinem Leben Sinn macht, wenn ich es nur bewusst wahrnehme. Habe ein Bild gemalt, gefällt mir von allen bisher am besten. Ich nenne es „Der Vulkan". Habe es Freitagabend gemalt, weil ich aus irgendeinem Grund, den ich nicht mehr weiß, ein Gefühl der Verzweiflung und fehlendem Vertrauen zu mir selbst hatte. Dann hab ich die Stimmung in das Bild gebracht

und das Ergebnis hat mich fasziniert. Man kann negative Energien umleiten und etwas Schönes und Geheimnisvolles kann dabei rauskommen.

26. November 2007

Wenn ich die Zeit alleine für mich nutzen kann, bin ich bester Laune. Ich gehör nur mir, obwohl ich die Wochenenden, an denen wir alle zusammen sind, auch sehr schätze. Zurzeit genüge ich mir selbst und bin nicht vom Lob von außen abhängig.
Ich brauch die Ruhe und die Stille. Und ich brauch die täglichen Yogaübungen, ansonsten fehlt mir etwas. Da bin ich sehr konsequent. Habe mir ein Programm zusammengestellt. Danach fühlt sich mein Körper toll an.
„Es gibt für den Menschen keine geräuschlosere und ungestörtere Zufluchtsstätte als seine eigene Seele. Halte recht oft stille Einkehr und erneuere so dich selbst." (Marc Aurel)
Ich habe lange nicht erkannt, dass ich dieses „Einkehren" und alleine mit mir sein irrsinnig brauche.
Hatte Therapie, und wir haben Dinge besprochen, die mir eigentlich wehgetan haben, aber es geht mir trotzdem gut. Wir haben über den Sonntag gesprochen. Ich soll nur hingehen, wenn ich über der Situation drüberstehen kann. Ich soll mir bewusst werden, wenn es Seitenhiebe gibt und im Geiste bei jedem Mal ein Steinchen fallen lassen. Und bezüglich meiner Mama soll ich mich endlich mal abgrenzen. Sie lebt ihr Leben und ich das meine. Ihr gefällt es, in der Opferrolle zu sein. Das ist „ihres" und beeinflusst aber mich nicht. Sollte es zumindest nicht. Zwischen uns gab es nie so etwas wie Frauensolidarität. Deswegen schimpft sie wahrscheinlich auch über meine Ex-Schwägerin. Sie hat nie zu einer anderen Frau gehalten oder eine andere Frau verstanden. Am Ende der Ehe ist natürlich nicht der eigene Sohn schuld.
Wir haben auch darüber gesprochen, warum ich Armando nie gekontert habe, wenn er mich verletzt hat. Ich war immer sehr passiv. Die Verletzungen haben mir aber unbewusst sehr

wehgetan. Die ständigen Seitenhiebe. Ihm konnte ich auch nie etwas recht machen. Ich war immer die „Durchgeknallte". Vielleicht war ich aber einfach nur die Normalste von allen?

Ein Satz, der mir aus der Kindheit immer noch im Kopf ist, ist der, den meine Mama sehr oft zu mir gesagt hat und auch heute noch sagt: „Lieber zehn Jungs, als ein Mädchen erziehen müssen." Als Kind wollte ich auch wie ein Junge sein.

Ich werde am Sonntag hingehen, entweder rede ich gar nichts oder ich sage meine Meinung, wenn jemand etwas zu mir sagt, das mich verletzt. Ich werde mich in Zukunft behaupten und vielleicht backe ich einen Kuchen, den ich mitnehme.

Was meine Beziehung mit Lukas betrifft, sieht meine Therapeutin die sehr positiv, weil wir beide an uns arbeiten. Er geht jetzt auch zur Therapie und wir sprechen mehr miteinander. Und ich kann jetzt bei ihm so richtig losschimpfen, wenn mich vormittags etwas geärgert hat. Ich denke, wir machen Fortschritte. Und wir kämpfen füreinander.

Viele Dinge, die meine Mama im Laufe meines Lebens gesagt hat, werde ich ihr zurückgeben. „Danke Mama, aber das nehme ich nicht an, es gehört dir." Ich war ein liebenswertes, nettes kleines Mädchen. Ein wenig lebhaft halt. Ich hätte gerne noch eine Tochter, ich könnte ihr zeigen, was Frauensolidarität ist. Wir könnten gemeinsam shoppen gehen und ganz viel reden. Ich könnte versuchen, sie zu verstehen. Ihre Probleme, auch wenn sie in der Pubertät auftreten, ernst nehmen. Ob es wirklich so wäre, kann ich nicht sagen.

27. November 2007

Die Gesprächstherapie einmal pro Woche tut mir wirklich sehr gut. Ist sehr wichtig in der Depressionstherapie. Endlich habe ich jemanden, bei dem ich das Gefühl habe, sie steht auf meiner Seite. Und es geht nicht um Schuldzuweisungen, sondern darum wie ich mit Situationen umgehen kann, die mich belasten. Ich werde am Sonntag hingehen und ich kann jederzeit in MEIN Leben zurückkehren. Ich habe meine eigene Entscheidungsfreiheit. Ich kann offen meine Meinung kundtun. Ich brauche mich nicht verletzen zu lassen. Und ich brauche keine Ratschläge annehmen. Ich kann meinen eigenen Weg gehen. Ich brauche mich nicht beeinflussen zu lassen. Ich kann alles klar sehen. Und Lukas unterstützt mich jetzt dabei, und ich kann mich danach ausweinen, wenn es nötig sein sollte.

„Ich halte es für unsere Pflicht, das Richtige zu tun, auch wenn wir wissen, dass wir nicht durchs Leben gehen können, ohne Fehler zu machen." (Vincent van Gogh)

Lukas fährt mit zum Familienessen, mir zuliebe. Papa hat angeblich heute zu Mama gesagt, dass er nicht versteht, warum er nicht kommt, da er doch immer dabei war. Und, dass er nicht absichtlich böse schaut. Kann es sein, dass ich mir alles nur eingebildet habe? Oder hat Mama das eingefädelt, um die Familie zu retten. Habe ich mich in etwas verrannt? Bei den letzten paar Treffen sind ja die Vitiello-Kinder ohne Anhang dagesessen. Früher waren diese Treffen ein richtiges Event, bei dem die glückliche Familie mit allen Schwiegerkindern beisammensaß.

Ich werde sehen, wie es am Sonntag läuft.

Ob ich mein Manuskript wirklich wegschicke, bezweifle ich noch.

28. November 2007

Ich beschäftige mich mit der buddhistischen Lehre und wie man sie im Alltag umsetzen kann. Ist sehr interessant. Da sind gute Tipps drinnen. Zum Beispiel, wie man mit Staus im Straßenverkehr umgehen kann. Man kann sich bewusst machen, dass man dadurch endlich Zeit für sich hat. Man kann Pläne machen oder Atemübungen. Eigentlich kann man fast jeder Situation etwas Positives abgewinnen.

Es ist schön, Zeit zu haben, wie für die Weihnachtseinkäufe. Meiner Mama stricke ich einen Schal. Verwende Brauntöne.

Letzte Woche habe ich fünf Mützen gestrickt.
Wenn man in einer Schlange anstellen muss, kann man die
Leute mit Achtsamkeit wahrnehmen.
Ich glaubs nicht, ich habe das Manuskript wirklich abge-
schickt. Aber ich werde mir keine unnötigen Hoffnungen ma-
chen. Ich lass es einfach auf mich zukommen. Nach ein paar
Tagen habe ich es sicher vergessen.

29.November 2007

Frau Feichtinger, die mit mir auf der Psychiatrie war, dürfte
hier sein. Hatte eine Nummer von einem Altenheim auf meinem Handy. Ich werde sie zurückrufen. Heute werde ich mich
überwinden, in die Stadt zu fahren. Gestern waren wir in
einem Caféhaus, in dem ich mit meiner Mama früher gele-
gentlich war. Ich werde meinen Eltern ein selbst gemaltes Bild
zum Hochzeitstag schenken. Sie werden sich sicher freuen.
Und Lukas Mutter werde ich Weihnachten einen Schal strik-
ken.
Lukas spricht in seiner Therapie jetzt viel über Daniele. Seine
Therapeutin hat gemeint, unser Sohn könnte zu viel Selbstbewusstsein haben. Er will schon immer Recht behalten. Kann
man überhaupt zu viel davon haben? Er soll mir was abge-
ben.
Wenn Mama das nächste Mal anruft, werde ich mir denken:
„Du hast mir mein Leben geschenkt. Dafür bin ich dankbar."
Vielleicht geht es mir dann besser.
Umberto hat mir gerade erzählt, dass Mama sagt, wir sind seit
Armandos Scheidung keine Familie mehr. Warum gibt sie jetzt
ihm die Schuld? Und sie meint auch deswegen hat sie so viele
Sorgen. Dieses ständig in der „Opferrolle sein" will ich für mein
Leben nicht. Ich bin selbstbestimmt. Ich will kein Opfer sein.
Ich habe es schön.
Ich sitze vor dem Kamin und stricke, trinke Tee und später
werde ich gemütlich lesen. Klassische Musik läuft im Hinter-
grund und ich könnte mich nicht wohler fühlen. Ich habs ge-
mütlich. Mir gefällt es, wie es ist.

30. November 2007

Heute Morgen bin ich aufgewacht und habe „Danke" für den Tag gesagt. Es war mir ein Bedürfnis. Ich bin dankbar für mein Leben, wie es jetzt ist. Was ich wollte, war wirklich in mir. Ich hatte immer gewisse Vorstellungen, was ich gerne tun würde und wie ich leben möchte. Es war die ganze Zeit da. Nur habe ich es nicht gespürt. Ich liebe es, ins Feuer zu schauen. Mein Kater Benno sitzt auf mir und schnurrt. Uns geht's richtig gut. Man hat gewisse Wünsche in materieller Hinsicht, aber meistens steckt da ganz ein anderer Wunsch dahinter. Der Kamin steht für mich für Geborgenheit und Harmonie, Wärme. Zwischenmenschliche Wärme. Ein Auto steht für Freiheit. Mit meinem kleinen Cabrio kann ich überall hin, wenn ich will.
Umberto war wieder zu Besuch. Heute hat er erzählt, dass Mama sich Sorgen macht, dass ich nie mehr arbeiten gehe. Das verletzt mich. Das sind ihre Sorgen und nicht meine. Ich will das einfach nicht mehr hören. Sie traut mir gar nichts zu. Sie vertraut mir nicht. Warum glaubt sie, dass ich nicht mehr in den Beruf zurückkehre? So hat sie wieder etwas, über das sie grübeln kann. Der liebe Gott wird aber alles richten. So denkt sie normal. Sie legt mich in die Hand Gottes. Ich bin nicht selbstbestimmt.
Habe mich heute mit den fünf buddhistischen Regeln beschäftigt:
1. Andere Lebewesen nicht sinnlos töten oder ihnen schaden.
2. Nicht nehmen, was uns nicht gehört.
3. Uns nicht auf schädlichen Sex einlassen.
4. Nicht lügen und nicht durch Worte schaden.
5. Unserem Geist nicht durch Rauschmittel schaden.

Ist ähnlich den Zehn Geboten. Ich bin froh, jetzt immer nüchtern zu sein. Laut Buddhismus soll man sich beim Trinken immer fragen, ob der Geist noch klar ist.
Man soll die Wirklichkeit so sehen, wie sie ist, ohne Bewertungen oder Interpretationen.

1. Dezember 2007

Gestern waren wir abends Pizza essen. Ich habe mit Daniele über den Buddhismus diskutiert und Lukas hat geschimpft, weil es nicht gut ist, das zu tun. Daniele braucht Richtlinien und er wurde katholisch erzogen. Darum sollten wir ihn nicht mit anderen Dingen ablenken.

Alles ist im Wandel, auch die alltäglichen Gegebenheiten. Am meisten bewegt mich die Unbeständigkeit des Seins, wenn Menschen sterben, die ich gut gekannt habe oder wenn junge Menschen sterben. Das habe ich im Notarztdienst oft.

Das Tempo des Wandels würde ich gerne selbst bestimmen. Später Falten kriegen, später graue Haare bekommen. Aber das sind nur Äußerlichkeiten.

Wenn ich nur mehr ein Jahr zu leben hätte, würde ich genauso weitermachen, wie ich es derzeit tue. Vielleicht würde ich noch eine Fernreise machen. Ich würde nicht mehr zum Arbeiten gehen. Denke ich zumindest. Auf keinen Fall würde ich wie früher die Zeit in Bars verbringen und mein Gehirn ausschalten. Ich würde mich über schöne Momente freuen und Zeit mit meiner Familie verbringen. Spieleabende machen.

Ich brauch mehr Geduld im Umgang mit meinem Sohn. Ich brauch Zeit für mich, um in mich zu gehen und meine Gedanken fließen zu lassen.

Wandel bedeutet für mich etwas Positives. Zum Guten hin. Verwandeln. Zu einem anderen, besseren Menschen werden.

Wirklich wichtig ist für mich in meinem Leben, mich ausgeglichen zu fühlen, mich zu Hause wohl und geborgen zu fühlen. Kreative Dinge tun zu können, das heißt, die Zeit dazu zu haben. Ist aber Einteilungssache. Ich möchte mich in der Arbeit wohl fühlen und ich möchte respektiert werden.

Das Feuer im Kamin ist vergänglich. Das Holz wird erst zur Glut und dann zur Asche. Es wärmt mich und dann verlischt es. Lukas Laune war gestern mies, heute ist sie besser. Die letzten Tage hat es geregnet, jetzt scheint die Sonne. Nach dem Putzen war die Küche sauber, jetzt ist sie wieder schmutzig. Ich habe geschlafen, jetzt bin ich wach. Alles ist vergänglich.

2. Dezember 2007

Wir haben das Haus ganz durchgeputzt. Das ist schön. Wir waren beim Familienessen. Vorher war Umberto noch zu Besuch. Ich finde es toll, dass er jetzt öfter vorbeischaut. Er ist mir von der Familie geblieben. Da sitzen wir gemütlich beisammen und trinken Kaffee. Ich hab mich dann hübsch gemacht und habe mich anfangs im Wirtshaus wohl gefühlt. Ich habe einen Schoko-Nuss-Kuchen mitgebracht. Und ein selbst gemachtes Bild. Die Reaktion meiner Eltern war aber nicht recht begeistert. Aber vielleicht interpretiere ich da auch nur wieder was hinein. Geredet habe ich nicht sehr viel. Mehr zugehört. Früher habe ich immer geglaubt, ich muss da Scherze machen oder mit meinen Geschwistern Blödsinn reden.
Armando hat mir irgendeine belanglose Frage gestellt, ich habe belanglos geantwortet. Ansonsten haben wir nichts gesprochen. Ich musste keine Steinchen fallen lassen. Mama hat sich dann mal zu mir gesetzt. Dass ich ein Manuskript verfasst habe, wusste sie schon. Sie hat mich gefragt, ob ich sie und Papa durch den Kakao gezogen habe. Ich habe darauf nicht geantwortet.
Endlich ist Advent. Habe im Krankenhaus schon immer an die Zeit gedacht. Ruhe, Kerzen und Stille. Harmonie. Eine geschmückte Wohnung. Im Jänner wird dann wieder alles anders, da beginnt die Arbeit wieder. Es wird alles weggeräumt und ein neues Jahr beginnt. Neuanfang. Klingt spannend.
Die Arbeit soll mir noch egal sein. Ich werde die Zeit bis dorthin noch mit mir verbringen. Ich brauche noch Ruhe. Gestern waren wir in der Adventkranzweihe. Ich mag es, wenn die Kirche mit Kerzen erleuchtet ist. Der Pfarrer hat viel von Mystik und spirituellen Dingen gesprochen. Vom „nach innen" gehen und vom „bei sich sein". Der Pfarrer hat mir die Kerze angezündet und meine Hand dann gedrückt. Das war eine sehr nette Geste. Aber ich denke mir immer, ich kann das gar nicht zurückgeben. Innerlich fühle ich mich da fast ein bisschen beschämt. Ich kann das noch nicht so annehmen und mich darüber freuen. Aber auch das lerne ich noch.

3. Dezember 2007

Heute haben sich meine Eltern angemeldet. Ich möchte schon wieder Papas Vorstellungen gerecht werden. Warum kann ich in ihrer Nähe nicht so sein, wie ich bin? Ich bin kein kleines Mädchen mehr. Ich bin eine kreative Frau, die jetzt nach ihren Vorstellungen lebt. Ich will nicht klein sein.

Was Weihnachten betrifft, denke ich oft an die Zeit zurück, als meine Großeltern noch gelebt haben. Wir waren viele Leute und ich habe mich wohlgefühlt. Mein Traum wäre, Weihnachten mit meiner alten und meiner neuen Familie bei uns zu feiern. Aber das wird nie geschehen. Meine Eltern wollen Weihnachten in ihren vier Wänden feiern, obwohl wir viel mehr Platz haben. Außerdem wäre das erzwungen.

Das Ende einer Phase lässt immer Neues entstehen. Ohne Wandel gibt es keinen Raum für Neues. Darum bin ich irrsinnig dankbar für meine Erlebnisse. Eine Depression kann auch dazu beitragen aufzuwachen und etwas zu verändern.

Wie kann ich meinen Eltern beibringen, dass es an meinem Leben nichts Falsches gibt und auch nichts gegeben hat. Und mir geht es jetzt richtig gut. In meiner Welt ist alles in Ordnung und ihre Sorgen sollen sie bei sich lassen.

Meine Eltern waren nur kurz da. Wir sind durchs Haus gelaufen. Papa hat begeistert getan, besonders mein Weihnachtsschmuck hat ihm gefallen. Es sieht ja jetzt aus wie in der Weihnachtsmannwerkstatt. Sie haben nichts kritisiert. Wow! Papa hat mir ein Bussi auf den Mund gegeben und dabei Tränen in den Augen gehabt. Ich habe ihnen einen Café sceccherato gemacht und sie hatten Angst, dass da Alkohol drinnen ist. Sie stellen mich als Alkoholikerin hin und das tut weh. Sie haben auch betont, dass in der mitgebrachten Torte keiner drinnen ist. Ich bin so wütend.

4. Dezember 2007

Gestern hatte ich wieder Therapie. Anfangs klang ich sehr selbstbewusst. Nur beim Thema „Arbeit" bin ich verfallen. Ich mag Konfrontationen nicht so gerne, denen werde ich aber nicht aus dem Weg gehen können, weil ich nicht mehr das „Liebkind" sein will. Ich werde nicht mehr zu allem „ja" sagen. Ich werde nicht mehr jeden Dienst machen. Und ich werde von der Arbeit nichts mehr mit nach Hause nehmen. Ich werde den Menschen helfen, so gut ich kann, aber sobald ich nach Hause gehe, bin ich „Nunzia privat". Nicht mehr die Ärztin. Ich muss das trennen. In mir steckt mehr als nur die Medizinerin, obwohl ich meinen Beruf wirklich liebe. Es ist schön, Menschen helfen zu können. Aber es hat auch seine Schattenseiten. Patienten werden immer fordernder. Den „Gott in Weiß" gibt es schon lange nicht mehr. Man steht immer mehr mit einem Fuß vor dem Richter. Und die Dienstzeiten sind schon fast unmenschlich. Unter 26 Stunden komme ich nach einem Dienst nie nach Hause.

Öfter mache ich Atemübungen und versuche beim Ausatmen meine Sorgen loszulassen und beim Einatmen nehme ich meine Wünsche auf. Das ist entspannend.

Ich würde irrsinnig gerne anderen Frauen helfen. Frauen, die funktionieren, die geschlagen werden, die Alkohol trinken, weil sie psychisch am Ende sind, und die sich verloren haben. Aus jeder Gesellschaftsschicht. Frauen, die sich wieder suchen. Ich weiß nur noch nicht wie.

Meine Therapeutin hat mal gemeint, es ist ein Wahnsinn, was ich alles ausgehalten habe. Ich hab das nie so gesehen. Man muss erkennen, zu was man alles fähig ist.

Durch das Schreiben kann ich gut reflektieren. Wenn es mir schlecht ging, war es nach dem Niederschreiben immer besser.

Abends gehen wir wieder in die Adventsbesinnung. Die findet immer im Freien statt. Danach gibt's Tee.

5. Dezember 2007

Heute treff ich mich mit Lukas wieder zu unserem „Mittwochs-
kaffee". Diese Einrichtung ist schön, weil wir uns einmal pro
Woche so richtig Zeit zum Reden nehmen.

6. Dezember 2007

Habe heute in der Zeitung einen Artikel über Menschen-
schicksale gelesen. Vor ein paar Monaten habe ich einen 19-
jährigen auf der Autobahn geholt. Er hat sich mit dem Auto
ein paar Mal überschlagen, bei ca. 100 km/h. Als ich das
Auto sah, dachte ich, da sind alle tot. Aber es war nur ein
Junge drinnen, der geatmet hat. Im Notarztwagen ist er dann
sogar aufgewacht, und ich habe ihm Schmerzmittel gegeben und so schnell wie möglich in die Klinik gebracht. Leider
hat er weder an Armen und Beinen Schmerzen gespürt und
konnte auch nichts bewegen. Wir haben ihn dann mit dem
Hubschrauber in eine Spezialklinik geflogen. Zwei Wochen
später hat mir dann jemand gesagt, dass er dort verstorben
ist. Aber in der Zeitung sah ich ihn dann im Rollstuhl. Leider ist
ihm eine Querschnittlähmung geblieben. Er wird nie wieder
gehen können. Als Kind hatte er schon eine Lebertransplan-
tation. Manche Menschen haben von Anfang an Pech. Kommen aber trotzdem mit ihrem Schicksal zurecht. Der Mensch
ist zu vielem fähig und hält viel aus. Ich wünsche ihm den Willen und die Kraft, das Beste aus seiner Situation zu machen.
Als Notarzt hat man nicht lange Kontakt zu den Patienten.
Man muss nur versuchen, sie bestmöglich zu versorgen und
in stabilem Zustand im Krankenhaus abliefern. Oft funktioniert
das auch nicht.
Man sollte im Leben wirklich achtsamer sein, um den Moment
genießen zu können.
„Gehend weiß da der Mönch: Ich gehe. Stehend weiß er: Ich
stehe, sitzend weiß er: Ich sitze, liegend weiß er, ich liege."
(Buddha)

Oft ist mir nicht bewusst, was ich gerade tue. Jeder einzelne Moment ist es aber wert, bewusst und offen wahrgenommen zu werden. Gerade jetzt in meinem Leben, wo es zu Veränderungen gekommen ist, ist es für mich wichtig, mit voller Aufmerksamkeit dabei zu sein.

Ich versuche, die Botschaften meines Körpers wahrzunehmen. In Zukunft werde ich sie ernst nehmen, besonders nach einem Nachtdienst, besonders wenn ich dann ermüdet bin. Ich werde ihm, wenn ich wieder arbeite, Zeit geben sich zu erholen.

Bevor ich in die Psychiatrie kam, habe ich meinen Körper total ignoriert. Er war mir nicht wichtig, weil er ja funktioniert hat. Zumindest bis zu einem gewissen Moment. Bis zum körperlichen und psychischen Supergau. Es war, als wäre ich vom Körper abgespalten gewesen. Ich habe mich nicht mehr gespürt. Nur mehr funktioniert. Jetzt spüre ich mich. Das tut gut. Nach einem Nachtdienst habe ich oft Körper und Geist einfach ausgeschaltet. Dazu habe ich den Alkohol benutzt. Um nichts mehr zu hören und nichts mehr zu spüren. Ich hasste mich.

7. Dezember 2007

Heute habe ich einen Sanitäter vom NAW getroffen. Er hat mich gefragt, wie es mir geht und wann ich wieder arbeiten komme. Viele Menschen fragen das, einfach nur so. Die Antwort interessiert sie gar nicht. Meine Mama ist da auch so, bzw. erwartet sie sowieso eine negative Antwort. Vor meinem Zusammenbruch habe ich immer gesagt, dass es mir gut geht. Was hätten die Leute in meiner Umgebung gesagt, wenn ich geantwortet hätte: „Danke, sehr schlecht, ich sterbe bald." Das hätten sie mir nicht geglaubt.

Ich gehe mit viel offeneren Augen durch die Welt. Mir fallen plötzlich Dinge auf, die ich vorher nicht gesehen habe. Ich geh sogar aufmerksamer durch den Supermarkt.

Und ich bin mir der Gefühle Lukas gegenüber viel bewusster. Ich merke, wie gern ich ihn habe.

8. Dezember 2007

Gestern war Elternsprechtag in der Schule meines Sohnes. Wenn ich nicht im Krankenstand wäre, hätte ich wieder keine Zeit gehabt hinzugehen. Es ist auch meine alte Schule. Danieles Deutschprofessorin war auch meine. Ich konnte es kaum glauben, aber ich habe mich total vorm Reingehen gefürchtet. Ich habe mich wieder wie ein Teenager zu Schulzeiten gefürchtet. Sie ist älter geworden, aber ist noch genauso streng wie zu meiner Zeit. Sie hat gemeint, da sieht man wie die Jahrzehnte vergehen. Sie hatte ja auch schon meinen zehn Jahre älteren Bruder in Deutsch. Es war ein nettes Gespräch und sie hat gesagt, dass Daniele gute Aufsätze schreibt.

Da gab es ja eine leidliche Geschichte. Als meine Mutter mal bei einem Elternsprechtag war, hat sie über meinen großen Bruder gesagt, dass er ein so ruhiger ist und gar kein italienisches Temperament hat und meine Mama hat dann gekontert, dass er ja schließlich eine Mutter auch noch hat. Als ich dann ihre Schülerin wurde, hieß es dann: endlich ein Kind mit italienischem Temperament.

Diese Geschichte erzählt meine Mama wirklich bei jeder Gelegenheit, weil sie der Meinung ist, dass Frau Professor B. jetzt einen Hass auf die Familie Vitiello hat, da sie damals gekontert hat.

Meine Mama hat schon wieder angerufen, weil sie mit Papa die Krankenhauszeitung angeschaut hat, bei der ich im Redaktionsteam bin und da haben sie ein Foto von mir gefunden. Der Papa hat dann gesagt, dass ich da noch gut ausgeschaut habe, hatte ja noch 15 Kilo mehr. Das müssen sie mir ständig um die Nase reiben. Ich fühl mich mit meinen 48 Kilo jetzt so wohl wie nie zuvor. Es geht mir gut und das sollten sie mal einsehen. Mir fallen so viele Dinge ein, die ich als Kind immer gehört habe. Ich war auch immer „bubennarrisch". Wenn mir ein Junge gefallen hat, sind immer solche Meldungen gekommen. Und was jemals aus mir werden soll, wenn ich in der Pubertät schon so bin. Ich war also ständig hinter Jungs her, hysterisch, schlampig, schwer erziehbar. Ich bin wenigstens soweit, dass ich weiß, dass das nicht mein Problem war, sondern das meiner Mutter. Sie konnte mit mir nicht umgehen, ich war ein normales Kind. Manchmal bin ich wütend, wenn ich darüber nachdenke. Warum lasse ich meine Eltern immer noch so weit in mein Leben eindringen?

Mein Sohnemann ist zu mir gekommen und hat gesagt, dass ich immer zu ihm sage, man soll an sich denken und nicht immer an die anderen. Er meint aber, dass ich immer noch in erster Linie an die anderen denke und es allen recht machen will. Aber daran kann man arbeiten. Aber ich will kein Egoist werden.

Was mir auffällt, ist, dass ich schon viel weniger sage: „Kann ich nicht", oder „dafür hab ich keine Zeit". Ich mache jetzt Dinge, die ich mir nie zugetraut habe, wie zum Beispiel das Malen. Früher hatte ich natürlich auch was anderes zu tun. Jetzt nehm ich mir Zeit. Dadurch habe ich schon viel Neues entdeckt, es war eine richtige Bereicherung. Ich versuche immer mehr Störendes wegzuschieben, um für Angenehmes Platz zu machen. Und ich stelle mich aber auch dem Unangenehmen, wie den Streitgesprächen mit Lukas. Früher hab ich den Kopf in den Panzer geschoben und habe mich verkrochen. Draußen tobte der Krieg, aber in meinem Panzer war es warm und ich konnte nicht mehr sehen, was draußen vor sich ging. Ich habe bei Problemen nie an klaren Lösungen gearbeitet, eher „um Gottes Willen" gesagt. Jetzt versuche ich zuerst mal, in Ruhe nachzudenken und dann zu handeln. Ich will jetzt für alles offen sein und Neues ausprobieren. Einfach die Augen aufmachen und mich umsehen. Interesse entwickeln. Interesse für Dinge oder Eindrücke, die ich noch nicht gekannt habe. Ich werde nicht mehr alles in „schwarz" und „weiß" einteilen. Und weniger bewerten.

Mein ehemaliger Hausarzt, den ich als Kind hatte, hat mir eine Weihnachtskarte geschrieben, er muss schon fast 90 Jahre alt sein. Er hat mich immer noch nicht vergessen, obwohl er mich auf der Straße nicht kennen würde. Ich bin seine „Kollegin". Er erinnert mich immer wieder daran, wie toll unser Beruf ist. Er ist Mediziner aus Leidenschaft, liest immer noch Fachzeitschriften und bildet sich fort. Von meinem Zusammenbruch weiß er nichts. Er wohnt ja jetzt in Salzburg.

9. Dezember 2007

Gestern waren wir am Perchtenlauf, wir haben uns zum Rotkreuzstand gestellt. Ich habe mit einem Krankenpfleger von der Intensiv ein längeres Gespräch geführt. Ich habe ganz offen gesprochen und nichts verheimlicht. Warum sollte ich. Die meisten Menschen reagieren auch ganz normal, wenn man natürlich damit umgeht.

Die Adventzeit ist für mich heuer so wichtig, weil Raum für Ruhe, Einkehr und Besinnung ist.

„Alle Menschen wollen glücklich sein und Unglück vermeiden. Darin sind wir alle gleich." (Dalai Lama)

Wenn man offener ist, werden Begegnungen auch interessanter und fruchtbarer.

Die meisten Menschen haben den Wunsch nach Liebe und einer intakten Beziehung, Anerkennung, ein Heim zum Wohlfühlen, Arbeit und genügend Freizeit. Das Streben nach Harmonie und Geliebtwerden. Ich bin sicherlich nicht der einzige Mensch mit Problemen. Jeder Mensch hat mit Schwierigkeiten zu kämpfen, aber es kommt darauf an, wie man mit ihnen umgeht. Und wie wichtig man sich nimmt. Da es mir wieder besser geht, kann ich sehr nützlich sein. Ich kann wieder anderen helfen. Als Notärztin habe ich schon vielen Menschen geholfen und jetzt habe ich mir helfen lassen. Meine Probleme hab ich leider lange weggeschoben, bis sie mich überrannt haben. Ich wollte einfach nicht hinschauen. Ich wollte nicht begreifen, dass das auch mir passieren kann. Mir, die ich doch immer gute Ratschläge gegeben habe.

Gestern habe ich beobachtet, wie manche Menschen durchs Leben hetzen. Ich war im Supermarkt und von hinten kam plötzlich ein Mann mit Einkaufswagen daher und hat mich umgerannt. Das war rücksichtslos von ihm. Was hat ihn so angetrieben? Ich werde in solchen Situationen eigentlich nicht wütend. Ich suche immer eine Ausrede für denjenigen. Wenn sich jemand bei der Kasse vordrängt, sage ich nichts, aber auf die Dauer tut dieses passive Verhalten meiner Psyche nicht gut. Aber zumindest sind mir diese Situationen schon bewusst.

Ich bin eigentlich immer freundlich zu anderen, weil ich auch so behandelt werden möchte. Ich frage mich sogar des Öfteren, ob ich freundlich genug war. Auch in der Arbeit den Patienten gegenüber, wenn sie ungehalten sind, weil sie länger warten mussten. Wofür ich ja gar nichts kann. Oft beschimpfen sie einen aber trotzdem. Es gab Zeiten, da hab ich mir gar nichts zugetraut. Das hat sich geändert. Ich habe Potenzial. Ich habe viel Zuspruch bekommen. Früher war ich „außen orientiert". Ich war vom Lob anderer abhängig. Ich war immer selbstkritisch. Nie gut genug. Jetzt hab ich erkannt, dass man mit sich selbst zufrieden sein muss, dann sind es auch die anderen.

Was ich nicht möchte, ist, an einer Momentaufnahme an einem bestimmten Tag, gemessen zu werden. Ich bin ein Mensch, der anderen gegenüber zuerst positiv eingestellt ist. Vom Negativen muss man mich überzeugen. Das wurde mir oft als Naivität angerechnet. Fehler sind unvermeidlich. Jeder macht sie. Und ich habe viele gemacht. Aber man kann sich Fehler eingestehen und man kann versuchen, es wieder gutzumachen. Es ist absolut nicht notwendig, sich ewig schuldig zu fühlen. Ich mache das nicht mehr. Ich akzeptiere die Vergangenheit, wie sie war, aber mache es in der Gegenwart anders. Ich habe gelernt. Es reicht schon der Vorsatz, es besser bzw. anders zu machen. Ich möchte Geduld mit mir selbst haben. Wie eine Mutter mit ihrem Kind. Ich kann mir Mutter und Vater sein.

Aber ich brauche mir auch nicht alles gefallen lassen, ich kann mir Grenzen setzen. Bis hierher und nicht weiter.

Ich habe mir oft Großartiges erwartet, aber nicht gesehen, dass die Lösung oft im Kleinen, Einfachen, direkt vor meiner Nase liegt. In mir selbst nämlich.

Dadurch, dass ich mich zurückgezogen habe und Kräfte gesammelt habe, sehe ich die Welt mit anderen Augen. Das Leben ist wunderschön und jeder Tag hat seinen Zauber.

10. Dezember 2007

Momentan läuft einfach alles gut. Demnächst werden wir den Dienstplan für Jänner schreiben. Davor habe ich schon etwas Angst. Zurück ins Alltagsleben. Meine Kollegen sind sicher schon genervt von meinem Krankenstand. Krank werden darf keiner, dann beginnt das System zu schwanken. Aber ich bin schließlich auch oft für andere eingesprungen, habe nie nein gesagt. Auch wenn es mir nicht gefallen hat. Das Bild, das ich bei eBay eingestellt habe, wurde verkauft. Ich glaubs nicht. Es gibt wirklich so viele Möglichkeiten sich selbst zu verwirklichen.

Sogar mein Papa hat sich darüber gefreut, als ich ihn am Handy erwischt habe. Eigentlich wollte ich Mama anrufen, aber er war mit dem Telefon joggen.

Habe Mama dann am Festnetz angerufen und sie hat nicht viel auf die fröhliche Meldung gesagt. Im Gegenteil, sie hat gleich angefangen, mir zu erzählen, wie arm nicht ihre Tante ist, wegen ihrer Tochter. Sie hat eine Schizophrenie und hatte einen Tobsuchtsanfall. Weihnachten wird schrecklich hat sie gemeint. Arm finde ich aber auch Mamas Cousine mit ihrer Krankheit, nicht nur die Menschen in ihrer Umgebung. Ich habe dann aufgelegt, weil ich mir Weihnachten nicht vermiesen lassen wollte. Ich halte diese negative Sichtweise der Dinge nicht mehr aus. Früher dachte ich immer, das muss so sein. Das Leben ist so. Es ist grausam und mühsam. Aber das stimmt nicht. Ich sehe es nicht so. Es ist spannend und hat viel zu bieten.

Ich würde gerne von meiner Mama einmal etwas Positives hören.

In der Therapie geht es fast nur mehr um sie. Dürfte mich ziemlich beschäftigen. Mama glaubt, dass ich male und schreibe, nur um mich zu beschäftigen, um nicht auf dumme Gedanken zu kommen. Aber das bin ich, das ist ein Teil von mir geworden. Es ist jetzt mein Leben.

Meine Therapeutin sagt, dass in mir ein kleines Flämmchen sitzt, Lebensfreude, und das muss geschützt werden. Niemand darf daraufherumtrampeln.

Ich bin so erzogen worden, dass nur die Arbeit zählt, alles andere sind Spielereien. Aber ich seh das jetzt anders. Ich werde mich sicher nicht mehr nur über die Arbeit definieren. Es gibt noch so viele andere Dinge. Das Schreiben und Malen, das bin ich. Das ist keine Spinnerei. Meine Eltern sollten das ernst nehmen. Und nicht nur stolz auf mich sein, wenn ich tagelang ohne Pause im Krankenhaus arbeite.

Lukas hat ein Problem. Er sagt, er fühlt sich neben mir unnütz und klein. Weil ich jetzt so viele Dinge mache, in denen ich richtig auflebe und scheinbar auch Erfolg damit habe. Aber er plant dafür den Umbau des Hauses. Seine Qualitäten liegen eben woanders. Außerdem steht es ihm frei, sich auch Dinge zu suchen, die ihm Spaß machen und mit denen er sich identifizieren kann.

11. Dezember 2007

Heute muss ich zur Chefärztin nach Linz, danach treff ich mich mit Martina zum Kaffee. Sie war mit mir in der Psychiatrie. Steht als Lehrerin wieder voll im Beruf nach der kurzen Auszeit. Bin schon sehr neugierig. Sie steht schon wieder mitten im Leben. Umberto hat mir eine SMS geschickt. Da stand einfach nur drinnen: „Ich mag dich." Habe mich gefreut.

In einem Café am Bahnhof habe ich heute nachgedacht, wie ich mein kleines Flämmchen am besten schützen könnte. In dem ich das tue, was ich für richtig halte, ohne mich von anderen beeinflussen zu lassen.

Der Chefärztin habe ich gesagt, dass ich am 2. Jänner wieder in den Beruf einsteige. Sie hat mich ein wenig ausgefragt. Ob es neben den positiven Veränderungen auch negative gab. Ich habe ihr geantwortet, dass alles immer besser wird und ich das Gefühl habe, schön langsam wieder mit beiden Beinen auf der Erde zu stehen. Ich habe ihr auch gesagt, dass ich auf lange Sicht von der Akutmedizin weg möchte. Ich möchte es ruhiger haben. Sie ist sehr nett. Danach war ich noch Weihnachtseinkäufe besorgen. Toll, wenn man dafür so viel Zeit hat.

Für meine Mama hab ich ein Buch gefunden, da geht es um ein briefliches Streitgespräch zwischen Mutter und Tochter. Um die Mehrfachbelastung durch Beruf, Kinder, Haushalt, ... Martina ist mit Verspätung ins Café gekommen, sie kam direkt aus der Schule. Wir haben über unsere Mütter gesprochen und über ein paar Leute aus dem Krankenhaus. Das Thema „MUTTER" ist scheinbar für jeden relevant. Ihre kommt jetzt immer zu Besuch und möchte sich auch in ihr Leben einmischen und fragt sie aus. Man kann scheinbar noch so alt sein, in den Augen der Eltern bleibt man immer das kleine Kind mit dem Schnuller im Mund.

Noch vor ein paar Monaten hätte ich mir nicht vorstellen können, alleine mit dem Zug unterwegs zu sein. Aber jetzt genieße ich es. Einfach tun, worauf man Lust hat. Ich hatte wirklich kein Selbstbewusstsein mehr.

„Nicht weil die Dinge schwer sind, wagen wir es nicht, sie zu tun; sondern, weil wir es nicht wagen, sind die Dinge schwer." Meine Mama schafft es immer wieder, mich zu verletzen. Es sind so kleine seelische Verletzungen, die oft im Verborgenen passieren. Ich werde mir darüber meist erst später bewusst. Aber ich denke nicht, dass sie das mit Absicht macht. Sie ist eben durch das „Schwarzsehen" so. „Steter Tropfen höhlt den Stein." Konflikte entstehen, wenn nicht genug zwischen eigenen und fremden Verhaltensmustern unterschieden wird. Ich muss mir einfach klar werden, dass es da meine Mama als eigenständige Person gibt und auf der anderen Seite mich, ebenfalls eigenständig. Zwei verschiedene Personen mit unterschiedlichen Ansichten.

12. Dezember 2007

Ich habe Angst, dass mein Flämmchen in der Arbeit zertrampelt wird. Der Mensch zählt dort kaum etwas, nur die Arbeitskraft. Ich darf noch gar nicht daran denken, aber heute Abend schreiben wir den Dienstplan. Ich habe gelesen, dass es ein Gefängnis gibt, da werden die Insassen nachts des Öfteren geweckt und müssen kleinere Tätigkeiten verrichten.

Das hat mich an die Nachtdienste erinnert. Dort ist das eine Foltermethode. Ich habe die Nachtdienste auch oft als Folter empfunden, wenn man sich kurz hinlegt und gleich wieder aufspringen muss. Ich weiß nicht, wie lange ich noch in der Notfallaufnahme arbeiten will. Die Schwestern sind die Exekutoren der Folter. Aber der Mensch hält eben viel aus.

Heuer wird Weihnachten ganz schön. Ich wünsch es uns.

Irgendwo hab ich gelesen: „Du weißt nicht, wie schwer die Last ist, die du nicht trägst." Das find ich gut.

Mit Stress geht jeder anders um. Ich habe einfach immer alles verdrängt. Egal, ob es Gefühle oder Probleme waren. In Zukunft werde ich zu meinen Empfindungen stehen. Ich dachte immer, alles löst sich von selbst, aber es sammelt sich nur: Auf einer riesigen Deponie und die fängt irgendwann zum Stinken an. Die Lösung steckt im eigenen Inneren. In der Tiefe meiner eigenen Seele. Stückweise kann die Deponie abgetragen werden. Mit Geduld. Rom wurde auch nicht an einem Tag erbaut, heißt es.

Vielleicht bin ich in die Bulimie reingerutscht, weil ich mir innerlich oft gedacht habe, „es kotzt mich an". Das Gefühl Wut kannte ich nicht.

13. Dezember 2007

Ich habe wieder Lust auf Sex. Ich war überrascht und hab mich toll gefühlt. Aber ich habe den Zeitpunkt selbst bestimmt.

Ich merke jetzt, je länger ich zu Hause bin, desto weniger kann ich mir das Arbeiten vorstellen. Aber gestern haben wir den Dienstplan geschrieben für Jänner, Februar und März. Ich fange mit drei Diensten an. 26-Stunden-Dienste, im Jänner arbeite ich sonst nur tagsüber. Bis auf diese drei Dienste. Im Februar hab ich mir eine Woche Urlaub eingetragen. Ich werde in Zukunft darauf achten, regelmäßig Urlaub zu nehmen. Ende Jänner mach ich dann das erste Wochenende. Beim Schreiben des Dienstplanes hab ich mich im Gegensatz zu früher zurückgehalten und nicht gleich gesagt, dass ich den

Dienst mache, den keiner machen wollte.

Endlich hat es geschneit. Draußen ist alles weiß. Ich sitz vor dem Kamin. Ich freu mich auf die Zukunft.

Manchmal denke ich an die vergangenen Weihnachtsfeste. Ich war meistens betrunken. Diese Gedanken möchte ich dann verdrängen. Aber ich sollte hinschauen. Oft hält man Gedanken für die Realität, aber das sind sie nicht. Ich werde diese Gedanken nicht überbewerten. Grübeln bringt nichts. Taten muss man setzen. Das ist Realität.

Meine Mama sagt, Weihnachten ist die schlimmste Zeit des Jahres. An Weihnachten hat mein Bruder seine Familie verlassen. Bei uns gab es immer Streit. Aber ich will nichts Negatives mehr in mein Leben lassen! Da war schon genug. Und ich glaube fest daran, dass es ein schönes Weihnachtsfest wird. Zumindest in unserem Haus. Mit meiner Familie.

14. Dezember 2007

Gestern ging es mir nicht gut, den Grund weiß ich aber nicht. Ich konnte nicht still sitzen und musste mich dauernd beschäftigen. Aber wenn es mir so geht, denke ich immer: „Morgen ist ein neuer Tag und da wird es wieder besser." Und es ist dann so.

Habe Weihnachtspost von einer Mitpatientin bekommen. Ihr geht es nicht so gut, seit sie aus dem Krankenhaus raus ist, sie lebt alleine. Sie hat ständig Angst. Und ihr fehlt die Ansprache. Sie hat auch geschrieben, dass ich eine „ganz Liebe" bin. So was baut auf. Ich kann es annehmen.

Meine Arbeit ist nur ein Teil von mir. Ich muss mich nicht damit identifizieren. Ich bin nicht rund um die Uhr Ärztin. Ich muss mich auch nicht darüber definieren. Ich bin mehr als Frau Dr. Vitiello.

Ich beschäftige mich wieder mehr mit dem Focusing. Es hebt verborgenes Wissen auf die Bewusstseinsebene. Ich kann dann klarer denken.

Lukas geht heute auf die Weihnachtsfeier von seiner Firma.

15. Dezember 2007

Mein Bild wurde als sehr schön und aussagekräftig beurteilt. Freut mich. Ich nehm das Positive auf.
Umberto war wieder zu Besuch. Er hat mir erzählt, dass Mama gesagt hat, als sie die Schwarzwälder Kirschtorte gegessen hat, die ich gemacht hat: „Da ist ja Alkohol drinnen. Jetzt trinkt sie ihn nicht mehr, jetzt isst sie ihn!" Das tut so weh, so abgestempelt zu werden.
Ich war kurz im Krankenhaus, weil ich ein Rezept brauchte. Sr. Angie und Bella waren da. Sie haben gesagt, dass ich toll aussehe und sie mich schon vermissen und froh sind, wenn ich wieder komme. Ich habe ihnen erzählt, dass es mir sehr gut geht und ich die Zeit noch genieße.
Als ich mich noch mit meinem Beruf identifiziert habe, ist meine Selbstachtung zusammengebrochen, wenn ich nicht gearbeitet habe. Da war ich ein Niemand. Meine Arbeit war immer das Wichtigste. Das wurde mir von klein auf eingeredet.

16. Dezember 2007

Was braucht es, damit ich mich gut fühle? Das ist eine Frage, die mir meine Therapeutin öfter stellt. Ist nicht leicht zu beantworten. Aber man kann lernen, auf seine Bedürfnisse zu achten. Hineinzufühlen.
Gestern hab ich dem Stadtpfarrer ein selbst gemaltes Bild geschenkt. Er hat sich sehr gefreut und mir dann eine Flasche Schnaps gegeben. Schnaps mochte ich nie.
Beim Focusing gefällt mir, dass der Mensch als Prozess gesehen wird, der zu ständigem Fortschritt und zur ständigen Veränderung fähig ist.

17. Dezember 2007

Ob mein Traum vom Buch jemals Flügel bekommt?
Ich hatte die Nummer von Armando auf der Liste der unbe-
antworteten Anrufe. Keine Ahnung, was er wollte. Vielleicht
wollte er mir etwas vorwerfen. Ich werde mich schützen. Ich
mach mir immer Hoffnungen, wenn er sich meldet, dass unsere Beziehung in Ordnung kommt, und dann bin ich enttäuscht. Also lass ich mich derzeit gar nicht drauf ein. Ich bin
noch nicht so weit. Ich habe ihn nicht zurückgerufen. Es geht
nicht. Es fühlt sich „nicht passend" an.

18. Dezember 2007

Meine ehemalige Zimmerkollegin aus der Psychiatrie, die Ärztin, ist in der letzten Zeit viermal stationär im Krankenhaus gewesen. Sie geht nach Hause und wird zwei Tage später mit
vier Promille eingeliefert. Das erschüttert mich. Ich werde ihr
eine Weihnachtskarte schreiben. Sie ist so eine Nette. Aber
sie ist machtlos.
Meine Therapeutin hat gesagt, ich kann sie in der Weihnachtszeit jederzeit anrufen. Ich finde das so schön. Es gibt so
viele Menschen, die lieb zu mir sind. Mit Lukas fühl ich mich
jetzt auch so richtig wohl.
Ich versuche, negative Gedanken loszuwerden. Wenn einer
kommt, sage ich „verschwinde" zu ihm. Und das funktioniert
sogar.
Mama hat wieder angerufen und ich habe ihr erzählt, dass
Armando angerufen hätte. Sie hat gemeint, sie möchte, dass
endlich Ruhe in unserer Familie einkehrt. Welche Ruhe? Ich tu
doch keinem was. Und dann hat sie gesagt, dass sich Papa
und Onkel Alberto ja auch wieder versöhnt haben, vor ein
paar Jahren. Und dann hat sie gesagt: „Aber das warst halt
nicht du." Was heißen soll, damals warst du ja immer betrunken. Wieder so ein unterschwelliger Seitenhieb. Mir wurde das
wieder erst bewusst, als ich aufgelegt habe. Am liebsten
würde ich ihr sagen, dass mich das alles nicht interessiert, was

sie so von sich gibt, aber ich will sie nicht verletzen. Armando hat mich im Krankenhaus ignoriert und jetzt möchte ich keinen Kontakt.

Ich will nicht mehr so sein wie er!

Jahrelang war er mein Vorbild. Jetzt entlasse ich ihn aus diesem Job.

19. Dezember 2007

Im Krankenhaus ist heute ein Weihnachtsbasar. Habe per Mail eine Einladung bekommen. Aber ich werde aus dem Bauch heraus entscheiden, ob ich hingehe oder nicht. Ich stress mich da nicht.

Unsere Oberschwester möchte ein Bild von mir. Wahnsinn. Mach ich gerne.

Das Bild vom Vulkanausbruch fasziniert mich irrsinnig. Schön langsam fange ich an, meine Bilder zu mögen.

Lukas hat bei einem Bauern einen Weihnachtsbaum besorgt, er ist wunderschön. Sie sind in den Wald gegangen und haben ihn ganz frisch abgeschnitten.

Ich werde heute Kekse backen.

Ich genieße die Zeit so. Ich bin glücklich.

20. Dezember 2007

Weihnachten rückt immer näher. Wir haben schon das Essen für den Heiligen Abend besorgt. Endlich konnte ich mal ausleben, was ich schon immer wollte. Die Wohnung schmücken, Kekse backen, vor dem Kamin sitzen, Tee trinken, mich einfach der stillen Zeit hingeben. Meine Mama hat mir immer vermittelt, dass die Weihnachtszeit stressig ist. Ich empfinde das Gegenteil.

Meine Yogaübungen machen Fortschritte, ich bin schon sehr dehnbar. Bald krieg ich die Füße hinter den Kopf.

Jeden Tag kommt Weihnachtspost. Das war die letzen Jahre nicht so.

Warum sind so viele Menschen so nett zu mir? Habe aus dem Krankenhaus auch ein paar ganz liebe E-Mails bekommen. Man denkt an mich. Der ärztliche Direktor hat mir auch geschrieben und mir frohe Weihnachten und gute Besserung gewünscht. Außerdem kriegen wir für unsere gute Arbeit im vergangenen Jahr eine Prämie.

Denke wieder öfter über die Beziehung nach. Ideal ist, wenn jeder sein Leben lebt und man sich öfter zusammensetzt und darüber spricht. Heute Nacht habe ich geträumt, dass sich Lukas für eine andere Frau interessiert. Das hat wehgetan. Ich selbst tue mich ja schwer, Zuneigung zu zeigen. Aber auch das wird immer besser.

„Zur Liebe gehört immer, dass man einen Menschen dort aufsucht, wo er ist und nicht dort, wo man ihn gerne haben möchte." (Adolf Köberle)

Armando ist immer auf einem Podest gestanden in unserer Familie. Man ahmt jemanden nach, wenn man sieht, dass er belohnt wird. Armando wurde durch Bewunderung seitens meiner Eltern belohnt. Darum wollte ich immer so sein wie er. Ich habe ihn selbst auf den Podest gestellt. Er war immer der brave Sohn, der einen anständigen Weg geht. Keine Flausen im Kopf, macht sein Studium, heiratet, bekommt drei Kinder, lebt in einem schönen Haus, ist ein angesehener Arzt. Aber er wurde in diese Rolle gedrängt. Ich kann mir sonst nicht erklären, warum er jetzt das Gegenteil lebt. Ich gestalte mir mein Leben jetzt selbst und orientiere mich nicht mehr an Vorbildern, die sowieso übermächtig sind.

21. Dezember 2007

Heute ist die Notfallaufnahme-Weihnachtsfeier. Ich überlege noch immer, ob ich hingehe. Es hat sicher mit dem Arbeitsbeginn zu tun, dass ich mir unsicher bin. Ich schiebe das noch weg. Aber ich sollte mich langsam darauf vorbereiten. 2. Jänner. Ist nicht mehr lange. Und viele Kollegen sind im Urlaub, ich muss also gleich voll einsteigen. Da gibt es kein langsames Anfangen.

Heute ist mir klar geworden, dass meine Mama keine Ahnung von meinem Leben hat. Sie kennt mich gar nicht. Sie weiß nicht, was mir wichtig ist. Wie viel mir das Malen und das Schreiben bedeuten. Ich möchte nicht so sein, dass ich überall einen Haken finden muss. Außerdem hört sie mir immer nur mit einem Ohr zu. Sie ist in ihren Gedanken gefangen. Aber ich hatte auch schon ähnliche Ansätze. Aber ich kann was dagegen tun, weil es mir bewusst ist.

22. Dezember 2007

Vor der Weihnachtsfeier gestern hat meine Mama noch angerufen und gefragt, ob sie sich Sorgen machen muss, dass ich wieder Alkohol trinke. Ich war innerlich wütend. Ich war mir dann noch unsicherer, ob ich hingehen soll. Heute Morgen kam dann der Kontrollanruf. Ich kann gar nicht sagen, wie mich das ärgert.
Lukas hat mich bei meiner Entscheidung hinzugehen nicht beeinflusst. Ich bin hingefahren.
Als ich ankam, hab ich gleich zwei Krankenschwestern getroffen. Sonja und Christl. Sie haben mich gleich mit einem Küsschen begrüßt und gesagt, dass sie mich wegen meiner Mütze zuerst gar nicht gekannt hätten. War voll nett. Als wir reinkamen, stand Schwester Manu im Engelskostüm da und hat uns kleine Päckchen in die Hand gedrückt. Lustig. Ein paar Leute waren schon da. Der erste Tisch war schon voll. Mein Chef hat mich auch mit einem Küsschen begrüßt und gesagt, dass er sich freut, dass ich da bin. Christl ist ein sehr gerader Mensch. Sie sagt immer, was sie sich denkt. Beide haben mir gesagt, dass sie schon lange gemerkt haben, wie schlecht es mir gegangen ist und ich habe schon richtig krank ausgesehen. Aber ich musste das selbst begreifen. Ich war ganz unten. Christl hat mir erzählt, dass sie oft überlegt hat, mit mir zu reden, aber ich habe abgeblockt. Ich hätte das damals nicht getan, weil ich es nicht gesehen habe. Sie hat mich auch gefragt, ob ich nie an Daniele gedacht habe. Ihr hat er so leidgetan, weil er in einer aggressiven und alkohol-

geschwängerten Umgebung leben musste. Das Gespräch hat mir einen Stich ins Herz gegeben. Ich hab mich so schuldig gefühlt. Aber es war die Wahrheit. Vielleicht an diesem Abend nicht wirklich angebracht. Vor allem, weil ich ja mit der Vergangenheit abschließen will. Ich habs überspielt und so getan, als würde mir das Gespräch nichts ausmachen. An dem Abend kam ein paar Mal die Meldung, dass ich in Zukunft in der Arbeit nicht mehr alles schlucken soll. Das werde ich auch sicher nicht mehr machen.

Bei den Ansprachen haben sie dann des Öfteren gesagt, dass sich alle sehr freuen, dass ich bald wieder im Team mitmache. Für mich heute noch unvorstellbar.

Habe ein Bild gemalt und es an diesem Abend hergeschenkt. Es wird im Aufenthaltsraum aufgehängt. Schwester Heidi hat Engelsflügel darin gesehen.

Mein Chef hat mich dann mal gefragt, wie es mir geht und aus mir ist rausgesprudelt, was ich derzeit so alles mache und, dass ich mein Leben jetzt toll finde.

Ich bin aber bald nach Hause. Seit ich keinen Alkohol mehr trinke, bin ich bald müde. Ich brauche meinen Schlaf. Mit meinen kurzen Haaren haben viele zwei Mal schauen müssen, bis sie mich erkannt haben.

23. Dezember 2007

Morgen ist Hl. Abend. Habe heute noch überall Tannenzweige aufgehängt. Ich bin bereit. Mama hat mich gefragt, ob es auf der Weihnachtsfeier auch etwas zu essen gab oder nur zu trinken. Was heißt, ob es außer viel Alkohol noch was anderes gab. Oh Gott!

Daniele ist stark verkühlt. Ich mach ihm ständig Tee mit Honig. „Sobald du dir vertraust, sobald weißt du zu leben." (Goethe) Ich vertraue mir, im Gegensatz zu meinen Eltern. Sie trauen mir kein selbstständiges Verhalten zu und meine Mama kontrolliert mich ständig.

Welche Pläne habe ich privat und beruflich?

Beruflich habe ich derzeit nur den Plan, nicht mehr so gutmütig zu sein. Und ich möchte, wenn ich aus dem Krankenhaus rausgehe, abschalten, da fängt dann mein Leben richtig an. Ich werde einen Schalter umlegen. Da gibt es Nunzia und auf der anderen Seite die Ärztin Vitiello. Vielleicht werde ich irgendwann eine eigene Praxis aufmachen. Früher war mein großer Traum immer Chirurgin zu werden, aber es hat nie mit einer Stelle geklappt. Dann war ich in der Akutaufnahme und habe meinen Traum vergessen.

Ich werde unterscheiden zwischen dem, was ich ändern kann, und dem, was ich lernen muss zu ertragen. Ich werde den Standpunkt meiner Mama respektieren, aber sie darf nicht von mir erwarten, dass ich genauso denke wie sie.

Früher konnte ich nie abschalten und Dinge machen, die mir Spaß machen. Das kann auch mit der Depression zusammenhängen. Ich bin durchs Leben gehetzt. Ständig auf der Suche und auf der Flucht. Auf der Flucht vor mir selbst, statt mich mir zu stellen und hinzuschauen. Ich werde aufpassen, nicht mehr in alte Verhaltensmuster zu rutschen. Habe mal einen guten Spruch gehört: „Der eine ist vorher klug, der andere nachher." Ich bin halt die, die nachher klug ist.

„Wenn jemand Gesundheit sucht, frage ihn erst, ob er auch bereit ist, zukünftig alle Ursachen seiner Krankheit zu meiden, erst dann darfst du ihm helfen!" (Sokrates)

Da kann ich mich selbst an der Nase nehmen. Auf die Gesundheit soll man achten, sowohl auf die körperliche als auch auf die psychische.

Der Christbaum ist geschmückt, er sieht wunderschön aus. Früher haben wir am 23. schon immer was getrunken um uns einzustimmen. Es stimmt, dass wir in unserem Sumpf wenig an Daniele gedacht haben. Aber heuer ist es anders und das ist wichtig.

Ich hatte heute ein ganz komisches Déjà-vu.

Als ich ein Tiramisu fertig gemacht habe, ist Lukas in die Küche gekommen und wenn die Situation weitergegangen wäre, dann hätte er mir gesagt, dass sowieso alles keinen Sinn hat. Es war eigenartig. Ich bin nicht in Panik geraten, aber ich habe gehofft, dass die Situation bald vorbeigeht. Wir waren heute im Kino und da ist mir ständig eingefallen, was ich gerne meiner Mama sagen würde. Das war so real, dass ich mich richtig gesehen habe, wie ich am 25. beim Mittagessen zu schreien begonnen habe. Ich habe Weihnachten versaut. Gott sei Dank waren das nur Gedanken und die sind nicht real.

24. Dezember 2007

Heute ist Weihnachten. Es wird sicher besser als die letzten Jahre. Und es muss nicht perfekt sein. Es ist sogar sauber im Haus. Ich hatte ja Zeit. Alles hat bisher wie am Schnürchen geklappt.
Ich habe Daniele erklärt, dass das Fest heuer etwas anders wird. Er hat es dann verstanden, dass mir wichtig ist, dass wir es genießen und nicht alles so schnell geht wie sonst immer. Heuer sind die Voraussetzungen ganz anders.
Wir wollten am Nachmittag in die Kirche gehen, aber wir sind nach zehn Minuten wieder gegangen, weil Daniele so Bauchweh hatte. Gestern auch schon. Der Bauch ist weich, er hat keine Durchfälle und ich komm einfach nicht drauf, was er hat. Er liegt im Bett. Die Bescherung werden wir aufschieben müssen. Wir setzen uns mal gemütlich vor den Kamin.

25. Dezember 2007

Bin jetzt alleine. Die beiden Jungs sind zu den Eltern von Lukas gefahren. Ich bin mittags bei Meinen. Es war ein schönes Fest, trotz Danieles Bauchschmerzen. Zur Bescherung ist er kurz gekommen. Ich habe eine Schachtel bekommen, da waren Dinge drinnen, die ich zur Entspannung benutzen kann, wenn ich wieder arbeite. Decke, Kerzen, Badeöl, Räucherstäbchen und ein Gutschein für ein Wellnesswochenende. Lukas hat sich echt was einfallen lassen. Und mein Manuskript hat er mir in Leinen gebunden geschenkt.

26. Dezember 2007

Ale hatte gestern wieder so starkes Bauchweh, dass ich ihm dann sogar ein Schmerzmittel gespritzt habe. Aber ich habe dann nachgedacht und habe des Rätsels Lösung gefunden. Es war der Honig, den wir ihm kiloweise eingeflößt haben. Seine Großeltern haben ihm auch einen gegeben und es ging von vorne los. Heute hat er keinen bekommen und der Spuk ist vorbei.

Bei meinen Eltern waren gestern alle Kinder versammelt. Und alle ohne partnerschaftlichen Anhang und ohne Kinder. Eigenartig. Armando war auch da, das wusste ich vorher nicht. Wir haben uns mit Handschlag begrüßt und nichts geredet. Beim Verteilen der Geschenke haben wir uns doch auf die Wange geküsst und beim Verabschieden auch. Komischerweise haben wir uns beide dasselbe Buch geschenkt, dass wir beide aber auch schon gelesen haben. Was für ein Zufall. Es hat sich nichts gesperrt in mir gestern. Es war nicht so schlimm. Ich habe auch keine guten Ratschläge bekommen. Auch mein Papa hat sich zurückgehalten. Mit Armando muss ich keine Zeit verbringen, er ist mein Bruder und aus. Ich will nicht mehr so sein wie er und das ist schon eine gute Erkenntnis. Es war auf jeden Fall in Ordnung gestern, wie es war.

Es gibt in mir nichts, das nur schlecht ist. Alles hat gute und nützliche Seiten, die man herausfinden kann. Wenn man erkennt, wozu das Schlechte gut ist, kann man es loslassen. Ich denke, ich arbeite da sehr viel daran.

Lukas und ich sitzen jetzt oft gemeinsam vor dem Kamin und lesen. Davon habe ich immer geträumt. Das ist für mich Harmonie.

Am besten ist, Armando und ich lassen uns einfach in Ruhe.

Ein paar Dinge sind mir gestern spontan rausgerutscht. Mein Papa hat über die Laterne in der Krippe rotes Papier gehängt und ich habe zu Mama gesagt: „Ah, hat er ein Bordell daraus gemacht." Sie hat mich nur angeschaut.

Gegenüber meinen Arbeitskollegen habe ich jetzt überhaupt kein schlechtes Gewissen mehr. Die Zeit war zu wichtig, als sie in Frage zu stellen. In der Arbeit dachte ich immer, ich muss es

allen recht machen, damit ich gemocht werde. Das stimmt aber nicht. Man mag mich, wie ich bin.
Ich kann Vater und Mutter ehren, aber ich muss nicht mehr das tun, was sie sagen oder sich für mein Leben wünschen. Ich kann meinen Eltern aber zustimmen, wie sie sind. Ich kann ihnen für das Geschenk des Lebens danken. Es geht beides. Ich kann kritisch sein und sie annehmen, wie sie sind. Was für sie gilt, muss nicht für mich gelten. Teilweise verschließe ich mich auch vor dem Guten meiner Eltern. Wenn ich meine Eltern ablehne, lehne ich mich selbst ab.

Liebe Mama, lieber Papa!
Ich habe viel bekommen und es genügt. Ich nehme es mit in mein Leben. Den Rest mache ich selbst. Und jetzt lasse ich Euch in Frieden.
Es gibt persönliche Schicksale, die ich bei ihnen lassen muss, wie der Brustkrebs meiner Mutter. Ich brauch mir deswegen keine Schuldgefühle machen. Auch das behinderte Kind gehört ihnen. Er ist mein Bruder, aber ich kann nichts für das Geburtstrauma. Ich kann meiner Mama vieles nicht abnehmen, auch wenn ich es möchte. Die Beziehung zu Papa ist ihre. Die ständigen Sorgen um die Kinder kann ich ihr auch nicht nehmen.

27. Dezember 2007

Heute treffe ich mich mit Gina. Habe sie seit Juni nicht mehr gesehen. Es gibt viel zu erzählen.

28. Dezember 2007

Das Treffen war irgendwie anders als sonst. Wir haben viel über unsere Eltern gesprochen. Ich habe mir dann die guten Eigenschaften von ihnen überlegt, bevor ich auf die Welt gekommen bin. Das sind die Eigenschaften, die sie mir bei meiner Geburt als Geschenk mitgegeben haben. Dass meine

Mama ein Problem mit mir als kleines Mädchen gehabt hat, hat mit mir nichts zu tun. Sie hatte dieses Problem. Ich geb ihr das wieder zurück.

Mama war immer gutmütig, fleißig, konsequent, häuslich, gesellig, treu, familiär, wusste genau, mit wem sie ihr Leben verbringen möchte.

Papa war fleißig, konsequent, ein Familienmensch, kinderlieb, freundlich, impulsiv, attraktiv, treu und pflichtbewusst.

Das sind schon einige Dinge, die ich bei der Geburt geschenkt bekommen habe. Einiges davon seh ich sogar in mir. Gina hat erzählt, dass viele in ihrem Umkreis heuer eine Krise hatten. Entweder ist es das Alter, in dem die Seele noch mal anklopft, bevor man erwachsen wird oder das Schmelzen der Polkappen, meint sie.

Sie hat auch eine Theorie, warum ich mich für den Beruf als Notärztin entschieden habe. Ich spürte ja schon keine Gefühle mehr und da brauchte ich diesen Adrenalinkick, um wieder etwas zu fühlen. Da könnte sie recht haben. Das mit den Polkappen ist nicht meins. Sie hat auch gemeint, ich habe so gewirkt, als würde alles von mir abprallen. Das ist wegen meines Krebspanzers, bin ja im Sternzeichen Krebs. Es ist viel gegen den Panzer geknallt, wo ich mich drinnen versteckt hatte. Bei gröberen Erschütterungen hab ich innen aber doch was mitbekommen.

29.Dezember 2007

Gestern war ich mit Lukas in Linz shoppen, wir sind mit dem Zug gefahren. Am Bahnhof beim Heimfahren haben wir uns verloren. Ich bin in die eine Richtung und er in die andere. Ich bin in den Zug eingestiegen und Lukas hat auf mich gewartet. Ich habe mir gedacht: „Nur nicht aufregen." Leider hatte ich die Fahrkarten. Lukas hat sich dann eine Neue gekauft und ist mit einem Regionalzug nachgekommen. Nach zwei Stunden haben wir uns zu Hause wieder getroffen. Ich hatte auch kein Handy mit.

Alles Finanzielle und Bildungsmäßige reicht nicht, wenn ein Kind nicht so angenommen wird, wie es im Grunde ist. Es muss sein Eigensein leben. Ich hab leider immer nur gehört, dass ich schwierig und schwer erziehbar bin. Aber jetzt sag ich „ja" zu mir selbst und dann hab ich Frieden mit anderen, auch mit meinen Eltern.

Ich habe jetzt sogar, was die Kleidung betrifft, meinen eigenen Stil gefunden. Es war eigentlich eine Komplettveränderung, diese Krise.

Daniele sagt mir jetzt oft, dass er mich lieb hat. Ich liebe ihn auch über alles.

30. Dezember 2007

Ich denke viel über den Arbeitsbeginn nach. Drei Tage noch. Ich mag die Nacht gerne, da tanke ich Kraft für den nächsten Tag. Ich schlafe gut und habe keine Probleme einzuschlafen.

Aber oft habe ich das Gefühl, mir läuft die Zeit davon, aber wenn ich darauf achte, habe ich auch neben der Arbeit Zeit für mich. Ich muss sie mir nur nehmen. Und ich kann mich weiter verwirklichen. Und ich werde auf Anzeichen achten, wenn sich wieder mal eine Depression einschleichen würde. Jetzt weiß ich ja, was zu tun ist.

31. Dezember 2007

Heute ist Silvester. Auf der Chirurgie ist eine Sekundararztstelle frei. Das macht mich unsicher. Ich habe Blut geleckt. Ich wollte immer auf der Chirurgie arbeiten. Was soll ich tun? Die Stelle ist schon ab Februar. Bin etwas durcheinander. Die Bewerbungsfrist ist noch zwei Wochen lang. Will ich weg vom Notarztdienst? Ja, schon. Vielleicht ist die Stelle aber eh schon für jemand anderen reserviert. Man weiß das ja nie.

Meine Mama hat mir heute ein besseres Jahr als das letzte gewünscht. Ich habe ihr gesagt, dass es für mich ein gutes

Jahr war. Ein wichtiges Jahr. Ich glaube, das versteht sie nicht ganz.

Im vergangenen Jahr habe ich entdeckt, dass ich etwas ändern muss, um nicht zu sterben. Ich habe entdeckt, dass ich Freude am Malen habe. Ich habe mein Manuskript an einen Verlag geschickt. Ich habe viele nette Menschen kennengelernt. Ich habe gesehen, dass es viele Menschen gibt, die hinter mir stehen. Ich habe eine super Gesprächstherapeutin gefunden. Ich habe erkannt, dass der Beruf nicht das Allerwichtigste ist. Es gibt so viele schöne Dinge im Leben. Ich habe erkannt, dass ich in Ordnung bin, wie ich bin. Es ist gut so, wie es ist. Ich habe gesehen, dass Veränderungen möglich sind, man muss halt auch die eigenen Abgründe beleuchten.

Jeder Mensch darf Fehler machen. Ich darf hinfallen. Und danach darf und kann ich wieder aufstehen. Ich darf Nein sagen und ich darf meinen eigenen Weg gehen. Ich trage die Folgen meines Handelns. Jetzt kann ich mich jederzeit verantworten.

Am 2. Jänner werde ich ins Krankenhaus gehen und meine Frau stehen. Mit erhobenem Kopf. Ich bin stolz auf mich. Ich bin stolz darauf, diese Krise so gut gemeistert zu haben.

1. Jänner 2008

Ich muss heute mit 34 Jahren nicht mehr erzogen werden, weder vom Partner noch von den Eltern. Und schon gar nicht gebändigt werden. Ich bin O.K., so wie ich bin. Und ich muss auch nicht so sein wie jemand anderer. Ich habe die Möglichkeit alles zu tun, was mir wichtig ist. Und das größte Hindernis auf dem Weg sind meine eigenen Gedanken. Und ich brauche niemanden mehr, der mich bemuttert, weil ich selbst für mich sorgen kann und ich warte jetzt nicht mehr darauf, dass es andere machen. Ich werde für mich selbst Verantwortung tragen. Und es wird spannend. Ich denke die Zukunft ist unbekannt, aber überraschend und immer wieder neu. Ich lasse mich von anderen nicht mehr beeinflussen. Ich weiß ja im Endeffekt wirklich selbst, was für mich wichtig ist. Ich brauch Zeit für mich. Und ich werde aufhören, es allen recht zu machen, um gemocht zu werden. Es braucht mich gar nicht jeder mögen. Meine Dummheiten werde ich akzeptieren, sie bringen Würze ins Leben. Ich brauche Fragen nicht beantworten, die ich nicht beantworten will und Telefongespräche kann ich abbrechen, wenn ich das Gespräch nicht mag. Und ich werde nicht mehr immer Ja sagen. Ich lebe jetzt und das genieße ich. Ich höre auf zu jammern und mich selbst zu bemitleiden. An meinem Energieplatz mit dem Schreibtisch ist alles so, wie ich es haben möchte. Wenn ich etwas beendet habe, werde ich etwas Neues anfangen. Ich möchte mit Respekt behandelt werden.

Es hat sich einiges geändert seit dem Sommer. Ich bin jetzt glücklich. Lukas und ich haben zwar noch immer hin und wieder Streit, aber durch ein Gespräch, in dem wir Missverständnisse aus dem Weg räumen, funktioniert es jetzt sehr gut. Und vor allem sprechen wir jetzt auch über unsere Empfindungen. Wenn mir meine Eltern Ratschläge geben, horche ich nicht mehr hin, weil ich jetzt weiß, was ich will. Mein Weg wird mich vielleicht doch in die Selbstständigkeit führen. Bis dahin werde ich meine Arbeit als Krankenhausärztin weiterführen. Ich kann nur sagen, dass sich sehr viel verändert hat, und ich mich fühle, als wäre ich auf einem guten Weg. Das heißt, ich glaube auch daran. Ich stehe morgens auf und freue mich auf den neuen Tag und die Dinge, die ich machen kann. Teilweise fühle ich mich als Kaiserin. Wenn mir etwas unangenehm ist, Lukas gegenüber auszudrücken, dann sage ich: Die Kaiserin hätte gerne ..." oder: „Die Kaiserin mag das jetzt nicht." Das geht dann viel leichter. Wir werden beide weiter in Einzeltherapie gehen und das Beste daraus machen. Ich bin sehr zuversichtlich. Es ist wunderbar zu wissen, wo man hingehört. Meinem Sohn geht es in der Schule viel besser. Wir haben uns die Fächer aufgeteilt und unterstützen ihn. Ich lerne Biologie mit ihm. Das macht mir auch Spaß.

Für die Stelle an der Chirurgie habe ich mich beworben und sie auch bekommen. Habe meinem neuen Chef gesagt, dass ich es warm haben möchte und ich nicht mehr so gerne in der Nacht auf der Autobahn herumlaufen möchte. Ich brauche den Adrenalin-Kick nicht mehr. Die Chirurgie hat mich immer interessiert und auf der Station habe ich wieder mehr Zeit, mich um die Patienten, um den Menschen, zu kümmern. Meine Kollegen haben mich bei der Entscheidung unterstützt, obwohl sie mir auch gesagt haben, sie hätten gerne, dass ich bleibe. Ich wurde nach meiner Rückkehr wirklich ganz herzlich aufgenommen. Vom ganzen Krankenhaus.

Die Notarztdienste machen mir derzeit sogar Spaß, es ist schön, Menschen in Not helfen zu können, außerdem arbeite ich gerne in einem Team. Und ab März habe ich es dann warm. Vorher gönne ich mir noch zehn Tage Urlaub, ich war sehr fleißig in der letzten Zeit. Es steht mir zu. Da werde ich die Zeit wieder für mich nützen und mich selbst verwirklichen. Nunzia wird sich im Urlaub verwirklichen und bei sich sein, bevor sie als Dr. Vitiello wieder neuen Aufgaben widmet. Ich bin O.K. so, wie ich bin. Ich bin jeder Erfahrung, die ich im vergangenen Jahr gemacht habe, dankbar.

Ich habe erfahren, dass mein Manuskript veröffentlicht wird.

Mein Papa will sich mit Lukas versöhnen.

Es geht mir richtig gut.